二〇二一年度國家古籍整理出版專項經費資助項目

九部經解

周禮完解

〔明〕郝敬　撰

袁晶靖　點校

長江出版傳媒
崇文書局

圖書在版編目（CIP）數據

周禮完解 /（明）郝敬撰 ; 袁晶靖點校. -- 武漢 :
崇文書局, 2022.12
（九部經解）
ISBN 978-7-5403-7118-0

Ⅰ. ①周… Ⅱ. ①郝… ②袁… Ⅲ. ①《周禮》—研
究 Ⅳ. ①K224.06

中國國家版本館 CIP 數據核字（2023）第 021361 號

出 品 人　韓　敏
選題策劃　李豔麗
責任編輯　胡　欽　郭曉敏　黃振華
責任校對　董　穎
責任印刷　李佳超

周禮完解

出版發行　長江出版傳媒　崇文書局
地　　址　武漢市雄楚大街 268 號 C 座 11 層
電　　話　(027)87677133　郵政編碼　430070
印　　刷　湖北新華印務有限公司
開　　本　880mm×1230mm　1/32
印　　張　17
字　　數　397 千
版　　次　2022 年 12 月第 1 版
印　　次　2022 年 12 月第 1 次印刷
定　　價　118.00 圓

（如發現印裝品質問題，影響閱讀，由本社負責調换）

點校前言

一

郝敬（一五五八—一六三九），字仲輿，號楚望，湖北京山人。據郝敬撰《郝氏族譜》，京山郝氏祖姓胡，八世祖胡興第（號碧潭）於元至正年間定居京山七寶村，與鄰人郝景章善。胡氏改姓郝氏之緣由，《族譜》稱「洪武間詔籍天下富民實伍，景章以例傅籍而丁單，引胡爲朋户，胡之冒姓郝自此始也」。李維楨爲郝敬之父承健撰墓志銘則直謂「碧潭公子孫贅於郝，爲郝氏」，知朋户之説，乃郝敬諱言先祖入贅，故曲爲之説。郝氏家族以務農爲主，兼習文墨，雖「仕乏通顯」，亦曾是「田園倉庾，甲於里閈」「三世同居，人服其誼」的當地望族，但終因兄弟鬩墻，走向衰敗，郝敬祖父郝玥不得不依附於其妻族向氏，以教書糊口。承健（一五三〇—一五八三）以《詩》舉嘉靖四十年（一五六一）鄉試，歷任四川嘉定學正、直隸肅寧縣知縣等職，個性「峭直善折逆人過，所不合，奮袂而起，敵以下數被謾罵，殆不堪忍」，兼之耿直清廉，故爲上官所惡，以「沉酣廢事」之評解職，後因家計無著，奉母命赴京謁選，爲保定右衛經歷，旋以母喪去職，居家課子，不復入仕。

郝敬受其父影響頗深。承健以《詩》舉業，郝敬早年跟隨父親學習經書制文，後亦以《詩》中舉。

承健耿介不羈的性格，也被郝敬繼承。郝敬中年棄官歸鄉，與父親的人生軌迹類似。承健與名儒李維楨私交甚篤，令次子郝敬師從李氏，承健病歿，鄉人趁郝敬失怙之危，誣告郝敬殺人，郝氏家産就此被侵奪一空，李維楨不僅設瀌營救，又於郝敬生計索然之際爲其全家提供居所，使郝敬能夠潛心讀書應舉。

萬曆十六年（一五八八），郝敬中舉人，次年舉進士，萬曆十八年（一五九〇）任浙江處州府縉雲縣知縣，一年後因其治下切峻，與上峰下屬皆有不合，被調爲永嘉縣令。張曉生《郝楚望生平著述考》指出，永嘉任上乃是郝敬學術興趣轉移時期，此前郝氏得李維楨指導，加之自身資質過人，故詩文制義皆能得心應手，尤其應舉文字純熟，受到時人追捧。在永嘉期間，郝敬與當地士紳大夫多有交游，其中與温州教授鮑觀白的交往，使得郝敬對心性之學有了深入瞭解。觀白曾師事唐樞、王畿，常與郝敬「謫求性命宗旨」，二人「言必稱朱陸、近代王陳語録，和以柱下、西竺之義」，由此開啓郝敬研究宋明儒學的道路。

郝敬於永嘉任滿後，升爲禮科給事中，旋告假返鄉，安頓家人。萬曆二十五年（一五九七），郝氏回京候補，授户科給事中。此時明朝剛剛結束朝鮮戰争，國庫空虚，明神宗藉此機會向民間加派税賦，并遣内宦到各地任「礦監」「税監」，横徵暴斂，多次激起民變。郝敬在京任職期間，針對中官陳增在山東以「礦監」之名攤派金銀、殘害人命，多次上疏奏請神宗制止陳增擾民之舉，并直言神宗迴護寺人，閉塞言路，「十月之内，諫草十二上」，言詞激烈懇切。神宗起初敷衍應對，繼而惱羞成怒，下令將郝敬罰俸一年，郝敬仍建言不止，神宗一概留中，不予理睬。郝敬既爲皇帝厭惡，又一向峭直，不畏權貴，難見容於當權者，萬曆二十七年（一五九九），郝敬因「春考浮躁」，降爲宜興縣丞，次年調任爲江陰知縣。

郝敬在江陰四年，整頓防務，巡緝島夷鹽梟，頗見功績，但也因此觸動當地勢力之既得利益，加之郝敬一貫直言敢諫，忤逆上官，因此屢遭中傷、構陷。萬曆三十二年（一六〇四），郝敬在考課中被評爲下下等，再遭左遷，遂掛冠還鄉，閉門謝客，專心著述，直至崇禎十二年（一六三九）逝世，年八十二。

二

郝敬從棄官到離世，三十五年間潛心讀書立說，筆耕不輟，其主要著作爲《九部經解》和《山草堂集》内外編，總計三百餘卷，另有《四書雜言》《大學解》等書，蔣秋華《郝敬著作考》有詳盡的整理。《九部經解》「起草於乙巳之冬，卒業於甲寅之春，越六年己未殺青斯竟」，即撰著時間爲萬曆三十三年冬至四十二年春（一六〇五—一六一四），至萬曆四十七年（一六一九）全部刊刻完畢。《九部經解》乃郝氏生平得意之作，書成後，郝敬將若干部《九部經解》分送故舊，其《送九經解啓》云：

> 三百年來，雕龍繡虎，作者實繁，而含經味道，羽翼聖真，寂乎無聞，是子衿之羞，聖代之闕典也。某一介腐儒，有志未酬，十年閉户，揣摩粗就，而瓠落無用，抱璞求沽。

字裏行間，慨然以復興聖學自任，頗有睥睨明代諸家經解之意。九經的編纂順序，蔣秋華《郝敬著作考》結合郝敬留下的不同説瀼，認爲是諸經同時注釋，付梓時則先刻科考所用五經，再及其餘四經。

郝敬注釋九經之順序，或不分先後，然郝氏經學體系中各經地位，實有高下之别。《九部經解叙》（以下簡稱《叙》）依次闡釋爲諸經作解之緣由，《禮記通解》位於五經之末，《儀禮節解》次之，《周禮完解》位列第七，於《三禮》之中敬陪末座。《周禮》以下二經，《叙》謂《論語》爲集大成者，《孟子》爲五經之都護，則九經中《周禮》最爲郝敬輕視可知也。郝敬不重視《周禮》，既是受禮學研究在明代整體式微的環境影響，又與他對《三禮》文獻的定性直接相關。郝氏對於經書的定義首先是「聖人之文」，非聖人手訂者，不可稱之爲經；而「儀者損益可知，而經者百世相因」「凡禮不可常行者，非禮之經」，不能通行於古今的禮儀條目，亦非禮經，只有亘古不變的天命人性之旨才能成爲經。《禮記》「非一世一人之手」，《儀禮》乃禮之節文，《周禮》非周公所作，能列於九經，不過是昔人以經書目之，故因襲其舊。《三禮》皆非狹義上的經書，而《周禮》來源尤爲可疑，因此在《九部經解》中地位不高。儘管如此，郝氏仍作《周禮完解》，主要是爲了辨析當時《周禮》研究的兩大議題：《周禮》是否爲周公致太平之迹？《冬官》是否當補？明儒治《周禮》，大都以《周禮》爲周公所作，并多有繼承宋元「《冬官》不亡」論，拆解五官，重編六官的《周禮》「補亡」之作。郝敬認爲《周禮》非周公致太平之書，而《冬官》之所以不亡，非因六官錯簡，而是《周禮》本爲全書，《冬官》無經乃是作者特有之考量，故作《完解》力駁世儒之非。

《九部經解》有京山郝氏家刻本，由郝敬之子郝千秋、郝千石共同校刻，此爲《周禮完解》唯一刻本，刊成於萬曆四十五年（一六一七），但該版經過挖改修訂，有先印後印之別。國内現存《周禮完解》刻本有三部，分屬復旦大學圖書館、南京圖書館和湖北省圖書館。《續修四庫全書》據南京圖書館藏本影印（以下簡稱《續修》本），此爲先印本；《四庫全書存目叢書》據湖北省圖書館藏本影印（以下簡稱《存目》本），此爲後印本。《周禮完解》兩種印本之間改動不多，最明顯的差异，在卷五葉三十七《司服職》注中，此處郝敬駁鄭注冕服九章之説，共二十二條，其中第二條《續修》本作：

宗彝既與山、龍、華、蟲爲五，繪於衣，則當云「宗彝作繪」，何乃云「作會宗彝」，是「作會」自爲句，宗彝本與藻、火等同繡，而繪止華、蟲以上數者，今以「宗彝」爲句，强屬上爲衣，强繡爲繪，文義不類，可疑二。

《存目》本改爲：

宗彝既與山、龍、華、蟲爲五，繪於衣，則《虞書》當云「宗彝作繪」，本謂繪華、蟲以上數者於彝器也。今以「作繪」爲句，而以「宗彝」爲一物，連下藻、火、粉、米、黼、黻並繡作服，於《書》文義不類，可□□□□疑二。

《存目》本段末「可」字下有約占四字的墨釘，恰在本行末尾，知是該段挖改後較《續修》本少四字，故有空格，方可與下一行接續。

《尚書·益稷》曰：「予欲觀古人之象，日、月、星辰、山、龍、華蟲作會宗彝、藻、火、粉米、黼、黻繡。」鄭注於「作會」斷句，并徑以「會」爲「繢」，謂：「《書》曰：『日、月、星辰、山、龍、華蟲作繢，宗彝、藻、火、粉米、黼、黻繡。』」據此謂古天子冕服十二章，而周代以日月星辰畫於旌旗，故周天子冕服九章，「宗彝」即虎蜼，乃服章之名。《尚書》僞孔傳以「作會宗彝」爲句，釋曰「會，五采也，以五采成此畫焉。宗廟彝尊亦以山、龍、華蟲爲飾」，則「宗彝」爲宗廟禮器之總稱。郝敬《尚書辨解》訓「會、繪通，畫也」，句讀及宗彝訓詁同孔傳，《完解》貫徹這一理解，其駁鄭注第一條即有敘述：

按《虞書》舜欲觀古人之象，日、月、星辰、山、龍、華、蟲，七者皆以作繪于宗廟之彝，此器之象也；藻、火、粉、米、黼、黻六者，皆以薄繒刺繡成五采，施五色作服，此服之章也，兩項各别，文義甚明。古人制器以象，日月七者，所謂觀古人之象也，作服以色，藻、火六者，所謂章施于五色也，象言形，色言彩，今鄭混兩段，通作衣服，可疑一。

按照孔傳和郝敬的理解，日月至華蟲七者是繪於禮器上的圖案，藻、火、粉、米等是繡在衣服上的圖案，經過改訂的《存目》本論述與《完解》前文及《尚書辨解》的觀點一致。《續修》本「何乃云『作會宗彝』」至「以上數者」，是鄭注觀點的表述；而「今以『宗彝』爲句」，是孔傳與《尚書辨解》的觀點，即以宗彝爲禮器，自然不存在「强屬上爲衣」的問題，且無論鄭注還是孔傳都不存在「强繡爲繪」的注解，整段論述既有錯漏，且觀點模糊，可見郝敬初刻之稿存在訛誤，後來才重新組織語言，修改版片。

先印本除《續修》本之外，可見者還有日本内閣文庫本；後印本有哈佛燕京圖書館藏本，日本國會圖書館藏一部《周禮完解》，主體爲抄本，卷三至五爲刻本，檢其文字，爲後印本。此外，上海師範大學圖書館及日本東京大學、京都大學等機構藏有抄本若干。

三

《完解》的經文與當時流行的《周禮》文本類似，都是將序官拆散，列於各官職之前，經文中偶見注音、句讀之小注。經文下郝氏的注解分爲兩類，一是對經文的疏解，包括字詞的解釋、名物的訓詁、官吏的職能等；二是按語，位於疏解之後，或引他經證《周禮》之謬，或駁鄭注之失，或分析本段經文之義理。

《周禮》的作者與成書年代，歷代經説雖有異見，但大都以周公作《周禮》爲主流，郝敬則於《完解》開宗明義，反對周公作《周禮》之論：

《周禮》隱藏冬官，錯列六屬，牢籠百世學者，即此便是縱横之習，詳觀其布置經營，全似管子内政，蓋其學本宗聖，而雜以刑名功利，焉可誣周公也。

在郝氏看來，《周禮》記載的制度多爲「管、商縱横什伍嚴密之政」，多「衰世之灋」，「辭旨大抵變幻，滑稽無端」。《周禮》的記載既非重德行教化的周代制度，而是注重吏治和理財的刑名之説，故郝敬認定《周禮》作者「蓋周衰好古之士，不得有爲，技癢求試，故言多摹古，而雜用術數，舛謬踳駁，什常八九」，由此見「是書成于周衰六國嬴秦之際」。

漢人林孝存謂《周禮》「瀆亂不驗」，《完解》中亦多有此評價。如《場人》之設置、《春人》之員數、《宗伯》朝聘之制度、《司服》冕服之等級、《小祝》禱祠之義、《職方氏》九州民穀之記載等文，或難以實行，或不合常理，或與其他經書記載相悖，郝敬皆目之爲「瀆亂不驗」，是《周禮》

作者杜撰出來的虚文。

郝氏不以《周禮》爲周公遺典，認爲書中既有戰國之瀇，又有作者虚構之制，儘管如此，《完解》對於《周禮》亦非全盤否定。郝敬相信《周禮》的作者「借古人影像，鋪張自家胸臆，所載典禮名物，半真半贋」，且「其去古未甚遠，先王規制遺文，猶有存者」，故不可廢。

郝敬對待《周禮》的態度是頗爲復雜的，一方面，他鄙夷《周禮》所言，「高者不過古人名物度數，卑者則簿書泉穀、米鹽細瑣而已，雖有仁義道德之名，歸于功利富强之實，名爲禮而實與禮無涉」。另一方面，郝氏也認爲：

讀是書者，觀五官布置、經緯錯綜之意，脩内謀外、藏鋒蓄鋭之機，令行禁止、除姦剔蠹之瀇，課功計吏、勵精振作之權，理煩治劇、通明練達之識，秦漢而降，論吏事，未有能過之者。

總而言之，郝敬徹底否定了長期環繞《周禮》的「聖人光環」，將《周禮》定位爲戰國時期的一家之言，是現實制度與主觀構建的雜糅，因此「善讀《周禮》者，以《周禮》讀之耳，不必問周公也」，後人宜以看待文獻資料而非經學聖典的眼光來研究《周禮》，這與現代學界對《周禮》的認識接近，此乃郝敬《周禮》學超越前人之處。

《四庫總目》謂《完解》「務胜古人之過」，駁難鄭玄是郝敬經學的顯著特點，研究郝敬學術的現代學者均有論述，《周禮完解》亦概莫能外。郝敬對鄭注多冠以「鑿」「迂」「牽强」等字眼，對於鄭注以訓詁解經的作瀍頗不以爲然，體現出郝敬輕訓詁而重義理的學術特點。然而細讀《完解》疏解經文的部分，却有不少内容是糅合注疏的重新表述。讀者不宜完全相信郝氏概括性的反鄭學口號，而應當看到，在《完解》激烈抨擊鄭注的態度背後，舊有的注疏體系仍然具有强大的慣性與生命力。

郝敬之《周禮》學特點鮮明，在明代《周禮》學史上占有獨特的位置。《周禮完解》對經文的解説較爲直白簡潔，這既是由於郝敬對《周禮》不如《禮記》用心，也因爲郝氏之《周禮》重點不在於剖析經義，而是借剖析古制，表達其對現實的憂慮。例如《内豎》與《司徒》之議論，抨擊了宦官擅權和里甲制度弊端，體現出郝氏對於《周禮》傾注了强烈的現實關懷。

郝敬身爲明末大儒，黄宗羲贊曰：「明代窮經之士，先生實爲巨擘。」王志長《周禮注疏删翼》、徐乾學《讀禮通考》、李文炤《周禮集傳》等明末清初的禮學著作多引郝敬之説，四庫館臣與皮錫瑞則批評其多主觀臆説，對郝敬的評價在清初、清末漸呈兩極分化，學術風氣之轉移由此可見一斑。

四

本次點校，以早印之《續修》本爲底本，《存目》本爲對校本，并參考内閣文庫本和哈佛燕京圖書館藏本。點校之時，根據本書實際情況，大致還遵循以下原則：

一、《周禮》有多種刻本，《完解》之經文，偶見與通行諸本《周禮》不合之异文，點校時據明嘉靖年間李元陽閩刻《十三經注疏》本（下文簡稱「閩本」）改訂，并出校説明。

二、《完解》引書，多有化用、節引，點校時，均已復核原書。若引文與原文大同小异，仍以引號標注；與原文差异較大者，則不用引號。

三、諸職官特指該官經文内容時，加書名號，作爲官職名稱時不加書名號。

四、明顯的版刻所用俗字，及顯誤訛字，徑改不出校。

五、經文斷句，盡量以郝敬注文體現出的理解爲準。

囿於學力有限，點校難免有疏誤之處，乞請讀者不吝批評指正。

目録

周禮完解卷二

周禮完解卷三

周禮完解卷四

周禮完解卷五

周禮完解卷六

周禮完解卷七

周禮完解卷八

周禮完解卷九

周禮完解卷十

周禮完解卷十一

周禮完解卷十二

周禮完解

京山郝敬著　男千秋、千石校刻

讀周禮

《周禮》非闕也，而世儒以爲闕也；《考工記》非補也，而世儒以爲補也。非闕而使人疑其爲闕，非補而使人疑其爲補，是書所以奇也。五官之文直而正，《考工》之文曲而奇，人疑其裁自兩手而不知其同也，是書所以愈奇也。世儒謂漢儒補《記》，謂周公作五官，夫五官非聖人之作，而《記》亦非漢儒所能補，其諸六國處士之學，其縱横之言乎？

世儒以六官錯雜，疑其爲後人所亂，如《易》以《彖》《象》附爻、《詩》《書》以序附各篇、《春秋》以傳附各年之類。夫《易》《詩》《書》以類附，爲便觀省也，五官錯雜，何爲者耶？朱仲晦疑其爲草創，夫官屬三百六十，條分縷列，無所不具，獨一編次疑爲草創，此求其說不得耳。蓋是書取灋天地四時，天地之運成于五，五爲參兩之合，天惟五行，人惟五事。是書六官以配天辰十二，省司空官屬以灋五行而用五數，非闕也。曰：然則宜散天官于五官可也，以冬官分寄何也？曰：冬官主事，而四時惟冬無事。萬物冬藏，故其官爲司空。唐虞司空揔百揆，即古之冢宰。天無爲而冢宰知始，冬無事而司空代終，故司空散寄於五官，即冢宰兼攝乎百職也，司空兼考，冢宰兼職，一也。故《易》數水爲天一，道家以水爲上德，終始五德，莫大乎水，是以冢宰繼天，司空治水，功德同也。陽分六官以成歲序，陰省冬官以灋五行，亦猶易數五而爻用六。作者以此變幻其旨，隱晦其文，蓋天所以能爲萬物主者，唯其不顯；君所以能爲萬民主者，唯其不測。不測之謂神，不顯之謂德，故乾元用九，潛而勿首，此作者之意，而世儒以爲錯簡，正墮其雲霧中矣。

《周禮》之事，莫大于體國經野。擇土中，建王畿，分九服，制鄉遂稍縣都鄙，皆地官之事也。世儒謂當移屬司空。若移屬司空，則地官不爲虛名乎？夫水土國邑，本皆地事，司徒既爲地官，則不得不任地事。地官既任水土國邑，則冬官之闕，亦不得不闕，非偶闕也。其餘惟有城郭、宮室、器用，司空自宜任之，然以之設官不足，故别記工人以補司空，亦不得不補，非强補也。

六官異事，而未始不相通。四時異序，而物生有早晚，氣候有遲速，造化人事之自然也。故冢宰掌百官，而司勳、司禄又不屬冢宰；司徒掌賦役，而職歲、職幣又不屬司徒；宗伯掌禮儀，而行人、司儀又不屬宗伯；司馬掌防禦，而司門、司關又不屬司馬；司寇掌刑禁，而司虣、司稽又不屬司寇。事爲之官，官無專事，長必有貳，貳必有屬，一器一用，一泉一布，關通數職，無獨遂之權。如人一身，大小相維，四體并運，有如手持而足不前，耳聽而目不視，則支離偏枯，失其常度矣。今欲分疏六官，變易昔人之舊，以合後世六曹之例，安知今人之是，而古人之非乎？是或一道也。

四時五行，造化之秘，羲、文作《易》，禹、箕敘疇，皆取諸此。春秋以還，處士横議，譚天炙轂，譎詭譸張，揣摩飛鉗之説，莫不援引五行，而六經道裂，實由于此。是書之作，經緯禮樂名物、綱紀治教，察其施爲次第，實根本五德始終之意，學術源委，可得而窺矣。

是書大抵欲使人主安富尊榮，崇體執要，如天運于上，而以作爲之勞盡委于地，春佈其德，夏揚其威，秋收其利，冬考其成。名實歸于富强，而機謀主于隱密，運于九地之下，而發于九天之上，管子所以霸齊，商君所以强秦，皆是物也。

儒者謂《周官》之重在冢宰，不知所重實在司徒，其言曰：「惟王建國，體國經野，設官分職，以爲民極。」人主所以設官分職，爲土地也，爲人民也，司徒主人民，地官主土地，則是人主所持力者，無如地官司徒爲重，故其事獨煩，其屬多于五官，以此。

司空掌水土，自唐虞世已然，司徒之爲地官，則自《周禮》始耳。雖然，非是書始也，昔者聖人作《易》，地水爲師，水地爲比，水藏于地，兵藏于民，其道一也，故古之治師者，寓兵于民。及戰國韜鈐之家，飾《易》説爲陰符，乃有奇門遁甲，八卦飛伏，隱怪恢譎之譚，是書所用，其微旨與！

人君合五官爲主，造化合五氣爲天。《易》曰：「天德不可爲首。」故王無名，而冢宰首六官。司徒、宗伯、司馬、司寇如四體也，天官有統而無爲，萬物皆附于地，生長收成，皆聽命于春、夏、秋三時，冬官無事而有終，自然之灋象，非强作也。

世儒謂冢宰主爵禄官人，故其任重，不然也。古者興賢進能，爵人禄人，皆司馬之事，爵禄亦一事耳。冢宰無事不兼，故曰天官，所謂衮職也。王以官寄天，天以官寄四時，人主所以善藏其用也。故夫乾者居西北者也，西北者，無事之鄉也。

六官之屬，原無錯簡，作者意緒，曉然可尋。支干家以丑屬牛爲土，故地官之屬有牛人；雞司旦，故春官之屬有雞人；未屬羊，故夏官之屬有羊人；戌屬犬，故秋官之屬有犬人。四畜分四官，其説本荒陋，然世儒以爲錯簡，議改訂，則非其本意矣。

世儒謂司徒掌五教，司空平水土，議改正，必若此，則宗伯當爲司徒，而司空稱地官可也。今既以司徒充地官，則地官之兼水土，其義甚確。蓋世主所求多者唯土地，而堪輿有空亡之忌，遊士滑稽，逢迎世主，因以水土合德，併歸司徒，所謂揣摩飛鉗之旨，不足深究也。

儒者曰：六官既立，百度乃貞，周公制禮之大經也。此本《尚書·周官》以論《周禮》。夫《周禮》六官，非《尚書》之六官也，周官立冢宰、司徒、宗伯、司馬、司寇、司空，未嘗分天地春夏秋冬也；設官分職，未嘗辨方正位，體國經野也；六官整齊，未嘗奪冬官之屬，散之五官也。是書用《尚書》之名而變幻其旨，盡天下之事以爲官，官天下之人以爲禮。禮云禮云，官云乎哉？官不可以爲禮，況以爲經禮也。

《周禮》隱藏冬官，錯列六屬，牢籠百世學者，即此便是縱横之習，詳觀其布置經營，全似管子内政，蓋其學本宗聖，而雜以刑名功利，焉可誣周公也。

《周禮》非專爲禮設也。孔子曰：「道之以德，齊之以禮，有恥且格；道之以政，齊之以刑，民免而無恥。」周官三百六十，惟政與刑耳，如司徒之十二教、宗伯之五禮，亟數其物，而按其涖官行事，未有教民之實蹟、孝弟仁讓之實事，故《周禮》之禮，未可爲禮也。

禮在天地間，惟三惟五。父子、君臣、夫婦，唐虞氏所謂三也；益以昆弟、朋友，仲尼所謂五也。五者，天下古今常行不易，所謂大經也，其曰「禮儀三百，威儀三千」，奉此周旋，節文斯五者而已。鄭玄謂《周官》爲經禮，夫官可以爲禮乎？大宗伯之五禮，是書變換其説，而鄭玄執以爲周公之禮，豈周公之禮，又異于堯、舜、孔子之禮耶？大抵禮教不明，一壞于聖遠經殘，百家補葺，淆亂而失真；再壞于鄭玄輩好信寡識，附合以求同；三壞于近代迂儒，妄生疑惑，紛更以亂舊。學者非超然玄覽，烏能自得師乎？

作是書者，蓋周衰好古之士，不得有爲，技癢求試，故言多摹古，而雜用術數，舛謬踳駁，什常八九，然以自鳴于百氏之林，亦鐵中之錚錚者矣。蓋其去古未甚遠，先王規制遺文，猶有存者，今學士欲考古，舍此何適？雖未即真，喜其近似耳。

凡讀書，明白易簡者，聖賢之大道也，其煩瑣隱僻者，百家之小術也。《周禮》與大道，相違遠矣。六經言道德，是書專言名法；六經之辭易簡，是書之辭冗僻。

《周禮》之不可爲經也，不在五官之錯亂，而况五官本無錯亂也，今儒者亟議改訂，苟改訂矣，《周禮》可遂行乎？且如《司徒》鄉老一職，而公卿大夫至下士，凡一萬八千七百五十人，一市之中，商賈幾何？司市官屬，凡一百四十二人，一商之肆，自肆長至史二百有十人，行此瀼也，騷擾煩苛，民其能堪乎？此管、商縱横什伍嚴密之政，學者覩其節目，不通其大綱；喜其文字，不思其義理；見其布置，不察其謀爲；覩其名法，不窮其源委，猥以爲周公致太平之書，及其舛迕不通，反疑爲後人錯亂，而不知是書之不可用者，不在文辭之錯亂，而在事理之踳戾，其所以眩惑後世者，不能掩其事理之踳戾，而特譸張于文辭，使人不可端倪耳。今即如世儒所訂六官，一一整齊，按其職以設官，執其數以用人，六官之屬十萬，糜沸蟻動，官多民少，豈能一朝居。不深惟其事理，而徒以錯亂掩其謬戾，左矣。

讀《周禮》而後知道德功利、周、孔、管、商之分，疑似之間而已。蓋綱紀灋度，爲治之具也，挾智用術，遂至蝟毛繭絲，煩苛百出，則是以灋度搰亂天下也。權謀之家作俑，使任放之徒借口，歸咎于聖人，綱紀灋度，以爲枝指懸疣，君子所以惡莠之亂苗也。自秦以前，百家横議，苞稂害其嘉穀；自漢以後，諸儒承訛，魚目溷其夜光。經術不明，其來已久，理學諸儒，自謂千古旦暮，詆空寂爲異端，而陰用二氏，默坐澄心以爲道；斥管、商爲功利，而誤認《周禮》，名法縱横以爲經，唯之與阿，相去幾何？是以窮經必先知道也。

六經者，古聖人治天下之道，是書則後世治天下之灋。天下神器，可以道御，不可以計算約束而望其必理也。聖人貴道不貴灋，後世之治，純用《周禮》，正貳殷輔，簿書期會，把持約束，使上下竭蹶稟承，姦猾不敢舞其文罔，固灋使然，而實意朘削，虚文相掩，無事則苟且蒙敝，有事則頹塌不復振，灋亦無如之何矣。故孟子曰：「徒灋不能以自行。」《周禮》之書，徒灋而已矣。

是書所言，高者不過古人名物度數，卑者則簿書泉穀、米鹽細瑣而已，雖有仁義道德之名，歸于功利富强之實，名爲禮而實與禮無涉，學者無卓識，隨人贊和，則千古無旦期矣。嗟夫！讀《周禮》而不知其非周公之書者，暗也；明知其非周公之書，而不敢質言者，欺也。聖凡雖隔，不越此心，學者求信諸心而已。

行《周禮》之瀍，平居一出一入，皆有撿押，民間一泉一布，一馬牛，一車輦，皆有稽比。閭閻隸胥，絡繹四時，會要徵求，訖無寧日，民生其世，如魚遊鼎釜，憂生理之蹙，而覺宇宙之爲隘，儻周公太平之書，然與？否與？

六官之屬，皆詳于王畿，略于侯邦。王者以四海爲家，瀍令獨詳于千里之内，則是偏枯之政，霸者富强之私耳。故夫《儀禮》詳于士大夫，略于天子，《周禮》詳于王國，略于諸侯，謂天子以下可降而推，大夫以上可遡而考與？其實皆衰世補葺杜撰之書，非先王之明刑也。

《周禮》之爲周公，亦猶《左傳》之爲左丘明也，周公未嘗爲禮，左丘明未嘗爲傳，好信者耳食其名，爲訛而已。忠信曰周，大道曰周，始終循環亦曰周，語云「周旋中禮」，豈亦謂周公中禮與？觀其言曰「惟王建國，辨方正位」，以五行八卦爲方，以天地春夏秋冬爲位。五氣循環，周遊不息，故曰周，術家以天闕西北，爲不周之方，故是書託始于天而闕冬，象之藏冬于地，以應坎之鄰乾。鄒衍、鬼谷輩所謂終始五德之運，以道術爲滑稽，禮瀍爲詼諧，故其言本備，而毁以爲殘；其數本條，而紛以爲錯；其事本顯，而遁以爲隱；其文本周，而詭以爲不周，更自名曰《周禮》，將以濫竽于夏商二代之間，而世儒信以爲周公之禮，幾不爲其所揶揄也乎？

○學古貴通方，執一隅而譚《周禮》，宜其不解也。如《秋官》穴氏、翨氏、壺涿〔一〕、赤友之類，本謂政至秋而治定功成，四方皆已削平，惟是籬壁之間，草木蟲蟻之妖，莫不皆有銷磨厭勝之術，以其滑稽，運其權謀，未可拘拘然核其實也。必執事以論官，執文以求解，若何而可，儒者不達，妄謂從聖人廣大心胸流出。夫炮土之鼓，救日之弓，聖人廣大心胸中，何得有此等物，可笑也。

爲此書者，借古人影像，鋪張自家胸臆，所載典禮名物，半真半贋，不可質辨，但覺瑣碎杜撰處多。又其道尚鬼，凡名法必先鬼神，大宗伯掌禮，鬼事强半，若先王之禮專爲事鬼設者，故卜筮巫祝，皆屬禮官，其言荒誕，違民義之訓。鄭玄崇信讖緯，極力從臾，以爲周公之作，附合三代故事，多爲說而終難强通。善讀《周禮》者，以《周禮》讀之耳，不必問周公也。

六官名法，多因先王舊典，補葺成章，其間馴雅正大可通行者，是先王之舊也，其瑣碎拘泥，煩複不近情者，後人之補造也。故知變通損益之宜，有玄覽獨照之識，然後可與言《周禮》，不然，則其利天下也少，而其害天下也多。

按是書所詳者名數，而名數不可盡拘也。六官之屬三百有六十，其人凡七萬有奇，無常數者尚不與焉。則是王朝庶官，日食十萬人，以推之列國，一一按灋用人，盡天下之人以爲官，亦不足矣。蓋其所言，不在人而在官，不在官而在灋。因數之多寡，以誌事之輕重，借官之秩序，以寓灋之詳委。

〔一〕「壺涿」，原作「涿壺」，據《周禮》原文當作「壺涿」。

其所記典故名物，不必皆有，而時或杜撰以足數，其言若迂濶，而究其旨有所切指；其名似懇款，而按其事不必實用，所言在此，而意或出于彼，要者反略，而其不要者反詳。如司馬諸職，多爲軍伍設，而職目所云，多非其正；司寇之屬多隱語，司徒治地居民，大抵與司馬相表裏，皆縱横押闔之灋。善讀者覩其大綱布置，以會通其旨，至于目中隱顯出没，旁及其餘而不直指其端者，亦可因一隅而窺其全矣。

讀是書者，觀五官布置、經緯錯綜之意，脩内謀外、藏鋒蓄鋭之機，令行禁止、除姦剔蠹之灋，課功計吏、勵精振作之權，理煩治劇、通明練達之識，秦漢而降，論吏事，未有能過之者。若夫區區辨六曹之職掌，訂簡編之殘闕，是守章句之鄙儒，抱案牘之迂吏，烏足與譚《周禮》乎！

從古有治人，無治灋。所謂人者，非取備數而已，周官之屬，多至十萬，豈先王爲政在人之意。孔子曰：「爲政在人，取人以身，脩身以道，脩道以仁。」是書但知用人，而不務取人之本，但知官備則政立，而不思人得然後官舉。苟徒具官而不察其人，人愈多而官愈冗，官愈冗而事愈廢，以此望治，不可得已。

世儒稱《周禮》精詳，其實鶻突。如大宰之八灋、八統、九式、九兩、六敘、八成、六計，司徒之十二教、十二荒政，大宗伯之五禮，司寇之五刑，士師之五禁、五戒，皆徒有其名，而不詳其施行。如司服之五冕、五弁，司弓矢之六弓、四弩、八矢，王、弧、夾、庾、唐、大之類，亟數其物，而不詳其制。使後世訓詁之士，懸空猜度，猜度不中，詭曰「古有是禮，今亡矣」，而不知古亦未必有是禮也。前人杜撰作之，後人杜撰解之，今人又以杜撰改訂之。嗟夫！五齊三醴之說未明而議祼獻，袞冕裼襲之說未明而議服色，禘祫朝廟之說未明而議祭享，井牧之說未明而議賦役，耳食鄭康成之陋而議考訂，五十步百步，可笑等也。

《周禮》之要，在體國經野，故其任莫重于地官。宅土中以建王畿，制鄉遂、稍縣、都鄙以治內，分侯、甸、男、采、衛、蠻、夷、鎮、藩以治外，內爲井、邑、丘、甸以正其賦，比、閭、族、黨以居其民，伍、兩、卒、旅以寓其兵，外爲朝覲會遇，三年、五年、六年之期以序九服，此《周禮》之大端也。故鄭康成謂爲周公既營洛邑，作此以授成王。然則皆周家已試之成灋乎？而考成王盛時，未嘗一日都洛也。周之都洛，自平王始，平王都洛而周道衰矣，諸侯不朝，王政不行，六百里之畿封，安所得鄉遂都鄙、井邑丘甸之灋，朝覲會同、九服時見之禮？「體國經野」託諸空言，而「設官分職」亦可知已。作者以意見揣摩，世儒以爲實然，豈非好信之過乎！

《周禮》非聖人純粹以精之書，然作者雄材大略，亦自不可當。質有瑕玖，文有純駁，理有是非，事有得失，自其本來。鄭康成妄擬周公，世儒閧然附和，遇紕繆輒歸咎于後儒之錯亂，嗟夫！後儒何能措一手也！謂後儒措手而亂之已非矣，又謂後儒措手而改訂之，其將能乎？朱元晦篤信好學，志大識短，欲考正六經，而其爲《周易本義》，疎淺無當，改《毛詩》古序，篇篇成錯。晚議變置《三禮》，割記以附經，未果，而世儒承旨，鹵莽磔裂，毀前人之舊章，違作者之初志。譬如補器，始猶微罅，今支離破碎，不復足觀矣，昔人所謂可痛哭流涕者也。

說者謂六官闕司空，以《考工記》補之。今觀其函蓋吻合，原非增補，其辭氣矯然先秦戰國風調，漢興，陸賈諸人不能辨〔一〕，而求諸建元以後，愈不合矣。自是本初，決非添設，就使添設，亦即作《周禮》者有意爲之，非後人所能辨〔二〕也。其器即五官所用之器，其濩即五官所共守之濩。五官之屬三百三十有六，《記》之工二十有四，合之適滿三百六十，五官之屬闕十一，而《記》之工闕六，謂爲偶爾，抑何其天然符合也。《戴記·曲禮》下篇亦有五官、六工之説，與是書正同，故《周禮》非闕，《考工記》非補，所以小變其體者，如樂終亂之以武，如六師振旅，正出奇歸以極文章之變。使《周禮》無《記》，五官方幅，何異除目，是書所以變而愈奇也。

《周禮》有《考工記》，亦猶《儀禮》諸篇終各繫以記也。世儒不疑《儀禮》之記爲添補，何獨于《周禮》疑之？至《戴記》四十九篇，世儒欲以分附諸《禮》，非其記者，欲强爲記以附經，其爲記者，又欲離經以割記，顛倒疑惑，訖無定識，徒爲智者所竊笑耳。

術家之事尚陰謀，故《周禮》精神，全注于冬官。夫人日用而不知者，惟器爲然。《易》曰「形乃謂之器，成而用之謂之濩，民咸用之謂之神」，孟子謂「一人之身而百工之所爲備」，五官之事，誰非工也？故其言曰「國有六職，百工居一」，藏神于器也。冬，水司令而水反涸，天下之物，柔而

〔一〕「辨」，《續修》本、《存目》本作「辦」，顯誤，從日本國會圖書館抄本改作「辨」。

〔二〕「辨」，《續修》本、《存目》本作「辦」，顯誤，從日本國會圖書館抄本改作「辨」。

善藏者惟水，天一生水，乾初主潛，故司空主事而無事，《周禮》之秘在司空。

朝廷之事，莫非工也，國家之用，莫非器也。工以人代天，器以用前民，凡《記》所列城郭、宮室、車旂、弓矢、戈戟、鐘磬、筍簴、玉帛之類，六官禮樂征伐咸用之器具矣。六官分布其體，《考工》閱實其用，有官無考，則其器苦，官具而器不中程，則其工曠。是以有五官，不可無《考工》也。

六官名屬次第，如《春秋》之有經，《詩》《書》之有古序，一書之綱領也。舊本置之篇端，後儒疑有錯誤，不知其所經營正在此。至于各職繫事，如綱之有目，吴幼清考訂《三禮》，削而不用，讀其職事，而不知其官爵之崇卑，人數之多寡，與夫宦寺、婦女、工賈、奚奴之異，何以辨其職事哉！朱元晦改《詩序》，黜《易・序卦》，其敝與此同。今引以貫各職之前爲綱，分繫其事爲目，庶讀者便觀省焉。

凡禮者，義而已，古今不同時，而禮可以義起。《三禮》所載，不必盡同，損益之義，百世可知，學者兩端用中，較若畫一。茍穿鑿比擬，如前之爲訓詁者既非，妄臆改訂；若今之爲考註者尤謬，斷鶴之頸以益鳬，裁狗之皮以補貂。豈惟喪其舊觀，亦且乖其常理，不知而作，其斯之謂。

鄭康成解《周禮》多紕謬。有本文明白易曉，而注反牽强不通者，如《天官・掌次》「設皇邸」，皇者，美大之稱也，鄭註云染鳥羽象鳳凰色爲屏風。《玉府》云「王之獻金玉、兵器、良貨賄」，本謂王所受諸侯之獻也，鄭註云王作以獻諸侯。《小司徒職》云「凡征役之施舍」，施謂加役，舍謂免役，故《論語》云「君子不施其親」，謂親者免役也。顔淵曰「勿施勞」，謂不以勞役加人也。故《國語》云：「聖人之施舍也議之。」鄭註「施」作「弛」。《牛人職》云「祭祀共其享牛，求牛以授職人而芻之」，本謂祭享用牛，求牛之純全者，授充人芻養，待用也。鄭云享牛祭日用之，求牛明日繹用之，則是二牛也。《地官・司市》云僞飾之禁，商賈民工各十二，大較分數然耳，鄭謂爲四十八禁，引《王制》不粥于市等語實之，外少十二，以爲未聞。《天官》九嬪、世婦、女御，本皆職官内臣也，鄭以分奉王寢半月而週。后土本即社神，鄭謂句龍爲后土，死而配享于社，非即社也。《秋官・士師》祭勝國社稷爲之尸，本謂刑屬金，殷金，周火德勝之，故以刑官爲亳社尸，鄭謂「爲」爲略之。《春官・掌客》諸侯饗禮十有二牢，本謂諸侯饗天子，數用十二，鄭謂爲王饗諸侯。《秋官・閩隸》云「掌子，則取隸焉」，本謂閩隸掌養鳥子，公用鳥子，則取于閩隸，鄭謂王立世子取隸卒。《秋官・大司寇》禁民獄訟，訟有罪即是獄，鄭謂以財相告爲訟，以罪相告爲獄。《秋官・蜡氏》掌除骴，蜡即八蜡之蜡，與魚腊之腊通，骴骼之乾者爲腊，鄭變作蠅蟲之蛆。《司烜氏》掌火烜，即《詩》「赫兮烜兮」之烜，火明也，鄭變作衛侯燬之燬。《庶氏》掌除毒蠱，庶者痊可之意，鄭變作藥煑之煑。《春官・甸祝》「禂牲禂馬」，禂與禱同，祈也，《詩》云「既伯既禱」，「既差我馬」，謂禱牲求獲，禱馬求健，鄭變禂作伏誅之誅。《秋官・掌囚》云「中罪桎梏」，械在頸曰梏，如《春秋傳》宋樂轡以弓戲梏華弱，《周易》童牛之牿，皆在首也，鄭謂在足爲梏。《秋官・士師》荒辨之灋，令民通財糾守，緩刑治獄訟，即是辨治凶荒之灋，鄭謂「辨」作「貶」。《冬官・桃氏》爲劍設其後，謂手所把之後設首也，鄭訓設爲大，賈氏因引《易》「長裕而不設」附會之。畫繢之工山以章，本謂山高，設色宜章明也，鄭謂

「章」作「獐」，畫山當畫獐。《天官・大宰》懸治象，「挾日而斂之」，挾與夾同，間一日謂之挾，蓋三日也，鄭變「挾」作「浹」。《天官》九式曰匪頒之式，匪與斐同，文貌，《詩》云「有匪君子」，細而均故文，鄭變「匪」作「分」。《宮人職》云「除其不蠲」，蠲，潔也，鄭因《儀禮》「圭爲而哀薦」之語，變「蠲」作「圭」。《冬官・弓人》云：「弓有六材，維幹强之，張如流水，維體防之，引之中參，維角牚之。」六語三韻，二句相連，鄭以「維幹强之，張如流水」爲句，解云「無難易也」；「維體防之，引之中參」爲句，解云「納槃中也」。凡此之類，豈非文義本明白，而鄭解反不通者乎？亦有文義不明，而鄭誤猜者，如《地官・媒氏職》云「禁遷葬者與嫁殤者」，本謂夫妻合葬，信堪輿之説，改域別遷，男女幼未可婚，信禄命之説，早嫁免殤，皆非禮也；而鄭謂生非夫婦，死相從爲遷葬，女未嫁死與男合葬爲嫁殤。《天官・内饔職》云：「馬黑脊而般班臂，螻。」按：《内則》「螻」作「漏」，馬蹄瘡如蟻孔曰漏，螻蟻也，鄭謂馬肉螻姑臭。

又《瘍醫職》云「腫瘍之祝藥」，祝，斷落也，猶祝髮之祝，凡瘡靨落則痊，鄭變「祝」作「注」。《地官・族師》「春秋祭酺」，酺，醵也，合出錢飲酒曰酺，即漢漊賜大酺，鄭變酺作步，爲馬祟之神也。《地官・遂師》大喪「及窆抱磨」，古者窆用甓，磨礲用之，王葬則遂師抱磨，示躬役也，鄭變「磨」作「歷」，謂抱策歷數執紼人名也。《冬官・玉人》大圭「杼上終葵首」，杼、杵同，猶《輪人》爲輪，「行澤者欲杼」之杼，謂圭形上剡而圜如杵。終葵，即《爾雅》所謂繁露，《本草》謂之冬葵，即終葵，冬，終也。今之黄葵秋開者，其花葉大，得露多，故稱繁露，葵性朝日茈下，天子爲道揆之首，故刻葵圭首，猶《蓼蕭》之零露，澤及四海也。鄭謂「杼」作「舒」，引齊語「椎頭」終葵徵，是以《爾雅》「中馗」當終葵，以菌當葵也。《夏官·司兵職》「建車之五兵」，本謂車上建立戈、殳、戟、酋矛、夷矛。五，不言弓矢者，弓矢不可建立，而車中自有弓矢。《詩》云「不失其馳，舍矢如破」，又云「公車千乘，二矛重弓」，鄭謂步兵之五兵無夷矛而有弓矢，車之五兵有夷矛而無弓矢也。《冬官·輈人》云「輈欲其頎典」，又云「馬不契需」，頎，長也；典，堅也，謂車轅欲其長而堅也。契與喫通，猶食也，需與擩通，煩撋也，謂輈良則馬不受其煩撋，鄭變「頎典」作「懇殄」，變「契需」作「怯懦」。《輪人》云「殷畝而馳」，殷，隱也，車行疾聲，《詩》云「殷其靁」，鄭解殷作橫行。又《車人》云車渠，渠與規通，謂輪週迴也，鄭謂渠爲輪牙。又《弓人》云「弓而羽殺」，凡弓隈曲處稍薄曰殺，弓柎無力，則兩隈動摇，如鳥羽也，鄭變「羽」作「扈」。又《弓人》「斲目欲荼」，荼，茅秀，和柔也，故《玉藻》諸侯笏之不挺直者爲荼，木節挺直，斲之使荼，鄭變「荼」作「舒」。《玉人》「駔琮七寸……天子以爲權」，駔之言粗也，市儈之稱，駔善評物價，故權物之琮謂之駔琮，鄭變「駔」作「組」。如此之類，皆文義不明，而鄭遂誤猜者也，其他不及枚舉，附見各章。

周禮官職實録

天官之屬實六十有三

大宰 小宰 宰夫 宮正

宮伯 膳夫 庖人 内饔

外饔 亨人 甸師 獸人

䱷人 鼈人 腊人以上第一卷 醫師

食醫 疾醫 瘍醫 獸醫

酒正 酒人 漿人 凌人

籩人
醢人
醯人
鹽人
冪人
宮人
掌舍
幕人
掌次
大府
玉府
内府
外府
司會
司書
職内
職歲
職幣
司裘
掌皮
内宰
内小臣
閽人
寺人
内豎
九嬪
世婦
女御
女祝
女史
典婦功
典絲
典枲
内司服
縫人
染人

追師　屨人　夏采（以上第二卷）

地官之屬實七十有八

大司徒　小司徒　鄉師　鄉老

鄉大夫　州長　黨正　族師

閭胥　比長　封人　鼓人

舞師　牧人　牛人　充人（以上第三卷）

載師　閭師　縣師　遺人

均人　師氏　保氏　司諫

司救
調人
媒氏
司市

質人
廛人
胥師
賈師

司虣
司稽
胥
肆長

泉府
司門
司關
掌節

遂人
遂師
遂大夫
縣正

鄙師
酇長
里宰
鄰長

旅師
稍人
委人
土均

草人
稻人
土訓
誦訓

山虞
林衡
川衡
澤虞

迹人　卝人　角人　羽人

掌葛　掌染草　掌炭　掌荼

掌蜃　囿人　場人　廩人

舍人　倉人　司祿　司稼

舂人　饎人　槀人以上第四卷

春官之屬實七十

大宗伯　小宗伯　肆師　鬱人

鬯人　雞人　司尊彝　司几筵

天府　典瑞　典命　司服
典祀　守祧　世婦　内宗
外宗　冢人　墓大夫　職喪以上第五卷
大司樂　樂師　大胥　小胥
大師　小師　瞽矇　眡瞭
典同　磬師　鐘師　笙師
鎛師　韎師　旄人　籥師
籥章　鞮鞻氏　典庸器　司干

大卜　卜師　龜人　華氏
占人　簭人　占夢　眡祲
大祝　小祝　喪祝　甸祝
詛祝　司巫　男巫　女巫
大史　小史　馮相氏　保章氏
内史　外史　御史　巾車
典路　車僕　司常　都宗人
家宗人　凡以神士者以上第六卷

夏官之屬實六十有五

大司馬　小司馬　司勳　馬質
量人　小子　羊人　司爟
掌固　司險　候人　環人
挈壺氏　射人　服不氏　射鳥氏
羅氏　掌畜以上第七卷　司士　諸子
司右　虎賁氏　旅賁氏　節服氏
方相氏　大僕　小臣　祭僕

御僕
隸僕
弁師
司兵
司戈盾
司弓矢
繕人
槀人
戎右
齊右
道右
大馭
戎僕
齊僕
道僕
田僕
馭夫
校人
趣馬
巫馬
牧師
廋人
圉師
圉人
職方氏
土方氏
懷方氏
合方氏
訓方氏
形方氏
山師
川師
邍師
匡人
撢人
都司馬

家司馬 以上第八卷

秋官之屬實六十有一

大司寇　小司寇　士師　鄉士
遂士　縣士　方士　訝士
朝士　司民　司刑　司刺
司約　司盟　職金　司厲
犬人　司圜　掌囚　掌戮
司隸　罪隸　蠻隸　閩隸

象胥　掌客　掌訝　掌交

朝大夫以上第十卷

冬官工人實二十有四

輪人　輿人　輈人　築氏

冶氏　桃氏　鳧氏　㮚氏

函人　鮑人　韗人　畫繢

鍾氏　㡛氏以上第十一卷　玉人　磬氏

矢人　陶人　旊人　梓人

廬人　　匠人　　車人　　弓人以上第十二卷

按：《小宰職》云六官之屬三百六十，今撿其職事，天官之屬六十有三，地官之屬七十有八，春官之屬七十，夏官之屬六十有五，秋官之屬六十有一，冬官之工二十有四，合之適滿三百六十有一，此皆有文有事可據，六官之實數也。周天之數，三百六十，今多一者，天官冢宰不列三百六十內，以象天而尊王也，如《易》大衍五十虛一，此羸一也。故官府六屬不繫于冢宰，而繫于小宰，其意可知。撿原數地官多一，夏官秋官各多五，冬官工多六，而皆有官無事，稱爲闕文，果爾，則又不止三百六十。是書變幻多端，但核其實，意自曉然，冬官之闕非真闕也，諸屬之闕，又烏足信乎？

周禮完解卷一

郝敬 習

《周禮》一書，儒者雜陰陽名法家，所爲治天下之瀍，根本術數，而依附禮經，襲用八卦方位、五德始終之運，配以《尚書·周官》六職，推廣其條爲三百六十，以合周天之數，陽匿其端，使參差離散，若爲古禮殘缺不周者，而詭名曰《周禮》。孔子嘗自言「吾學周禮」，將遂以此濫竽于公旦之作，其滑稽之雄者與！天地定位，四時成序，《月令》明堂十二居，五氣周流，亦即此意。而其名實變幻，莫可端倪，于各官首，輒云「辨方正位，體國經野」，引而不發，使數千年來，罔象索之而不獲，亦甚奇已。

天官冢宰第一

天官何也？五氣之運始于水也。主水而曰天官，何也？八卦乾爲天，位居西北，秋氣至乾堅凝，一陽動于子，而坎水生，爲乾初氣，所謂天一也。故圖書之數，一居北，父無正位，而子用事，君無爲而冢宰代天，體至剛而用至柔，老氏曰「上德若水」，曆家黄鐘當子爲君位，故冢宰代君稱天，首六官也。冢，大也，山頂曰冢，山大而頂在上，太上之稱。宰，猶尹也，割正之名，即古百揆。阿衡，後世之平章也。

按：周天十二辰，三百六十日，冢宰首六官，統三百六十職，故是書稱天官。然天何可以名官？官，有司也，有司職詳，而天無爲，王亦無爲。《春秋》繫王于天，惟天爲大，惟王則之，官稱天，其何以稱王？今以六官取象天地四時，于義亦未協也。考其所屬，天官之屬不皆天，地官之屬不皆地，四時亦然，冢宰既官天，統四時，又與五官分曹並列，其于天之義，亦未甚協也。庖廚、醫藥、縫染，豈官天者所宜司；而或者謂王起居服御，宫禁内天官宜爲主，然輔養君德，調燮庶政，事亦多矣，何獨庖人、縫人之類。本欲交掣其權，陽縱陰操，託天時氣運，以寓縱横之義云爾，非如後世六曹分隸之謂也。《記》曰「政者，聖人所以藏身之固」，王無位而散爲六官，六官散爲三百六十，三百六十合爲六，六藏爲五，五旋爲一，微顯錯綜，皆陰陽名法，飛箝押闔之旨，所以爲藏身之固，而讀者不解，疑爲錯亂，則正墮其雲霧中矣。冢宰先六官，即後世宰相總百職，漢以吏事責三公，唐以宰相領度支，皆師此意。元吴澄氏謂冢宰非宰相，引《尚書·周官》三公三孤，坐而論道者爲宰相，不知《周禮》《周官》，均之非古，不可相徵。冢宰稱天，權兼六官，非宰相而何？所以與六卿並列者，誠不欲冢宰專制六卿，以防偏重，立瀍之意，過漢唐甚遠。六官任天下事，又使無事之公孤，坐而彈壓，則六卿不得關其職矣，且所論何道，所道何事，豈道外别有事，事外别有道與？大宰六典，司徒十二教，宗伯司馬，禮樂征伐，非道與？大宰不可論，必三公三孤，然後足論與？天官冢宰，名位已極，冢宰而上更置宰，天官而上更設官，其名義亦不似，周公、召公爲冢宰、司空兼師保，稱公，即六卿之耆碩者，非别有公孤在六卿上，自爲宰相者也。主國計，理財賦，正乃先務，豈其坐而論道者，遂一切不關天下事與？大抵古治天下，道與事、政與學爲一；後世治天下，道與事、政與學爲二。士貴學賤政，官左政右學，館閣謂清秩，錢穀謂冗司，經筵體崇，簿書職卑，宰相與六卿禮絶，而治道漸不如古矣。東晉尚清譚，南宋宗理學，豈不論道，究竟何益？古稱無爲而治者，豈坐而論道之謂與？苟以是書爲聖人之舊，一切泥其灋爲政，非也；其以是書爲非聖人之舊，一切毀其灋爲政，亦非也。善乎孟氏有言：「徒灋不能以自行，徒善不足以爲政。」學者苟會其義，何必《周禮》然後能治天下哉？

惟王建國，辨方正位，體國經野，設官分職，以爲民極。乃立天官冢宰，使帥其屬而掌邦治，以佐王均邦國。

首稱王，六官共宗也。建，健也，立也，《易》云「天行健」，健，乾也，乾爲天爲君，國者君所自立，惟健能立，故是書以明作爲體，以名法爲用，以綜核爲政，以富强爲業。六官首言「惟王建國」，能建國，所以爲王也。「辨方正位」四語，全篇要領，天地有八卦之方，九宫之位，天有九野，經以二十八宿，其説雜見占候、堪輿等書，人君辨別方位，體此立國，如列宿經絡九野，天地四時之官所由設，而三百六十職所以分也。蓋辨方正位，灋天也；體國經野，制地也；設官分職，治人也。參三才以立極，故能廓然無我，與天下賢才共治，王者中上下四維爲位，合萬國九州爲體，聯六官庶職爲心，如天地四時運而莫見其爲，是書之機略也。邦治，謂一切治邦國之灋，總六官之事而言。其屬，謂小宰以下至夏采六十有三職。均，平也，宰割使平也。

按：是書各篇首稱「惟王」，以明命官之意，篇中不列王位，六官皆王也。鄭氏以周公營洛邑附會，夫興作與官職何涉？必洛邑建而後設官分職，洛邑不建，而官職得已乎？所謂「辨方正位」者，即天地四時之方位；所謂「體國經野」者，即司徒相地中以建王畿，分五則以制內，畫九服以護外，比閭族黨以聯民，伍兩卒旅以寄軍，爲是書機略，然非周公之制也。周未嘗一日居洛，其營土中，爲巡守朝諸侯，均道里，節勞逸耳。天子不居東，雖有前瀍無所用，必若九服，豐鎬正當西方，采衛蠻夷間，公劉至文、武、成、康，下迄幽、厲，世居西土，何待營洛而始建國。故是書爲後人揣摩而作，三百六十職掌，土地、人民、財賦、兵役，皆王畿以内，于鄉遂詳，而于邊鄙略，于王都密，而于侯服疎，殆富强偏霸，肥己瘠人之術，非蕩平天下之遠謨也。

治官之屬

治官，即天官；屬，謂小宰以下職六十有三，其人三千八百二十有一。

大宰，卿一人；小宰，中大夫二人；宰夫，下大夫四人，上士八人，中士十有六人，旅下士三十有二人，府六人，史十有二人，胥十有二人，徒百有二十人。

此大宰一職之綱。是書設官分職，經緯次第，皆見于綱，下繫職事，皆其目也。世儒倒見，疑是書錯亂，欲割此棄之，夫無綱何以張目，今引綱貫目，分目屬綱，庶便檢省，後皆倣此。大宰即冢宰，變冢稱大，首六官爲冢，長本職爲大。卿即大宰，宰有剸割意，有調和意，所以謂治官也。大宰、小宰、宰夫皆職名，卿大夫、士上中下皆品秩，後倣此。小宰副大宰，宰夫副小宰，降至胥徒，遞相爲副，所謂正貳考殷輔之類是也。凡副人數，各加所副一倍，貴者少而賤者衆，尊者逸卑者勞也。旅，衆也，下士獨言旅，人衆也。自下士以上，皆命于王，府史以下，則長官所自辟除。孟子謂「庶人在官者」是也。府藏簿籍，史治書文。胥、諝通，有才智者；徒，役也，徒常十倍胥，胥爲什長。六官自卿至徒爲十等，十者，天地之終數。

按：大宰一職而用人至三百一十有三，是書之作主官人，欲以官該天下事，不知官多，事愈擾，徒設官以分事，不擇人以任官，未有能理者。

大宰之職：掌建邦之六典，以佐王治邦國。一曰治典，以經邦國，以治官府，以紀萬民；二曰教典，以安邦國，以教官府，以擾萬民；三曰禮典，以和邦國，以統百官，以諧萬民；四曰政典，以平邦國，以正百官，以均萬民；五曰刑典，以詰邦國，以刑百官，以糾萬民；六曰事典，以富邦國，以任百官，以生萬民。

自此以下，皆大宰職之目，餘倣此。大宰官天，明代王也，王德不官，故冢宰官天而兼五官，是以有六典。建邦，即「惟王建國」也，凡職必言建邦，共奉王也，君臣相與建立，明作幹理，則政無不舉。邦國，邦畿及侯國，大曰邦，小曰國。治猶爲也，經猶綱也，紀猶目也，皆治意。百官所居曰府，官府謂六官之屬，諸侯長百官，官府長萬民，故治有先後，總五官謂宰，兼五典謂治，經國紀民，不外于教禮政刑事。教典，地官司徒之事。孟子曰：不教民而用，謂之殃民。教有瀀，所以安之。擾，安也，猶治言亂也。禮典，春官宗伯之事。禮行則上下睦，故曰和，統、諧皆和意。百官猶官府，前二官稱府，後四官稱百，殊天地也，體莫尊于天，任莫重于地，故大宰無專職，而司徒兼司空，大宰代王，而司徒代相也。政典，夏官司馬之事。政，正也，征也，征伐以正不正，平、均，皆正意。刑典，秋官司寇之事。刑，形也，瀀也，物刑而后成形可瀀。詰，窮究也，刑百官，示瀀百官也，《詩》云「百辟其刑之」。糾，約束也。事典，冬官司空之事。工作曰事，《記》云來百工，財用足，故曰富。任，責任以事，《考工記》云國有六職，百工居一，坐而論道，謂之三公，作而行之，謂之士大夫。《書》曰：「無曠庶官，天工人其代之。」所謂任百官也。用足而財富，所以生萬民也。

按：教禮刑政事，五者皆所以爲治，司徒、宗伯、司馬、司寇、司空，五官皆總已聽于冢宰。地與春夏秋冬皆運行于天，天地四時皆會同于五氣。天始地終，而六官不言王，天所以退藏于無也；五過則悔，地所以進藏于有也。君退而藏以任其臣，臣進而藏以覲其君。君藏于無，故大宰首五官而獨尊；臣藏于有，故地官虛司空而無屬。君神而康，故潛不爲首；臣形而勞，故終無專成。君藏于無，同心一體，以善用其臣；臣藏于有，勞謙不伐，以善事其君。故大宰曰治，治無專事；司空曰事，事無專治。古之司空總百揆，即後世之大宰也，後世以司空爲水土之司，不知水土之即天地也。吴澄氏考三《禮》，引《尚書·周官》爲徵，夫《周官》與《周禮》，均後人摸倣爲之，烏足以相徵？彼謂冢宰掌邦治，司徒掌邦教，未嘗謂冢宰爲天官，司徒爲地官也；謂宗伯掌邦禮，司馬掌政，司寇掌刑，司空掌土，未嘗以四官分四時也。今既分天地四時，義與《周官》自不相蒙，司徒既爲地官，而不得預邦土，何取爲地？苟司空掌邦土，又加司徒爲地官，不已複乎？此司徒兼司空意曉然，作者欲錯綜微顯，睽以爲合，别以爲附，翕以爲張，不見其形，而陰倐默成，權謀之家，所貴爲治術也。數無奇不耦，氣無閏不齊，日月無錯，不成寒暑，王者無術，不成事功，是書所以體柔用剛，外陰内陽，竄首匿尾，雜施越出，不可方物，貴揣摩而尚陰符之道。是故大宰爲天官，水德資始，含洪淵静，柔而能平，故能斟酌淺深，方圓適中，淡泊玄漠，百度乃和，所以爲大宰。然《詩》《書》論治多矣，皆本諸脩身，要諸知人，而是書六典、八灋、八則、八柄，皆由冢宰詔王行，而初不明冢宰何如人，其言典灋多端，而其所以致君者無一焉，所以自靖者無一焉。得人賢，則旋乾轉坤，惟所欲爲；不賢，則震主竊國，如莽、操、懿、温，由斯作俑矣，烏可以輕嘗試也。

以八灋治官府：一曰官屬，以舉邦治；二曰官職，以辨邦治；三曰官聯，以會官治；四曰官常，以聽官治；五曰官成，以經邦治；六曰官灋，以正邦治；七曰官刑，以糾邦治；八曰官計，以弊邦治。

八灋，冢宰所以治朝廷也。官屬，六官之屬。舉，共舉，天下非一人之任，羣力集，則治可舉。官職，六官所執之事。辨，言辨也，官各執事，則治無不辨。聯，連也，官職雖分，政同一體，此主其要，彼贊其成，相連合也。官分言人，邦統言政。常，常職，人易而職守不變曰常。聽猶待也，待人而任也。成，定規，一定不改曰經，灋以示必守曰正，刑以懲不灋曰糾。計，稽考也，弊，斷也，大計羣吏，以斷優劣也。

按：八灋之目可芟也。職即常，常即成，成即灋，既曰八灋，又曰官灋，不已複乎？天下之事，天下之人爲之，官得人，人舉職，於治何有？是書首治官府，終考工，可謂知要，然皆綜核之意，非知本之務。《書》曰：「知人則哲，能官人。」失于人而求于官，表曲望景直，不可得矣。雖有常有成，有刑有灋，操術甚詳，安能强人從灋，必能官人而後八灋可用也。六經言道德，是書專言名法，六經尚簡要，是書專務煩瑣，其非周公之制作，何待知者而後知。

以八則治都鄙：一曰祭祀，以馭其神；二曰灋則，以馭其官；三曰廢置，以馭其吏；四曰禄位，以馭其士；五曰賦貢，以馭其用；六曰禮俗，以馭其民；七曰刑賞，以馭其威；八曰田役，以馭其衆。

則，猶灋也，朝廷曰灋，都鄙曰則。國外部内地曰都鄙，王子弟及公卿大夫采邑在焉，詳見《地官·載師職》。都，美也，鄙，陋也，市居繁華曰都，野外荒僻曰鄙，蓋邊境縣邑之通稱，地雖分封王子公卿大夫，而灋制自朝廷。首祭祀，重鬼神也。馭、御同，治事曰御，治事有緩急，如馭馬有操縱，故通謂馭。祭祀謂祀宗廟社稷之類，各有典秩，以治其神也。灋則，羣臣居官奉職之灋度。廢，棄也；置，舉也。吏猶官也，廢其不能，舉其能，以治吏也。有道德行藝，則予之禄位，以治士也。賦，采地之賦，臣取于民者。貢，都鄙之貢，諸臣轉奉于王者。量民力以制賦，量臣入以制貢，使上下均足，以治其用也。禮俗，以禮齊民俗。田，四時田獵訓武。役，興作，皆依時如灋，以治其衆也。

以八柄詔王馭羣臣：一曰爵，以馭其貴；二曰禄，以馭其富；三曰予，以馭其幸；四曰置，以馭其行；五曰生，以馭其福；六曰奪，以馭其貧；七曰廢，以馭其罪；八曰誅，以馭其過。

此總叙馭羣臣之灋，不及民者，宰馭臣，臣馭民，執要也。柄，所以操。詔，告也。八柄八統，威福大權，必告諸王而后行。馭者，掌握之意，以賞慶刑威，掌握榮辱生死也。品秩曰爵，官俸曰禄。賞賚曰予，恩寵曰幸，舉用曰置。行，德行也。赦宥曰生，吉祥曰福。侵削曰奪，奪則貧矣。廢，黜也。誅，殺也。過，犯也。

按：八柄之目，慶賞刑威盡矣。既曰富貴，又曰予、曰置；既曰幸，又曰福；既曰奪，又曰廢，不亦複乎？罪止廢，過即誅，亦未當也。名主于密，瀍主于嚴，嚴與密非聖人所以爲治。是書尚名法，而用瀍必曰誅，鄭謂爲責讓小過耳，小過責讓，何關大柄，而必詔王。八事有生，自不得無殺，如宰夫以官刑告冢宰而誅之之類，皆殺之也。五官正歲觀象，徇以木鐸，亦曰國有常刑、有大刑，皆申商之意。夫天道純陽而至剛，乾居西北，金老堅凝，一化爲水，柔以運剛，故大宰八柄八統，奉天時行，乃可以調和百工。若使君失其乾，宰專其柄，不詔王而自用，是八物者，姦雄之泰阿耳，故是書未可輕試也。

以八統詔王馭王萬民：一曰親親，二曰敬故，三曰進賢，四曰使能，五曰保庸，六曰尊貴，七曰達吏，八曰禮賓。

統者，聯合之名。柄尚嚴，統尚寬，先柄後統，先猛後寬也。猛以繩其臣，寬以調其民，操縱之要也。親親以下八者，詔王行此以帥民，使皆由之也。敬故，不忘舊也。進賢，尊有德也。使能，用有材也。保庸，安有功也。尊貴，敬有爵也。達吏，拔幽滯也。禮賓，重交際也。

按：此八者，聖王務之，所謂不賞民勸，不怒民威之本也，其不以後生殺予奪，可知矣。

以九職任萬民：一曰三農，生九穀；二曰園圃，毓育**草木；三曰虞衡，作山澤之材；四曰藪牧，養蕃鳥獸；五曰百工，飭**尺**化八材；六曰商賈**古**，阜通貨賄；七曰嬪婦，化治**

絲枲(洗)**；八曰臣妾，聚斂**(去聲)**疏材；九曰閒民，無常職，轉移執事。**

此以下四節，皆生材制用之灋。國計民生，莫重于財，天官主水，爲生物之源，財用屬焉。職，業也；任，責成也。民有常業，然後財賦出，故先責任以職業。三農，高陸、平原、下濕。九穀，黍、稷、稻、粱、麻、大小豆、大小麥。毓，育同，草木，瓜果之類。虞，度也，衡，平也，掌山曰虞，掌水曰衡。作，興也，山澤之材，林木魚鼈之類。水希草生曰藪，可爲牧地，以養蕃鳥獸也。百工，衆匠作。飭化，整飭變化。八材，《爾雅》謂骨、象、玉、石、木、金、革、羽，飭化材具，所以爲器用也。行曰商，居曰賈。阜，盛也，通，交易也，金玉曰貨，布帛曰賄。嬪，婦人善事之稱。枲，麻也，化絲爲帛，化枲爲布，皆嬪婦之職。男僕曰臣，女婢曰妾。聚斂，捃拾收積也。疏，猶散(上聲)也，凡物可備用者皆曰材。俛拾仰取，針芥瓦礫，無物非用，聚斂散材，臣妾之職事也。鄭謂取百草根實可食者，此其耳。閒民，空閒之民，已無常業，以餘力轉移他人，代爲執事以資生，亦一職也。

按：九職皆生財之事，名爲任民，其實聚斂，斂財先任民也。九者農爲本，園圃以下，一切營牟之術，目愈多而算愈細，孟子謂「用其二而民有殍，用其三而父子離」，況乃九乎！如謂使民自爲生，則焉用大宰之灋爲也？天施地産，人生自足，但無虐政以害之，無厲禁以專之，則人各利其利，各生其生，何事于上數職而分任之也。

以九賦斂財賄：一曰邦中之賦，二曰四郊之賦，三曰邦甸之賦，四曰家削(稍)**之賦，五**

曰邦縣之賦，六曰邦都之賦，七曰關市之賦，八曰山澤之賦，九曰幣餘之賦。

此賦民之瀍，上取乎下謂賦，九賦，即取于九職者，自邦中至邦都六等，皆三農之田税也。邦中，王城内外之地。四郊，王城外百里，六鄉之地。邦甸，又外二百里，六遂之地。削作稍，家削，又外三百里，大夫之采地。邦縣，又外四百里，卿及諸王子弟之采地。邦都，又外五百里，公及親王子弟之采地。王畿四面各五百里，各有關門城市，工商往來居停則有税，即九職之商賈百工也。山税材木，澤税魚鹽，即九職之虞衡也。幣，即九職嬪婦之絲枲也，餘謂一切小利，即九職之園圃、臣妾、閒民之屬，諸不在正賦内者，皆曰餘。又幣、敝通，殘瑣皆曰敝餘，鄭註謂職幣所掌，公用餘幣斥賣者，然則不謂之賦矣。

按：《王制》：「天子百里之内以共官，千里之内以爲御。」今邦中四郊，皆九賦所斂，則是百里之内皆爲御矣。孟子云關譏而不徵，旅願出于途；市廛而不征，商願藏于市。今關市皆有征，豈先王之制。

以九式均節財用：一曰祭祀之式，二曰賓客之式，三曰喪荒之式，四曰羞服之式，五曰工事之式，六曰幣帛之式，七曰芻秣之式，八曰匪頒之式，九曰好用之式。

此言用財之瀍。式，限制也；均節，量入爲出，使適中也。喪荒，賵賻賑貸之用。羞服，膳羞衣服之用。工事，宫室器皿之用。幣帛，贈勞聘享之用。芻秣，豢養畜牧之用。匪，均貌，《詩》云「有匪君子」，《記》云「車馬之容，匪匪翼翼」。頒、班通，分也，國有大事，行賞徧及，如犒勞三軍之類。好用，王所幸好，則用賞賜，即予以馭幸也。

按：是書主富强而其旨隱，其言利依附王道，而錙銖纖嗇，自不可掩。至兵則緘口深諱，國之大費，莫急于軍興，冢宰制用，九式獨不及，豈其遺之？其韜晦可知，而所謂芻秣匪頒者，隱然已備，瀍詳《小司徒》，管子所以作内政寄之，使敵不知所備也。

以九貢致邦國之用：一曰祀貢，二曰嬪貢，三曰器貢，四曰幣貢，五曰材貢，六曰貨貢，七曰服貢，八曰斿貢，九曰物貢。

此邦國職貢之數，自下貢上曰貢，随其職方所有，不在九賦内。祀貢以奉祭祀，三牲魚腊之類。嬪作賓，以奉賓客，筐篚玄黄之類。器貢以爲器用，金錫石磬之類。幣貢以爲六幣，璧馬皮幣之類。材貢，木材，栝柏篠簜之類。貨貢，金玉龜貝之類。服貢，絲枲絺紵之類。斿、旒通，飾之垂動者，蠙珠璣組之類。物，土物，魚鹽橘柚之類。

以九兩繫邦國之民：一曰牧，以地得民；二曰長，以貴得民；三曰師，以賢得民；四曰儒，以道得民；五曰宗，以族得民；六曰主，以利得民；七曰吏，以治得民；八曰友，

以任得民；九曰藪，以富得民。

前言治具，此言治術。兩猶耦也，物有耦則不散，民與君繫則耦，散則獨。桀紂之爲獨夫也，無以爲兩也，故《詩》云：「勿獨斯畏。」於是有九兩繫民之術，王者所以設官用人之深意，無非固結其民而已。牧，州牧，牧養也，土地以養民，立牧茲土，使民戀其養而不去也。長，官長，以貴居上，使民知尊敬而不犯也。學校有師，師必以賢，欲民好其賢而不倍也。教民以儒，儒者學道，欲民由其道而不違也。宗，宗子，家必立宗，以聯九族，欲民合于宗而不散也。守藏曰主，有主以司其財，欲民艷于利而不舍也。治事曰吏，分吏以治其事，欲民從其治而不亂也。朋助曰友，爲之比鄰以相友，欲民倚任而不孤也。聚集曰藪，爲之邑里使安居，欲民藪萃而不涣也。

按：九者盡所以繫屬萬民之術矣，聖人治天下不廢，然豈有意干繫民而爲此？有意而爲，是牢籠狙詐之私，聖人無私，得民而民自固，以兩繫民，驩虞之事也。

正月之吉，始和布治于邦國都鄙，乃縣（玄）治象之灋于象魏，使萬民觀治象，挾（夾）日而斂之。乃施典于邦國，而建其牧，立其監，設其參，傅其伍，陳其殷，置其輔。乃施則于都鄙，而建其長，立其兩，設其伍，陳其殷，置其輔。乃施灋于官府，而建其正，立其貳，設其攷，陳其殷，置其輔。凡治，以典待邦國之治，以則待都鄙之治，以灋待官府之治，以官成

待萬民之治，以禮待賓客之治。

此施行前所掌之事。正月，周正月建子，夏時十一月也，吉，月朔也。和，猶調也，始和，取六典以下舊章，斟酌更新，以布于邦國諸侯、都鄙卿大夫也。縣，書于版懸之；治象，爲治之灋象。象魏，雉門外兩觀，巍然高起，懸治象于上使人觀，謂之象魏，中開如闕，謂之兩觀。挾、夾通，中間一日曰挾日，謂懸象三日，遂收之也。典謂六典，前言以六典治邦國，以八則治都鄙，以八灋治官府，此言施行也，建牧長正以下，皆施行之事。邦國，畿外諸侯之國。牧，州長，九州各有長，擇諸侯之賢者爲之，《大宗伯職》云：「七命賜國，八命作牧。」監者，天子置吏監侯國，秦置監郡是也，監制參伍，防諸侯之專也。參，三也，諸侯三卿。傅，附也；伍，五也，謂五大夫。陳，設也；殷，衆也，謂二十七士。輔，助也，謂府史以下，庶人在官者。都鄙建長，公卿大夫及王子弟之有采邑者，皆長也。兩猶卿也，内長比外諸侯，外參而内兩者，内壓于天子，殺也。伍，謂都邑之陪臣，亦大夫，其陳殷置輔同。官府建正，即冢宰等六正官。貳，副也，即小宰、小司徒等六職，各副其正。攷，考功也，六官各有攷，以稽各屬之治功，如大宰之宰夫、司徒之鄉師、宗伯之肆師、司馬之司勳、司寇之士師、司空之考工，皆是也。大抵是書詳于官而重考，所以爲名法之學，凡治以下，皆名法之意。待者，操本執要，灋立則百事可待成。按六典以待邦國，守八則以待都鄙，執八灋以待百官，雖萬民至衆，有官府之八成，則萬民治也。賓客謂諸侯，六典至九兩，通謂之禮，所謂周禮也。行此則天下治，諸侯賓服，瀍所以爲治之本也。

祀五帝，則掌百官之誓戒，與其具脩。前期十日，帥執事而卜日，遂戒。及執事，眡（視）滌濯。及納亨（普庚反），贊王牲事。及祀之日，贊玉幣爵之事。祀大神示（祇）亦如之。享先王亦如之，贊玉几、玉爵。大朝覲會同，贊玉幣、玉獻、玉几、玉爵。大喪，贊贈玉、含玉。

此節祭祀朝覲，皆禮官之事，而大宰掌之，所謂官聯也。祀，王祀也，五帝，謂五方五氣在天之神。每歲四時迎氣，各以所司之方，祭于四郊；中央土氣，季夏迎于南郊，祀黃帝之類是也。下文又言祀大神示，是別有天神尊者，爲昊天上帝，最尊，配王，而五帝配五官。大宰天官，首五職，五帝天神，司五氣，故祀五帝之事，宜天官掌之；而祀上帝，則王與六卿、百官共，非大宰所專也。誓，告也；戒，禁也，告戒百官，敬其事也。具，器皿也；脩，掃除也。前期，先祭期；十日，謂卜吉前十日，散齋七日，致齋三日而後祭。帥，大宰帥。執事，謂宗伯、大卜之屬，宗伯掌禮，大卜掌卜。凡祭有常日，此云卜者，先後遲速之間也，《曲禮》曰「大饗不卜」，魯卜郊，《春秋》譏之。遂戒，謂既卜得日，遂戒誓百官也。及執事，謂臨祭也。眡，視同。滌濯，洗祭器，此祭日之先夕也。納亨，迎牲入庭告殺，祭日之晨也，王親牽牲，大宰助之。玉，圭璧之屬；幣，帛也。皆以禮神，各如其方色。爵，獻酒器，大宰執以從王授之曰贊事。天曰神，大神謂昊天上帝，冬至祭于圜丘也。示、祇同，地曰祇。大示，謂神州，夏至祭于方澤也。如之，謂誓戒以下事同也。享先王，宗廟之祭也。玉几以依神。五帝言爵，先王言玉爵，事天貴質，事先盡節也。大朝覲會同，六服總至，十二年王不巡守，諸侯同見也。幣，諸侯享王之幣，獻常幣外獻國所有珍異，皆有玉致之，如小行人所合六幣是也。玉几，王所凭以受朝者。玉爵，諸侯初至，王禮之以酒，諸侯酢王以玉爵，亦大宰贊王受之也。大喪，王喪；贈玉，以玉送死，納于壙；含玉，以玉實尸口。玉爲北方水氣之精，乾爲玉，西北金水清潤之氣所凝，故衆玉屬天官，亦辨方之意也。

作大事，則戒于百官，贊王命。王眡治朝，則贊聽治。眡四方之聽朝，亦如之。凡邦之小治，則冢宰聽之。待四方之賓客之小治。歲終，則令百官府各正其治，受其會古外反。**聽其致事，而詔王廢置。三歲，則大計羣吏之治，而誅賞之。**

作，猶舉也；大事，謂大興作及兵戎之事。贊，助也，王戒命，則大宰贊之。眡猶臨也；治朝，中朝，在路門外，王日聽政之所。四方之聽朝，謂王巡守行在聽政之所。小治則冢宰聽，不必詔王。待猶聽也，四方賓客謂諸侯，小事亦冢宰聽之。歲終，謂每歲終，各明正所治之事，爲文書以待考。會，計簿也，《宰夫職》云「歲計曰會」，據其會以聽所致之事，辨其功罪，告于王廢置之。廢，黜也；置，立也，稱職則使立其位。三歲則大計，有功賞，有罪誅，不但廢置耳。

小宰之職：掌建邦之宮刑，以治王宮之政令，凡宮之糾禁。

小宰，職見《大宰》，此其事也，餘倣此。宮，王府，凡宮中之事，小宰掌之。刑，刑灋。糾，約束。禁，防禦也。

掌邦之六典、八灋、八則之貳，以逆邦國、都鄙、官府之治。執邦之九貢、九賦、九式之貳，以均財節邦用。

典、灋、則、貢、賦、式皆大宰掌之，而小宰皆副之。貳，副也。逆猶按也，謂勾考之。按典、灋、則以考治迹，執貢、賦、式以均節其財用，皆助大宰也。

以官府之六敘正羣吏：一曰以敘正其位，二曰以敘進其治，三曰以敘作其事，四曰以敘制其食，五曰以敘受其會，六曰以敘聽其情。

敘，謂尊卑貴賤之序。正吏以敘，敘吏以位，位者，朝列之等級也。進其治，進獻治功于上，有能者進而陟之，必以敘也。作其事，督率供事以序，貴者逸，賤者勞也。制食以敘，尊者多，卑者少也。會計其政事，財用以敘，受其文書，自長至貳無雜越也。情，謂功罪得失之情，各因其貴賤上下之序，聽，察之也。

以官府之六屬舉邦治：一曰天官，其屬六十，掌邦治，大事則從其長，小事則專達；二曰地官，其屬六十，掌邦教，大事則從其長，小事則專達；三曰春官，其屬六十，掌邦禮，大事則從其長，小事則專達；四曰夏官，其屬六十，掌邦政，大事則從其長，小事則專達；五曰秋官，其屬六十，掌邦刑，大事則從其長，小事則專達；六曰冬官，其屬六十，掌邦事，大事則從其長，小事則專達。

此以下六條，即大宰八灋中六事，大宰提其要，小宰治其詳。六官即冢宰以下六卿，其屬各有小職六十，合爲三百六十，以象周歲三百六十日。不言冢宰等，而言天地春夏秋冬，辨五行八卦之方位也。乾爲天，爲君，位居西北不周之方，而冢宰代天首物，有天一之象，曰天官，天官，水德也。萬物滋于水而養于土，資于天而生于地，故地官即次之。蓋東北有艮土，而震木出焉，故春官次之。木氣生火，相見乎離，夏官次之。火猛遇金，相尅爲刑，秋官次之，秋，西方也。西成萬物將終，冬，終也，冬官次之。冬主水而西北遇乾，兑金，歸根于母，而復命于父，故冢宰代天，而司空無位，是以唐虞之官，司空即冢宰，總百揆，平水土。水降自天，土王于地，天地位而水土寄，故司空與冢宰同功，散其屬于五官，别作《考工記》，以寓天官考課之灋，故曰「國有六職，百工居一」，灋天之行，不見端倪，所謂陰符者也。今按其目，天官之屬六十有三，地官之屬七十有八，春官之屬七十，夏官之屬六十有五，秋官之屬六十有一，冬官工人二十有四，多寡參差，合之適滿六六之數，外多一者，冢宰不在六屬内，以象天也。其餘二十二職，有名無事，舊稱闕文，其實非也。長即六卿也，事之大者，其屬不得自專，皆聽于其長。小事直行可也，達，直遂也。六屬不掌于大宰，而掌于小宰者，大宰首六長，小宰首六屬也。

以官府之六職辨辦**邦治：一曰治職，以平邦國，以均萬民，以節財用；二曰教職，以安邦國，以寧萬民，以懷賓客；三曰禮職，以和邦國，以諧萬民，以事鬼神；四曰政職，以服邦國，以正萬民，以聚百物；五曰刑職，以詰邦國，以糾萬民，以除盜賊；六曰事職，以富邦國，以養萬民，以生百物。**

大宰八灋，官職爲要，小宰詳之。辨、辦通，力事曰辦，治職以節財用爲辦，教職以懷賓客爲辦，禮職以事鬼神爲辦，政職以聚百物爲辦，刑職以除盜賊爲辦，事職以生百物爲辦。六者皆辦則治成，而其要在官，官効其職，則治在邦國，而及于萬民矣。財用最急，爲邦治之首；外和諸侯，爲輯寧之要；事神獲福，爲和諧之本；方物畢至，爲正服之效；寇賊屏息，爲詰糾之功；民安物阜，爲富盛之業。脩之朝廷之上，而折衝千里之外，皆由官舉其職也。

按：諸侯封建皆地官事，其屬有封人、遺人、門關、委節等職，故賓客屬焉。禮不止事神，而鬼神爲先。聚百物者，司馬有九畿，職方之貢也。大抵是書多因六職通其意、寄其謀而已，達治體者，自能融會，俗儒不通，必以類求之，所以必改作也。

以官府之六聯合邦治：一曰祭祀之聯事，二曰賓客之聯事，三曰喪荒之聯事，四曰軍旅之聯事，五曰田役之聯事，六曰斂弛之聯事。凡小事皆有聯。

此因大宰官聯而詳其事也。官各一事，聯則衆官共一事。國有祭祀，有賓客，執事擯贊非一人，則相聯；有大喪，有凶荒，治事賑救非一人，則相聯；軍旅、田獵、興作，董率大衆非一人，則相聯。歲入斂收非一人，歲出支取非一事，甲之所斂，乙之所施，則相聯。凡事雖小，瀠無獨任，必關通衆職，互相勾考，以杜旁落之奸，而責奉公之效，是書之機要也。如世儒以類區別，與作者意大相戾矣。

以官府之八成經邦治：一曰聽政役以比居，二曰聽師田以簡稽，三曰聽閭里以版圖，四曰聽稱責以傅附別，五曰聽禄位以禮命，六曰聽取予以書契，七曰聽賣買以質劑，八曰聽出入以要會。

此因大宰官成而詳其聽也。成，成瀠，有籍可稽者。聽猶治也，政謂田賦，役謂工作。比居，謂編户，如司徒井牧，比鄰皆有圖籍，而賦税力役按此聽之。師，軍也；田，四時田獵。簡稽，簡閲兵器、士卒、車輦、牛馬等數，書記而出，師田獵據此以聽也。閭里，二十五家，在鄉曰閭，在遂曰里，版書其户，圖其地，所以治閭里也。稱，舉也，借貸者舉其物曰稱。責，索償也；傅，合也；别，分也。合書其數，各分其半，執之爲信曰傅别，公私稱貸，用此以聽也。禮命，謂貴賤有定禮，策命有等數，所以治百官之禄位也。取予，謂取財物給予，皆書其數，出入相合爲契也。民間交易，以券爲信，大曰質，小曰劑。凡財用收放皆有簿計，月爲要，歲爲會，八者皆書記之灋，一定而不移，謂之成也。

按：小宰以天子貳卿，親簿書已瑣矣，況稱責賣，商賈細事，用以爲經邦成灋，此管、商之策，後世言利者率沿于此。或曰：聽者聽其訟，如是則亦市官之事耳。

以聽官府之六計，弊羣吏之治。一曰廉善，二曰廉能，三曰廉敬，四曰廉正，五曰廉灋，六曰廉辨。

此以大宰官計聽之。計，稽也。弊，斷也。方正曰廉，吏以廉爲本，貪墨則其餘不足觀矣。善，循良也。能，材藝也。敬，謹慎也。正，公直也。灋，諳練也。辨、辦同，勤勵也。六者盡爲吏之事矣。

以灋掌祭祀、朝覲、會同、賓客之戒具，軍旅、田役、喪荒亦如之。七事者，令百官府共其財用，治其施舍，聽其治訟。

灋，即大宰八灋。戒，備也；具，用也。七事，自祭祀至喪荒七。徵役曰施，免役曰舍，猶六聯之言斂弛也。《秋官・大司寇》「害人者，置之圜土而施職事」，謂施役也。《論語》「不施其親」，謂親者免役也。訟以七事，不平訟者，小宰聽斷之。

凡祭祀，贊玉幣爵之事、祼將之事。凡賓客，贊祼，凡受爵之事，凡受幣之事。喪荒，受其含襚幣玉之事。

此小宰之聯事。贊玉幣爵，三事皆從大宰贊王。祼、灌通；將，奉也。凡天子宗廟之祭，先酌鬱鬯獻尸，尸受灌于地，以求鬼于陰也。天地之祭無祼而有玉幣，故玉幣重于祼，大宰贊之，祼將則小宰贊之。賓客，謂諸侯來見，王以鬱鬯禮之，亦曰祼。大宗伯代主，亦小宰贊之。受爵，謂諸侯酢王，大宰受以奉王，王卒爵，大宰又受之，以授于小宰，其受幣亦然。幣者，諸侯所以享王也。含，以珠玉實尸口；襚，以衣服贈死。幣玉，諸侯以凶荒賙王。此四物皆小宰直受，而達于王也。

月終，則以官府之敘受羣吏之要。贊冢宰受歲會，歲終，則令羣吏致事。正歲，帥治官之屬而觀治象之灋，徇以木鐸，曰：「不用灋者，國有常刑。」乃退，以宮刑憲禁于王宮。令于百官府曰：「各脩乃職，攷乃灋，待乃事，以聽王命。其有不共，則國有

大刑。」

月終，每月終。月計曰要，以敘，自尊達卑，月要惟小宰受之，歲會則大宰受之，小宰贊之也。致事，各致一歲之事蹟，以俟考也。正歲，夏正建寅之月。周正建子，大宰和象以子月，其懸象觀灋以正歲。木鐸，金鈴木舌，古者有新令，振木鐸警衆聽。宮刑，小宰專職也，憲猶示也。百官府，王宮中之官府，各稽考其灋度，守待其職事，以聽從王命。不供職有大刑者，宮禁嚴肅，大于常刑也。

宰夫之職：掌治朝之灋，以正王及三公、六卿、大夫、羣吏之位，掌其禁令。敘羣吏之治，以待賓客之令，諸臣之復，萬民之逆。

宰夫，職見《大宰》。治朝，路門外治事之朝，其位本夏官司士掌之，宰夫以灋治其違。王及三公以下位次詳《司士》。羣吏，謂待賓客與諸臣萬民復逆之吏。報命曰復，上書曰逆。如《地官》之遺人、委人，《春官》之肆師，《秋官》之行人、掌客，皆待賓客之令者。《夏官》之大僕、小臣，皆待諸侯之復者；其御僕，待庶民之逆者。宰夫皆以次敘治之，使各辨其事。

掌百官府之徵令，辨辦其八職：一曰正，掌官灋以治要；二曰師，掌官成以治凡；三曰司，掌官灋以治目；四曰旅，掌官常以治數；五曰府，掌官契以治藏；六曰史，掌官書以贊治；七曰胥，掌官敘以治敘；八曰徒，掌官令以徵令。

此與下節皆考課之灋，宰夫專職也。徵令，督責其簿書之事。辨、辦同，吏事準簿書，宰夫專掌之。正師以至胥徒八者，皆衆官府；要凡以至敘令八者，皆簿書。正，六官之長，即六卿。尊者職要，歲計是也，官灋以治要，依官府灋以治歲要。師，即所謂立其貳，在天官則小宰也。成謂成灋，凡，謂一切條例，比要加詳。司，專察也，即所謂設其攷，在天官即宰夫也。八職惟司與正言灋者，正秉灋，攷行灋；目，如綱有目，比凡尤詳。旅，衆下士；常，各職所常辦之事；數，細目。府主藏，藏皆有官契可攷。史則專供簿書，故曰贊治。胥之言敘，有材謂，諳官灋，故治敘。徒，卒也，供召呼；督促曰徵令。府以下不言目與數，而皆以籍爲準。

按：簿書考課，之意。歲有會，月有要，日有成，自六卿下迄徒胥，惟匆匆簿書，期會是急，則何暇盡情爲理？莊周有云刻核太甚，必應之以不肖之心。文網多而精疲智昏，吏治反窳惰矣。

掌治灋以攷百官府、羣都縣鄙之治，乘其財用之出入。凡失財用物辟避名者，以官刑詔冢宰而誅之。其足用、長財、善物者，賞之。

治灋，即八灋、八則等，大宰所建，小宰執以逆羣吏，而宰夫按之以攷也。乘，記算也；辟名，匿名詐取官物者。官刑，司寇所掌五刑之一。長財，能生財；善物，善製器物。

按：是書先財用，而行灋尚廉察，故小宰弊吏治，六計以廉爲本。宰夫攷羣吏，失財先刑，長財先賞，匿名必誅，可以觀作者之志。

以式灋掌祭祀之戒具與其薦羞，從大宰而眡滌濯。凡禮事，贊小宰比官府之具。凡朝覲、會同、賓客，以牢禮之灋掌其牢禮、委積、膳獻、飲食、賓賜之飧孫牽，與其陳數。凡邦中之弔事，掌其戒令，與其幣器財用凡所共者句。大喪小喪，掌小官之戒令，帥執事而治之。三公、六卿之喪，與職喪帥官有司而治之。凡諸大夫之喪，使其旅帥有司而治之。

此宰夫之官聯也。式灋，九式財用之灋。禮重鬼神，故其戒具冢宰掌之，小宰掌之，宰夫又掌之。凡禮事，即小宰所掌七事，小宰掌七事之具，宰夫比校，使備也。牢禮，牛、羊、豕三牲具爲一牢。灋，謂貴賤多寡之等，詳見《秋官》大行人與掌客之職。委積，道路所設米芻之類待賓客者，詳見《地官·遺人職》。膳獻，謂禽羞時物之獻。飲食，謂燕饗。賓賜，王賜賓客；飧，熟食，賓初至致飧，即今館驛之小飯。牽，生牢；陳數，陳設之數，皆待賓客之禮，大行人之事，而宰夫兼掌之。弔事，王弔諸侯羣臣之喪事。幣，玉帛之類；器，送死明器；財用，含襚、賵、賻之類，凡有司所供者，小宰皆掌之。大喪，王喪；小喪，王后、世子以下之喪。小官，士以下，其大夫以上，冢宰親戒令之。執事，謂當職者，宰夫親帥以往治其喪。職喪，春官之屬官有司，公卿死者家之有司。大夫喪卑，宰夫不自往，使其旅下士師大夫家之有司治之。

歲終則令羣吏正歲會，月終則令正月要，旬終則令正日成，而以攷其治。治不以時舉者，以告而誅之。正歲，則以灋警戒羣吏，令脩宫中之職事。書其能者與其良者，而以告于上。

此宰夫專職也。歲終，周十二月建亥，治不以時舉，稽遲後期也。正歲，夏正建寅之月。宫中之職事，天官所屬，多王府之事。能，幹吏；良，循吏。每歲考得其人，上其名于王，以待三歲大計陟賞也。

按：大宰一職，其事權重而科條煩密，馭吏主灋而尚嚴，爲政主財而尚富，皆衰世之意，辭旨大抵變幻，滑稽無端。天體高，故尊；朔氣寒，故嚴；坎水滿，故富；宰能割，故多飲食，于事無不統，而意主綜核，百官稟受行事，亦欲如天不言四時行也。

宫正，上士二人，中士四人，下士八人，府二人，史四人，胥四人，徒四十人。

自此以下職皆天官之屬。冢宰司天，宸居爲首。宫，王宫；正，長也。《天官書》「中宫，天極」，是爲北辰，太一之居。宫言宣也，緯書云：中宫大帝，其精北極，含元出氣，流精生物。律家宫爲黄鐘，當子，北方天一之位，天象最尊者，故天官之屬，首宫正焉。其下五十九職，飲食次宫室日用急需，次醫藥以攻疾，酒肴以養生，出有次舍，居有財用，宴息有婦女，縫染衣服之事，而招魂死事終焉，此其序也。或曰：天官所屬，皆以奉王起居寓輔養之意，古明王左右僕從，罔匪正人，官屬先宫正，其亦以此。

宮正，掌王宮之戒令、糾禁，以時比宮中之官府次舍之衆寡，爲之版以待，夕擊柝而比之。國有故，則令宿，其比亦如之。辨外内而時禁，稽其功緒，糾其德行，幾其出入，均其稍去聲食，去其淫怠與其奇基衺邪之民，會其什伍而教之道藝。月終則會其稍食，歲終則會其行事。凡邦之大事，令于王宮之官府次舍，無去守而聽政令。春秋以木鐸脩火禁。凡邦之事蹕句，宮中廟中則執燭。大喪，則授廬舍，辨其親疏貴賤之居。

宮正，王宮護衛之長。戒令、糾禁，皆以約束官府，如下文比、稽、均、會等皆是。比，檢校也；宮中官府，如膳夫内宰等，天官之屬多在宮中。次，公署；舍，私館；衆寡，兼人數言。版，名籍；待，備考也。夕，夜也；柝，兩木相擊，司夜者所執。比，謂檢校諸宿衛者，勿懈怠離部署也。國有故，遇災變也；令宿，如《文王世子》云公出疆，庶子以公族守公宮；《夏官·諸子》：國有大事，帥國子致于太子，唯所用。皆令宿之事，宮正皆比之。辨外内，辨王宮内外之人，禁其非時出入也。稍食，廩禄也，每月稍稍給之曰稍。民，謂百官府家衆之屬；奇衺，譎觚非常者。會其什伍，謂百官子弟，皆合五人爲伍，二伍爲什，相連屬以便糾比也，教之學道習藝，以備進用也。月終則會計一月應給之廩禄，歲終則會考一年所行事蹟。邦之大事，謂大祭、大喪、大兵之類。去守，離部署也。春秋脩火禁，三月建辰，火星東出于辰；九月建戌，火星西伏于戌。火出民皆用火，禁其不輯；火入民皆休火，禁其妄用，禁以防風燥之失，而王宮尤嚴。清道曰蹕，邦之事蹕，謂王有大事，出入稱蹕。在宮中廟中，宮伯執燭導王，蓋晨昏之間，如祭祀是也，非晨昏在外則否。大喪授廬，授王倚廬，以木倚路門外東壁檐下爲廬，孝子所居。舍，堊室，累塊爲室，門外偏處，衆子所居，親貴者居倚廬，疏賤者居堊室。

宮伯，中士二人，下士四人，府一人，史二人，胥二人，徒二十人。

伯，亦長也，掌侍衛、士庶子之事。

宮伯掌王宮之士庶子，凡在版者。掌其政令，行其秩敘，作其徒役之事，授八次八舍之職事。若邦有大事作宮衆，則令之。月終則均秩，歲終則均敘。以時頒其衣裘，掌其誅賞。

士，謂王宮中諸吏之適子也；庶子，衆支子也。古卿大夫適子皆入國學爲士，其庶子謂國子之倅，未爲士者及公族功臣子弟，皆入爲護衛，有版籍，宮伯掌之。秩敘，尊卑貴賤之等。作，猶發也，庶子皆屬太子，有役則宮伯遣發。八次八舍，皆衛士之居，環王宮四隅四中，相候望也。職事，巡徼儆備之職事。邦有戎寇大事，則起護衛之師，即宮正所會其什伍者也；作宮衆，以守王宮也；令，戒誓也。月終均秩，均所各當得之秩禄；歲終均敘，均一歲勤惰賢否也。夏衣冬裘，誅罪賞功，皆謂士庶子。

按：古王者宿衛之士，取諸同姓及功臣子弟賢者，出與世子齒于學，入從世子衛王宮，教以德行道藝，合以什伍糾以功緒，優以秩敘，上下情親，相維體重，以爲防禦，故足恃也。後世宿衛，名取勳舊，而僱倩市井亡賴，長吏犬馬虐使之，其誰非姦宄，而何以備緩急。宮伯之瀆，不可不亟講也。

膳夫，上士二人，中士四人，下士八人，府二人，史四人，胥十有二人，徒百有二十人。

膳夫，飲食之司。膳，善也，善則養。

按：飲食庖饔之職，皆屬冢宰，宰以調和得名，冢宰調和百官，猶膳夫調和飲食也。自膳夫以下，庖人、內外饔、亨人五職，用上士以下五百四十人；又酒正、酒人、漿、籩、醢、醯、鹽人、食醫，八職共八百三十六人；又䱷、鼈、腊人三職，三百九十四人。一飲食之司，設官十六，用人一千七百七十，不已冗乎？

膳夫，掌王之食飲膳羞，以養王及后、世子。凡王之饋，食用六穀，膳用六牲，飲用六清，羞用百有二十品，珍用八物，醬用百有二十甕。王日一舉，鼎十有二物，皆有俎。以樂侑食，膳夫授祭，品嘗食，王乃食。卒食，以樂徹于造。王齊齋，日三舉。大喪則不舉，大荒則不舉，大札則不舉，天地有裁則不舉，邦有大故則不舉。

進送曰饋。食，飯也；飲，酒漿；膳，牲肉；羞，肴品之異味者。六穀，《食醫》云稌、黍、稷、粱、麥、苽。六牲，《爾雅》云馬、牛、羊、犬、豕、雞。六清，《漿人》云水、漿、醴、涼、醫、酏。羞，六牲及水陸之品，庶羞也。天子百二十品，上公四十品，侯、伯三十二品，子、男二十四品，上大夫二十品，下大夫十六品。珍，八珍，詳《內則》，淳熬一，淳母二，炮三，擣四，漬五，熬六，肝膋七，酏八。凡醢、醯、醬、齊、菹之屬，皆謂之醬，王舉則醢人供醢六十罋，醯人供醯六十罋，共百二十罋，皆一舉之具也。盛饌曰舉，日一舉，每日朝一盛饌也。《玉藻》云「日中而餕」，則舉在朝。鼎十有二，謂牢鼎九，陪鼎三牢鼎。牛一、羊一、豕一、魚一、腊一、腸胃一、膚一、鮮魚一、鮮腊一，共九，陪鼎臐一、膷一、膮一，共三。物，謂鼎中實；皆有俎，謂牢鼎各一俎，各牲肉熟于各鼎，升于各俎。陪鼎之實，即庶羞在豆者，無俎也。以樂，作樂食也；侑，勸也。祭，王將食，祭先食豆間，則膳夫授肺。周人祭肺，殷人祭肝，夏后氏祭心，有虞氏祭首。品嘗食，每品膳夫先嘗，恐不調也。以樂徹，作樂徹饌也。造，造飲食之處，即廚也。齋，祭前十日，每日三舉，三盛饌，用三大牢。不食餕餘，惡褻也。大喪，啜粥飲水，則不舉，大荒以下，皆不舉，自貶損也。飢饉曰荒，夭死曰札。

按：《玉藻》天子日食少牢，月朔大牢，亦豐矣，鄭謂當從《周禮》，信以是爲周公之禮與？一人之養，歲刲羊劉豕八百頭，擊牛三百六十，用牛羊豕共千八十頭。一齋用九十頭，內外祭祀，無月不齋，則一歲食牛、羊、豕不下二千餘頭，烏用此靡費爲也。齋則宜減嗜慾，薄滋味，清淨淡泊，以通玄漠，而乃益椎牛伐鼓，日三大嚼，以爲變食，何其倒行也。食品必膳夫先嘗，尤世主猜疑之事，惟五不舉，庶幾先王之遺爾。

王燕食，則奉膳贊祭。凡王祭祀、賓客食，則徹王之胙俎。凡王之稍事，設薦脯醢。王燕飲酒，則爲獻主。掌后及世子之膳羞。凡肉脩之頒賜皆掌之。凡祭祀之致福者，受而膳之，以摯見者亦如之。歲終則會，唯王及后、世子之膳不會。

燕食，謂日中及夕食。膳，即朝食大牢之餘。祭，謂王食祭牢肉，朝祭肺，則日中以後餕祭肉，亦膳夫贊之。王祭祀獻尸，尸酢則有俎；饗賓，賓酢亦有俎。主人俎謂之胙俎，猶主階謂阼階。胙言祚，福也，胙俎膳夫徹，賓、尸俎，執事者徹也。稍事，謂小飲食。王燕飲羣臣，不親獻，則膳夫代爲主。后與世子之饋，掌之内饔，其膳羞亦膳夫掌之。肉脩，謂腥肉與乾脩，析肉乾曰脯，治以薑桂曰脩。祭祀致福，羣臣家祭，獻胙肉于王，膳夫受以供王膳。卿大夫新任，執羔鴈等物見王，膳夫亦受以供王膳。歲終，會計一歲飲食之費，唯王、后、太子膳不會，奉養至尊，不爲限也，餘頒賜皆會。

按：是書先財用，軍旅、會同、祭祀，經費素定，歲終必會，唯王及后、太子不會，亦衰世逢迎之意，孟子所謂「吾君不能謂之賊」者也。古聖人治天下，躬先朴素，表正百官，猶有毁廉節爲貪墨者，況君先侈靡，何以帥下。子云：「其身不正，雖令不從。」凡《周禮》之瀍詳，而端本之意微也。

庖人，中士四人，下士八人，府二人，史四人，賈嫁八人，胥四人，徒四十人。

庖，廚也，庖之言苞也，裹肉謂之苞苴。賈、價同，賈人，買物知市價者。

庖人，掌共六畜、六獸、六禽，辨其名物。凡其死生鱻鲜薧考之物，以共王之膳與其薦羞之物及后、世子之膳羞。共祭祀之好羞，共喪紀之庶羞，賓客之禽獻。凡令禽獻，以灋授之，其出入亦如之。凡用禽獻，春行羔豚，膳膏香；夏行腒劬鱐溲，膳膏臊搔；秋行犢麛迷，膳膏腥；冬行鱻羽，膳膏羶。歲終則會，唯王及后之膳禽不會。

掌共，謂獸人供，庖人掌也。六畜，即膳夫之六牲，養曰畜，用曰牲。獸、禽，謂野物，《爾雅》：四足而毛謂獸，兩足而羽謂禽。六獸，《内則》云麋、狼、麕、田豕、狸、兔之類；六禽，鴈、雉、鶉、爵、鳧、鴇之類，各有名色可辨。新殺曰鱻，乾久曰薧，殽品曰薦，滋味曰羞，凡膳稱薦，美者爲羞。好羞，羞之珍異者。喪紀，喪事繁稱紀。庶羞，籩豆之衆羞也。賓客之禽獻，賓在館，常日所供，如《掌客職》上公乘禽日九十雙，侯伯七十雙，子男五十雙之類。令獸人取禽獸獻賓，則書所當獻之物與數授之。取入，如數較之；獻出，如數授之。用禽獻，用爲膳。烹調之灋，春夏秋冬四者，順時氣也。行，猶行酒之行，獻也。春草生，羔豚肥，以羔豚爲膳，和以膏脂之香者，春氣香，順木令也。腒，乾雉；鱐，乾魚。夏物未成，暑鲜易敗，宜乾物。臊，燥氣，膏用臊，順夏令也。秋物新成，小牛爲犢，小鹿爲麛。腥，金氣，順秋令也。鱻，魚鼈；羽，鳧鴈，皆水族，冬肥。羶，毳毛之屬，氣温宜寒，順冬令也。膳禽，四時所獻六獸，獸亦謂禽，膳以牲爲正，王、后、世子皆不會，禽爲加，故世子亦會。

按：鄭以《地官》牛人爲土，香爲牛膏；《春官》雞人爲木，腥爲雞膏；《秋官》犬人爲金，臊爲犬膏；《夏官》羊人爲火，羶爲羊膏。四時用獸，皆順旺氣，人弗能勝，故用四時死氣之膏和之。春木旺，火相，土死，金囚，水廢，餘以此推。凡五氣旺之所勝者死，相之所勝者囚，新謝者休廢。辨方正位，義或取此，但據《內饔》所辨腥臊羶香，未定以四物當之也。

內饔，中士四人，下士八人，府二人，史四人，胥十人，徒百人。

饔，熟食也，烹和曰饔。內饔，供王及后、世子、宗廟，諸在內之食事。

內饔掌王及后、世子膳羞之割亨煎和之事，辨體名肉物，辨百品味之物。王舉，則陳其鼎俎，以牲體實之。選百羞、醬物、珍物以俟饋。共后及世子之膳羞。辨腥臊羶香之不可食者。牛夜鳴則庮由；羊泠零毛而毳吹，去聲，羶；犬赤股而躁，臊；鳥皫漂色而沙鳴，貍埋；豕盲眡而交睫，腥；馬黑脊而般班臂，螻。凡宗廟之祭祀，掌割亨之事。凡燕飲食亦如之。凡掌共羞、脩、刑、膴、胖、骨、鱐，以待共膳。凡王之好賜肉脩，則饔人共之。

辨體名，如《儀禮》肩、臂、臑、胳之類。肉物，如胾、胾、燔、炙之類。百品味，謂庶羞之類。陳鼎俎，謂初陳鼎門外鑊西，進陳阼階下，俎皆陳于鼎西。以牲體實之，謂取于鑊實鼎，取于鼎實俎也。百羞，即膳人所謂百二十品；醬物，即百二十甕；珍物，即八物，饔人皆擇美者供以俟膳夫饋也。腥臊羶香，即膳夫所行四時之膏，有不可食者，必辨之也。牛病者夜鳴，其肉必庮，庮、蕕同，臭草。泠、零同，毛亂也；毳，冗結也，皆羊病之狀，其肉氣羶。犬股無毛急走者，犬病也，其肉氣臊。鳥羽色皫白無潤澤，其音嘶而沙鳴者，病鳥也，常不能飛而貍伏。野猫曰貍，性善伏，故物伏者曰貍，《鼈人》謂凡貍物是也，《内則》作「鬱」，亦貍意。豕病，目如盲視，而睫交不開，其肉必腥。馬脊黑而前脛有班文者，必螻。般、班通，螻，蟻也。《吕子》云「户樞不螻」，謂蛀孔也。《内則》作「漏」，如人痔漏，馬蹄病也。數者皆不可食。共羞，治羞供王也。脩，謂脩治乾肉；刑，割正也；膴，肥厚也；胖、判通，析片也；骨，牲體；鱐，乾魚。好賜，王所喜好賞賜。肉脩，濕肉與乾脩也。

外饔，中士四人，下士八人，府二人，史四人，胥十人，徒百人。

主外祭祀及賓客等事。

外饔掌外祭祀之割亨，共其脯、脩、刑、膴，陳其鼎俎，實之牲體、魚、腊。凡賓客之飧饔、饗食之事亦如之。邦饗耆老、孤子，則掌其割亨之事。饗士庶子亦如之。師役，

則掌其獻、賜脯肉之事。凡小喪紀，陳其鼎俎而實之。

外祭祀，謂天地、四望、山川、社稷、五祀之類。刑、膴見上。腊，小物全乾者。飧，賓始至饋熟食也。饔，賓既行享，致稟牢薪芻也。饗主酒，房烝體薦，立而成禮也。食，飯也，酒殽雖備，以飯爲主也。如之，待賓客事如祭祀也。饗耆老，《王制》謂「養國老于東膠，養庶老于虞庠」是也。孤子，死王事者之子。士庶子，即宮伯之士庶子，守護王宮者也。師役則以酒脯獻將帥，賜衆卒。小喪，夫人以下之喪。鼎俎，喪奠及虞祔之祭也。

亨烹**人，下士四人，府一人，史二人，胥五人，徒五十人。**

主爲内外饔給水火者。

按：有庖人、内外饔，則亨人可省也。

亨人掌共鼎鑊以給水火之齊際**，職外内饔之爨亨煮，辨膳羞之物。祭祀，共大羹、鉶羹。賓客亦如之。**

鑊以煮牲，牲各一鑊，各一鼎，熟于各鑊，升于各鼎。水火之齊，謂生熟之節也。職，主也；爨，竈也；辨、辦通，治也。大羹，鑊内煮肉之汁未和者，盛以瓦登。既和，盛以鉶鼎，曰鉶羹。型金爲鼎，是謂陪鼎，賓客之饔飧亦有陪鼎，大饗亦有大羹，故曰如之。

甸師，下士二人，府一人，史二人，胥三十人，徒三百人。

王畿遠郊百里外曰甸，即六遂之地。甸，田也，有王之藉田在焉，獸人供禽取諸此，甸師掌其事，以給内外饔薪蒸，供野果蓏，故繫于饔亨之後。

按：甸師主田事，或疑當屬地官；主藉事，當屬春官；刑同姓于此，當屬秋官。然御廩供奉爲重，冢宰既詔王生殺，小宰典宫刑，則甸師自宜屬天官，無疑也。

甸師掌帥其屬而耕耨王藉，以時入之，以共齍資**盛。祭祀，共蕭茅，共野果蓏**羅，上聲**之薦。喪事，代王受眚烖。王之同姓有辠，則死刑焉。帥其徒以薪蒸役外内饔之事。**

其屬，謂徒三百人。除草曰耨，孟春王率公卿以下躬耕南郊曰藉。藉者，借也，借民力也。以時入，謂來麰夏熟，禾黍秋登，皆入神倉。齍、粢通，米穀曰粢，在器曰盛，以供祭祀也。蕭，香蒿，《詩》云「取蕭祭脂」，《郊特牲》云「蕭合黍稷，臭陽達于牆屋」，以合氣于神也。茅以縮酒，《春秋傳》云「包茅不入……無以縮酒」，《士虞禮》「束茅長五寸，立于几東，謂之苴」是也。灌酒于茅，自上滲下曰縮，又《地官·鄉師職》「大祭祀……共茅蒩」，蒩、苴同，藉也。《易》曰「藉用白茅」，謂以白茅藉棺，納壙底。《既夕禮》「茵著用荼」是也。果，桃李之屬；蓏，瓜瓠之屬，皆甸人供之。國有大喪，代王受烖眚，即《春官·大祝職》大喪既斂，「甸人讀禱」是也。若謂黍稷不馨，神降之烖，故使甸師禱，代受眚烖，代嗣王也。王同姓有罪死，不刑于朝市，使就死于甸人，《文王世子》云「公族有死罪……磬于甸人」，又曰「刑于隱……不與國人慮兄弟」是也。薪，木之大者，析以爲薪，小條曰蒸；役，給樵役。

按：甸人專爲耕藉蠲潔以奉明神，乃其職。殺人，凶事，殺宗人尤凶事，不可于朝市，而可于藉田乎？喪事禱而代王受烖，豈悔其刑同姓之罪與？衰世迂誕之事何足訓。

獸人，中士四人，下士八人，府二人，史四人，胥四人，徒四十人。

掌取田獸，以時獻，供庖廚。

獸人掌罟田獸，辨其名物。冬獻狼，夏獻麋，春秋獻獸物。時田，則守罟。及弊田，令禽注于虞中。凡祭祀、喪紀、賓客，共其死獸生獸。凡獸入于腊人，皮毛筋角入于玉府。凡田獸者，掌其政令。

罟，網也；名物，野獸各有名號物色。冬獻狼，夏獻麋，鄭云狼膏聚而温，以濟寒，麋膏散而涼，以濟熱；疏謂狼，山獸，故聚；麋，澤獸，故散，鑿也。田，本以除苗害，冬百禽無禾可食，狼搏噬羣獸，且傷人，故取之。夏禾方長，鹿爲苗害，故獨舉二物，春秋則百獸惟所取耳。時田，四時田獵；守罟，以待禽也。弊，田止也；注猶聚也。《地官·山虞職》弊田，植虞旗于中致禽，謂田止，則虞人立旗爲表，令衆以所獲禽送旗下，計功也。入獸于腊人，爲乾禽也；皮毛筋角入于玉府，給作器物也。

𩚵漁**人，中士二人，下士四人，府二人，史四人，胥三十人，徒三百人。**

𩚵、漁同，掌取魚。

按：獸人官多而胥徒少，𩚵人官少而胥徒多，馬融謂池塞苑囿，取魚處多，然從獸之地，豈獨少乎？獸人官多，備王于狩也，徒少，以甸師自有徒三百也。

𩚵人，掌以時𩚵爲梁，春獻王鮪委**。辨魚物，爲鱻薨，以共王膳羞。凡祭祀、賓客、喪紀，共其魚之鱻薨。凡𩚵者，掌其政令。凡𩚵征，入于玉府。**

時𩚵，四時取魚有時，惟夏不漁，季冬乃大漁。偃水爲關曰梁，以笱承之取魚也。鮪似鱣而青黑，頭小而鋭口在頷下，大曰王鮪，小曰叔鮪，季春新出，取以獻寢廟。𩚵征，漁于川澤者，征其税也。

按：孟子云：「文王治岐，澤梁無禁。」𩚵人有征，衰世之瀍也，豈文王公之，而周公獨私之與？

鼈人，下士四人，府二人，史二人，徒十有六人。

鼈之言扁也，籍取之名。凡物潛伏者，以器迫地扁取之曰鼈，象形立名，非取鼈耳。詳目中所掌，義自見秋官之屬，多此類。

按：既有𩺰人，此職亦可省也。

鼈人掌取互物，以時簎錯**魚鼈龜蜃，凡貍**埋**物。春獻鼈蜃，秋獻龜魚。祭祀，共蠯**蚌**、蠃**羅**、蚳**池**，以授醢人。掌凡邦之簎事。**

互物，物有甲者，互，合也，蚌蛤之屬甲皆合，藏泥中。以物迫地取之曰簎，《莊子》云「冬則擉鼈于江」，擉、簎通。龜以卜，非食品也。蜃，大蛤，《月令》「雉入大水化爲蜃」「雀入大水化爲蛤」。貍、埋通，埋伏泥中，故須簎。鼈蛤春肥，龜魚秋成，獻各以時。蠯、蚌通，一名含漿。蠃、螺同，一名螔移蝓。長曰蠯，圓曰蠃，《易傳》「爲蠃爲蚌」，皆貍物也。蚳，蟻子，《國語》「蟲舍蚳蝝」，蚳，即螻蟻；蝝，蝗也，皆取其子以爲醬，故授之醢人。凡簎地取埋藏之物，皆鼈人之事。

腊夕**人，下士四人，府二人，史二人，徒二十人。**

小禽全乾曰腊。腊，昔也，昔所陳蓄也。

腊人掌乾肉，凡田獸之脯、腊、膴、胖之事。凡祭祀，共豆脯，薦脯、膴、胖，凡腊物。賓客、喪紀，共其脯、腊，凡乾肉之事。

乾肉曰脯；膴，大臠也；胖，小片也，皆乾物。薦脯，籩脯也。

按：鄭以膴、胖爲烹制鮮物，然則何云掌乾肉？籩人實籩亦用膴，此非濡物可知。鄭又謂「豆脯」當作「羞脯」，據《籩人職》有栗脯，疑脯非豆實，然脯可實籩，亦可實豆，《王制》云「乾豆」，是不專在籩也。脯之實豆，猶腊之實鼎，更加烹牖，在籩則乾薦之，故曰豆脯薦脯，文義原殊。

周禮完解卷一終

周禮完解卷二

郝敬　習

天官冢宰下

醫師，上士二人，下士四人，府二人，史二人，徒二十人。

醫師，衆醫之長，醫以攻疾，故次養生、疾瘍等醫皆其屬。

醫師掌醫之政令，聚毒藥以共醫事。凡邦之有疾病者、疕丕瘍羊者造焉，則使醫分而治之。歲終，則稽其醫事以制其食。十全爲上，十失一次之，十失二次之，十失三次之，十失四爲下。

藥物氣味偏，故曰毒。毒，攻治也，猶《易》云聖人「以此毒天下」之毒。頭瘡曰疕，身瘡曰瘍。使，醫師使其屬也。分治，治疾者不治瘍也。歲終稽醫事，考其屬也。十全，治十得十，無一失也。十失四爲下，不待五，五居半，不治亦當得爾，無爲貴醫矣。諺云「有病不治，恒得中醫」，故失四，斯下矣，上則益禄，下則損之。

食醫，中士二人。

凡王之飲膳、百羞、百醬之類，皆有草木之滋，劑和異瀼，故用醫，非病始用也。

食醫，掌和王之六食、六飲、六膳，百羞、百醬、八珍之齊祭**。凡食齊眡春時，羹齊眡夏時，醬齊眡秋時，飲齊眡冬時。凡和**去聲**，春多酸，夏多苦，秋多辛，冬多鹹，調以滑甘。凡會膳食之宜，牛宜稌**杜**，羊宜黍，豕宜稷，犬宜粱，鴈宜麥，魚宜苽**孤**，凡君子之食恒放**上聲**焉。**

六食至八珍，俱見《膳夫》。齊，調和也，飯宜温，眡、視同，比也。春氣温，四時用飯，常欲温如春時。烹肉有汁皆謂羹，四時宜熱，故視夏。醬，菹醢之屬，四時宜涼，故視秋。飲，水醬之屬，四時宜寒，故視冬。春木味酸，夏火味苦，秋金味辛，冬水味鹹，土寄旺四時，味甘，故皆調以滑甘，爽口曰滑。會膳食之宜，謂肉與飯相宜。牛屬土，稌宜濕，水土之氣合也；羊屬火，黍爲暑，暑熱之氣合也；肉多豕，飯多稷，稷，粟也，豕稷常供，故相宜；穀大而米精者皆曰粱，犬屬戌，九月百穀皆熟，故犬宜。鴈來麥生，鴈去麥成，故鴈宜也。魚，水族；苽，茭米，水種，故魚宜也。放，依也。

疾醫，中士八人。

此治九竅、九藏之疾，所謂内症也。

疾醫掌養萬民之疾病。四時皆有癘疾：春時有痟消首疾，夏時有痒養疥疾，秋時有瘧虐寒疾，冬時有嗽上賞氣疾。以五味、五穀、五藥養其病，以五氣、五聲、五色眡其死生。兩之以九竅之變，參之以九藏之動。凡民之有疾病者，分而治之。死終，則各書其所以，而入于醫師。

養，調治也；輕曰疾，重曰病。癘疾，惡氣致疾，人身血氣調則無疾，有餘、不足、乖戾生疾曰癘。冬傷于寒，則春發于首。痟，酸削也。首疾，頭痛之疾。春傷于温，夏發于肌表，則瘙痒，而爲瘡疥之疾。夏傷于暑，伏陰内戰，秋金用事，感而成瘧，爲寒顫之疾。秋傷于涼，金氣失養，冬水方生，子勝其母，上逆成嗽，爲氣壅之疾。四者皆癘疾也。五味，謂酸苦甘辛鹹；五穀，謂稻黍稷麥菽；五藥，謂温涼寒熱平，或謂草木蟲石穀。五氣，五藏之氣，肝木氣温，心火氣熱，脾土氣和，肺金氣涼，腎水氣寒，五藏在内，氣不可見，發于聲音顔色，可眡而知其死生也。肝聲角，心聲徵，脾聲宫，肺聲商，腎聲羽。肝色青，心色赤，脾色黄，肺色白，腎色黑，各眡其生尅休旺。如春木色青，氣温，聲角，旺則吉；若色白，氣涼，聲商，則木受金尅而凶，餘以類推。兩、參，皆詳眡之意，不執曰兩，中兩曰參。九竅，謂陽竅七，在首露見者；陰竅二，在下隱伏者。兩其變，視其開塞也。九藏，謂肝心等五，兼六府之胃、膀胱、大腸、小腸四，共九。動，謂九藏在内不見，而氣動于脈。參，謂診其脈之至與不至。少曰死，老曰終，治不愈，則書其死之故入于醫師，課其工拙，且以示後人。

瘍醫，下士八人。

瘍，瘡也，腫潰金折之瘍，所謂外症也。

按：食醫專主供奉，故人數少，疾瘍普治民間，僅八人，豈古人急于養，而緩于藥石，爲其疾病者少與？

瘍醫掌腫瘍、潰瘍、金瘍、折瘍之祝藥劀刮殺之齊。凡療瘍，以五毒攻之，以五氣養之，以五藥療之，以五味節之。凡藥，以酸養骨，以辛養筋，以鹹養脉，以苦養氣，以甘養肉，以滑養竅。凡有瘍者，受其藥焉。

腫，瘍初發。潰，成也。金，刀瘡。折，損傷。祝，脱落也，猶祝髮之祝，瘍痊則釃脱，凡瘍發于肌表，利于外脱，故治表之藥曰祝，鄭謂「祝」作「注」，非也。劀，剔也。殺，去也。剔去其毒，亦祝意。齊，藥物之和也。療，攻治也。五毒，五藥之迅利主攻者。五氣，五穀之氣，外以祝藥劀殺，攻其邪氣，内以五穀充實，養其元氣也。五味，食品之味。節，借食味以輔藥力，即酸養骨之類。酸，木味，木植立，屬骨；辛，金味，金鈴束，屬筋；鹹，水味，水周流，屬脉。苦，火味，火熏焰，屬氣。甘，土味，土敷合，屬肉。滑，通利也，往來通利，屬竅。所謂五味之節也。

獸醫，下士四人。

掌治牛馬疾瘍。

按：食醫以下四職，有官無徒，疑闕。

獸醫掌療獸病，療獸瘍。凡療獸病，灌而行之以節之，以動其氣，觀其所發而養之。凡療獸瘍，灌而劀之，以發其惡，然後藥之，養之，食之。凡獸之有病者，有瘍者，使療之，死則計其數，以進退之。

灌，灌藥；行，牽使行；節，調也。獸病難知，使行動以察其氣脉也。所發，謂病所在。養，調護也。發其惡，使瘍毒達外，乃以毒藥攻之，而後養之，食之，以保其元氣。療之無功死，則計其多寡之數，以爲獸醫之進退也。

酒正，中士四人，下士八人，府二人，史八人，胥八人，徒八十人。

酒正，掌酒之官，古者以酒爲藥，故次醫。聖人惡旨酒，比于鴆毒，周公作《酒誥》，丁寧至矣。

行禮者所不可廢，故設官司之，然不與膳、庖、饔、亨同職，而列于凌籩醯醢之數，以繼五醫疾瘍之後，其亦寓沈湎之戒與？屬天官，從水也。

酒正掌酒之政令，以式灋授酒材。凡爲公酒者亦如之。辨五齊（劑）之名，一曰泛齊，二曰醴齊，三曰盎齊，四曰緹（體）齊，五曰沈齊。辨三酒之物，一曰事酒，二曰昔酒，三曰清酒。辨四飲之物，一曰清，二曰醫（去聲），三曰漿，四曰酏（池）。掌其厚薄之齊，以共王之四飲三酒之饌，及后、世子之飲與其酒。

式灋，造酒之品式方灋。材，米麴之屬。公酒，爲公事造酒，如鄉飲、祭祀之類。齊、劑同，水米麴，相劑和也，通作粢，米也。酒始造曰齊，既成曰酒，人用曰飲。齊者，米初釀成糟，泲其糟成酒，泲與未泲，皆飲也。米將化浮漲曰泛，既變成糟曰醴，糟發上溢曰盎。糟久凝結如絳帛曰緹，猶漢官執金吾緹騎之緹。糟粃盡化，其下清汁曰沈。此五齊，皆糟未泲者。酒之言酉，酉，久也，酒以久成。事酒，有事新造者，如《儀禮·少牢》「卜吉，宰乃命爲酒」是也。昔酒，昔所久造者。清酒，造久澄清者。飲以酒爲先，故四飲首清，即酒也。醫，翳也，飲穕米物爲醫，即齊之未泲者。米帶汁曰漿，即醴盎也。酏之言糍，粥曰酏，糟之稠者，即泛齊也。饌，陳設也。

按：三酒未成，即是五齊，酒、齊皆可飲，即是四飲。所與漿人六飲別者，此專言酒，彼兼言漿也。

漿在酒，即是齊；酒在漿，亦是飲。在酒，則糟即醫酏；在漿，則醫酏亦兼糟。酒人四飲不得兼水涼，故漿人六飲，別爲一職。而吴幼清考《三禮》，牽漿人六飲以補酒人，然則漿人不爲贅肬乎？

凡祭祀，以灋共五齊三酒，以實八尊。大祭三貳，中祭再貳，小祭壹貳，皆有酌數。唯齊酒不貳，皆有器量。共賓客之禮酒，共后之致飲于賓客之禮醫酏糟，皆使其士奉之。凡王之燕飲酒，共其計，酒正奉之。凡饗士庶子，饗耆老孤子，皆共其酒，無酌數。掌酒之賜頒，皆有灋以行之。凡有秩酒者，以書契授之。酒正之出，日入其成，月入其要，小宰聽之。歲終則會，唯王及后之飲酒不會。以酒式誅賞。

祭祀用酒有常灋，五齊三酒各一尊爲八。齊以饗神，酒以飲人，齊惟正尊，酒各有副。貳，副尊也，三酒每正尊一，副尊三。尸酢主賓，與主賓相旅酬，皆用酒。大祭人衆，故副尊多；中祭次之，故再貳；小祭又次之，故壹貳。再貳，每酒三尊；壹貳，每酒二尊也。酌數，内外祭祀，酬酢有定數，貳尊因酌數損益，惟齊酒不貳，神專尊也。齊酒，即五齊，齊亦是酒，實五齊三酒，皆有器量之使均，此所謂以灋供也。凡王以禮賞勞賓客，則供酒；后以禮致飲于賓客，則供齊。醫酏糟，皆齊也，醫酏即糟。王用酒者，酒既成，陽也；后用齊者，齊未泲，陰也。凡賓客酒齊，皆使其屬下士奉之，酒正不親供。王燕飲賓客之酒，計數供之，則酒正親奉也。士庶子，王宫宿衛者。耆老，致仕卿大夫。孤子，死王事者之子。無酌數，與祭祀之飲異。秩酒，常賜所當予者。秩，常也，如《王制》九十者日有秩，有秩必有書契，據書契之數與之，皆所謂賜頒之灋也。凡酒正給出之酒與造酒之材，多少之數，受者日計其成，月計其要，以入于酒正，酒正言于小宰。歲終揔會之，唯王與后之飲酒不會，餘皆會也。以式誅賞，謂酒正以式灋授造酒者，如式則賞，不如式則誅。

按：《詩》《書》爲酒戒，何諄諄也，是書若出周公手，必有所以爲之防者。王及后之飲酒不會，豈聖人之意？爲酒式以行誅賞，豈聖人之灋？齊必五，酒必三，制事有節，行禮有初，猶饌有血腥爓饋熟云爾，非專爲攻酒而已。

酒人，奄十人，女酒三十人，奚三百人。

奄人，奄閉無陽，即寺人也，酒人用奄，以與婦人共事也。女酒，女人善爲酒者。奚，女徒。酒通神養血，陰物幽醖，故用奄與女。

按：酒設二職，用人至四百有五十，亦可損也。奄人古有之，抑不知古王者，以宮禁無別，奄其人用之乎？爲取諸宮刑之罪人而用之乎？無宮刑之罪人，而刑無罪，非先王好生之仁，故刑以宮名，爲其有是罪刑之，亦欲刑是罪，遂役之也。刑之使懲，役之使新，功罪相準仁義并存，意非不善。《周禮》官人七萬有奇，而用奄止四十七人，其所掌惟酒醢守祧賤役，不濫用，不重任也。周衰禮廢，幽王寵奄寺，故詩人爲賦《召旻》，曰「蟊賊内訌，昏椓靡共」，言奄人多也；曰「昔先王受命，有如召公」，言無元老爲宰也。是書以奄人屬大宰、司徒、宗伯，而兵刑之司無與焉者，爲慮遠矣，後世所當亟講也。

酒人掌爲五齊三酒，祭祀則共奉之，以役世婦。共賓客之禮酒、飲酒而奉之。凡事，共酒而入于酒府。凡祭祀，共酒以往。賓客之陳酒亦如之。

爲，造也。世婦，女官名，以卿大夫妻充之，即春官之宮卿也。世婦助王后祭祀，則酒奄十人者，供世婦在廟之役。賓客禮酒，王饋送賓客之酒；飲酒，王與羣臣燕飲之酒，皆酒人親奉之。凡公事供酒，以其數入于酒正之府，備要成也。凡供祭祀之酒，親往陳設，饋賓客之酒亦然。

按：奄人供酒必親，陳酒必往，世婦在廟爲之役，如此其勞且賤也。後世奄人至于門生天子，叱使公卿，事不師古，而流毒罔極，莫此爲甚，則《周禮》爲可師矣。

漿人，奄五人，女漿十有五人，奚百有五十人。

飲有漿，猶今湯、茗、湆、汁之類，而酒齊亦與焉，故漿人與酒人皆屬酒正。酒人專供酒，漿人專供飲，用人至一百七十有六，亦可損也。

漿匠，平聲**人掌共王之六飲，水、漿、醴、涼、醫、酏，入于酒府。共賓客之稍禮。共夫人致飲于賓客之禮，清醴醫酏糟，而奉之。凡飲共之。**

六飲皆漿也。水有和與無和，温與涼，皆飲也。漿，以水和米物果實之類。醴，即醴齊之連糟者。涼，寒粥，以雜米爲粥，淘以冷水，《内則》所謂濫也。醫，稀粥，酏，稠粥，即酒正四飲之二，醴之未泲者，酒人泲其汁爲酒，漿人和其滓爲漿。六飲皆漿人以入于酒正之府，酒正以奉于王。若賓客之飲，漿人親奉。賓在館，王使人稍餽以飲，如今送湯茗之類，古無茗致賓以飲。清醴，醴汁。醫酏糟，醴之連糟者，皆所共稍禮與飲也。酒人供酒，漿人供醴，凡飲供之，明別于酒也。

按：酒與漿皆可稱飲，而酒正兼掌酒漿，酒人、漿人皆其屬也。酒人爲酒，漿人爲漿，各有專司，飲同而供異，故漿人六飲無酒，而酒正四飲有漿，惟醴有糟滓，故亦屬漿人。

凌人，下士二人，府二人，史二人，胥八人，徒八十人。

凌，冰室。凌，棱也，冰堅成棱。《詩》云「二之日鑿冰冲冲，三之日納于凌陰」，凡酒漿膳羞之類，暑則味變，寒則氣凝，故暑用冰，凌人掌之。乾爲寒爲冰，是以凌人屬天官。

凌人掌冰，正歲十有二月，令斬冰，三其凌。春始治鑑。凡外内饔之膳羞，鑑焉。凡酒漿之酒醴亦如之。祭祀，共冰鑑；賓客，共冰；大喪，共夷槃冰。夏頒冰，掌事。秋，刷。

正歲，夏正之歲。十二月，建丑也。必言正歲者，周十二月，今之十月，冰未合，不可斬也。三其凌，所取三倍于所用，備消耗也。治鑑，削冰成鑑，冰清故名鑑。春，仲春，四陽之月，蟄蟲啓，蠅蚋初生，王始用冰。外内饔，謂王后、世子及饗耆老、孤子等饔。鑑，謂膳羞皆以冰照之。酒人之酒與漿人之漿，皆奉上者。祭祀之冰必揀削成鑑，賓客之冰，供之而已，不削治也。大喪，王喪。夷槃，尸盤，夷，平也，盤大而低，盛冰置牀下。凡尸事言夷，偃卧之狀，《論語》謂尸居爲夷俟是也。夏暑，王以冰頒賜貴臣，士以下不及。《喪大記》「大夫設夷槃」「士併瓦槃，無冰」。《大學》云「伐冰之家」，謂大夫也。掌事，凌人掌頒冰之事。秋刷，秋氣清凉，冰可無用，故刷除之。刷，猶掃也，冰過夏，消釋爲泥，藏冰之室須掃滌。

籩人，奄一人，女籩十人，奚二十人。

籩形似豆，豆木，籩竹。籩，編也，編竹爲之。豆實濡羞，籩實乾羞，中饋之事，故用奄女。

籩人掌四籩之實。朝昭事之籩，其實麷丰、蕡焚、白、黑、形鹽、膴、鮑魚、鱐。饋食之籩，其實棗、㮚栗、桃、乾䕩老、榛實。加籩之實，蔆陵、芡、㮚、脯。羞籩之實，糗餌、粉餈糍。凡祭祀，共其籩薦羞之實。喪事及賓客之事，共其薦籩羞籩。爲王及后、世子共其内羞。凡籩事，掌之。

四籩，即朝事饋食加羞四。朝事，晨旦堂上所行禮事。凡大禮用朝，王祭初祼薦血腥，朝事也。初薦尚質，其籩實，炒麥米曰麷，炒麻子曰蕡，炒稻曰白，炒黍曰黑，見《有司徹》禮；築鹽成物形曰形鹽，乾肉無骨者曰膴，魚之糗乾者曰鮑，今楚人以米粉爲魚糝是也；魚之析乾者曰鱐。熟食曰饋，室中饋尸也。珍膳既備，佐以果實，若棗若栗，若桃及乾䕩。䕩言老也，果實乾久之通名，猶《內則》桃諸、梅諸之類，鄭云乾梅也。榛似栗而小。水陸動植之品，以多爲貴，故謂加籩。蔆，蔆角；芡，雞頭；脯，乾禽肉爲片者。重言蔆芡栗脯，不一之辭，四物不限數，所以爲加也。羞籩，內羞之籩，羞名主內，魚肉醢醬，出庖，厨者曰庶羞，餅餌之類，出房中者曰內羞。炒米豆爲糗，搗糗爲粉，乾餅爲餌，言堅白如珥，珥，玉瑱也。餈言滋，濡餅也。以上四籩，自始筵至終事，次第品式，大略如此，祭祀、喪事、賓客并用之。凡內外祭祀，籩人供籩器與三薦之果脯、內羞之餌餈。前三籩曰薦者，從獻之稱；後一籩曰羞者，以實內羞也。鄭謂「未食曰薦，已食曰羞」，然則前三籩，皆不食者與？王及后、世子內羞，亦禮事用之。

醢人，奄一人，女醢二十人，奚四十人。

醢，肉醬，以實豆。不言豆人，豆實不盡于醢也。菜菹肉臡，皆醢屬。中饋之事，奄人掌之。

醢人掌四豆之實。朝事之豆，其實韭菹、醓膽**醢，昌本、麋臡**泥**，菁菹、鹿臡，茆菹、**

麋君臡。饋食之豆，其實葵菹、蠃羅醢，脾析、蠯蚱醢，蜃神，上聲、蚳池醢，豚拍搏、魚醢。加豆之實，芹勤菹、兔醢，深蒲、醓醢，箈迨菹、鴈醢，筍菹、魚醢。羞豆之實，酏馳食、糝散，上聲食。凡祭祀，共薦羞之豆實，賓客、喪紀亦如之。爲王及后、世子共其内羞。王舉，則共醢六十罋，以五齊、七醢、七菹、三臡實之。賓客之禮，共醢五十罋。凡事，共醢。

四升曰豆，四豆之實，即朝事饋食加羞四，與籩同，而籩盛乾物，豆盛濕物也。韭菹，切韭爲菹。淹菜曰菹，肉醬曰醢，醢汁曰醓。以齊酒醢鹽，雜漬成。昌本，菖蒲根。麋，大鹿。臡，泥也，熟爛之名，鄭謂有骨曰臡。菁，蔓菁，或云韭花。茆，蓴也；麇，獐也。脾析，牛百葉；蠯，蜯屬，長曰蠯，短曰蛤。蜃，大蛤；蚳，蟻子。豚拍，豕脅。芹，水菜。深蒲，蒲始生未出水者。箈，竹萌，大曰筍。重言魚醢，魚非一種也。菹醢共八，一菹一醢相間，《儀禮》謂「二以并」是也。酏，稠粥；糝，煎米合肉，二者内羞也。以上四等之豆，祭祀賓客皆用，皆醢人供也。薦豆之實，菹醢臡也；羞豆之實，酏糝也。共内羞，供酏糝。王舉，王盛饌。五齊，昌本一，脾析二，蜃三，豚拍四，深蒲五也。齊、齏通，細切爲齏。七醢，蠃一，蠯二，蚳三，魚四，兔五，鴈六，魚七也。七菹，韭一，菁二，茆三，葵四，芹五，箈六，筍七也。三臡，麋一，鹿二，麇三也。《膳人職》王之饋醬百有二十罋，今醢人薦半者，其半醢人供也。

按：《郊特牲》云：「恒豆之菹，水草之和氣也。其醢，陸産之物也。加豆，陸産也。其醢，水物也。」蓋菜水少而陸多，肉陸少而水多，正貴常而加貴異。此恒豆之菹亦用陸，其醢亦用水；加豆之菹亦用水，醢亦用陸，不盡合也。大抵菜可菹者，不止韭、菁、芹、葵；肉可醢者，亦不止麋、兔、魚、蠯等。而四豆、四籩之供取諸此，蓋食有常品，則禮有經制，費無溢額，孔子所以先簿正祭器，魯人無獵較者，以此與？

醯（希）**人，奄二人，女醯二十人，奚四十人。**

醯，酒之酸者，即醋也。

醯人，掌共五齊七菹，凡醯物。以共祭祀之齊菹，凡醯醬（匠）**之物。賓客亦如之。王舉，則共齊菹醯物六十罋，共后及世子之醬齊菹。賓客之禮，共醯五十罋。凡事，共醯。**

醯人兼掌齊菹，凡齊菹之物皆用醯，齊菹即是醬，故云醯醬之物。

鹽人，奄二人，女鹽二十人，奚四十人。

鹽必湅治而後可用，故人數與醯、醢等。

鹽人掌鹽之政令，以共百事之鹽。祭祀，共其苦（古）**鹽、散**（上聲）**鹽。賓客，共其形鹽、散鹽。**

王之膳羞，共飴鹽，后及世子亦如之。凡齊事，鬻煑鹽以待戒令。

鹽之政令，謂湅治收受之灋。苦、盬同，鹽成塊曰盬。形鹽，築削成物形者。飴鹽，鹽之甘者。齊、劑同，調和五味須鹽。鬻，以水火湅治也，如春多酸、夏多苦之類，皆湅治而成。待戒令，待取用也。

按：後世鹽課，幾與正賦等，利盡池海，事析秋毫，有是書所未詳者，然不可謂非是書作俑也。

冪密人，奄一人，女冪十人，奚二十人。

巾覆物曰冪。尊彝之器，飲膳之品，皆以布巾之，致清潔也。

按：此役易辦，人數可損也。酒漿以下諸職，屬膳人及內饔，亦足供矣，事各一官，不亦冗乎？作者欲分任責成，則百事咄嗟可辦，見小欲速之意。惟是物渺而切王躬，各有司存，借元宰提挈，則羣小不敢越職壞常，斯亦美意耳。

冪人掌共巾冪。祭祀，以疏布巾冪八尊，以畫布巾冪六彝。凡王巾，皆黼。

巾以布爲之，疏布，麤布，尚朴也。八尊以盛五齊三酒，祭天地不祼，無鬱鬯，止齊酒耳，貴質，故巾不畫。宗廟盡飾，故畫巾。六彝，皆尊屬，盛鬱鬯者也，詳《春官·司尊彝職》。凡王膳羞，豆俎皆巾。白黑曰黼，其文斧，周人以武革命，斧象之。夏以揖讓尚文，用黻，青黑曰黻，其文兩已相背。

宫人，中士四人，下士八人，府二人，史四人，胥八人，徒八十人。

掌王寢之䵼除。自此下至掌次四職，皆王居處之司，故次飲食。北辰，帝宫，故屬天官。

按：此人數亦可省也，糞除井匽，勞賤諸役，不以奄寺罪隸而以中士，亦未允。

宫人掌王之六寢之脩，爲其井匽燕，除其不蠲，去其惡臭。共王之沐浴。凡寢中之事，埽除、執燭、共鑪炭，凡勞事。四方之舍事亦如之。

王寢有六，陰數之極也。脩，潔除也。井以取水，爲洗滌也。匽，築塹爲坑，受穢，以時蓄洩也。不蠲，不潔也。凡勞事，謂一切勞辱之事。四方之舍，謂王行宫。

掌舍，下士四人，府二人，史四人，徒四十人。

舍，謂行宫。

掌舍掌王之會同之舍。設梐避枑互再重。設車宫、轅門，爲壇壝偉宫，棘門。爲帷宫，設旌門。無宫則共人門。凡舍事，則掌之。

諸侯時見王曰會，殷見曰同，皆爲壇國外，與諸侯盟，詳《覲禮》。舍，王所舍，遶舍交木爲行馬以禦衆曰梐枑。再重，兩行也。王在軍則列車爲宫，其門曰轅門。車中直木曰轅，即輈也，以列車得名，鄭謂險阻之地，仰其車轅爲門也。築土平治曰壇，累土爲圍曰壝，即會同及祭祀之宫。棘、戟通，列棘爲門也。王暫止于外，有所展習，張帷爲宫，則設旌旗爲門也。王在道路，邂逅小憩，無宫，則使甲士護其前，以人爲門也。

幕人，下士一人，府二人，史二人，徒四十人。

幕，帷帳，凡王所舍具帷帳，《書》所謂綴衣也。

幕人掌帷幕幄帟亦綬之事。凡朝覲、會同、軍旅、田役、祭祀，共其帷幕幄帟綬。大喪，共帷幕帟綬。三公及卿大夫之喪，共其帟。

帳四週曰帷，在上曰幕，帷幕在外，大而不屬。幄在幕内，連合，象屋也。帟又在幄内，坐上承塵也。大喪帷幕，棺柩、賓客用之，嗣王襲絰序東，亦有帷。綬，組綬，以繫帷也。皆幕人供之，以授掌次張之。

掌次，下士四人，府四人，史二人，徒八十人。

次，謂舍中，王坐臥休息之處，設几案裀褥之類。然既有掌舍、幕人，此百人者，亦可損也。

掌次掌王次之灋，以待張事。王大旅上帝，則張氈案，設皇邸。朝潮日、祀五帝，則張大次、小次。設重帟重案。合諸侯亦如之。師田，則張幕，設重帟重案。諸侯朝覲會同，則張大次、小次。師田，則張幕設案。孤卿有邦事，則張幕設案。凡喪，王則張帟三重，諸侯再重，孤卿大夫不重。凡祭祀，張其旅幕，張尸次。射則張耦次。掌凡邦之張事。

次濿，謂大次、小次等濿。待猶聽也，聽治其僚役張設帷幕之事。旅，陳也，衆也；大旅，盛祭羣神之名。上帝，謂昊天上帝，冬至圜丘之祭。時寒，故張氈案，王服大裘，即此時也。案，牀几也。皇邸，天子舍次之稱。皇，大也；邸，抵止也，郊天禮盛，故稱皇邸。鄭謂染羽色象鳳凰爲屏風，鑿也。朝日，謂春分拜日於東門外。祀五帝，謂四時迎氣于各郊，祀五方天帝。大次，王臨御處；小次，王退息處。孤卿，天子之少師、少傅、少保爲三孤，即六卿加命者也。有邦事，謂有王事，則掌次爲張設幕案也。凡喪，王張帟三重，謂先王之柩。嗣王襲經東序之次，皆用帟，具制小。諸侯以下，謂奔王喪者，士以下無張。《檀弓》云「君於士有賜帟」，賜乃有也。旅幕，助祭羣臣所居之次。尸次，祭祀時尸在堂在室之次。射，謂天子與諸侯大射于郊、賓射于朝，皆六耦；燕射于寢，三耦，皆有次。弓矢在次内，《儀禮》云「遂命三耦取弓矢于次」是也。

大府，下大夫二人，上士四人，下士八人，府四人，史八人，賈十有六人，胥八人，徒八十人。

大府爲王治藏之長，揔其入而分之諸府者也，其職重，故用下大夫。自此至掌皮十一職，皆財貨之司，而大府與司會爲出入之長。王飲食居處外，財用最急，君心荒于侈，與羣小因緣爲姦，亦惟財爲甚，故冢宰兼領之。後世宰相領度支，儒者非之，不知後世之失在别設宰相，不在領度支也，説詳《天官》。用賈十六人，以九貢内多方物，必識物價者驗别之。

大府掌九貢、九賦、九功之貳，以受其貨賄之入，頒其貨于受藏之府，頒其賄于受用之府。凡官府都鄙之吏及執事者，受財用焉。凡頒財，以式灋授之。關市之賦以待王之膳服，邦中之賦以待賓客，四郊之賦以待稍秣末，家削之賦以待匪頒，邦甸之賦以待工事，邦縣之賦以待幣帛，邦都之賦以待祭祀，山澤之賦以待喪紀，幣餘之賦以待賜予。凡邦國之貢以待弔用，凡萬民之貢以充府庫，凡式貢之餘財以共玩好之用。凡邦之賦用，取具焉。歲終，則以貨賄之入出會之。

九貢、九賦，見《大宰職》。九功即所謂九職。貳，副也，大宰掌之，大府副之。凡九州萬民貢賦，一切輸于大府，以揔其入。大府分授于内外諸府，受而藏之，用之也。受藏之府，即玉府、内府等；受用之府，即外府、職歲等。貨，寶玉之類，故言藏。賄，粟帛之類，故言用。官府，王朝三百六十官屬，都鄙之吏，三等采地羣臣，凡有事須財用者，皆于大府受式灋焉。頒財，謂大府揔其入，量每歲各司經用之數，分置各府，以大宰九賦、九式之灋頒之。關市之賦，取于商旅百工者，以待王膳羞衣服之用。邦中之賦，王城内外附近田税，以待賓客，爲其取用便也。四郊之賦，王城百里外田税，以待芻秣之用，謂之稍者，稍給之也，蓋秸藁薪芻之類，近輸便也。家削，謂三百里，大夫采地之賦，以待大賞匪頒之用。邦縣，四百里，卿采地之賦，以待幣帛將享。邦都，五百里，公采地之賦，以待祭祀鬼神。此三者，以賦之貴賤，爲用之輕重也。山澤之賦、虞衡之征，以待喪紀，棺椁荼蜃之類給焉。幣餘之賦，即九職嬪婦、園囿、臣妾、閒民之屬出者，非正賦，以供王之賜予。邦國，謂諸侯之九貢田賦外，所貢各方物，以待喪荒助給之用。民間之貢，以備内外諸府庫正賦不足之用。九式、九貢經用有餘，則以供王玩好，苑囿器用之類。凡邦之賦用，揔言内外諸費。取具，謂皆于大府取備也。

按：天子富有四海，其飲食衣服，粟米布縷，惟正之供。今以王之膳服取諸關市，夫關市，君子所謂攘雞之征也，是書以爲九賦第一，則其流毒將有不可勝言者。玩好喪志，賢君恭儉，屏之惟恐不遠，元老慮國，杜之惟恐不嚴，況導其奢，留其餘財以供之，豈周公之灋與？吴澄氏寧芟其文，終不信其非周公之書。曾是周公之書，而受儒者之芟與？

玉府，上士二人，中士四人，府二人，史二人，工八人，賈八人，胥四人，徒四十有八人。

此大府所謂受藏之府也。受大府所頒餘財，專以供王玩好，不在外用之數，玩好貴玉，故稱玉府。工攻玉，賈辨玉。乾爲玉，故屬天官。

玉府掌王之金玉、玩好、兵器，凡良貨賄之藏。共王之服玉、佩玉、珠玉。王齊齋，則共食玉。大喪，共含玉、復衣裳、角枕、角柶。掌王之燕衣服、衽席、牀第，凡褻器。若合諸侯，則共珠槃、玉敦對。凡王之獻金玉、兵器、文織、良貨賄之物，受而藏之。凡王好去聲賜，共其貨賄。

金玉、玩好，皆大府餘財所置。兵，如弓劍之類精良者也。服玉，冕旒弁瑾之屬。佩玉，珩璜琚瑀之屬。珠，謂佩玉雜珠，王將祭而齊，則變食，日三舉，器用玉。復衣裳，始死招魂之衣裳。不供于司服，于玉府者，死事屬北方，從嚴凝之氣也。角枕，角爲枕，以斂尸。角柶，角爲七，挑飯奉含者。燕衣服，褻衣也；衽席，臥席；第、簀同，亦席也，牀第，牀上設第。褻器，清器，虎子之屬。合諸侯，大會諸侯也。珠槃、玉敦，享禮之器，以珠玉飾之。《明堂位》云：「有虞氏之兩敦。」《特牲》《少牢》盛黍稷皆用敦。凡王所受獻金玉等物，宜藏内府；王取自用，則收之玉府，不與内府待外用者同藏也。文織，帛之織文彩者。

按：天子以天下爲富，不私藏財，況金玉、玩好，不可衣食，置官屬七十人聚而守之，豈賢君抵璧投珠之意。鄭解食玉，謂王齋則食玉屑，此承漢主服食之陋。謂珠槃、玉敦爲王者與諸侯歃血之用，夫歃血豈先王之禮。《家語》云臣與於君曰獻，鄭謂王獻諸侯之金玉，引《春秋》齊侯來獻戎捷爲徵，緣未知《春秋》耳。

内府，中士二人，府一人，史二人，徒十人。

此亦受藏之府，待外大用，與玉府供玩好者異。

内府掌受九貢、九賦、九功之貨賄、良兵、良器，以待邦之大用。凡四方之幣獻之金玉、齒革、兵器，凡良貨賄入焉。凡適四方使者，共其所受之物而奉之。凡王及冢宰之好賜予，則共之。

九貢、九賦、九功之貨賄，皆大府頒之，内府受而藏之。良兵、良器，四方所貢，或冬官百工所造。四方諸侯朝聘所獻幣、象齒、犀虎等皮革，皆由大府頒來，内府入之。王使適四方，有齎幣往，賜則内府供使者所應受之物，奉以與之。冢宰貳王，凡王及冢宰之好賜予，即《大宰職》云「凡邦之小治，冢宰聽之，待四方之賓客之小治」是也。

外府，中士二人，府一人，史二人，徒十人。

此大府所謂受用之府也，主泉布入出，待邦之百用，曰外府。

外府掌邦布之入出，以共百物，而待邦之用，凡有灋者。共王及后、世子之衣服之用。凡祭祀、賓客、喪紀、會同、軍旅，共其財用之幣齎、賜予之財用。凡邦之小用，皆受焉。

歲終則會，唯王及后之服不會。

布即泉，與錢通，古者謂錢爲泉，言流不竭也，又謂之布，言布散也。共百物，以泉致百物也。凡有限數取用之灋者，即下文邦之小用也。幣齎，路費也。軍旅以上財用大者各有經制，外府但供其齎用小費耳。賜予，王恩賜。

司會古外反，中大夫二人，下大夫四人，上士八人，中士十有六人，府四人，史八人，胥五人，徒五十人。

會，筭計也，司會主計天下財賦經用出入之數，爵中大夫，重其任也。是書詳于課吏，而吏事先財用。

司會掌邦之六典、八灋、八則之貳，以逆邦國、都鄙、官府之治。以九貢之灋致邦國之財用，以九賦之灋令田野之財用，以九功之灋令民職之財用，以九式之灋均節邦之財用。掌國之官府、郊野、縣都之百物財用。凡在書契版圖者之貳，以逆羣吏之治，而聽其會計。以參互攷日成，以月要攷月成，以歲會攷歲成，以周知四國之治，以詔王及冢宰廢置。

六典以治邦國，八灋以治官府，八則以治都鄙，〔一〕皆大宰掌其正，小宰掌其貳。司會又掌其貳，以專考財用入出，課百官之能否，爲廢置也。逆，謂以成灋按之。九貢、九賦、九功、九式，皆掌之大宰。九功，即九職之功。九貢出于諸侯，司會如灋致之。九賦，除邦中之賦，餘皆田野，賦多出田野，據多者言之，九功辨民職而後賦定，故云「民職之財用」，非九職別爲一賦，如鄭説也。貢自諸侯曰致，賦徵于民曰令，貢賦功式四者皆大宰治財用之灋。其典灋則三者，皆大宰治百官之灋，司會皆得掌之，以其灋考百官之百物財用。朝廷曰官府，國外百里曰郊，二百里曰甸，三百里曰稍，皆謂之野；四百里曰縣，五百里曰都。百物，即九貢、九賦内之百物，皆財用也。書契，文券也，記載曰書，合驗曰契。户籍曰版，地形曰圖。貳，謂副大宰。參，參以彼此，互，互其同異，如今人總撒較勘，皆會計之灋。日成，每日之數。合日成月，合月成歲，月數曰要，歲數曰會，略以致詳，分以求合，久近異同不可隱，而吏治情僞見，乃告于冢宰廢置之。

司書，上士二人，中士四人，府二人，史四人，徒八人。

主會計之簿書，司書掌之，司會執以考之。

〔一〕「官府」「都鄙」，郝敬注解與經文順序不同，《續修》本、《存目》本原文皆如此。

司書掌邦之六典、八灋、八則、九職、九正、九事邦中之版，土地之圖，以周知入出百物，以敘其財，受其幣，使入于職幣。凡上之用財用，必攷于司會。三歲則大計羣吏之治，以知民之財器械之數，以知田野夫家六畜之數，以知山林川澤之數，以逆羣吏之徵令。凡稅斂，掌事者受灋焉。及事成，則入要貳焉。凡邦治，攷焉。

九正，即九貢、九賦之正供。九事，猶九功，即九職。版，户籍也，與土地之圖，皆司書掌之，知每歲入數，按入以知出數。百物，工作所用材物，竹木金錫之類，次敘其所用，而稽其餘也。幣，謂幣餘，支用有餘，司會受之以付職幣，待別用也。上之用財，謂王以下及冢宰六卿用財，皆攷核于司會，而司書書之，以待考也。羣吏之徵令，謂凡徵收財賦，如《地官》之閭師、旅師等，按數考其虧盈，知其能否也。凡收稅，主者受數于司書，收畢，以歲入總要送于司會，以副數送于司書。冢宰掌邦治、考羣吏，司書皆與焉，以吏治莫先于財用也。

職内，上士二人，中士四人，府四人，史四人，徒二十人。

主財賦之入數。

職内掌邦之賦入，辨其財用之物而執其總，以貳官府、都鄙之財入之數，以逆邦國之賦用。凡受財者，受其貳令而書之。及會，以逆職歲與官府財用之出，而敘其財以待邦之移用。

辨其財用之物，謂如貢賦等入，各分别其所用。官府、都鄙之財，即物，貳其數者，大府有正數，職内有副數，以逆考邦國之用也。蓋凡貢賦入大府者，先由職内，而大府總受，以頒于諸府，大府頒財，下其令于諸府，謂正令；以其分受之數下于職内，謂貳令，職内受而書記。歲終會計，以所記入數，迎合職歲與官府出數，敘一歲有餘之財，以轉給邦國之他用也。

職歲，上士四人，中士八人，府四人，史八人，徒二十人。

主每歲用出之數。

職歲掌邦之賦出，以貳官府都鄙之財出賜之數，以待會計而攷之。凡官府都鄙羣吏之出財用，受式灋于職歲。凡上之賜予，以敘與職幣授之。及會，以式灋贊逆會。

凡百官用財式灋，歲有常數，皆職歲掌之，必于職歲受式灋而後得支取。凡上之賜予，職歲開列一歲應與之數，以與職幣，職幣掌之，見下。

職幣，上士二人，中士四人，府二人，史四人，賈四人，胥二人，徒二十人。

掌收費用餘財，變賣置幣，以待王賞賜及小用。賈四人，辨物定值也。

職幣掌式灋以斂官府、都鄙與凡用邦財者之幣，振掌事者之餘財，皆辨其物而奠其録，以書楬之，以詔上之小用賜予。歲終，則會其出。凡邦之會事，以式灋贊之。

掌百官每歲費用常制，以斂官府諸用財者之餘幣，二句釋職幣之名，「振掌事者」下，職幣之事。振，收也，凡當事者用財有餘，皆職幣收之。分别所餘之物，奠定其録，書楬其數，以告于王。小用賜予，即前職歲所授之敘。

按：大府以下九職皆財用之司，一泉一布，必互相鉤考，關通會合，而後得用。其用也，又設之官以録其羡，筭幾無遺策矣。夫好利者，人之情，上之綜覈愈詳，則下之侵漁愈巧，役冗而竇多，筭之所得者，不償其衆之所費。故與其詳于灋也，寧詳于人。得人則灋不勞而理，不得人徒恃灋，灋即弊也；得人而泥灋，人又烏得展其用哉！

司裘，中士二人，下士四人，府二人，史四人，徒四十人。

司裘，掌皮之長，皮事莫重于裘，故以名，掌皮則其屬也。古者幣重皮，故繫財貨之後，又裘爲祀天之服，故屬天官。

司裘掌爲大裘，以共王祀天之服。中秋獻良裘，王乃行羽物。季秋獻功裘，以待頒賜。王大射，則共虎侯、熊侯、豹侯，設其鵠。諸侯則共熊侯、豹侯，卿大夫則共麋侯，皆設其鵠。大喪，廞[墐]裘，飾皮車。凡邦之皮事，掌之。歲終則會，唯王之裘與其皮事不會。

大裘，裘不用表，貴質也，冬至祀天之服。《玉藻》云「大裘不裼」是也。中秋，夏正八月，鳥獸毛毨美澤，故獻良善之裘于王。百鳥新成，秋始殺，故王頒賜羽物于羣臣。功裘，工人所製，供王頒賜者。王與諸侯、卿大夫射曰大射。侯，待也，置物于彼，待射也，形似猴曰侯。大射用皮侯，布中棲皮爲鵠，王之侯虎皮，諸侯熊皮，王之卿大夫以下豹皮，皆取服猛之義。諸侯自射熊皮，其卿大夫以下皆用麋皮。鵠，大鳥，侯中爲鵠，鵠中爲正，正用畫，即《鄉射記》云「天子白質，諸侯赤質」也。廞言墐，藏也，死者生時所著裘墐藏之。皮車，以皮輓車，即革輅，送葬用革車，脩飾其皮，使新也。鄭註「廞」作「興」，以裘爲偶衣，車爲明器，恐非。

按：《大射禮》，侯之崇廣以射之遠近爲差，大侯九十弓，天子之侯道；參侯七十弓，諸侯之侯道；干侯五十弓，大夫以下之侯道。五十弓之侯，即麋侯。又《鄉射記》云：鄉侯道五十弓，二寸以爲侯中。侯中即鵠，二五爲十尺，則是五十弓之侯，鵠方一丈也。又《考工記》云：侯之廣與崇方，三分其廣而鵠居一。則是五十弓之侯，高廣凡三丈。以此推之，諸侯之侯，高廣三丈四尺，天子之侯，高廣二丈八尺。三侯二侯，皆自北而南，同道連設，各射其鵠，詳《大射禮》。而《鄉射記》又云：天子熊侯，白質，諸侯麋侯，赤質，大夫士布侯，畫虎豹鹿豕。與此文異。

說見上。

掌皮，下士四人，府二人，史四人，徒四十人。

掌皮掌秋斂皮，冬斂革，春獻之。遂以式灋頒皮革于百工。共其毳脆毛爲氈，以待邦事。歲終，則會事財齎。

毛存曰皮，鳥獸毛至秋鮮澤，故秋斂，司裘中秋獻良裘以此。去毛曰革，揉治經時，至冬乃斂，皮革皆俟乾，至春乃獻也。式灋，每歲合用之式，造作之灋。百工，用皮者，《冬官》韋氏、函人之類。毳，細毛。邦事，如掌次張氈案之類。財齎，猶財幣，皮革可齎持曰齎，與資通，即財也。

内宰，下大夫二人，上士四人，中士八人，府四人，史八人，胥八人，徒八十人。

此宫中官之長，故亦稱宰，以下皆宫壺之司。

内宰掌書版圖之灋，以治王内之政令，均其稍食，分其人民以居之。以陰禮教六宫，以陰禮教九嬪，以婦職之灋教九御，使各有屬，以作二事，正其服，禁其奇基衺邪，展其功緒。

大祭祀，后祼獻，則贊，瑶爵亦如之。正后之服位而詔其禮樂之儀。贊九嬪之禮事。

書，記也，記宫内百職名氏于版，晝宫寢内外廬舍爲圖。執版以稽所守之職，按圖以知所居之地，皆政令也。稍食，稟禄也。人民，凡在内之官吏冢衆皆是。六宫即六寢，王有路寢、燕寢、小寢，后亦如之。王曰寢，后曰宫，皆后主之。六者，陰數之極，故以稱宫，非必王有六寢，后又有六宫象王，如鄭説也。陰教，以女德教六宫爲嬪御者。陰禮，女貌；九嬪，女官之長，教諸宫嬪進御之禮者。其屬，即九御也，内宰以陰禮教九嬪，使以婦職教九御，嬪各有御，爲屬從也。二事，謂絲枲，大宰九職，嬪婦治絲枲。正其服，服有常飾，勿爲靡麗也。奇衺，治容，善媚之類。功緒，即女工。大祭，謂宗廟祫禘。祼獻，謂始祭，尸入室，王酌圭瓚獻尸，后酌璋瓚從獻，則内宰贊后。瑶次玉，王爵玉，后爵瑶，自祼後朝事至卒食，王獻尸，后皆以瑶爵從，内宰贊如初。正服，如褘衣褕狄之類；正位，如房中户内及阼，后所立之位。禮樂之儀，謂凡行禮之節，與樂聲容相應。九嬪贊后薦玉齍，薦徹豆籩，内宰亦助九嬪，蓋内宰本教九嬪者也。

凡賓客之祼獻、瑶爵，皆贊。致后之賓客之禮。凡喪事，佐后使治外内命婦，正其服位。

凡建國，佐后立市，設其次，置其敘，正其肆，陳其貨賄，出其度、量、淳、制，祭之以陰禮。

賓客，謂諸侯朝見，王燕饗裸獻，后以瑶爵從，内宰贊之。王致賓客牢禮，后亦有致禮，内宰爲致之。國有大喪，内外羣臣服位各有等，其羣臣婦，則内宰佐后治之。凡營建國邑，前朝後市，王立朝，后立市，象陰陽也。次、敘，謂市居比連，如《地官·司市》思次、介次，皆有官屬分涖。肆，行列。出其度量，齊民俗也。淳作純，幅廣曰純，匹長曰制，古布帛廣四咫，八寸曰咫，是三尺二寸也，制長丈八尺。市成，則祭以陰禮，祭社神，如俗謝土然。

〇按：天地陰陽，雖有相承之義，其實一天一陽耳。議禮者執配合之説，謂宫内宜與大廷比，王有六寢，后有六宫；王有三公、九卿、二十七大夫，后有三夫人、九嬪、二十七世婦；王饗賓客，后亦饗賓客；王治羣臣，后亦治命婦，則是壼外之事，后亦預矣。至于營建，何有于婦人？朝市雖分南北，市之闤雜甚于朝，王立朝，夫人立市，于陰陽之義，殊不相似。彼其市次貨賄度量，何預女主事？而皆勞内宰爲陳設，祭不請王，而后以陰禮自主，是何禮與？《詩》云「無非無儀」，女之貞也，禮家動稱陰配陽，小則牝雞鳴晨，家道之索，大則誨淫生戎，繆侯所以見殺，吕雉武曌，所以亡人國家也。嗚呼！可不戒哉，可不戒哉！

中春，詔后帥外内命婦始蠶于北郊，以爲祭服。歲終，則會内人之稍食，稽其功事。佐后而受獻功者，比其小大與其麤良而賞罰之。會内宫之財用。正歲，均其稍食，施其功事句，憲禁令于王之北宫而糾其守。上春，詔王后帥六宫之人而生穜同稑六之種，而獻之于王。

北郊，陰地，王耕南郊，后蠶北郊。歲終獻功，九御之屬獻絲枲二事之功。布帛有大小，絲縷有麤良，因以爲賞罰。正歲，夏正月。均稍食，調度一歲之廩禄。施其功事，施一歲所當爲之職業。憲，猶示也；北宫，即後宫，示禁令于後宫，約束守衛之人也。上春，猶早春，農事貴早。五穀先種後熟曰穜，後種先熟曰稑，生其種以獻于王，勸耕籍也，鄭以爲傳類蕃孳之祥，鑿也。

內小臣，奄上士四人，史二人，徒八人。

內小臣，掌王后之使令。奄上士，奄人爲上士即小臣。稱內，以别于《夏官》小臣也。

內小臣掌王后之命，正其服位。后出入，則前驅。若有祭祀、賓客、喪紀，則擯，詔后之禮事，相九嬪〔一〕之禮事，正內人之禮事，徹后之俎。后有好去聲事于四方，則使往；有好令於卿大夫，則亦如之。掌王之陰事陰令。

命，使令。服，后之命服。位，中宫朝位。祭、賓、喪三事，后在，則內小臣爲擯，傳辭，詔后

〔一〕「嬪」，《續修》本、《存目》本訛作「擯」，據閩本改。

行。九嬪隨后，則相之。諸内人從行，則正之。凡后受尸酢，飲于房中，有俎，則内小臣徹之。好事，謂王后脩問四方親戚。好令，問勞卿大夫。陰事，幸御等事。陰令，召見嬪御等令。

閽人，王宫每門四人，囿游亦如之。

閽，昏也，門昏則閉。臯門以内，皆謂王宫，天子中門有五。苑囿游觀之處，不在宫中，其門亦掌之閽人，故别言之。

閽人掌守王宫之中門之禁，喪服、凶器不入宫，潛服、賊器不入宫，奇服、怪民不入宫。凡内人、公器、賓客，無帥則幾其出入。以時啓閉。凡外内命夫命婦出入，則爲之闢。掌埽門庭。大祭祀、喪紀之事，設門燎，蹕宫門、廟門，凡賓客亦如之。

王五門，自外而内，臯、庫、雉、應、路，皆南向，當國中，謂中門，鄭謂爲雉門居五門中，然則云「每門四人」者，豈一雉門與？凶器，送死明器之屬。潛服，潛形微服。賊器，盗賊之任器。奇服，非常見之服。怪民，踪迹可怪之人。如此者，皆禁不得入王宫。内人，婦人。公器，公家什物。賓客，遠方之使。三者出入，必有主者帥之，無則幾察。門夜漏盡則啓，晝漏盡則閉。若外内命夫命婦，有急出入，雖當其閉，爲之闢也。門庭，當門前地。燎，地燭，束葦灌蠟，爇之以照昏也。蹕，止行人，廟在中門外，故閽者蹕之。凡王燕賓客于寢，饗于廟，亦爲設門燎蹕。

寺人，王之正内五人。

寺，侍也。正内，正寢也。凡内侍，通稱寺人，不必定奄。《春秋傳》晉寺人披自稱刑臣，彼誠奄寺人也。凡職用奄，必著之，此不言奄，言閽寺，有奄則用，無奄則選士人端謹者充之，故不定言奄。總之《周禮》用奄，止三十九人耳。

寺人掌王之内人及女宮之戒令，相道其出入之事而糾之。若有喪紀、賓客、祭祀之事，則帥女宮而致於有司，佐世婦治禮事。掌内人之禁令，凡内人弔臨于外，則帥而往，立于其前而詔相之。

王内人，謂王宮中婦人。女宮，猶言宮女，婦人之無夫而給事宮中者，即内人之屬，使役之女，鄭謂爲宮刑之女，宮中婦非必盡罪人也。有司，謂世婦，掌喪紀、賓、祭之事，用女宮爲役，故寺人帥而致之。九嬪行禮，則内宰、内小臣相之；世婦行禮，則寺人佐之。内人之禁令，謂防範内人。弔臨，謂女宮從世婦出弔臨喪。詔相，謂詔相内人。

内豎，倍寺人之數。

内豎，出入王宮，通内外使令，豎童未冠，故得出入王宮，非定奄也，奄則不必豎。倍寺人，數十人耳。

内豎掌内外之通令，凡小事。若有祭祀、賓客、喪紀之事，則爲内人蹕。王后之喪遷于宫中，則前蹕。及葬，執褻器以從遣車。

内，謂宫中；外，謂外廷。王在宫，而外廷有小事復，則内豎傳之，大事未可以豎傳也。王后喪殯，七月而葬，遷柩朝廟，内豎前蹕，止行人。褻器，振飾頮沐之器。遣車，送葬之車，載死者衣冠。

按：内小臣下四職，處奄寺最善。内小臣、閽、寺、内豎之長，爵止上士，蓋奄宦之極貴，無爲大夫者矣。其官四人，其史徒止十人，其閽人每門不過四人，其奉王内不過五人，其内豎通令，不過十人，省之至也。小臣用奄，閽、寺、内豎不定奄，凡成人端謹與童子忠慎者，皆可充數，誠不欲多近刑人以叢姦，亦不欲刑無罪之人用之以傷仁也。故五官之屬，用奄止四十七人，後世奄寺，出入後宫，動以萬計，爵公卿上，權侔人主，漢唐之亡由此，則是書之瀎，百世可師也。

九嬪

九嬪掌教九御之官，蓋取諸舊宫人，齒長而賢者充之。曰嬪，言其賢可賓也。九，陽數之極，天子數用九。後儒穿鑿，爲九嬪，二十七世婦，八十一御妻，鄭玄解禮，極其附會，爲進御之瀎，半月一週，導侈誨淫，大爲禮經之蠹，而腐儒崇信，可怪也。設使古嬪婦御妻果有此數，既言九嬪，世婦女御，何獨不舉其數乎？后則尊矣，有謂三夫人者，不可與九嬪并列乎？九嬪之屬，既云以時御于王所，世婦、女御，豈獨不言御乎？故知進御者，九嬪之屬，非九嬪也。職事了然，九嬪與世婦、女御皆官職，不言數，取具官耳，未限有無多寡也。

九嬪掌婦學之灋，以教九御婦德、婦言、婦容、婦功，各帥其屬而以時御敘于王所。凡祭祀，贊玉齍資**，贊后薦徹豆籩。若有賓客，則從后。大喪，帥敘哭者亦如之。**

九嬪，教九御者。婦學，即德言容功，婦以貞順爲德，以靜默爲言，以端莊爲容，以絲枲爲功。各帥其屬，九嬪各有屬。以時，昏進晨退也。御，侍也；敘，不陵越，皆九嬪教也。王所，王寢所。玉齍，玉敦，簠簋之類，以盛黍稷，后薦之，九嬪贊之。豆盛菹醢，籩盛脯果，亦后薦之，九嬪代徹。王大饗賓客，后在，九嬪從。大喪后在，亦帥內人敘哭以從。

世婦

世婦，助舊世臣婦，與春官世婦同秩。此則居王宮內，蓋冢宰以下六十三職，卿大夫之妻，官舍姓名，皆在內宰版圖，故屬天官。鄭據《昏義》二十七世婦之説，以爲王進御之數，非也。

世婦掌祭祀、賓客、喪紀之事，帥女宮而濯摡，爲齍盛。及祭之日，涖陳女宮之具，

凡内羞之物。掌弔臨〔一〕于卿大夫之喪。

祭賓喪事，謂中饋之事，助王后之役。概，拭也。齍盛，猶粢盛，五穀曰粢，在器曰齍。女宮之具，内羞，糗餌粉餈之類。弔臨，卿大夫之喪，王后使之往弔，鄭云王使，非也。此卿大夫喪在内者，内世婦弔之，居内便也。《春官》世婦掌内事達于外者，外卿大夫之喪，外世婦弔之，居外便也。

女御

御，猶侍也。女御，宮中女侍者，即所謂女宮也，其職尤卑。

女御掌御敘于王之燕寢。以歲時獻功事。凡祭祀，贊世婦。大喪，掌沐浴。后之喪，持翣。從世婦而弔于卿大夫之喪。

掌御敘，謂九御當夕者，女御以敘奉之于王之燕寢，不在后宮之夕也。功事，女功之事。掌沐浴，供湯物也。翣形如扇，持翣以蔽柩。世婦以王后命出弔，則使女御從。或者以爲王之御妻，豈有恩幸之女從世婦出弔，供湯沐，持柩翣者？爲女宮之類甚明。

按：九嬪、世婦、女御，本皆宮中有司，非如《昏義》所云王后夫人以下衆妾之謂。如以宮嬪私

〔一〕「弔臨」，《續修》本、《存目》本作「臨弔」，據閩本改。

入齒于官府，豈朝廷之禮？嬖妾不以列庶官，瀆至善也，不言其數，以少爲貴，取備官耳。古之王者，宫禁清約，内無怨女，人情攸宜，豈如後世宣淫敗度，後宫千人，幽恚而傷天和者與？惟執政大臣得關其柄，故無濫進，溢額之弊。

女祝，四人，奚八人。

女祝，婦人善媚鬼神者，供六宫之禱祀。

按：禱祀事本不經，愚婦易惑，尤爲厲階，後世巫蠱之害誤于此，不可用也。

女祝掌王后之内祭祀，凡内禱祠之事。掌以時招、梗、禬、禳之事，以除疾殃。

招，延請。梗，捍禦。禬，求福。禳，卻災。

女史，八人，奚十有六人。

女史，婦人曉文藝者，亦以舊宫嬪及外婦充之。

女史掌王后之禮職，掌内治之貳，以詔后治内政。逆内宫，書内令。凡后之事，以禮從。

禮職，謂諸禮儀后所當主者。凡内治，掌之内宰，女史書而貳之以詔后。逆内宫，據其貳以考六宮也。內令，王后之令，內史書以宣布于宫中。以禮從，謂執舊典從后，使無違錯也。

典婦功，中士二人，下士四人，府二人，史四人，工四人，賈四人，徒二十人。

典婦功，主内宫婦人絲枲之功。工，湅治之工。賈，辨絲枲貴賤者。

典婦功掌婦式之灋，以授嬪婦及内人女功之事齎。凡授嬪婦功，及秋獻功，辨其苦良、比其小大而賈之，物書而楬之。以共王及后之用，頒之于内府。

婦式之灋，女功之成灋。嬪婦，九嬪世婦及所屬女御輩，各有女功之事者。齎、資同，布帛皆資財也。始授功，絲麻有美惡，辨而授之。既成獻，布帛有大小，比而收之，各書記其物，以待上用，頒之内府。

典絲，下士二人，府二人，史二人，賈四人，徒十有二人。

主爲帛者。

典絲掌絲入而辨其物，以其賈楬之。掌其藏與其出，以待興功之時。頒絲于外内工，皆以物授之。凡上之賜予，亦如之。及獻功，則受良功而藏之，辨其物而書其數，以待有司之政令，上之賜予。凡祭祀，共黼畫組就之物。喪紀，共其絲纊組文之物。凡飾邦器者，受文織絲組焉。歲終，則各以其物會之。

絲入，九職所貢絲。辨其物，辨麤細也。賈，值也；楬，書記也。他財貨出入，必分官掌之，惟絲藏出皆由典絲。興功，織造也。頒絲，織造，以初入所楬物賈。授之，別精粗也。獻功，工人成縑帛來獻。絲功精曰良。祭祀之物，謂衣裳冠冕之類。白黑曰黼。采色曰畫。組，綬也。成采曰就。喪紀之物，衣衾巾屨之類。絲，線也。纊，綿也。邦器，帷幄旌旗之類。

典枲，下士二人，府二人，史二人，徒二十人。

主爲布。

典枲掌布緦縷紵之麻草之物，以待時頒功而授齎。及獻功，受苦功，以其賈楬而藏之，以待時頒。頒衣服，授之，賜予亦如之。歲終，則各以其物會之。

緦，朝服布十五，升去其半，六百縷也。布細而疏曰紵。麻，枲麻。草，葛類。齎、資同，即麻縷。布功麤，與帛異，曰苦功。

内司服，奄一人，女御二人，奚八人。

掌宫中裁縫之事，女御見前。

內司服掌王后之六服，褘（翬）衣、揄狄、闕（屈）狄、鞠衣、展衣、緣（彖）衣，素沙。辨外內命婦之服，鞠衣、展衣、緣衣，素沙。凡祭祀、賓客，共后之衣服；及九嬪世婦凡命婦，共其衣服。共喪衰亦如之。后之喪，共其衣服，凡內具之物。

天子衮衣九章，九爲陽數之極；后褘衣有六等，六爲陰數之極。一褘衣，二揄狄，三闕狄，四鞠衣，五展衣，六緣衣。褘、煒通，華采也，鄭引《爾雅》作「翬」，雉也，刻畫繒爲五色素雉，綴于玄衣之上也。天子五冕，一衮，二鷩，鷩即雉，王后降一等，故衣雉。飛揚曰揄，狄、翟同，即雉，《詩》云「玼兮玼兮，其之翟也」。闕狄，《喪大記》作「屈狄」，栖伏曰屈，褘狄有揄屈，猶衮龍有升降也。鞠、菊通，黃衣也。展，白衣也，《詩》云「瑳兮瑳兮，其之展也」，瑳，白貌。緣，鄭作「褖」，黑衣也。素紗，以無文細縠爲單衣，籠六衣上，即《士昏禮》謂明景衣，《詩》謂「衣錦褧衣」，衣錦尚絅是也。外命婦，卿大夫妻在外者；內命婦，居王宮，在內宰版籍者。命婦之服無褘狄，自鞠衣以下，凡三等。鄭謂二王後與上公夫人褘衣，侯伯夫人揄狄，子男夫人闕狄，孤妻鞠衣，卿大夫妻展衣，士妻禒衣，據《春官》六冕推之，證以《雜記》，當然耳。后所與唯祭祀賓客，九嬪世婦，皆從后者。凡命婦，謂內外命婦卿大夫妻，有事從后者，司服皆供其禮服，大喪之衰服，亦供之。后喪共衣服，謂襲斂之衣服。內具之物，謂紛帨鞶袠之類，從葬者。

按：六服之制，不可詳考。鄭據《爾雅》，謂「揄」作「搖」，刻畫五色青雉，綴于青衣上；刻雉不畫曰闕，綴于赤衣上。《月令》三月薦鞠衣于上帝，鄭謂三月桑生，鞠，黄桑色。《雜記》云下大夫襢衣，即展衣，襢、袒同，單也，鄭以展衣爲見賓客之服，王后從王見賓客，被無文單白衣，何取乎？緣衣，據文當是緣飾之衣，猶今衣之有邊襴者，異于上五衣色純者耳。鄭謂爲燕居與進御之服，引《大喪記》士用税衣，「税」作「禒」，爲緣字之誤，《疏義》謂禒黑色爲水，水生金，爲展衣白色，鞠衣土色，闕狄火色，揄狄木色，褘衣玄天色，皆以臆鑿解，未可據。鄭謂素沙爲六衣之裏，而《雜記》云復用素沙，豈以衣裏復乎？《詩》云「瑳兮瑳兮，其之展也，蒙彼縐絺，是紲袢也」，謂展衣上加縐絺蒙之，即素沙也。薄繒曰絺，不但葛有絺，《書》云絺繡，葛豈可繡？展與襢同，單衣豈有裏？又謂褘衣祀先王，揄狄祀先公，闕狄羣小祀，因《春官·司服》六冕鑿解，皆難據。三狄盡飾，三衣亦必有物，而今皆不可考。

縫人，奄二人，女御八人，女工八十人，奚三十人。

掌縫王及后衣服。

縫人掌王宮之縫線之事，以役女御，以縫王及后之衣服。喪，縫棺飾焉馬，衣翣柳之材。掌凡内之縫事。

役女御，謂二奄役使女御，縫線本女事。喪，宮中大小喪。縫棺飾，謂殯啓將葬，縫棺上帷荒，即今棺罩，見《喪大記》。鄭註「焉」古本作「馬」，馬以駕遣車，縫裍被爲飾，喪車曰柳，柳旁障以方扇曰翣材，以木爲骨，縫彩衣于上。柳言酉，字從卯，《詩》云「維參與昴」，西方之宿，日入之鄉爲昧谷，因以名喪車，鄭云古《尚書》「昧谷」作「柳谷」，柳言聚也，日入多彩色，故聚飾曰柳。

染人，下士二人，府二人，史二人，徒二十人。

染帛爲五色。

染人掌染絲帛。凡染，春暴卜練，夏纁玄，秋染夏，冬獻功。掌凡染事。

染不言布，天子衣帛也。春日暄和，宜曬洗絲帛待染。夏日用丹朱染纁，纁，赤色，應火氣也。纁入黑成玄，秋氣清爽，乃大染。五采曰夏，《禹貢》「羽畎夏狄」，翟羽五采也。冬獻功，染功成獻也。

追堆師，下士二人，府一人，史二人，工二人，徒四人。

追，冠名，夏冠曰牟追，一作「毋追」，撮小之狀，故婦人冠以名，即今鬏髻。追、敦通，雕刻也，攻金之名。副笄用金玉，《詩》云：「追琢其章，金玉其相。」

追師掌王后之首服，爲副、編、次、追、衡、笄，爲九嬪及外内命婦之首服，以待祭祀、賓客。喪紀，共笄經亦如之。

首服，上首服。副非一之名，凡物湊成皆曰副，婦人首飾，金玉珠翠攢簇，故名，鄭謂副言覆，恐非。編，編緝，亦金玉，而簡于副。次，謂比次稀疎，又簡于編。追，女冠通稱，即今假髮，加于頂，以受笄者也。衡、横同，長簪，横貫副上。凡簪可通稱笄，貴者用玉，賤者用骨角，以管追著髮也。凡追用笄，故女子加冠皆曰笄。九嬪，教九御者，女宫之長。外内命婦，謂卿大夫妻，冠服皆資于内，以齊其制也。喪紀之笄，竹木爲之。經，喪服首經。

按：鄭因《春官》六冕，以王后六服分配五等君夫人及内外命婦，雖無明証，猶似。其以六服分配副、編、次、衡、笄，云三翟衣皆副，鞠展衣皆編，緣衣次，惟副有衡。編次皆笄，卿大夫妻皆不得用衡，衡與笄有縱横大小，而稱笄同，《詩》云「副笄六珈」，是副亦用笄，即衡也。謂庶人妻無衡猶可，謂卿大夫命婦笄而不衡，何據？又云外内命婦〔一〕，非佐王后，於其家行禮，皆降，引《少牢》主婦髮鬄、《特牲》主婦纚笄爲証，然何知髮鬄即次，降于編，纚笄非次，降于次乎？皆猜説。大抵禮書多後人摸擬採輯，鄭又採輯摸擬之，所以多爲説而愈紛，强附而愈不合，讀者愛羊，存焉可也。

屨人，下士二人，府一人，史一人，工八人，徒四人。

〔一〕「婦」，原作「服」，據文義改。

掌爲王及后以下屨。

屨人掌王及后之服屨。爲赤舄、黑舄，赤繶、黃繶；青句絇，素屨，葛屨。辨外内命夫命婦之命屨、功屨、散屨。凡四時之祭祀，以宜服之。

服屨，禮服之屨。複底曰舄，禪底曰屨，舄亦屨也。周人禮服多用赤黑，舄色專用之，或王用赤舄象陽，后用黑舄象陰與？繶，牙底接處以小絛綴其際爲飾。王赤舄赤繶，純象陽也；后黑舄黃繶，雜象陰也。句、絇通，拘也，以絛著舄頭爲鼻，拘束行履也。王與后舄，絇用青，象東方帝出之生氣也。青黃赤黑四者，四方之正色，故王與后吉屨用之，白不用，近凶周所勝色也。素屨，燕居單下之屨，無繶句文采之飾。葛屨當暑，王后皆用。命屨，命服之屨，亦赤黑二色，青黃繶絇。功屨，貴人之屨，文飾而攻緻。散屨，賤者之屨。四時以宜服，如《士冠禮》夏葛冬皮也。

按：本文義理，不過如右所解而已，鄭牽强附合，謂王吉服九，舄三，赤白黑；后吉服六，舄三，玄青赤，舄飾南北相對，如繢之次，屨飾西北相比，如繡之次，無端穿鑿，即其言可采，亦鄭氏一家之禮，與本文無涉。

夏采，下士四人，史一人，徒四人。

夏采，大采，《禹貢·徐州》「羽畎夏翟」，雉羽五色曰夏，旌旂之綏與王后車服皆用之。是職主招魂，繫天官末者，人死魂升天，故復向西北乾方，萬事有終，天之道也。

○按：復事近迂濶，專設一官，當省。

夏采掌大喪以冕服復于大祖，以乘車建緌復于四郊。

大喪，王喪。冕服，王六冕之服。復，人初死氣絶，持死者衣升屋，西北面，呼其名，招使返也。復必于死者生平有事之處，廟與郊嘗奉祀，鬼神所聚也，大祖、始祖廟、七廟皆復，大廟則夏采主之。乘車，王所乘郊祀玉輅。緌、緌同，《詩》云「淑旂綏章」，以旄牛尾注竿首，建于車上，其狀緌然，建緌不用旒，變也。

右天官之屬六十有三：卿一人，大夫十四人，上士三十八人，中士一百一十八人，下士一百六十九人，府七十五人，史一百四十一人，胥一百六十六人，賈二十八人，工二十人，徒二千一百二十人，奄二十七人，女二百一十七人，女奚六百五十二人，閽二十人，寺五人，内豎十人。以上通計三千八百二十一人，外九嬪無數，世婦無數，女御無數。

周禮完解卷二終

周禮完解卷三

郝敬　習

地官司徒第二

地官，官象地也。司，主也；徒，民也。以地象官，而所司不專在地；以民爲司，而其官不專主民。民以任地，地以養民，無土地則無以爲養，無人民則無以立國，故司民莫如地官也。天道知始，地道作成，官莫尊于冢宰，而事莫多于司徒，冢宰與王爲體，司徒併職爲臣。冢宰之權，莫大于詔王，而師、保亦司徒也；莫急于財賦，而泉府亦司徒也；莫重于爵禄，而司禄亦司徒也。宗伯掌禮，而祭祀、犧牲、粢盛，牧人、牛人、春人、饎人亦司徒也。司馬掌征伐，而伍、兩、卒、旅，徒役車輦，金鼓門關，亦司徒也。司寇掌刑，而司暴、司稽亦司徒也。至于司空國邑水土，孰非地事，昔唐虞命司空平水土，命后稷教稼穡，命司徒敷五教，是書水土稼穡五教，併委諸地官，故五官惟司徒兼任責成，所以爲地道而代有終也。地官作成代終，故冬官無職。三時之事，總役于地，萬物冬藏，百昌歸土，故冬，終也，終則無始，冬官司空，空則無事。苟冬月而水泉溢、土膏動，則地失其職，故水土國邑，不得不屬地官。地官任水土國邑，則冬官欲自爲事，不可得已，故司空者，考功而已。然則司空不預地事，而司馬又領職方，何也？司馬掌閫外者也。司徒掌邦畿千里以内，立國根本，職方土方，東漸西被之事，必根本强固，而後東征西討，遠人可蕩平，故司徒之職爲獨重。管子作内政，寄軍令，此之謂也。

惟王建國，辨方正位，體國經野，設官分職，以爲民極。乃立地官司徒，使帥其屬而掌邦教，以佐王安擾邦國。

首五句，解見《天官》。辨方經野，則天位乎上，地位乎下，以此設官分職，地官，所以繼天也。古者以司徒教民，而是書謂司徒爲地官，何也？《易》曰：「乾知大始，坤作成物。」地者，萬物所以致養，民得養而生，得教而成，生與成皆地，故曰衣食足則生禮義，逸居無教，則近于禽獸，養與教因，司民者兼焉。地官土德，黄中通理，柔順貞固，厚德載物。故尊莫如天，親莫如地，尊者分嚴，親者情篤，情篤則任重而事煩，故五官唯司徒屬多，而包舉冬官，蓋水土和則物生，土制水則教成，富而教，司徒所以爲安擾而兼事典也。不富則不可教，先教後養，則失其養，故冬官之職，不待五官終，而司徒先之。貞起元，艮成震，藏冬于地，所以承天而資春氣，故謂之辨方正位也。五官皆佐邦國，獨司徒言安，又言擾。擾，饒也，富而教，故饒豐多事，故擾。

教官之屬

教官，即大司徒。屬，謂小司徒以下職七十有八，其人二萬七千五百有奇。

大司徒，卿一人；小司徒，中大夫二人；鄉師，下大夫四人，上士八人，中士十有六人，旅下士三十有二人，府六人，史十有二人，胥十有二人，徒百有二十人。

卿即大司徒。小司徒，大司徒之副，中大夫以下遞相爲副，説見《大宰》。天子畿内，附郭之地，分爲六鄉，大司徒主之，故其副有鄉師。

大司徒之職，掌建邦之土地之圖與其人民之數，以佐王安擾邦國。以天下土地之圖，周知九州之地域、廣輪之數，辨其山林、川澤、丘陵、墳衍、原隰之名物。而辨其邦國都鄙之數，制其畿疆而溝封之，設其社稷之壝偉而樹之田主，各以其野之所宜木，遂以名其社與其野。

九州，據《司馬·職方》，揚、荆、豫、青、兖、雍、幽、冀、并，《禹貢》九州有徐、梁而無幽、并。輪，從也，東西曰廣，南北曰輪。積土石曰山，生竹木曰林，流水曰川，瀦水曰澤，土高曰丘，大阜曰陵，水涯曰墳，下平曰衍，高平曰原，下濕曰隰。名物猶言名色，辨山林等名物，欲得土地虚實之數，以封建國邑也。邦國，謂諸侯之國。多寡之數，如《王制》云「畿外八州，州二百一十國」之類。都鄙之數，謂王畿内三等采地，如《王制》云「畿内九十三國」之類。畿疆皆界也。王畿千里，中置王城，四面各五百里，邦國都鄙各有畿界，界上爲溝，溝上封土，以爲阻固。國之中門外，右設大社大稷、王社王稷；中門外左設宗廟，宗廟門屏前設勝國社稷。累垣爲壇曰壝。邦國都鄙樹木爲社，以主田事，各因其地所宜木爲名，如宜松，則名松社之野之類。

按：土地封建，正地官之職，説者欲割土地之事以補司空，然則安所稱地官乎？今讀大司徒，及其屬七十有八，文義事理，井然明備，爲世儒紛更割裂，遂不復足觀矣。

以土會之灋辨五地之物生：一曰山林，其動物宜毛物，其植物宜皁物，其民毛而方；二曰川澤，其動物宜鱗物，其植物宜膏物，其民黑而津；三曰丘陵，其動物宜羽物，其植物宜覈物，其民專(團)而長；四曰墳衍，其動物宜介物，其植物宜莢(夾)物，其民晳而瘠；五曰原隰，其動物宜臝(羅，上聲)物，其植物宜叢物，其民豐肉而庳。因此五物者民之常，而施十有二教焉：一曰以祀禮教敬，則民不苟；二曰以陽禮教讓，則民不争；三曰以陰禮教親，則民不怨；四曰以樂禮教和，則民不乖；五曰以儀辨等，則民不越；六曰以俗教安，則民不愉(偷)；七曰以刑教中，則民不虣(暴)；八曰以誓教恤，則民不怠；九曰以度教節，則民知足；十曰以世事教能，則民不失職；十有一曰以賢制爵，則民慎德；十有二曰以庸致禄，則民興功。

此言民生于地，稟氣偏駁，地官所以設教也。會，計也，計土地生人物之等。五氣發生于地，山林爲木，川澤爲水，丘陵爲火，墳衍爲金，原隰爲土，人物之生各有所肖。動物，飛走之類。植物，草木之類。毛物，狐貉之類。皁物，橡栗之類，皁，房殼，《詩》云「既方既皁」，俗謂橡子，爲皁斗之類。木氣生人，其形多毛而方，毛者木象，方者曲直之象。鱗物，魚龍之類。膏物，樹有膏脂者，穀漆桐柏之類。鄭以「膏」作「櫜」，蓮芡之類宜水，然此舉其氣類，非謂遂種于水也。水氣生人，其形多黑而津。黑，水色；津，涎沫之類。羽物，翟雉之類。覈、核同，果核，梅李之類。火氣生人，其形團而長，專、團同。火旋繞，故團，炎上，故長。介物，黿鼉之類。莢物，皁莢之類。金氣生人，其形白而瘦。晳，白也，金色；瘠，瘦也，金堅稜，故瘦。羸物，毛淺，虎豹之類。叢物，叢生，荆棘之類。土氣生人，其形肥而短；庳，短也。五物即所謂五地之物，萬物不離五氣，五氣不離五地，含生之類，未有離地者。風氣不同，習尚亦異，地官所以因俗宜民而設教也。禮莫重于祭祀，故以祀禮教民敬。莫重于男女，男主陽，陽勝則争，射爲陽禮以教讓；女主陰，陰勝則怨，昏爲陰禮以教親。樂禮以教和，儀禮以教序。愉作偷，朝不及夕曰偷，急則偷，教安其俗，則寬舒而不偷。刑，儀範也，爲之儀範以教中，則有所檢束而不暴。誓，信誓也，教之盟誓，以相憂恤，則有所結約而不懈怠。教之制度使撙節，則不奢侈而知足。教之職事使世守，則有常業而不失職。爵賢者以教慎德，禄有功者以教立功，此司徒十二教也。

按：五地生物，似堪輿家言，司徒設教實不以此。孟子述堯命契爲司徒「教以人倫，父子有親，君臣有義，夫婦有別，長幼有序，朋友有信」，五者天下古今通誼，教之大原。釋此不言，旁衍十二，及荒政保息本俗等灋，厖且疎矣，故是書多緯稗雜家之意。

以土宜之灋辨十有二土之名物，以相民宅而知其利害，以阜人物，以蕃鳥獸，以毓育**草木，以任土事。辨十有二壤之物，而知其種，以教稼穡樹蓺。**

十二土，謂十二州之土，虞舜所肇也。名，地名；物，土宜。民宅，謂邑居。利害，謂高下向背寒煖，各有所宜，得則利，失則害。毓、育同。任土事，治國邑，分田里也。壤，熟田也。知其種，如高宜黍，下宜稻之類。樹蓺，種植也。

以土均之灋辨五物九等，制天下之地征，以作民職，以令地貢，以斂財賦，以均齊天下之政。

土均，均天下之土，以平其賦也。五物，即上五地生物。九等，謂上中下三壤，因地肥磽，爲賦多寡。民職，即冢宰九職。地貢，即九貢。財賦，即九賦。壤正賦均，則天下之政齊矣。

以土圭之灋測土深，正日景，以求地中。日南則景短，多暑；日北則景長，多寒；日東則景夕，多風；日西則景朝，多陰。日至之景尺有五寸，謂之地中，天地之所合也，四時之所交也，風雨之所會也，陰陽之所和也；然則百物阜安，乃建王國焉，制其畿方千里而封樹之。

土圭，以玉爲圭，長尺有五寸。夏至日午，樹表八尺，以圭量日景，尺五寸合者，其地即天地之中也。測土深，謂地深不可見，以土圭正日景測之。蓋地與星辰四游升降進退，不越三萬里。夏至地東南游，萬五千里，下降亦然，秋分復正；冬至西北游，亦萬五千里，上升亦然，春分復正。大約日景每千里差一寸，景尺五寸，是地南戴日下一萬五千里，爲地中心，與天心相對也。日南四者，申明一尺五寸得中之善。蓋地若大南近日，則景比土圭短，此南方氣多暑；地若大北遠日，則景比土圭長，此北方氣多寒；地若大東，近日出，則于日中時，表景已偏東爲夕，此東方木氣多風；地若大西，近日入，則于日中時，表景尚未正，如日初昇曰朝，此西方金氣多陰。惟日中表景與土圭合，無長短偏側，乃爲地中，天心地心會合，不寒不暑，四時之交，時雨時暘，風雨之會，二氣冲和，百物阜安，乃可建王國也。畿，界也，累土爲封，植木爲樹。

按：此條之説，是書所爲造端也。惟王建國，辨方正位，體國經野，皆指此以附會周公營洛之事，謂王者建都地中，外環九服，內列郊、遂、都、鄙，如篇中所云，皆緣飾堪輿伎方，以爲經世要典，其實迂誕不足信也。昔者周公營洛，爲東巡守朝諸侯，均四方道里遠近，非定爲王都也。周自文、武至幽、厲，世居西土，成、康盛時，未嘗居洛，至平王東遷，而周遂衰矣，地方六百里，號令不行。是書所稱畿内五等都邑，畿外九服，何嘗一試于用！故是書非已成之規，後人臆説耳。即如土圭之瀍，夏至日，地南游去天中一萬五千里，得景一尺五寸，則是二分之日，地復正時，表當無景，何爲舍無景之表，而反求諸一尺五寸之景乎？吴澄氏篤信此書，而于土圭地中之説，亦不能掩其謬，今録其辯於左。

吴澄氏云：土圭之瀍，不見于他經。鄭氏謂周公居洛，營邑于土中，七年，使成王居之。夫成王未嘗與周公居洛也，犬戎之難，平王始遷居焉，今指洛邑謂王國王畿成王居之，豈不謬乎？若但測景求地中不居，又不得謂之王國王畿矣。王居何必地中，堯都平陽，舜都蒲坂，文王居鎬，非地中也。賈氏云：五帝以降，惟湯居亳，得地中，堯舜不得地中，而政令均天下治者，以並在五岳内也，周岐鎬處五岳外，故周公東居洛邑。此因襲鄭説而愈失之。堯舜文武若不施仁政于民，雖居地中何益？徒居地中與五岳内，即能使政均天下平，此陋儒之見也。今潁川陽城，世謂地中，周公置表于此，然則周公何不即都陽城，乃去營洛。洛去陽城遠矣，既求地中，又不以爲都，何與？又曰「日南則景短，多暑；日北則景長，多寒；日東則景夕，多風；日西則景朝，多陰」。鄭氏云「日景于地千里而差一寸」，南表千里景短一寸，北表千里景長一寸，若千里差一寸，萬里乃差一尺。日月麗天，萬里同晷，才去千里之間，地中得正時，東景已夕，西景方朝。若然，是夏至之日，東去地中千里之人，以西方之朝爲夕；西去地中千里之人，以東方之夕爲朝。使相去數千里之外者，皆當以晝爲夜，以夜爲晝矣，雖蠻夷之地，窮日際月窟所居，亦不至是。昔堯命羲仲宅嵎夷，命羲叔宅南郊，命和仲宅昧谷，命和叔宅幽都，皆以觀日景出入長短，陰陽氣候偏正，未聞四方日景之異如此。又曰「天地所合，四時所交，風雨所會，陰陽所和」，夫中國居天地中，惟其外有東夷南蠻，西戎北狄，而内爲中也。蠻夷之地，或相倍蓰，或相什百，在四夷之域，廣輪自不同，今但指中國内一洛邑以爲天地之合，四時之交，可乎？謂營洛邑居天下之中，使四方道里均則可，謂天地必合于此，四時必交于此，無是理。風雨會，陰陽和，在人君德應天心何如，若但居洛邑以和陰陽，會風雨，空言耳。蓋因《周書·召誥》有「王來紹上帝，自服于土中」之云，故文飾其説，不知《書》云「土中」，但謂道里均耳。使周公以土圭測景求地中，《書》載營洛事甚詳，豈得不言？學者知成王未居洛，則知地中之説爲非。

凡建邦國，以土圭土其地而制其域。諸公之地，封疆方五百里，其食者半；諸侯之地，封疆方四百里，其食者參之一；諸伯之地，封疆方三百里，其食者參之一；諸子之地封疆方二百里，其食者四之一；諸男之地，封疆方百里，其食者四之一。

上言建王畿，此言建侯國。土其地，猶言度其地。土圭測景之灋，每千里差一寸，百里差一分，假令封上公地五百里，于北畔立八尺之表，夏至晝漏半，得尺五寸景，與土圭等；于南畔亦立八尺之表，得四寸五分，比北減五分，一分百里，五分則五百里，以封公。減四分，則四百里，以封侯；減三分，則三百里，以封伯；減二分，則二百里，以封子；減一分，則一百里，以封男。是謂土其地而制其域。其食者半，謂所自八爲養者，公僅二百五十里，其餘則爲陵麓城郭、不耕之地，及境内名山大川不以封者，及所納貢王田，共居半，故公所自食纔得半。侯地四百里，實食一百三十三里有奇；伯地三百里，實食一百里；子二百里，實食五十里；男一百里，實食二十五里。

按：此條封建之制，與《孟子》《王制》相矛盾。孟子云「天子之制，地方千里，公侯方百里，伯七十里，子男五十里」，《王制》與《孟子》合。《論語》子路、冉有論爲邦，子路居千乘，夫子哂之，冉求謙居六七十里與五六十里，可知千乘即公侯百里，六七十里即伯，五六十里即子男，皆未有諸子二百里，諸男百里之説。曾子論人才，云可以寄百里之命，亦甚言其大，國大無過百里。孟子云周公封魯、太公封齊，皆方百里。戰國時魯地方五百里，孟子謂有王者起，魯在所損，其言甚明確，且云此大略，其詳不可得聞，諸侯惡其害已，而去其籍。向使周室封國，果如是書所云，孟子安得不聞？其大略明白易曉者如此，尚得不信乎？是書所言，蓋戰國以來，處士臆見，狹小先王封建。如上公地百里，除山川林麓、城郭街巷，三分去一，卿大夫士百官之廪禄、朝覲會同、宗廟祭祀、賓客喪紀等費，一切取給；又九貢、九賦，歲有常征，皆在百里内，誠若有不足者。蓋先王之世，分田雖少，取下有制，故諸侯無貧寡之患，後世無名之斂日益，而地有限，于是有不共不享之國，相兼相併之謀。議者歸咎封建太狹，乃酌爲五百里、四百里等制，視先王之數不無大增，而視七王吞併，亦爲省矣，故儒者謂《周禮》真周公之瀍。夫周室封建，自武王始，武王甫崩，公與幼主輒取先王成命紛更，已爲非禮，況增地數倍，勢必併國四五而爲一，又將何地以處受併之國，其無此事明矣。鄭氏疑其言與《孟子》不合，曲爲解云所食之外皆爲附庸，今以公地五百里，半爲附庸，則是一公五附庸，天下附庸國當數倍公侯矣。二百五十里，是孟子所謂子男之國五也，與所謂不能五十里爲附庸者不合，餘倣此推之，皆非也。鄭又謂：食半、三之一、四之一者，公之地一易，侯伯之地再易，子男之地三易。夫壤有三則，春種秋成則一，未聞有間一歲再歲，至三歲始一成者。三易之説亦自此書杜撰，若有之，則公侯伯子男，皆當兼有，如鄭説，是天下一易地盡以封公，再易地盡以封侯伯，三易不堪之地，盡以封子男，而不易之善地，五諸侯曾不得尺寸焉，豈理也哉？鄭又謂諸男食者四之一，適方五十里，獨此與五經家説合，則是子男四之一者，謂實在可耕之田也，與前所謂三易之説，又自相背矣。四之一爲田，則四之三皆山林、城邑等地，是何子男之國獨田少，而山林等地偏多乎？皆難强通，昔人謂之瀆亂不驗，誠然。

凡造都鄙，制其地域而封溝之，以其室數制之。不易之地家百晦，一易之地家二百晦，再易之地家三百晦。乃分地職、奠地守，制地貢，而頒職事焉，以爲地瀍而待政令。

上言建侯國，此言造畿内都鄙之瀍。都鄙者，王子弟、公卿大夫之采地，有三等，皆在王畿郊遂二百里之外。三百里爲稍地，四百里爲縣，五百里爲都。稍爲家邑，大夫之采地；縣爲小都，卿之采地；都爲大都，公之采地；王子弟親者在大都，疏者在小都與家邑。九夫爲井，四井爲邑，四邑爲丘，四丘爲甸，四甸爲縣，四縣爲都。家邑二十五里，小都五十里，大都百里，《王制》云畿内九十三國，即此三等之國邑也，皆所謂都鄙之制，各有地域，各爲封溝别之。以其室數制之，謂室在城，田在野，因城内居室之數，爲野外丘甸之制，《王制》云「量地以制邑，度地以居民，地邑民居參相得」是也。不易之地，地本膏腴，不治自成者。易，治也，孟子云「易其田疇」，凡田肥美者，不勞而治，故曰不易。一易者功倍，再易者功兩倍，三易者功三倍，今之下地，有三耕、三糞然後熟者是也。以上田家百晦爲率，中田倍與，下田再倍與，肥者分少，瘠者分多也。分地職，即《冢宰》九職「三農生九穀」「園圃毓草木」之類。奠，定也，定地守，如《左傳》晏子云「山林之木，衡麓守之，藪之薪蒸，虞侯守之」之類。制地貢，即《大宰》九賦、九貢。頒職事，頒官司所職掌之事。待政令，待徵收也。

按：鄭解不易、再易、三易，爲間一歲或二三歲一種，以休土力，非也。田一歲不種則荒，再歲三歲不種，則鞠爲茂草矣。或者以代田灋解之，代田半壠半畝，更番而種，無地不可爲，何分一易、再易、三易？本謂中田二百晦，下田三百晦，乃可敵上田百晦，以多補瘠，其實非也。蓋肥磽厚薄，無地無之，豈一都一邑，肥者全肥，瘠者全瘠，而盡以分一家一夫乎？既云八家同井，又以多寡三等爲差，則中地一井纔四家，下地一井纔三家，然則丘甸之灋亦亂矣。地既磽瘠，雖多無補，人力不給，同爲曠土，豈灋之善乎？大抵是書詳于剔弊，而弊乃愈甚，皆此類。

以荒政十有二聚萬民：一曰散利，二曰薄徵，三曰緩刑，四曰弛力，五曰舍禁，六曰去幾，七曰眚禮，八曰殺[晒]哀，九曰蕃樂，十曰多昏，十有一曰索鬼神，十有二曰除盜賊。

荒政，救荒之政。年飢民散，故有政以聚之。散利，賑貸。弛力，省興作。舍禁，公山澤。去幾，通關市。眚禮，裁繁費。殺哀，節喪紀。蕃樂，多爲歡娛。多昏，使夫婦相守。索鬼神，禳凶災。除盜賊，防剽掠也。

按：蕃樂以聚民本迂，鄭作藩藏樂器，尤迂。

以保息六養萬民：一曰慈幼，二曰養老，三曰振窮，四曰恤貧，五曰寬疾，六曰安富。

保息謂保愛使蕃息。無親曰窮，無財曰貧。振，收也。恤，憐也。疾，殘廢者；寬，免役也。安富，民富者，不專責之，使保其富也。

以本俗六安萬民：一曰孅宮室，二曰族墳墓，三曰聯兄弟，四曰聯師儒，五曰聯朋友，六曰同衣服。

本俗，因民俗也，緣俗則民安。六者皆所謂因民而治，不革其故。生有宮室，死有墳墓，民莫不欲其美而聚也。兄弟，謂昏姻。聯，相親也；師儒，儒爲人師者。同師曰朋，同志曰友。聯師儒，同學也，聯朋友，同業也。同衣服，不違俗也。

正月之吉，始和布教于邦國都鄙。乃縣教象之灋于象魏，使萬民觀教象，挾夾日而斂之，乃施教灋于邦國都鄙，使之各以教其所治民。

解見《大宰》。

令五家爲比，使之相保；五比爲閭，使之相受；四閭爲族，使之相葬；五族爲黨，使之相救；五黨爲州，使之相賙；五州爲鄉，使之相賓。

比、閭、族、黨、州、鄉各有長。使，其長使，即上云各以教其所治民也。保，保任不爲非。五比，二十五家。受，有事相寄託。四閭百家，百家聚族，多五服之親，有葬則相助。五族，五百家，有急則相救。五黨，二千五百家，有凶荒則相賙。五州，萬二千五百家，有賢才則相賓禮。

頒職事十有二于邦國都鄙，使以登萬民：一曰稼穡，二曰樹蓺，三曰作材，四曰阜蕃，五曰飭材，六曰通財，七曰化材，八曰斂材，九曰生材，十曰學藝，十有一曰世事，十有二曰服事。

此與《大宰》九職相通，天官掌之，而地官頒行之，天施地生，富而後教，足國安民之要，莫大于此，地官所以獨重也。稼穡，即三農生九穀。樹蓺，即園圃毓草木。作材，即虞衡作山澤之材。阜蕃，即藪牧養蕃鳥獸。飭材，即百工化飭百材。通財，即商賈阜通貨賄。化材，即嬪婦化治絲枲。斂材，即臣妾聚斂疏材。生材，即閒民無常職，轉移職事，無業而營，與作飭化斂者同有事，故曰生材。學藝，學道藝者。世事，四民各守世業。服事，服勤公家之事。

以鄉三物教萬民而賓興之：一曰六德，知、仁、聖、義、忠、和；二曰六行，孝、友、睦、婣（因）**、任、恤；三曰六藝，禮、樂、射、御、書、數。**

三物，猶言三事，即德、行、藝也。興，起也，鄉大夫以三事教民既成，賢能者，賓禮作興之。德，道得于心。行，躬行。藝，材能。明曰知，愛曰仁，通曰聖，宜曰義，直曰忠，順曰和，六者皆道得于心。子順曰孝，弟恭曰友，親九族曰睦，親外親曰婣，相信曰任，相憂曰恤，六者德徵于行。禮，儀容；樂，聲音；射，弓矢；御，車馬；書，文字；數，計算。鄭謂五禮，《大宗伯》之吉凶軍賓嘉；六樂，《雲門》《大咸》《大韶》《大夏》《大濩》《大武》。五射，一曰白矢，謂矢貫侯，見其鏃白；二曰參連，謂前放一矢，後三矢相連續；三曰剡注，謂羽高鏃低其去如削，剡然也；四曰襄尺，謂臣與君射，不敢並立，讓君退尺；五曰井儀，謂四矢貫侯，如井之儀。五御，一曰鳴和鸞，和在軾，鸞在衡，皆鈴也；二曰逐水曲，謂車行如水，順曲而流；三曰過君表，《詩》毛傳謂「褐纏旃以爲門，裘纏質以爲槸，間容握，驅而入，擊則不得入」也；四曰舞交衢，謂車在交道，旋應舞節；五曰逐禽左，謂田車逆驅禽獸，使左當君以射。六書，許氏《說文》：一曰象形，如日月之類；二曰會意，如人言爲信，止戈爲武之類；三曰轉注，如令長之類；四曰處事，如上下之類，人在一上爲上，人在一下爲下，各有其處事得其宜；五曰假借，如能豪之類，一字兩用；六曰諧聲，如江河之類，以形合聲。九數，據《九章算瀴》，一曰方田，以御田疇界域；二曰粟布，以御交質變易；三曰差分，以御貴賤稟税；四曰少廣，以御積冪方圓；五曰商功，以御功程積實；六曰均輸，以御遠近勞費；七曰盈朒，以御隱雜互見；八曰方程，以御錯糅正圓；九曰句股，以御高深廣遠。

以鄉八刑糾萬民：一曰不孝之刑，二曰不睦之刑，三曰不婣之刑，四曰不弟之刑，五曰不任之刑，六曰不恤之刑，七曰造言之刑，八曰亂民之刑。

刑以弼教。糾，約束也。六刑者，六行之反，德藝或限于材質，六行秉彝，人皆可能，而自暴棄，故刑以糾之。造訛言以惑衆，挾左道以亂政，二者尤民行所以壞，故並刑爲八。

按：造言、亂民二種之刑，用之不善，即申、商之令。誹謗妖言之瀴，由斯作俑，先王立木求謗，豈有造言之禁。

以五禮防萬民之僞，而教之中；以六樂防萬民之情，而教之和。凡萬民之不服教而有獄訟者，與有地治者聽而斷之，其附于刑者，歸于士。

五禮即五典，六樂即六律，民多詐僞，則機變巧佞，似中非中；民多情慾，則荒淫流蕩，似和非和，故防僞以教中，防情以教和。訟成刑曰獄，獄未成曰訟，鄭謂争罪曰獄，争財曰訟，未然。有地治者，鄉州及都鄙等官。與，猶使也，聽其訟，斷其獄。附，麗也。士，獄官。

祀五帝，奉牛牲，羞其肆。享先王亦如之。大賓客，令野脩道委積。大喪，帥六鄉之衆庶，屬其六引，而治其政令。大軍旅，大田役，以旗致萬民，而治其徒庶之政令。若國有大故，則致萬民於王門，令無節者不行於天下。大荒、大札，則令邦國移民、通財、舍禁、弛力、薄征、緩刑。歲終，則令教官正治而致事。正歲，令于教官曰：「各共爾職，脩乃事，以聽王命，其有不正，則國有常刑。」

五帝，五方天神。坤爲牛，故地官奉之。奉牛牲，《國語》所謂「禘郊之事，則有全烝」，先全烝，然後豚解而腥之曰肆。脩道，平治道路。委積，薪木之類，少曰委，多曰積。六鄉，王畿百里内，分爲六鄉。引，輓柩車之索。六鄉主六引，六遂主六紼，相代，紼即引，在道曰引，在棺曰紼。樹旗爲表，期民于下，衆至而弊，後者誅，所謂治其政令也。大故，王喪及寇兵也。致萬民于王門，備非常也。節，謂旌節，行道通關，用以爲信，無節不得行，見《掌節職》。大荒，年飢；大札，疫死。移民，以口就食。通財，移粟就民。歲終，周十二月。教官，司徒之屬。正治，整飭文書。致事，上計簿也。正歲，建寅之月。

小司徒之職，掌建邦之教灋，以稽國中及四郊都鄙之夫家九比之數，以辨其貴賤、老幼、廢疾，凡征役之施舍，與其祭祀、飲食、喪紀之禁令。

小司徒，職見《大司徒》。國中，謂王城。四郊，謂六鄉百里內。都鄙，兼采地。夫家，長家，一夫之家。九比，上中下三等，各三爲九比，檢校也。貴者免役，賤者供役。强壯者施之，老幼廢疾者舍之。施猶加，舍、釋通，免也。《論語》云「勿施勞」「君子不施其親」，鄭作弛，非也。飲食，如鄉飲酒族食之類。禁令，謂皆有制度，不使違越。

乃頒比灋于六鄉之大夫，使各登其鄉之衆寡、六畜、車輦，辨其物，以歲時入其數，以施政教，行徵令。及三年，則大比，大比則受邦國之比要。

比灋，即上九比。登，登簿籍。衆寡，謂夫家之數。六畜，謂民家所畜六牲。駕牛馬曰車，人挽行曰輦，皆任載之具。辨其物，謂辨其財用之物。歲時，謂每歲四時。貧富消長，鄉大夫以數入于小司徒。施政教、行徵令皆兼鄉遂。大比，謂簡閱天下户口之數。比要，謂諸侯所獻户籍。

按：鄉大夫以六卿領六鄉，其秩尊于小司徒，而小司徒則中大夫，頒其灋于六鄉，以徵其比要，于政體不倒行乎？户口多寡，不可不稽，然而生死消長，旦夕不侔，以至六畜、車輦、新故之數，欲一一搜括登記，四時稽比，無論煩瑣勞碌，勢不可行。就使必行，閭閻騷擾，殆無寧日，所謂與之天下，不能一朝居也，執是書用之，誤蒼生多矣。

乃會萬民之卒伍而用之。五人爲伍，五伍爲兩，四兩爲卒，五卒爲旅，五旅爲師，五師爲軍。以起軍旅，以作田役，以比追胥，以令貢賦。

天子六軍出自六鄉，卒伍者，軍衆之通稱，百人爲卒，五人爲伍。用，即下文軍旅、田役、追胥之用。五人爲伍下皆因民制兵之濫，民有比、閭、族、黨、州、鄉，即兵之伍、兩、卒、旅、軍、師。民出爲兵，家各一人，五家爲比，則五人爲伍；五比爲閭，則五伍爲兩，由此以至軍、師，二千五百家爲州，即二千五百人爲師；萬二千五百家爲鄉，即萬二千五百人爲軍也。起軍旅，謂征伐。作田役，謂田獵工役。追胥，謂逐捕寇盜。令貢賦，謂按伍兩之濫，稽夫家之數，以徵令貢賦，則無隱漏之蔽矣。

按：軍旅之政，大司馬事，司徒會而用之，即管子作内政以寄軍令，藏器于無形也。然是書之濫，一家授地不過百晦，以養六七人，雖有豐年，輸税供器之餘，僅取餬口，歲時烝嘗，吉凶慶弔，費且不給，則古之爲民者，無千指之家，無二頃之田，亦甚貧寡矣。倉卒有急，比屋索賦，冒死從征，雖父母妻子四五人，必責一人往，如《采薇》出車，三年而後得返，伍伍相仍，無一家得免者。然則古之爲民，豈不艱難貧苦十倍後世乎？後世貧者無田亦無役，富者兼併，亦無隱漏。兵雖勞苦，而官有厚廪；民雖輸賦，而家無遠役，然則古今之濫，孰得孰失，好信者，未可全是古而非今也。

乃均土地，以稽其人民而周知其數。上地家七人，可任也者家三人；中地家六人，可任也者二家五人；下地家五人，可任也者家二人。凡起徒役，毋過家一人，以其餘爲羨，唯田與追胥竭作。

均土地，授田也。稽人民，因土地以計民家可任不可任之數，以爲徒役之例。一家男女七人以上，則授上田，所養者衆也。五人以下授下田，所養者少也。任，謂强壯可任用者。三、五、二人，皆除家長，以家衆男女强弱半計之。上地家七人，除家長餘六人，可任者半，則三人也；中地家六人，除家長餘五人，可任者半則二人半也，不得言半人，故併二家言五；下地家五人，除家長餘四人，可任者半，則二人也。凡軍旅工役，家出可任者一人，餘爲羨閒之卒，唯田獵與追捕盜賊，則一家可任者並出。

按：天下神器，不可挾術用智，數米揀髮，而望其必理也。數天下之民以授之地，計天下之家以數其人，若是書所云，雖十室之邑，不可理也。孟子曰：「物之不齊，物之情。」今欲計夫家以均土地，七人上地，六人中地，五人下地，不惟家與地錯難齊，生齒盈虚亦何常。假令上地一家七口，遇凶札流亡，僅存一二，則所受地，又當改置，紛紛日亦不足。管仲霸齊，句踐報吴，商鞅强秦，欲速見小，苟且而爲此，非蕩平遠略也。分田制里，欲勿擾之耳，今雖百口之家，一人遠出，一家倚閭，況家止數口，壯丁不過二三，以耕耘不足，又責一人往役，愚深惟斯時爲斯民者之貧且苦也，而執以爲周公良瀍，豈智愚之見，遠不相及邪。

凡用衆庶，則掌其政教與其戒禁，聽其辭訟，施其賞罰，誅其犯命者。凡國之大事，致民；大故，致餘子。

用衆庶，即用六鄉之衆。致民，謂招集衆民。餘子，謂外卿大夫之子，有事則入守王宫。

按：起徒役，用衆庶，皆掌之司徒。司馬雖專征伐，而不得徵調，雖用兵而不得養士。其簡閱練習，輜重餽餉，盡屬司徒，地官所以兼民事也，世儒欲改屬司空，非作者本意。

乃經土地而井牧其田野，九夫爲井，四井爲邑，四邑爲丘，四丘爲甸，四甸爲縣，四縣爲都，以任地事而令貢賦，凡税斂之事。乃分地域而辨其守，施其職而平其政。

此言授田之灋，由鄉遂至都鄙邦國，皆因古井田衍其制，自一井九夫推至萬夫也。半步爲武，二武爲步，步百爲晦，晦百爲夫，夫九爲井，井共九區，則是寬一步，長三百步爲一里，四方一里，縱横界爲三段，其形如井。井九區，區百晦，每夫受田一區，故曰九夫爲井。四井方二里爲邑。四邑方四里，内開方成十六井爲丘。四丘方八里，内開方六十四井爲甸。四甸方十六里，内開方二百五十六井爲縣。四縣方三十二里，内開方一千二十四井爲都。必以四加者，方則必四，止于都者，都九千二百一十六夫，則萬家之地，三十里也。《詩》云十千維耦，終三十里。由此推之，四海九州之田皆可知。牧，謂隰皐水草之地，以牧養六畜者也。有可耕之田，必求可牧之地，六畜有所養，然後不傷稼穡，故有井必有牧。古井地非必盡相連屬，衍沃則爲井，隰皋則爲牧，丘陵亦可牧也。任地事，謂任民以耕治之事。令貢賦，謂使之納貢稅，出軍賦。凡稅斂之事，通邦國都鄙，皆小司徒掌之。分地域，謂分鄉遂都鄙邦國。辨其守，謂虞衡之屬。施其職，謂九職任民。平其政，謂正其貢賦。

按：鄭謂牧即井，九夫爲牧，二牧當一井，蓋因大司徒造都鄙制地，有一易、再易、三易，《春秋傳》云「井衍沃，牧隰皋」，遂謂牧爲隰皋，率二牧當一井，引《左傳》夏少康有田一成，有衆一旅爲徵。夫旅之爲五百家，與成之爲百井，皆後世創立名法，夏后氏五十而貢，未言井也，何爲以二牧當之，少康有衆五百人，有田百井，非謂即以五百人分百井之地也，豈可遂爲二牧當一井之徵。小司徒貳大司徒治六鄉，此正六鄉事，鄭因孟子云「請野九一而助，國中什一使自賦」，以此專爲都鄙，世儒乃謂鄉遂用貢，十夫有溝，都鄙用助，八家同井，不知孟子之言，爲用助者通變，非謂井但行于都鄙，不可行于國中也。國中城郭園圃，宫室街巷，錯不可井，故但十分稅一，如寬閒可井，未嘗不井；野外平曠用助，若遇險阪，什一自賦，又何不可，此古井牧所以旁行不滯也。是書摹倣古制，局于名法，已失之瑣，鄭固執附會，不察理之是非與勢之可否。夫九州獨中原地平衍，亦未有延袤數百里，不少高下參差者，少參差，即溝洫深淺，不可通濟，欲如所謂四井爲邑，四邑爲丘，四丘爲甸，四甸爲縣，四縣爲都，若司馬灋，井十爲通，通十爲成，成十爲終，終十爲同，川澮相連，千里無礙，盡四海之地不得一，而必曰都鄙盡用助，所以井牧爲畫餅，而終不可行也。然先王所以必欲井其地，何也？此均田制賦，易簡良灋，一里一井則地易分，一區百畮則田易辨，中公外私則賦易清，國有大小，地有遠近，惟井，則分田制禄可坐定。一夫一區，則民皆受地，即一夫力能兼數區，而區定，夫終不可隱。九夫共一井，則地皆任民，即一井不必具九夫，而田定賦亦終不可缺。故正經界，制穀禄，莫如井，而行井則貴相地，輔之以貢，然後可通行。如是書比閭族黨以編其居，即井邑丘甸以聯其田，必使遠邇無間，鄉遂全貢，都縣全助，如鄭之尺寸比儗，四尺爲溝，八尺爲洫，丈六爲澮，四里一丘，八里一甸，十六里一縣，三十二里一小都，六十四里一大都，甸四面加一里爲溝洫，以合十里之成，四甸方二十里爲縣，四縣方四十爲都，四都方八十里，旁加十里爲澮，共方百里成同，而後井田之瀍備，如是，則必有百里平地如掌者，然後可試此瀍，宜乎井牧爲絶迹矣。縣之爲名，取繫屬，春秋楚滅陳以爲縣，秦漢邑屬州郡者，皆曰縣。《周禮》成于後世，故襲稱，如《王制》稱畿内爲天子之縣，《漢書》稱郡邑吏爲縣官之類。鄭註《禮記》謂縣爲夏世王畿名，以《周禮》爲古也，《禹貢》具在，未聞夏后氏有縣名者。

凡小祭祀，奉牛牲，羞其肆。小賓客，令野脩道委積。大軍旅，帥其衆庶；小軍旅，巡役，治其政令。大喪，帥邦役，治其政教。凡建邦國，立其社稷，正其畿疆之封。凡民訟，以地比正之；地訟，以圖正之。歲終，則攷其屬官之治成而誅賞，令羣吏正要會而致事。正歲，則帥其屬而觀教瀍之象，徇以木鐸，曰：「不用瀍者，國有常刑。」令羣吏憲禁令，脩灋糾職，以待邦治。及大比六鄉四郊之吏，平教治，正政事，攷夫屋及其衆寡、六畜、兵器，以待政令。

小祭祀，謂祭山川社稷之類。羞、肆，見《大司徒》。小賓客，謂諸侯之使。大軍旅，謂天子親征，小司徒帥六鄉之衆，而致之于大司徒。小軍旅，謂命將出師。巡役，巡視工役，皆小司徒治其政令。大喪，帥立鄉之衆，供引窆復土之役。政教，謂造作之灋。建邦國，謂分封諸侯，世儒以掌營國邑爲司空，若此文爲地官事甚明，豈得謂錯簡乎！民訟、地訟，謂田連井牧，居連比閭，有事相訟，按地比而知遠近親疎之故，争地相訟，閱地圖而知疆界侵越之由。屬官，地官之屬。日計曰成，考其爲治之計薄，而行誅賞；月計曰要，歲計曰會，各正治其薄書，而致其所治之事。正歲以下解見前。六鄉四郊之吏，比長閭胥之屬。夫屋，猶夫家，主家長曰夫，合家衆曰屋，鄭謂夫三爲屋，屋三爲井，出地貢者，三三相任，附會六鄉用貢之説。攷夫屋，攷其新故死徙之數。六畜兵器皆夫屋所有。待政令，聽賦役也。

鄉師之職，各掌其所治鄉之教，而聽其治。以國比之灋，以時稽其夫家衆寡，辨其老幼、貴賤、廢疾、馬牛之物，辨其可任者與其施舍者，掌其戒令糾禁，聽其獄訟。大役，則帥民徒而至，治其政令；既役，則受州里之役要，以攷司空之辟，以逆其役事。凡邦事，

令作秩敘。

鄉師，職見《大司徒》，下大夫四人。分治六鄉，故各掌所治。國比，即小司徒九比之灋，鄉師佐之。可任，即上中下地家三等可任之人。施舍，見前。大役，大興作。至，至役所。民出州里，既至役，各州里官記所作功，謂之月要，以入于鄉師，以司空造作之灋攷之。逆，猶按也，按以司空程灋，不中者誅罰之。凡邦事，凡功役之事。令秩敘，謂功有大小，用人多寡有常序，皆鄉師令作。令，猶使也；作，猶爲也。

按：鄉師以司徒之貳，考司空之辟，則司空主考功，而司徒本兼司空甚明，豈爲錯簡。

大祭祀，羞牛牲，共茅蒩。大軍旅、會同，正治其徒役與其輂局輦，戮其犯命者。大喪用役，則帥其民而至，遂治之。及葬，執纛以與匠師御匶柩而治役。及窆，執斧以涖匠師。

羞牛牲，佐大司徒羞其肆也。蒩、苴同，藉也，《士虞禮》束茅長五寸，設于几東席上，命佐食取黍稷等祭于苴。駕牛馬曰輂，以載輜重；人輓曰輦，以載器用。纛、翿通，羽幢。匠師，木工之長。匶、柩同，天子之柩六引，六鄉千人銜枚引之，鄉師執纛，與匠師却行柩前，指揮衆役。下棺于壙曰窆，天子窆用六綍，木爲豐碑，四面置鹿盧，縣棺而下，匠師用斧，鄉師執以相助。

按：匠師窆棺與下稽鄉器，宜司空事，而鄉師皆主之，原非錯簡。

凡四時之田，前期，出田灋于州里，簡其鼓鐸、旗物、兵器，脩其卒伍。及期，以司徒之大旗致衆庶，而陳之以旗物，辨鄉邑而治其政令刑禁，巡其前後之屯而戮其犯命者，斷其争禽之訟。

四時之田，春蒐，夏苗，秋獮，冬狩。田灋，謂人徒及所當用之器。畫熊虎曰旗，軍中用之，示服猛也。以司徒之大旗招集衆庶，明司徒招之也。陳，謂軍陣行列，有前後左右，各以方色旗别之，所謂物也。有六鄉之衆，有公邑之衆，各辨别爲陣。屯，聚也。陣有前後，各爲屯聚，巡視其不用命者戮之，田以習戎，故用軍灋。講武畢，從禽，有争禽訟者，鄉師斷之，不必詔之司徒也。

按：四時田事，即六鄉之衆，大司徒所爲比、閭、族、黨、州、鄉之民，用小司徒伍、兩、卒、旅、軍、師之灋，致之以爲兵，因四時出獵，簡閲教習，齊以軍灋，此管仲寄軍令之術。尋常田獵，未有殺人者，而皆掌自司徒，所謂内政也，鄭氏謂爲周公致太平之書，曾有太平之書，而以田獵殺人者乎！

凡四時之徵令有常者，以木鐸徇于市朝。以歲時巡國及野，而賙萬民之艱阨，以王命施惠。歲終，則攷六鄉之治，以詔廢置。

四時徵令有常，謂每歲常行，如《月令》孟春則命脩封疆之類。歲時，每歲隨時，非限四時也。巡，行視也。歲終，周十二月。攷六鄉吏治，以告王與冢宰廢置，蓋鄉師爲地官之考也。

正歲，稽其鄉器，比共吉凶二服，閭共祭器，族共喪器，黨共射器，州共賓器，鄉共吉凶禮樂之器。

正歲，謂建寅之正月。鄉器，謂一鄉所供吉凶禮樂之器，每歲六鄉行禮所需器用，歲首稽驗，使預備也。五家爲比，供吉凶二禮之衣服。二十五家爲閭，供祭器籩豆之屬。百家爲族，供喪器，夷牀蜃車之屬，《大司徒職》「四閭爲族，使之相葬」，故令供喪器。二百五十家爲黨，黨有序，序者，射也，故令供射器，如侯福豐中之屬。二千五百家爲州，三歲鄉貢士，州長舉之，卿大夫爲鄉飲酒禮賓之，故州供賓器。萬二千五百家爲鄉，即比、閭、族、黨、州之總，吉凶禮樂之器，即吉凶祭喪射賓之器，禮必有樂，琴瑟鐘鼓之類，皆鄉師稽攷之。

按：此即今世官府取辦坊里之濫觴，官取一，則吏胥取二，吏胥索之坊里，坊里索之小户，坊里之費三，而小户之費十矣。據是書，取民之瀍不爲不密，生財之途不爲不廣，制用之術不爲不詳，而吉凶禮樂之器，又以煩費小民。民家一夫受田百晦，有賦，有貢，有役，焉有餘力以勝六司之徵求？比長徵衣服，閭胥徵祭器，族師徵喪器，黨正徵射器，州長徵賓器，鄉師徵吉凶禮樂之器，民雖剥膚，不能償此。孟子云「用其二而民有殍，用其三而父子離」，曾是以爲周公之瀍與！

若國大比，則攷教、察辭、稽器、展事，以詔誅賞。

鄉師者，大司徒之考也。攷教，攷州長黨正以下諸屬吏教民之勤惰。察辭，察諸吏之言辭，辨其賢否。稽器，稽其材器所宜用。展事，展視其行事之實蹟。上善者賞之，極惡者誅之。

鄉老，二鄉則公一人；鄉大夫，每鄉卿一人；州長，每州中大夫一人；黨正，每黨下大夫一人；族師，每族上士一人；閭胥，每閭中士一人；比長，五家下士一人。

司徒主民事，以編户聯民爲首務，故其屬首鄉老。王畿近郊百里，分爲六鄉，三公統之，老者，尊長之，稱公即鄉老，每二鄉一公，三公統六鄉。鄉大夫，鄉老之貳，卿，即鄉大夫。

按：是書官莫要于司徒，事莫急于聯民，故六官則置六鄉，是冢宰、司徒以下，六官分領六鄉也。鄉各五州，州以中大夫一人領之，六鄉三十州，凡中大夫三十人。州五黨，黨一下大夫領之，凡下大夫一百五十人。黨五族，每族上士一人領之，凡上士七百五十人。族四閭，每閭中士一人領之，凡中士三千人。閭五比，每比下士一人領之，共下士一萬五千人。《王制》云天子「二十七大夫，八十一元士」，已爲多矣，今鄉老一職，遞相副貳，至大夫百五十人，上中下士一萬八千七百五十人，而六官之屬尚不與，以取諸廷臣不足，其除自民間太冗，其何位以處之？何禄以分之？行此瀆也，奚啻後世櫂楦盌脱之爲濫而已乎！據是書，六官之上無三公，今所稱鄉老，或即後世所謂三老，取諸鄉薦紳之有齒德者，而重其禮以爲公與，故不敘其職事。而所謂鄉大夫者，職事皆奉瀆于司徒，則非冢宰以下六卿可知，亦抑有虛名而無爵秩者與，而鄭氏皆以爲命官。夫六鄉之民不過七萬五千家，今官居民五之一，五家爲比，而占天子命士一人，甚無謂也。六鄉既爾，六遂復然，王畿既爾，侯國復然。官多于牛毛，令密于繭絲，豈周公之禮。蓋作者欲寄軍令于內政，什伍相維，以馭其民，假公、卿大夫、上中下士虛名，以寓節制，使平居指臂相使，主帥偏裨，尊卑上下之分定，即倉卒應變，皆素練之兵矣，殆世儒所謂桓文之節制者與。

鄉大夫之職，各掌其鄉之政教禁令。正月之吉，受教灋于司徒，退而頒之于其鄉吏，使各以教其所治，以攷其德行，察其道藝。以歲時登其夫家之衆寡，辨其可任者。國中自七尺以及六十，野自六尺以及六十有五，皆徵之。其舍者，國中貴者、賢者、能者、服公事者〔一〕、老者、疾者皆舍，以歲時入其書。

鄉大夫，職見上。六卿分六鄉，故曰「各掌其鄉」。正月，周正建子之月。教灋，謂《大司徒》十二教等灋。鄉吏，謂州長以至比長。德行道藝即鄉三物。登，謂書記。夫家，一夫家男女也。國中，王城。野外，都鄙。七尺，年二十。六尺，年十五。國中役繁，故遲賦早免之，都鄙事簡，故早賦遲免之，鄭謂復多復少，恐非。徵，謂力役之徵。舍，謂免役。入其書，謂征與舍皆登書，以入于大司徒。

〔一〕「者」，《續修》本、《存目》本脱，據閩本補。

三年則大比，攷其德行道藝，而興賢者能者，鄉老及鄉大夫帥其吏與其衆寡，以禮禮賓之。厥明，鄉老及鄉大夫、羣吏獻賢能之書于王，王再拜受之，登于天府，内史貳之。

賢，謂有德行。能，謂精六藝。衆寡，不齊之稱，指鄉州黨族之人，共相與尊禮賢能，以鄉飲酒禮禮而賓之。厥明，禮賓明日。王再拜受，重得賢也。天府，春官之屬，掌祖廟之寶藏。登其書于天府，寶善也。内史亦春官之屬，掌王策命。貳之，謂藏其賢書之副，待王命也。

退而以鄉射之禮五物詢衆庶：一曰和，二曰容，三曰主皮，四曰和容，五曰興舞。此謂使民興賢，出使長之；使民興能，入使治之。

退，謂進獻書于朝。既退而以射詢于鄉，蓋因賓興以勸勉衆人。射本武事，先王文之以禮樂，爲鄉射禮，以教鄉人。五物，即和容等五。詢衆庶，謂鄉人衆多，問其能是五物者，進而與之射。五物始終皆禮樂之事，而主皮居中，蓋射以禮樂始終也。和，謂器宇沖和。容，謂禮度從容。皮，謂侯中棲皮爲鵠。主，中也；主皮，謂中而貫革，巧力全也。和容之容，與頌通，樂歌也。射有工歌，如《騶虞》《采蘋》之類，歌一節，發一矢，矢與歌應曰和頌。興，動也；舞，舞蹈，樂容也。升降揖讓，比耦履物，執弓挾矢，動與舞應曰興舞，即《春官·大司樂》云「詔諸侯以弓矢舞」也。興賢興能，因民舉之，出長入治，爲民用之，無非以民耳。出長，謂離稠伍，升爲長；入治，入鄉治事，此司徒所以賓興教民之意。

按：鄭以五物當鄉三物，謂和載六德，容包六行，主皮、和容、興舞當六藝之射禮樂，甚牽强。此言射耳，與三物十八事何預。又謂庶人射無侯，故主皮，鄉射鄉大夫爲主，以爵則天子之卿，射豈得無侯。

歲終，則令六鄉之吏皆會政致事。正歲，令羣吏攷灋于司徒，以退，各憲之於其所治句。**國大詢于衆庶，則各帥其鄉之衆寡而致於朝。國有大故，則令民各守其閭，以待政令。以旌節輔令，則達之。**

會政致事，謂各會計其政，而致其所治之事。攷灋，考求灋度。憲，示也。所治，謂州長以至比長治事之處。國大詢，即《小司寇職》詢國危、國遷等于外朝。是時，鄉大夫各帥六鄉衆寡之人，各致所謀于朝。守閭，守二十五家之巷門。凡命使，必有旌節爲信，以輔其令，然後守閭者通之，無節稱令者，守閭止之，妨姦盜也。

按：守閭無旌節，不通行人，此亦亂世嚴密之網，非宜民之政。

州長各掌其州之教治政令之灋。正月之吉，各屬其州之民而讀灋，以攷其德行道藝

而勸之，以糾其過惡而戒之。若以歲時祭祀州社，則屬其民而讀灋，亦如之。春秋，以禮會民而射于州序。凡州之大祭祀、大喪，皆涖其事。若國作民而師田行役之事，則帥而致之，掌其戒令與其賞罰。歲終，則會其州之政令。正歲，則讀教灋如初。三年大比，則大攷州里，以贊鄉大夫廢興。

州長，中大夫，職見《鄉老》。六鄉共三十州，故曰「各掌其州」。教治，教其所治之民；政令，所以輔教。正月，周正月。吉，月朔。屬，聚衆。讀灋，讀一歲政令及司徒十二教，聚民宣誦，使知警省。州長一歲四讀灋，正月之吉、春秋州社、正歲也。歲時，謂每歲常期。祭州社，謂春祈年，秋報成。以禮會民射，以鄉飲酒禮會射。大祭祀，謂祭州社稷。大喪，謂王喪。涖事，治事。作民，起徒役。師，征伐。田，蒐狩。行，巡守。役，功作。帥，帥各州之衆二千五百人，致之鄉大夫與司徒。掌其戒令賞罰，州長自領其民，即爲師帥，以軍令行之。會其州之政令，謂考課黨正以下。正歲，建寅之正月。廢興，猶黜陟也。

黨正各掌其黨之政令教治。及四時之孟月吉日，則屬民而讀邦灋以糾戒之。春秋祭禜迎亦如之。國索鬼神而祭祀，則以禮屬民，而飲酒于序以正齒位。

黨正，下大夫，職見《鄉老》。六鄉凡一百五十黨，故云各掌。孟月吉日，四時孟月朔。讀灋見上。

禜言營也，營治神壇曰禜，《春秋傳》水旱癘疫不時，於是乎禜之，祭禜則亦如四孟吉日讀邦灋。黨正一歲七讀灋，四孟吉日、春秋祭禜、正歲也。索鬼神之祭，歲終大蜡也，周蜡以建亥之月。以禮屬民，以鄉飲酒禮合民也。序，黨學。齒位，長幼坐立之次。《鄉飲酒義》云「六十者坐，五十者侍立」之類。

壹命齒于鄉里，再命齒于父族，三命而不齒。

壹命，謂初受天子命爲下士者。再命，天子中士。三命，天子上士。齒于鄉，在同鄉中，人猶得與序齒，若異鄉，則別席而坐，不論長幼。再命又貴，惟同姓父族得與序齒，雖同鄉，亦別席而坐。三命愈貴，雖父族亦別席而坐，四命以上尤可知。

按：作者意以鄉人不知朝廷之尊，故雖一命亦使得伸于鄉，然非先王厚人倫、重鄉黨之意。天子之子入大學與士齒，君我者猶若是，而況一命再命之士，不然，何取于鄉飲酒禮爲也。

凡其黨之祭祀、喪紀、昏冠、飲酒，教其禮事，掌其禁戒。凡作民而師田行役，則以其灋治其政事。歲終，則會其黨政，帥其吏而致事。正歲，屬民讀灋而書其德行道藝。以歲時涖校比，及大比，亦如之。

會其黨政，謂攷課族師以下治功也。致事，致其吏事于鄉大夫。書其德行道藝〔一〕，待三年賓興也。校量其夫家衆寡貧富消長之數，爲比要也。

族師各掌其族之戒令政事。月吉，則屬民而讀邦灋，書其孝弟睦婣有學者。春秋祭酺蒲，亦如之。以邦比之灋，帥四閭之吏，以時屬民而校，登其族之夫家衆寡，辨其貴賤、老幼、廢疾可任者，及其六畜、車輦。

族師，上士也，職見《鄉老》。六鄉七百五十族，故云各掌其族。月吉，每月朔。族百家一校，學者萃焉，每月初，屬族人讀邦灋，是一歲十二讀灋，多于黨也。讀灋之日，即詢衆論，有德行藝者，書記以待三年賓興。酺言醵覺也，合出錢飲酒曰醵，《禮器》云：「周旅酬六尸，其猶醵與？」《明堂禮》「乃命國醵」，漢灋賜大酺，即醵也。百家之衆，春秋合錢祭社，因共飲酒，鄭謂酺爲人物災害之神，又作步，爲馬神，誕也。如之，謂以祭酺時讀灋、書賢能。邦比之灋，即小司徒以九比稽國中都鄙夫家衆寡財用等事也。

按：夫家衆寡，貴賤老幼、六畜車輦之數，事至瑣而督責甚煩。小司徒比之，鄉師比之，鄉大夫歲時又比之，黨正歲時又比之，族師帥四閭之吏又比之，閭胥又比之，吏有多門，民惟一而已，千夫牧羊，

〔一〕「德行道藝」，原作「道德行藝」，據《周禮》原文改。

其無擾乎？

五家爲比，十家爲聯；五人爲伍，十人爲聯；四閭爲族，八閭爲聯。使之相保相受，刑罰慶賞相及相共，以受邦職，以役國事，以相葬埋。若作民而師田行役，則合其卒伍，簡其兵器，以鼓鐸、旗物帥而至，掌其治令、戒禁、刑罰。歲終，則會政致事。

此節蓋内政軍令之要術，特于此發之者，軍瀍五五相聯，自比至鄉，獨族以四閭爲限，疑于不相聯屬，故于此明之，非獨族有聯耳。自一比以至八閭皆聯，則推至黨州鄉皆聯可知。族即卒，自一卒推至于旅師軍皆聯又可知。十家爲聯，則五家非自爲比也；十人爲聯，則五人非自爲伍也；八閭爲聯，則四閭非自爲族也。在鄉則計家，在軍則計人，在鄉爲比，在軍爲伍，每家出一人，故五家爲五人，十家爲十人，錯舉而言，見内政軍令相因也。相保，保不爲非。相受，相寄託也。刑及，賞共，即連坐之瀍。邦職，即任民九職，使各守生業。役國事，即師田等役。相葬埋，謂平居死喪相賙，軍中陣亡相收邺也。合其卒伍以下，皆詳言軍政。帥而至者，閭之長，即百夫之帥也。

按：是書之要，歸于富强而主名法，詳于名法者，以求爲富强也，故天官六十，財用是急，地官六十，簡閲爲先。比、閭、族、黨、州、鄉之民，伍、兩、卒、旅、軍、師之兵，夫家、衆寡、六畜、車輦之數，鄉大夫、州長、黨正、族師、閭胥、比長之官，皆以内政寓軍令而已。管仲霸齊，商君强秦，皆是物也。

閭胥各掌其閭之徵令。以歲時各數其閭之衆寡，辨其施舍。凡春秋之祭祀、役政、喪紀之數，聚衆庶；既比，則讀灋，書其敬敏任恤者。凡事，掌其比觵光撻罰之事。

閭胥，中士也，職見《鄉老》。六鄉凡三千閭，故云各掌其閭。徵令，徵發使令。春秋祭祀，祭社也。役政，公家之役。喪紀，國有大喪。數，謂所用人數。每有事聚衆，輒讀灋，則閭讀灋尤多于族也。敬敏任恤者，德行之士，書以備賓興也。凡事，謂二十五家之中，有過失之事當罰治者，閭師掌其比。觵、觥同，酒器，角爲之，以罰失禮者。撻猶扑也，《書》云「撻以記之」，又云「朴作教刑」，二者皆罰事，所以教也。

比長各掌其比之治。五家相受，相和親，有辠奇衺則相及。徙于國中及郊，則從而授之。若徙于他，則爲之旌節而行之。若無授無節，則唯圜土内入聲之。

比長，下士，職見《鄉老》。六鄉凡一萬五千比，故云各掌其比。比凡五家。相受，猶相連。相和親，相親睦也。奇衺，爲諸不灋事。相及，相累也。徙，遷居也。于國中，自外遷居城中；及郊，自城遷居郊外，皆近也，則比長從行，親授其人于所遷地之吏，使入籍，明非逋逃也。若徙于他鄉異國，則與之旌節爲信而行，若近徙無授，遠徙無節，是逋逃也，所過呵問之，聽其圜土内之。圜土，築土爲城以拘罪人，圜象天，示仁也。

按：王者清平之世，萬里如家，何界障隔塞之有，雖有門闕之設，以待暴客、備非常，豈以防吾平居之民，往來移徙之衆。今既爲什伍以連之，又使之相授相及以箝束之，其有不便求徙者，又要之以旌節，責之以授受，不如約者，中道執而囚之。民生此時，如釜魚籠鳥，豈熙皞之天，化國之日，讀者耳食爲周公之瀍，誤天下後世多矣。

封人，中士四人，下士八人，府二人，史四人，胥六人，徒六十人。

累土曰封，封人掌封國之事，故屬地官。次鄉大夫諸職者，鄉大夫諸職掌人民，封人掌社稷也。孟子云：「民爲重，社稷次之。」其掌牛牲何也？《易》卦坤爲牛，五行家丑爲牛。牛，土獸，故封人兼之。或謂封人當屬春官，又謂當移補司空，夫司徒主人民，地官主土地，同也。孫叔敖城郢，使封人慮事以授司徒，封人屬地官舊矣。

封人掌設王之社壝偉，爲畿封而樹之。凡封國，設其社稷之壝，封其四疆。造都邑之封域者亦如之。令社稷之職。凡祭祀，飾其牛牲，設其楅福衡，置其絼雉，共其水槀，歌舞牲，及毛炮之豚。凡喪紀、賓客、軍旅、大盟，則飾其牛牲。

王有三社三稷，皆封人設爲壝。累土爲圍曰壝。畿，王畿，畿界也。封土爲界，而種樹于其上也。

凡封國，封諸侯之國。都邑之封，謂封王畿内，大都、小都、家邑三等采地也。社稷之職，謂典守壇壝之人皆封人令之。飾牛牲，刷治精潔也。楅衡，横木牛角，楅持以止觸也。絼，紖也，以繩著牛鼻牽之。水稾猶水草，以飼牛，鄭謂將殺牛，洗以水，藉以稾。歌舞牲，謂君親牽牲入廟，封人歌舞，云博碩肥腯，以歆神也。毛炮，燭去毛炮之，供薦羞也。大盟，謂大會同，天子與諸侯盟。

鼓人，中士六人，府二人，史二人，徒二十人。

掌金鼓之事，屬司徒，何也？鼓以齊衆，《樂記》云：鼓聲讙，讙以立動，動以進衆。故三軍之衆，將親持鼓，司徒教衆，鼓舞爲先。

鼓人掌教六鼓、四金之音聲，以節聲樂，以和軍旅，以正田役。教爲鼓而辨其聲用，以雷鼓鼓神祀，以靈鼓鼓社祭，以路鼓鼓鬼享，以鼖賁鼓鼓軍事，以鼛鼓鼓役事，以晉鼓鼓金奏，以金錞對和鼓，以金鐲濁節鼓，以金鐃牢止鼓，以金鐸通鼓。凡祭百物之神，鼓兵舞、帗弗舞者。凡軍旅，夜鼓鼜戚，軍動，則鼓其衆，田役亦如之。救日月，則詔王鼓，大喪，則詔大僕鼓。

六鼓，即雷、靈、路、鼖、鼛、晉六也。四金，即錞、鐲、鐃、鐸四也。教，教擊鼓金。雜比曰音，單出曰聲。凡作樂，先鳴金，後擊鼓，八音皆按金鼓曰節。軍旅進退，以金鼓齊曰和。田，謂蒐狩。役，謂工作。以金鼓爲號曰正。教爲鼓，教以擊鼓之灋。辨聲用，辨六鼓所用之聲。祀天神曰雷鼓，祀地祇曰靈鼓，祀人鬼曰路鼓，用之軍中曰鼖鼓，用之工役曰鼛鼓，用之作樂曰晉鼓。鼖，大也。鼛，高也。晉，進也。《韗人》鼖鼓長八尺，鼛鼓長丈二尺。金奏，以金奏《九夏》，和以鼓。賓入奏之曰晉。錞，錞于，形似碓頭，上大下小，作樂鳴之，與鼓相和。鐲，鉦也，形似小鐘，軍行鳴之，以爲鼓節。鐃如鈴，無舌有柄，執擊之以止鼓，軍卻則鳴鐃。鐸，大鈴，有舌，司馬振鐸，則軍將以下皆擊鼓曰通。祭祀百物之神，諸小祭也。兵舞，執干戚舞。帗舞，裂彩繒爲拂，執以舞。鼜言戚也，軍中警夜之鼓，其聲憂戚，《司馬灋》："昏鼓四通爲大鼜，夜半三通爲晨戒，旦明五通爲發昫旭。"軍動，謂軍啓行，鼓之使進。田與役，亦鼓作之。日月食，伐鼓救之，詔王親鼓。大喪，詔大僕鼓，《夏官・大僕職》云："大喪始崩，戒鼓傳達于四方。"

按：雷鼓等義多附會，鄭以八面、六面、四面解，未知何據。靈、雷用于社，冥氏又用之以驅猛獸；路鼓用于蒐，大司馬又用之以教戰；鼖鼓用于軍，辟雍又用之以作樂；晉鼓用以金奏，軍將又用以秋蒐，是職所教，亦非定灋也。至救日月鼓，世俗之禮，《春秋》書鼓用牲，蓋譏之，《左傳》不知，云"非日月之眚不鼓"，《夏書・胤征》謂"季秋月朔辰弗集于房，瞽奏鼓"，蓋《胤征》《左傳》皆後人之作，是書沿襲之耳。

舞師，下士二人，胥四人，舞徒四千人。

舞師繼鼓人者，取鼓舞之義。《易》云「鼓之舞之以盡神」，羣情不鼓舞而能制勝者，未之有也。故司徒用衆，莫先鼓舞，凡有事社稷，用鼓，用舞，用牲。《春秋》書「鼓用牲于社」，旱雩則舞，故鼓人舞人繼封人，而牧人、牛人、充人，皆以所用類附之。

舞師掌教兵舞，帥而舞山川之祭祀；教帗舞，帥而舞社稷之祭祀；教羽舞，帥而舞四方之祭祀；教皇舞，帥而舞旱暵之事。凡野舞，則皆教之。凡小祭祀，則不興舞。

祀山川用兵舞，取捍禦災患之義。帗裂繒爲拂，執以舞社稷用之，取祓除祲祥之義。羽舞，執鳥羽舞，祭四方用之，取飛揚下降之義。皇，美也，用采羽爲帗，舞雩用之，取百穀豐美之義。野舞，謂四郊六鄉，凡爲山川社稷、四方旱暵之祭而學舞者，教之，謂教舞。小祭祀，謂州黨禜祭。不興舞，不帥衆大舞。

按：舞者，禮樂之一藝，先王教童者舞，所以勞其筋骨，調其血脉，和柔其四肢，使容體比禮，步驟比樂，借干戚羽旄，以習武備。而是書所言，皆其皮膚，兵舞、帗舞、羽舞、皇舞，名法杜撰，非甚典要也。

牧人，下士六人，府一人，史二人，徒六十人。

牧人掌養祭牲，故繫封人、鼓、舞之後。郊外爲牧，亦地事。此以下至充人三職，或謂宜入春官，然祭雖屬春官，而犧牲粢盛，則地産也，作者意在鄭重地官，猶五氣于土耳。

牧人掌牧六牲而阜蕃其物，以共祭祀之牲牷。凡陽祀，用騂牲毛之；陰祀，用黝牲毛之；望祀，各以其方之色牲毛之。凡時祀之牲，必用牷物。凡外祭毀事，用尨忙可也。凡祭祀，共其犧牲，以授充人繫之。凡牲不繫者，共奉之。

六牲，謂馬、牛、羊、豕、犬、雞。物，各色也。牲體全曰牷。陽，謂冬至祀天。陰，謂夏至祀地。騂，赤色，純赤象陽。黝，黑色，純黑象陰。望祀，望四方嶽瀆致祀。毛之，取毛告色純也。時祀，郊廟等四時常祀。外祭，祭外神。裂牲體曰毀，如宗伯疈辜、《月令》九門磔禳之類。雜毛曰尨，色純曰犧。充人職見下。大祀則牧人供犧牲，以與充人繫而養之，至期取用。小祭祀非時者，牧人供牲，不授充人也。

牛人，中士二人，下士四人，府二人，史四人，胥二十人，徒二百人。

掌牧牛。

按：有牧人、充人，則牛人可省也。

牛人掌養國之公牛，以待國之政令。凡祭祀，共其享牛句、求牛，以授職人而芻之。

凡賓客之事，共其牢禮積膳之牛；饗食、賓射，共其膳羞之牛；軍事，共其犒牛；喪事，共其奠牛。凡會同、軍旅、行役，共其兵車之牛與其牽徬，以載公任器。凡祭祀，共其牛牲之互與其盆簝老，以待事。

公牛，猶言官牛。待政令，待取用也。享牛，享神之牛。求，擇也，擇可爲犧牛者，鄭謂明日繹祭于廟門外求神之牛，鑿也。職作樴，杙也，以繫牛。芻之，猶養之。牢禮，謂飧饔。積，委積，膳賓館之餽膳。饗，大饗，飲賓也。食，飯也，食禮有酒無獻酬，皆于廟，各視其命數，如上公饗九獻，食九舉，九牢之類，皆用牛。賓射，天子與諸侯射于朝，先燕故有膳羞之牛。犒牛，賞勞三軍。喪，未葬前，飲食奠于柩，朝夕惟脯醢，無牲；小大斂、朔望、薦新、祖奠、遣奠，有牲，則供奠牛。兵車駕馬，載器用之車駕牛。御者在牛前曰牽，在牛旁曰徬。任，用也。器，版、杵、斧、斤之類。交木懸肉曰互，如今屠人以鐵爲連鉤，懸牲體解之，亦名互。盆以盛血。簝，竹器，以盛腸胃。待事，待殺也。

充人，下士二人，史二人，胥四人，徒四十人。

充人，掌繫養犧牲。充，肥也。凡犧牲，養之牧人，前祭三月，牧人擇可用者付充人，養使肥也。

充人掌繫祭祀之牲牷。祀五帝，則繫于牢，芻之三月。享先王，亦如之。凡散上聲祭祀之牲，繫于國門，使養之。展牲，則告牷；碩牲，則贊。

養牲之處曰牢。散，猶小也，散祭祀，謂山川社稷及百神小祀。國門，城門，王城十二門，使守門者養牲，以城門有隙地可爲牢也。展，謂祭之先夕省視也。碩牲，謂祭之晨，迎牲入廟告博碩，則充人助之。

周禮完解卷三終

周禮完解卷四

郝敬　習

地官司徒下

載師，上士二人，中士四人，府二人，史四人，胥六人，徒六十人。

載，事也，《詩》云「俶載南畝」，《禹貢》云「冀州，既載壺口」，以其掌治地之事曰載，地載物者也。師，長也，王畿四境内授地制貢之事，皆掌之。

載師掌任土之灋，以物地事，授地職，而待其政令。以廛里任國中之地，以場圃任園地，以宅田、士田、賈嫁田任近郊之地，以官田、牛田、賞田、牧田任遠郊之地，以公邑之田任甸地，以家邑之田任稍地，以小都之田任縣地，以大都之田任畺地。凡任地，國宅無征，園廛二十而一，近郊十一，遠郊二十而三，甸稍縣都皆無過十二，唯其漆林之征二十而五。凡宅不毛者，有里布；凡田不耕者，出屋粟；凡民無職事者，出夫家之征。以時徵其賦。

任土，以土地分任民而責其賦也。物，物色，分別也。地事，即國中、近郊、遠郊、甸、稍、縣、畺等種植之事。地職，農牧虞衡等職。待政令，待征税也。王畿方千里，四周各五百里，中央王城爲國中。廛里，國中市居，廛言纏，繞屋地曰廛，猶言環堵；里，居也，國中之地，皆以分授居民責其賦，故曰以廛里任國中。舍旁隙地曰場，以種蔬菜曰圃，即廛里之園地。城外百里曰遠郊，五十里内曰近郊。有城中貴家富民之宅在，曰宅田。士，仕也，仕者常禄之外有圭田，孟子云卿以下圭田五十畝。賈，價也，謂近城官地，民輸價得種者。三等地税，皆在負郭，故曰任近郊之地。官田，授民之餘地，屬官而民佃種者。牛田，爲官養牛者之田。賞田，官賞賜之田，出于夫家百畝外者。牧田，爲官牧六畜者之田。四等地税皆在百里外，故曰任遠郊之地。公邑，謂環百里外六遂之地，比鄉尤遠，七萬五千家所受餘地，天子使吏治之，而佃于民有力者，故曰任甸地。家邑，謂甸外環三百里，以分諸大夫采地，稍給之曰稍地，其餘天子使吏治之收税，故曰任稍地。小都，謂稍外環四百里，以分卿之采地，人五十里，其餘爲縣。縣，懸也，懸附上國，天子使吏治之收其税，故曰任縣地。大都，謂縣外環五百里，以分三公采地及王親子弟，人百里，當王國五百里之邊疆曰畺，分封之餘，天子使吏治之收其税，故曰任畺地。凡任地，謂任國中至縣疆六等之地。國宅無征，謂朝廷、官府、公廨之地皆無税。市地園圃，二十税一，以無五穀之利，故税輕。近郊，即宅田、士田、賈田；遠郊，即官田、牛田、賞田、牧田，遠税比近税加一分有半者，近城地狹，遠地寬，近民勞，遠民逸，近城官多民少，遠郊官少民多也。甸稍縣都四等税，比遠郊多半分，郊遂之外，其民尤逸也。漆林利重，不耕而獲，故税比稍甸縣都又加半分。

宅不毛者，宅畔牆下不種桑麻。里，居也，布即泉，使出里居之泉，罰不蠶績也。田不耕，謂荒蕪，屋，猶家，粟，穀也，使出有家者之粟，罰不耕也。無職事者，游惰之民，夫家，一夫之家，使出一夫有家者之稅，罰不務生業也。

按：載師任土，是書之要術，然皆以臆爲説，非真已試之規，周公之令典也。周未嘗一日居中土，何緣得行此瀍？即《王制》所謂天子畿内九十三國之説，而是書分遠、近、甸、稍、縣、畺六等，置公于外，置卿大夫于内，鄭氏極其附會，尺寸分割求合，鑿矣。《王制》天子百里之内以供官，千里之内以爲御；是書以官田任遠郊，公卿大夫都邑，皆在六遂外，則是供官在千里外，而爲御反在百里内，不自相戾與？徹田而助，什一而征，《詩》《書》《論》《孟》有明訓，今欲割畿内爲郊、遂、都、鄙，地各異稅，稅各異等，遠多近少，園廛漆林之征，前此未聞；今或二十稅一，或二十稅五，孟子所謂輕爲貉重爲桀者也，豈先王畫一之瀍與？先王分田制里，省刑薄斂，勸民力農務本，民自勤生，未聞有不毛不耕之罰；宅不毛，田不耕，此流亡之民，非必盡游惰也，而又責以里布屋粟，是肉盡而析其骸也。説者顧謂憂民之深，保民之切，豈非以耳食者與！據《孟子》天子地方千里，諸侯方百里，七十、五十里；今天子千里内分封諸子弟羣臣，而諸侯亦有子弟羣臣，地少不給，於是爲公侯方五百里、三百里之説。誠如是，在國有餘，在天下不足，不縮其内而務增其外，盡海内之地，方五百里者幾？非先王所以宰萬國，均天下之良瀍也。鄭謂畿内之地，公食大都百里，卿大夫食稍縣五十里，或二十五里，則是王子弟公卿之地，僅當外諸侯五之一，與孟子云「天子之卿受地視侯」者不相侔。是書既謂都鄙各立兩設伍，陳殷置輔，則是畿内都家各有卿大夫，與外諸侯同。外諸侯地五百里，其臣皆有采邑，而王卿大夫地僅百里、五十里，分其臣不足，不分其臣無以養，少分則内外貧富相懸，豈王者重内臣之意與？勢有必窮，多爲之術而愈敝，故是書之瀵，不可盡用也。

閭師，中士二人，史二人，徒二十人。

二十五家爲閭，閭師掌收六鄉之税，而以閭名官者，近則易詳，少則易核，載師任地制賦，閭師任民徵賦，二職相資。

閭師掌國中及四郊之人民、六畜之數，以任其力，以待其政令，以時徵其賦。凡任民：任農以耕事，貢九穀；任圃以樹事，貢草木；任工以飭材事，貢器物；任商以市事，貢貨賄；任牧以畜事，貢鳥獸；任嬪以女事，貢布帛；任衡以山事，貢其物；任虞以澤事，貢其物。凡無職者出夫布。凡庶民，不畜者祭無牲，不耕者祭無盛，不樹者無椁，不蠶者不帛，不績者不衰。

人民，謂夫家也。六畜，民家所畜馬牛之類。任其力，謂貴任以職事，如農耕商市之類。待政令，待賦役也。時徵，收成之時，然後徵收田税。任農以下，即大宰九職。貢與賦異，賦者，均地之征，取之自上；貢者，隨地所有，輸之自下。賦例取粟布，貢雜輸材物。九事即九職，而不言臣妾者，臣妾聚斂疏材，即是閒民有職事，今言凡無職，即閒民之不轉移執事，而臣妾之不務聚斂者，該其中矣。有職者，賦其幣餘。無職者，罰夫布，夫布猶身錢。凡庶民不畜以下，皆閭師勸民之令，不耕不織，衣食無從出，鄭氏謂罰之，非也。

縣師，上士二人，中士四人，府二人，史四人，胥八人，徒八十人。

王畿外四百里爲縣，縣師掌徵郊外都鄙四野之地賦，及六服外侯國、閒曠未封之地屬王朝者，皆掌之。地廣而賦多，故官屬盛于閭師，然獨謂之縣師，何也？縣居稍都中，故以名。

縣師掌邦國、都鄙、稍甸、郊里、之地域，而辨其夫家、人民、田萊之數，及其六畜、車輦之稽。三年大比，則以攷羣吏，而以詔廢置。若將有軍旅、會同、田役之戒，則受灋于司馬，以作其衆庶及馬、牛車輦，會其車人之卒伍，使皆備旗鼓、兵器，以帥而至。凡造都邑，量其地，辨其物，而制其域。以歲時徵野之賦貢。

邦國，謂諸侯之國，以至郊居之地域，自遠至近也。萊，牧地。羣吏，謂都、鄙、稍、甸各有治地之官，皆縣師攷課，告于司徒而廢置之。軍旅，大司馬之事，縣師稟受其灋。造都邑，謂分封王子弟公卿，造其邑居。辨物，辨其土地之産。制域，制其封疆之界。野之賦貢，即都、鄙、稍、甸之税。

按：是書六鄉六遂，内政軍令之瀼密矣。稍甸都鄙，地廣人衆，所以經理之者，自載師六等任地，閭師九職任民外闕如。鄉遂計民，不過十五萬家，而設官大小三萬人領之，何其煩也！都鄙稍甸，地何止十倍鄉遂，而平居夫家人民，六畜車輦之稽，及有事軍旅卒伍，旗鼓兵器之會，僅一縣師掌之，無乃闕職廢事與？又謂三年大比，縣師考羣吏詔廢置，及按其目，稍甸都鄙之職寥寥然，豈是書所載官職尚有未盡者與？詳于近而略于遠，周于内而疎于外，六官三百六十職所經營，止于王畿千里内，土地人民財用兵役之事，莫密于鄉遂，而稍甸以外疎矣，外而六服愈疎矣。蓋皆策士偏霸之術，如七國之王，各自爲畿畺，非太平遠略也，讀者察之。

遺人，中士二人，下士四人，府二人，史四人，胥四人，徒四十人。

遺，猶饋也，寄也，委寄財物于外以便饋遺曰遺。

遺人掌邦之委積，以待施惠。鄉里之委積，以恤民之艱阸；門關之委積，以養老孤；郊里之委積，以待賓客；野鄙之委積，以待羈旅；縣都之委積，以待凶荒。凡賓客、會同、師役，掌其道路之委積。凡國野之道，十里有廬，廬有飲食；三十里有宿，宿有路室，路室有委，五十里有市，市有候館，候館有積。凡委積之事，巡而比之，以時頒之。

此主散財施惠之官。邦，謂鄉里至縣都。分人以財曰惠，施惠，即恤民以下五者。少曰委，多曰積。鄉里，猶鄉居。歎阨，困乏也。門關，謂王城十二門，城外十二關，出入皆有税，貢上之餘，留以養死王事者之老與孤。郊里，猶郊居，賓客至郊，使者迎勞之費。野外都鄙，去王城遠，有賓客羈留旅處者，則賙之。縣都，内距王城，外距都鄙，其委積以待遠近之凶荒。道路之委積，專爲賓客會同師役而設。廬，有廬舍，可小憩。宿，可止宿處。路室，野外露宿之室。市，交易所聚。候館，候望之館。巡而比之，巡視比齊。時頒，謂自恤民至待凶荒，皆因時給散，不屑越，不留難也。

按：遣人委積，至美意也，然何獨五百里内有之？王政四訖，萬里如家，六服外不少槩及，非所以布大公，示無外也。據瀍，五十里内，三廬一宿一市，廬有飲食，宿有委，市有積，千里之内，鄉里門關，郊野縣都，不知凡幾，其爲委積飲食之費甚鉅，于何取給？鄭援倉人、廩人，計九穀足國用之餘，與職内所謂移用者湊之，曰餘曰移，非正供，非經制，所得幾何，而堪實此漏巵邪！近代驛遞，或百里一館，一飯之供，大者數金，今云百里十食，何以給之？是故立瀍易，行瀍難耳。

均人，中士二人，下士四人，府二人，史四人，胥四人，徒四十人。

均，平也，掌均六鄉賦役，恐久失額，如近世飛詭隱漏不平，所以均之。

均人掌均地政，均地守，均地職，均人民、牛馬、車輦之力政。凡均力政，以歲上下。豐年則公旬用三日焉，中年則公旬用二日焉，無年則公旬用一日焉。凶札則無力政，無財賦，不收地守、地職，不均地政。三年大比，則大均。

地政，即地守、地職之政。地守，關市虞衡之屬。地職，即九職，農圃等田地之賦。力政，力役之征。公，猶官也。旬，通作均，猶徧也。歲儉省役，以恤民困。凶，謂飢荒；札，謂疫癘死亡。無力政，一日亦不用也。無財賦，盡蠲也。不收地守，山澤、關市不征也。不收地職，無賦也。如此則不須均地政，若豐年、中年、無年，則猶均之。三年大均，稽消長也。

按：《王制》亦云「用民之力，歲不過三日」，此言平居境内無事耳。若國有大役，雖文武周公，《采薇》《出車》《東山》徂征，三年後反。如版築興作，百里之外，三日僅達，今日至，明日執功，又明日代矣，何暇復供役？苟取給日，事無專成，民雖不勞，而王事靡盬，可謂美意，未可爲良濾。

師氏，中大夫一人，上士二人，府二人，史二人，胥十有二人，徒百有二十人。

師氏，詔王教國子，故以中大夫爲之。司徒掌教，故師氏屬焉，繫載師後者，亦先富後教之意。

師氏掌以媺詔王。以三德教國子：一曰至德，以爲道本；二曰敏德，以爲行本；三曰孝德，以知逆惡。教三行：一曰孝行，以親父母；二曰友行，以尊賢良；三曰順行，以事師長。居虎門之左，司王朝。掌國中去聲失之事，以教國子弟。凡國之貴遊子弟學焉。凡祭祀、賓客、會同、喪紀、軍旅，王舉則從。聽治亦如之。使其屬帥四夷之隸，各以其兵服守王門之外，且蹕。朝在野外，則守內列。

媺，善也。國子，謂公卿大夫之適子，與太子同學，守護王宫者。教國子以德行，使左右王，孟子謂在王所長幼尊卑皆善人，即以詔王也。心得曰德，身體曰行，德由中，行主孝，至德純乎道，故凝道本于至德。敏猶勉也，敏勉不怠，則行立，故躬行本于敏德。孝者，良心真切，萬善之始，心得于孝，則自知惡逆之，不當爲矣。虎門，路寢門，畫虎于門，王日視朝于路寢門外，故師氏居門左。司，猶察也，察王聽政之得失。中，猶得也，凡國事中道或失道，皆掌之以詔王，教國子弟，亦以中失教之。貴遊子弟，謂王公子弟遊閒未有官守者，皆受學焉。王舉，謂王親行，則師氏從王。聽治于行在，則師氏亦如在朝，居虎門之左。使其屬，謂使中士以下。四夷之隸，謂秋官蠻隸之類，各以本國兵器服色，守王門外，蹕謂止行人。內列，謂蕃營內，守行宫。

保氏，下大夫一人，中士二人，府二人，史二人，胥六人，徒六十人。

保，養也，師嚴保安，師氏教以善，保氏護之，使安于善。鄉封鼓舞，師保諫救，皆教之術，司徒之屬以命官，所以爲教職。

保氏掌諫王惡，而養國子以道，乃教之六藝：一曰五禮，二曰六樂，三曰五射，四曰五馭，五曰六書，六曰九數；乃教之六儀：一曰祭祀之容，二曰賓客之容，三曰朝廷之容，四曰喪紀之容，五曰軍旅之容，六曰車馬之容。凡祭祀、賓客、會同、喪紀、軍旅，王舉則從。聽治亦如之。使其屬守王闈。

《文王世子》曰：「師也者，教之以事而諭諸德者也；保也者，保其身以輔翼之，而歸諸道者也。」養國子以道，又教之藝與容者，藝爲道之器，容爲道之貌，教之游藝脩容，亦養之使適于道也。六藝，解見《大司徒》。《少儀》云：「朝廷之美，濟濟翔翔；祭祀之美，齊齊皇皇；車馬之美，匪匪翼翼。」美，即容也；又云「言語之美，穆穆皇皇」，即賓客之容也。《玉藻》云「纍纍」「顛顛」「瞿瞿梅梅」者，即喪紀之容；「暨暨」「詻詻」者，即軍旅之容。王闈，王宮中巷門。師氏守王中門，保氏守王巷門，以親臣兼守禦之事，以爪牙付諸腹心道義之臣，可以無肘腋之患矣。

司諫，中士二人，史二人，徒二十人。

以言止人曰諫，掌萬民之德行道藝可用者。

司諫掌糾萬民之德而勸之朋友，正其行而强之道藝，巡問而觀察之，以時書其德行道藝，辨其能而可任于國事者。以攷鄉里之治，以詔廢置，以行赦宥。

同門曰朋，同志曰友，勸之以朋友，使相切劘也。可任國事，謂可使爲比長閭胥等者。攷鄉里之治，謂考課比長以上治績也。行赦宥，謂民有失教誤犯者，告于王赦之，蓋司諫以教民爲事，其巡問觀察，如今提學官，其行赦宥，如今恤刑官也。

司救，中士二人，史二人，徒二十人。

救，如季氏旅泰山，子謂冉有弗能救之救。掌懲治萬民邪惡，而以救名，即勝殘去殺意，教民之司，非刑獄之官也。

司救掌萬民之邪惡過失而誅讓之，以禮防禁而救之。凡民之有邪惡者，三讓而罰，三罰而士加明刑，恥諸嘉石，役諸司空。其有過失者，三讓而罰，三罰而歸于圜土。凡歲時有天患民病，則以節巡國中及郊野，而以王命施惠。

邪惡，凶慝。過失，差錯。邪惡之罪甚過失，但邪惡隱而過失形，鄭氏謂過失甚，恐非。誅讓，言語責讓。罰，撻擊。加明刑，褫其冠飾，書其邪惡之狀著于背。嘉石，朝士所掌，在外朝門左，坐邪惡者于其上恥辱之，期滿，役諸司空，供匠作之役。過失者罪狀已著，不加明刑，不坐嘉石，既撻罰，則拘禁之，以俟改悔。天患，謂飢荒。民病，謂夭札。以節巡道路，用旌節也。

調人，下士二人，史二人，徒十人。

調，和也，和息民間怨讐之事，禁其相殺者。

調人掌司萬民之難去聲**而諧和之。凡過而殺傷人者，以民成之。鳥獸亦如之。凡和難，父之讐辟**去聲**諸海外，兄弟之讐辟諸千里之外，從父兄弟之讐不同國；君之讐眡父師，長之讐眡兄弟，主友之讐眡從父兄弟。弗辟，則與之瑞節而以執之。凡殺人有反殺者，使邦國交讐之。凡殺人而義者，不同國，令勿讐，讐之則死。凡有鬬怒者，成之；不可成者，則書之，先動者誅之。**

過而殺傷，謂本無意傷之，而傷未至死，使民間自相平釋。成，平也。鳥獸，謂傷人六畜，亦使人平。父之讐，謂殺人之父，驅其操刃者，使遠避海外，避其所殺者之子也。兄弟之讐，謂殺人兄弟者。從父兄弟，謂伯叔兄弟。君之讐眡父，亦避之海外。主，謂所事者，如家臣于大夫，家衆于家長；主友，謂主同志之友，視從父兄弟，亦不使同國。苟弗避，則調人以瑞節與見殺者之子弟，執其讐人報之。瑞節，剡圭也，《典瑞職》云「琰圭以和難」，調人和難，故有琰圭。殺人反殺，謂既殺其父兄，復殺其子弟，反，復也。邦國交讐，謂所在國人皆得執之。殺人而義，謂臣子弟報君父兄，殺其讐人，但使去之，不許見殺之家讐之，違禁則死。鬬怒，相爭鬬交怒。不可成者，書記姓名，誅先動者。

按：報讐之説，起于世儒説《春秋》，非《春秋》本義，必如儒者大復讐，則世道無寧日矣，愚于《春秋》紀侯大去其國詳之。是書調人掌諧和民難，甚善，然緣飾報讐之説，使殺人君父兄者避諸海外，避諸他國，避諸千里之外，則是司寇之政不行，而有罪逋逃者即免，豈先王之瀍與？鄭註殺人而義，謂其父母、兄弟、師長，嘗見辱焉，而殺之者爲義，是何言也。父兄見辱，子弟遂殺人，而槩以爲義，則天下之人，得保首領者少，而讐家子弟殺人者日多，但避諸他國千里外則已矣，誰憚而不殺人乎？使《周禮》爲政，鄭康成爲調人，則天下未有不嗜殺人者矣。

媒氏，下士二人，史二人，徒十人。

媒之言謀也，謀合男女二姓之好。

媒氏掌萬民之判。凡男女，自成名以上，皆書年月日名焉。令男三十而娶，女二十而嫁。凡娶判妻入子者，皆書之。中春之月，令會男女，於是時也，奔者不禁。若無故而不用令者，罰之。司男女之無夫家者而會之。凡嫁子娶妻，入幣純帛，無過五兩。禁遷葬者與嫁殤者。

凡男女之陰訟，聽之于勝國之社；其附于刑者，歸之于士。

判，半也，半合成耦，男女二姓合曰判。成名以上，謂子生三月，父名之，媒氏記其所生年月日與名。男子二十至三十皆娶，女子十五至二十皆嫁。判妻即娶，入子即嫁，娶則此判彼入，皆書之，以稽其生育。中春，夏正二月，陽氣發生，令民間男女以禮會合，有故不能備禮者，奔相從不禁，重天時，權人情也。無故，謂無他變故，男非三十，女非二十，時非中春，不用媒氏令，相奔有罰。然則所不禁奔者，過時有故，不得備禮者耳。男女無夫家，謂鰥夫寡婦。司，察也，察其鰥寡爲配合。入幣，納幣；純全也，帛每匹長二丈，從兩端捲至中爲兩，象偶也。五兩，象五行合十日，甲乙爲木，丙丁爲火之類。遷葬嫁殤，二者愚俗之事，夫妻本合葬，誤信堪與改域別遷；男女成人始偶，誤信禄命，早嫁免殤，二者非禮，故禁之。男女陰訟，奸事也。勝國之社，即亳社，亡國社，屋之使不受天陽。陰訟聽于此，以示隱閉，惡宣露也。士，獄官司寇之屬，歸之士，行刑也。

按：婚嫁民事，宜從便，官爲之司，秖滋擾耳。男女生三月，皆使入籍于官，殤死，又當告除。今歲某甲嫁子，明歲某甲娶婦，某甲宜嫁不嫁，某甲宜娶未娶，某甲太早，某甲太遲，煩擾苛屑，不可以理十室之邑，況四海兆民之衆乎？昔者越王句踐報吴，急于生齒，爲苟且計，其躁擾急遽似此，男女淫奔不禁，鰥寡邂逅苟合，但取蕃息，不顧人倫，非先王之教，豈周公之禮。遷葬嫁殤，鄭謂生非夫婦，死從爲遷葬，女十九以下未嫁死，與男子合葬，爲嫁殤，此類絶少，何用禁。

司市，下大夫二人，上士四人，中士八人，下士十有六人，府四人，史八人，胥十有二人，徒百有二十人。

貿易之埸曰市，貨所聚也，泉府與民通貨，故以大夫主之。

按：孟子云：市廛〔一〕而不征，則天下之商皆悦而願藏于其市。以市爲利，豈周公之瀍？

司市掌市之治、教、政、刑、量度、禁令。以次敘分地而經市，以陳肆辨物而平市，以政令禁物靡而均市，以商賈阜財而行布，以量度成賈嫁而徵價育，以質劑結信而止訟，以賈民禁僞而除詐，以刑罰禁虣暴而去盜，以泉府同貨而斂賒。

次敘分地，謂市地各有次序，如下文二十肆一胥師，十肆一司虣之類，各以次序，分司經理也。陳肆辨物，謂陳設所賣物，各異其肆，如魚市陳魚，米市陳米之類，則市肆乎齊矣。禁物靡，禁物靡麗者，則交易有常，好尚不偏，而市價均矣。商行貨，賈居肆，則財用阜盛，泉布流行矣。五穀以量，布帛以度，謹量度以平其價，則價買者徵召至矣，價，買也。大券曰質，小券曰劑，交易以文券約信，則財物多寡有稽，不妄訟矣。賈民，能辨物真贗，使禁其僞，則飾詐者除矣。財貨所聚，强暴易生，

〔一〕「廛」，原作「譏」，據《孟子》改。

以刑罰禁之，則盜去矣。泉府受市廛之賦，職見下。同貨，謂與民通貿易，凡市所不售者，官出價斂之，民苦于商所貴者，官平價賖之。八者皆市之政令。

大市，日昃而市，百族爲主；朝市，朝時而市，商賈爲主；夕市，夕時而市，販夫販婦爲主。凡市入，則胥執鞭度守門，市之羣吏平肆展成奠定賈，上旌于思次以令市，市師涖焉，而聽大治大訟；胥師、賈師涖于介次，而聽小治小訟。凡萬民之期于市者，辟布者、量度者、刑戮者，各於其地之敘。凡得貨賄、六畜者亦如之，三日而舉之。

爲主，言其多者。日中爲市，至于日昃，千家之衆，交易紛紜，故百族爲主。朝，旦，則商賈列肆，買者未集，故商賈爲主。日夕商賈閉肆，百族人散，唯販賣之夫婦，朝夕營牟，日晏不休，故販夫販婦爲主。市入，謂交易者入市門。胥，司市胥十有二人。鞭度，以殳刻尺寸于上，繫鞭于末，執之以守門。羣吏，胥師以下。平肆，即上云陳肆辨物也。展，視也；奠，定也；展成奠賈，即上云以量度成賈也。上旌，司市舍前植旌，開市則懸之，市罷則下之。思次，市師涖事之次，思者，儼若之貌。介，副也，每二十肆設一胥師，胥師所舍謂介次，副司市也。萬民有所期望入市者，使皆有定向，蓋市井囂雜，則百務壅滯，故事各以地分敘。辟，瀝也；布，泉也；辟布，瀝當輸官泉者，有受泉之處。量度，欲較斗斛丈尺者，有量度之處。刑戮，訟獄犯罪者，有刑戮之處。各于其地之敘，不亂也。得人遺失之物，以地敘置之，如貨置于貨肆，馬置于馬肆，使失者依敘求得。三日無求者，官舉而入之，此皆所謂萬民之期也。

凡治市之貨賄、六畜、珍異，亡者使有，利者使阜，害者使亡，靡者使微。凡通貨賄，以璽節出入之。國凶荒札喪，則市無徵，而作布。

珍異，謂美味。凡物利于民，而市所無者，貴其價以來之，使阜通。害于民而爲奢靡者，更其灋以抑之，使消歇。蓋泉府既通貨，則商賈之權操之自上，得以時盈縮也。璽，印也。節，文書。凡商賈貨賄，自此往，自彼來，皆官給印文，記其所販貨物，至賣處官司驗行，如今鹽引之類。歲有凶札，則蠲市稅。造泉，蓋銅無凶年，因物貴，鑄泉以濟貧民，足國用也。

凡市僞飾之禁，在民者十有二，在商者十有二，在賈者十有二，在工者十有二。市刑，小刑憲罰，中刑徇罰，大刑扑罰，其附于刑者歸于士。國君過市則刑人赦，夫人過市罰一幕，世子過市罰一帟亦，命夫過市罰一蓋，命婦過市罰一帷。凡會同師役，市司帥賈師而從，治其市政，掌其賣儥之事。

僞飾，謂糚飾貨物，欺人求售者，有禁。民，居民有求于市者。商、賈、工，皆列肆在市，與民交易者。民之僞飾欺市者十常二，市之僞飾欺愚民者十常六，或商，或賈，或工，民皆有所資取，而皆受其欺，則是民欺市者一，而受市欺者三，市所以不可無司，司市所以不可無刑罰也。凡市刑，小則懸示責讓，曰憲罰；中則以告于衆，曰徇罰；大則鞭撻之，曰扑罰；其附于重刑者，以歸于司寇之士。古者前朝後市，天官内宰佐后立市，祭用陰禮，刑人者于市，趨利者于市，士君子無故不入市遊觀。假如諸侯入市，必有名，既過刑人之處，則赦刑人可也。君夫人過市，衆目所屬，而不自遮蔽，罰一幕可也。世子，罰一帟可也，小幕曰帟。卿大夫、士過市，罰一蓋可也，惡其不蓋藏也。卿大夫士妻過市，罰一帷可也，亦惡其不掩覆也。王之會同與師役，大衆所聚，商賈必從，故司市帥賈師往治其事，市司，即司市。

按：王城，遠人所歸往，百貨所聚，輦轂之下，姦宄潛匿，故不可無市官司之。若夫因緣爲利，操商賈之權，以徼三倍，先王不爲耳。孟子云「市廛而不征，瀍而不廛，則天下之商悦而願藏于其市」，今謂泉府同貨斂賒，是官自爲賈矣。辟布，是官税商泉矣；通貨賄以璽節，是官制其出入矣。亡使之有，利使之阜，害使之亡，靡使之微，無征則作布，皆後世巧取力索，賣貴買賤之術，漢之桑弘羊、孔瑾，謂不加賦而國用足蓋原于此。司市一職，爲小人言利之祖，焉可以誣周公，誤天下後世無窮乎！

按：鄭解僞飾十二，引《王制》「不粥于市」之文，以求合四十八之數，拘陋之甚。

質人，中士二人，下士四人，府二人，史四人，胥二人，徒二十人。

質，平也，平市中物價。

按：有司市則質人可省。

質人掌成市之貨賄、人民、牛馬、兵器、珍異。凡賣價者質劑焉，大市以質，小市以劑。掌稽市之書契，同其度量，壹其淳制，巡而攷之，犯禁者舉而罰之。凡治質劑者，國中一旬，郊二旬，野三旬，都三月，邦國期。期内聽，期外不聽。

成，平也。人民，謂奴婢。珍異，謂美食。質劑，契券也，兩簡爲一札，合刻其旁，分執以爲信。大市重貨，小市小物，大券曰質，小券曰劑，市之書契，即質劑，民間曰質劑，官府曰書契。淳制，解見《天官·内宰職》。巡，視也。攷，較勘也。舉，發覺也。賣價不平者，近則一旬二三旬，遠則三月期年，以質劑來訟，受而聽之，過此不聽。城内曰國中，城外曰郊，郊外曰野，邊鄙曰都，外諸侯曰邦國。聽，問斷也。

廛人，中士二人，下士四人，府二人，史四人，胥二人，徒二十人。

掌市税，市居迫狹曰廛。

廛人掌斂市絘次布、總布、質布、罰布、廛布，而入于泉府。凡屠者，斂其皮角筋骨，入于玉府。凡珍異之有滯者，斂而入于膳府。

絘布，列肆之税，絘，次也，布，泉也，列肆曰次。一肆曰總，下文肆長斂其總布是也。質布，治質劑者所罰之泉。罰布，犯市禁者之罰泉。廛布，市地税泉。屠者，殺牛、羊、犬、豕諸禽獸者。珍異，四時食物美者，賣而不售，留滯市中，則買以供王之膳，他物可知，即司市同貨斂賒，無者使有之術。

按：廛人市税，屠沽酒肆，搜括無遺，衰世之瀍，復何疑乎！

胥師，二十肆則一人，皆二史。賈師，二十肆則一人，皆二史。司虣暴，十肆則一人。司稽，五肆則一人。胥，二肆則一人，肆長，每肆則一人。

胥師，衆胥之長。商舍曰肆，每二肆一胥，二十肆則十胥，胥師一人領之。賈師司物價，司虣禁暴亂，司稽察姦宄，胥主巡視，肆長主陳設。

按：質人以下，皆司市之屬。商賈藏于市者幾何？官多役冗，令煩賦重，公庭之廝養，與交易之愚氓，互相雜蹂，而不被侵漁者，未之有也。

胥師各掌其次之政令，而平其貨賄，憲刑禁焉。察其詐僞、飾行、儥慝者而誅罰之。聽其小治小訟而斷之。

胥師所領各二十肆，故云各掌其次。憲刑禁，懸示刑罰禁令。飾行，糚飾行事。儥慝，售賣惡物。

賈師各掌其次之貨賄之治，辨其物而均平之，展其成而奠其賈，然後令市。凡天患，禁貴儥者，使有恒賈，四時之珍異亦如之。凡國之賣儥，各帥其屬而嗣掌其月。凡師役、會同，亦如之。

賈師，職見前，每二十肆一人，故各掌其次。展成，陳其量度。奠賈，定其物賈。天患，謂荒札，穀米棺椁之類，價高則有禁。國之賣儥，爲官買賣物，各帥羣賈更代直月，以均勞佚。王有師役會同從行，亦爲國買賣，相更代。

司虣掌憲市之禁令，禁其鬪嚻梟者與其虣亂者、出入相陵犯者、以屬遊飲食于市者。若不可禁，則搏而戮之。

職見上，每十肆一人。憲，懸示也。屬遊，羣遊，禁羣飲食，妨叢姦也，不羣則不禁。不可禁，則擊殺之。

司稽掌巡市，而察其犯禁者與其不物者而搏之。掌執市之盜賊，以徇，且刑之。

職見上，每五肆一人。不物，謂物色非常。

胥各掌其所治之政，執鞭度而巡其前，掌其坐作出入之禁令，襲其不正者。凡有罪者，撻戮而罰之。

職見上，每二肆一人。鞭度，解見《司市》。前，肆前。坐作出入之禁令，謂坐起有常，出入有節。不正，謂作諸奇衺不灋事。襲，掩捕也。

按：司虣禁羣飲，司稽察不物，胥巡襲出入，有罪輒戮，皆秋荼凝脂之令，必行此也，市人重足而立矣。

肆長各掌其肆之政令。陳其貨賄，名相近者相遠也，實相近者相爾也，而平正之。斂其總布，掌其戒禁。

職見上，每肆一人。陳其貨賄，謂各分別陳設。名相近，謂物貴賤本異，而其名相類，則別陳而遠之，勿以賤混貴。若名不相似，實相近者，陳之使邇，以示其同。使貴賤美惡得所，則民不受欺，故曰平正。總布，謂一肆之税。斂，肆長斂。

泉府，上士四人，中士八人，下士十有六人，府四人，史八人，賈八人，徒八十人。

泉，錢也，流通不竭之稱。

按：此職專爲徵市商而設，秦漢以來言利事，始作俑矣。

泉府掌以市之徵布、斂市之不售貨之滯於民用者，以其賈買之，物楬而書之，以待不時而買者。買者各從其抵，都鄙從其主，國人、郊人從其有司，然後予之。凡賒者，祭祀無過旬日，喪紀無過三月。凡民之貸者，與其有司辨而授之，以國服爲之息。凡國之財用取具焉，歲終，則會其出入而納其餘。

市之征布，即廛人所斂絘總、以下五等之布入于泉府者。有不售之貨，留滯于市，切于民用，如布帛、菽粟之類，官以所值價買之，每物書其值標楬之，以待民不時急買者，令出本價而已。抵、柢同，本也。都鄙遠人來買者，從彼都之主。國中與鄉遂人來買者，從鄉遂有司爲之先，然後予之，防姦商詐販也。賒，謂貧民有急，無財現買，官以物賒之。爲祭祀賒者限旬日，爲喪紀賒者，限三月葬後，各以原價償官，不責其息。貸，謂民借貸者，與所轄有司辨認其人實，予之。償本外，其子息依國稅什一，如貸萬錢者期出息千，貸千錢者期出息百。取具，謂取給于泉府。納其餘，謂每歲支用有餘，納于職幣，待別用也。

按：泉府之職，專爲征商聚斂設。國家經費，自有常賦，今取具于市之征布，九貢、九賦將焉用。據其事，斂滯賒貸，以爲便民，然行之不善，流毒不可勝言。以不售之滯物久藏于官，必多朽敗，而責問原價，官以爲輕，民以爲重矣。有急告買，先控于有司，則不勝守候留難之苦，及限滿不能償，則追呼督捕，叛主亡命，禍且不測。故曰：一瀍立，百弊生，善養民者，不必求利之，慎勿害之而已矣。

司門，下大夫二人，上士四人，中士八人，下士十有六人，府二人，史四人，胥四人，徒四十人。每門下士二人，府一人，史二人，徒四人。

掌守國門，幾而征。

司門掌授管鍵虔，以啓閉國門。幾出入不物者，正其貨賄，凡財物犯禁者舉之，以其財養死政之老與其孤。祭祀之牛牲繫焉，監門養之。凡歲時之門，受其餘。凡四方之賓客造焉，則以告。

籥曰管，以啓鍵；牡曰鍵，以閉門。授，謂晨啓授管，昏閉授鍵。國門，王城十二門。幾，微察也。不物，物色非常也。正、征同，凡貨賄出入，皆征其税。犯禁，謂所不當賣之物，如《王制》「用器不中度」之類。舉之，謂没官。其財，謂所征所舉之財，即《遺人職》云「門關之委積」是也。死政之老與孤，謂死王事者之父母與子。祭祀之牛牲，即《充人職》云「散祭祀之牲，繫于國門，使養之」者，城門多隙地，可爲牢也。監門，門徒。歲時之門，謂歲時祈禳祭門，監門受其祭祀之餘，以酬其養也。

造，至也。以告，告王。

司關，上士二人，中士四人，府二人，史四人，胥八人，徒八十人。每關下士二人，府一人，史二人，徒四人。

界上門曰關，王畿四面五百里，郊外境上各有關，關有税。

司關掌國貨之節，以聯門市。司貨賄之出入者，掌其治禁與其征廛。凡貨不出於關者，舉其貨，罰其人。凡所達貨賄者，則以節傳出之。國凶札，則無關門之徵，猶幾。凡四方之賓客敂叩關，則爲之告。有外内之送令，則以節傳出内入聲之。

國，謂王城内。貨，商貨。節，璽書，《司市職》云「凡通貨賄，以璽節出入之」是也。聯門市，謂司市給璽節通之門，門驗節通之關，參相聯也。貨賄出入，謂自内出，自外來者。征，謂出入之税。廛，謂關前有市，邸舍有税。貨不出于關，謂詭道避税者，舉其貨，入于官，撻罰其人。所達貨賄，謂商貨出入過關者，皆以本關文書，傳而出之。傳，移文傳達也。敂、叩同，猶謁也，爲之告，告王也。外内之送令，謂王使出與諸侯使入，凡有旌節送至關者，以關節傳送出内之。

按：古者門闞之設，備非常也，是書但言貨賄出入，而防禦略不及。孟子云：「古之爲關也，將以禦暴；今之爲關也，將以爲暴。」豈周公制禮，而有爲暴之政與？

掌節，上士二人，中士四人，府二人，史四人，胥二人，徒二十人。

節，猶信也，凡行者所執之信皆稱節，遠行通關必以節，無關則否。

按：自司門以下三職，皆行地之事，故屬地官。

掌節掌守邦節而辨其用，以輔王命。守邦國者用玉節，守都鄙者用角節。凡邦國之使節，山國用虎節，土國用人節，澤國用龍節，皆金也，以英蕩輔之。門關用符節，貨賄用璽節，道路用旌節，皆有期以反節。凡通達於天下者，必有節，以傳輔之。無節者，有幾則不達。

邦節，即下文玉角等。辨其用，即辨下文守邦國出使等用。節以王命授，王命非節不達，故曰輔。守邦國，謂分封外諸侯，五等之命圭皆用玉。守都鄙，謂分封畿内王子弟公卿大夫，采邑之節皆用犀角。邦國之使節，謂王使適諸侯，授節爲信，山多虎，平土多人，澤多龍，各象其國土，爲節三品，皆以銅，而其文別。英，美石；蕩、簜同，竹也。輔之，謂雜用竹石，鄭謂「蕩」作「帑」，畫函以盛節。門關，司門、司關之節，刻竹爲符。貨賄，謂司市之節；璽，印章。道路，謂遠行道上所建節；揭竿懸羽旄于上爲旌。凡授節，反報有限期，防假借別通也。傳，移文也，以傳輔之者，旌節爲信，又有文書送之於其所往。幾，察也。

遂人，中大夫二人。遂師，下大夫四人，上士八人，中士十有六人，旅下士三十有二人，府四人，史十有二人，胥十有二人，徒百有二十人。

邦畿百里内曰郊，郊分六鄉，大司徒統之。二百里曰遂，遂即甸，六遂之地，外連都疆，遂人掌之，爵中大夫，當小司徒。遂師，下大夫，當鄉師，官卑一等，避大司徒爲主也。六鄉爲正，六遂爲副，事體相似，副之以遂大夫等職，亦猶大司徒副以鄉大夫也。上士以下，官屬皆與鄉同。

遂人掌邦之野，以土地之圖經田野，造縣鄙形體之灋。五家爲鄰，五鄰爲里，四里爲酇纘，五酇爲鄙，五鄙爲縣，五縣爲遂，皆有地域，溝樹之，使各掌其政令刑禁，以歲時稽其人民，而授之田野，簡其兵器，教之稼穡。

郊外二百里至五百里，甸稍縣都之地，通謂之野。圖，形勢。經，畫界。鄰里酇鄙縣遂，即比閭族黨州鄉之灋而異其名，所以寄軍令也。鄉言軍灋而遂不及，遂言田制而鄉不及，互見也。各掌其政令，謂鄰長以上至遂大夫，平居各爲官長，有事即其將帥。

凡治野，以下劑致甿萌，以田里安甿，以樂昏擾甿，以土宜教甿稼穡，以興耡利甿，以時器勸甿，以彊予任甿，以土均平政。

劑，約也，均調之意；下劑，謂酌量下則制賦，壤有上中下，調其輕者，以召致農氓。甿、氓同，無知曰甿。里，居也。樂昏，宴樂昏姻，有室家，則民易馴。擾，馴也。土宜，如高宜黍，卑宜稻之類。播曰稼，斂曰穡。耡，助也，二十五家助耕公田，以其粟備飢荒，見《里宰》《旅師職》。時，謂及時。器，謂耒耜錢鎛之類。民有餘力曰彊，《詩》云「侯彊侯以」，一夫之家有餘力，則多予之田，如餘夫之類。土均職見後。均地，守地事地貢者。

辨其野之土，上地、中地、下地，以頒田里。上地，夫一廛，田百晦，萊五十晦，餘夫亦如之；中地，夫一廛，田百晦，萊百晦，餘夫亦如之；下地，夫一廛，田百晦，萊二百晦，餘夫亦如之。凡治野，夫間有遂，遂上有徑；十夫有溝，溝上有畛真；百夫有洫，洫上有涂；千夫有澮，澮上有道；萬夫有川，川上有路，以達于畿。

上地，即《大司徒職》云不易之地也，中地再易，下地三易。里，居宅，即廛。萊，荒田，以牧養六畜，取草糞田者。上田不易，故萊少，一易再易，故萊多。餘夫，謂一家七八口以上可任者，皆餘夫。蓋一夫受田百晦，此大率耳，非限一家以定口也。假如一家七十口，自家長以下七口外，餘上地之夫九，皆計夫授田之類。田百晦曰夫，夫間有水道曰遂，遂上有小路曰徑。十夫者，二鄰之田千晦，有溝，溝上有畛，溝大于遂，畛大于徑。百夫者，一酇之田，有洫，洫上有涂，洫大于溝，涂大于畛。千夫，二鄙之田，有澮，澮上有道，澮大于洫，道大于涂。萬夫，四縣之田，有川，川上有路，川大于澮，路大于道。路容三軌，道容二軌，涂容一車。遂從溝横，洫從澮横。九澮，而川周于外，爲地方三十三里，少半里，《詩》云「終三十里……十千維耦」，此一川之地也。遂溝洫澮，皆入于川；徑畛涂道，皆會于路。畿，謂邊界，自二百里達于五百里也。

按：遂人此灋，亦未言鄉遂用貢，都鄙用助也。《小司徒》云「經土而井牧其田野，九夫爲井，四井爲邑。」是遠近皆主于井也，但地勢有高下，故有牧有萊，五十畮、百畮、二百畮者，不必井相連也。計口有衆寡，故有五人、六七人，餘夫彊予，不必一家百畮也。古之爲井田行助灋，通融如此，世儒執十夫、千夫溝洫之説，以爲貢必方里，八家九區乃爲井，不知遂人之溝洫，正其所以爲井，而十夫、百夫、千萬夫者，舉大槩形體耳，豈必地皆平原，田皆成川，川皆相屬也邪？

以歲時登其夫家之衆寡及其六畜、車輦，辨其老幼、廢疾與其施舍者〔一〕，以頒職作事，以令貢賦，以令師田，以起政役。若起野役，則令各帥其所治之民而至，以遂之大旗致之，其不用命者誅之。凡國祭祀，共野牲，令野職。凡賓客，令脩野道而委積。大喪，帥六遂之役而致之，掌其政令。及葬，帥而屬六綍。及窆，陳役。凡事，致野役，而師

〔一〕「者」，《續修》本、《存目》本脱，據閩本補。

田作野民，帥而至，掌其政治禁令。

歲時登記夫家，與《小司徒》瀍同。施，徵役。舍，免役。頒職，頒九職。作事，作九職之事。貢賦，即九貢、九賦。政役，即徵役。起野役，有事起六遂之衆，則遂大夫縣正以下，各帥其所治之衆至于役所。凡六畜供自遂曰野牲，供薪炭之類曰野職。六紼，即六紼。屬，牽也，王柩六引，六鄉、六遂之衆遞牽。下棺于壙曰窆，背碑負繩，陳列其衆，使不亂也。「凡事」以下，總結之言。

遂師各掌其遂之政令戒禁。以時登其夫家之衆寡、六畜、車輦，辨其施舍與其可任者。經牧其田野，辨其可食者，周知其數而任之，以徵財征。作役事則聽其治訟。巡其稼穡而移用其民，以救其時事。凡國祭祀，審其誓戒，共其野牲。入野職、野賦于玉府。賓客，則巡其道脩，庀其委積。大喪，使帥其屬以幄帟先，道野役；及窆，抱磨，共丘籠及蜃車之役。軍旅、田獵，平野民，掌其禁令，比敘其事而賞罰。

遂師，職見上，下大夫四人。分掌六遂，故曰各掌其政令。辨其可食，謂辨其地之可耕者。財征，謂賦役。移用其民，謂轉相佐助。救時事，謂公私有急相救濟。誓戒，謂大祭祀，冢宰誓百官，大司寇涖誓百官，戒百族，六遂遠，故審聽之，而供其犧牲。野職野賦，如角人以時徵齒角，羽人以時徵羽翮，掌葛以時徵絺綌草貢之材，皆于山澤之農。玉府，王玩好之藏。幄帟，解見《天官·幕人職》，墓所設神座，故先以待用。道野役，謂引道六遂之衆。抱磨，封壙用甎，磨礲使平；抱，親執也。丘，墳也；籠，盛土器。蜃車，載棺車，四輪迫地行似蜃，曰蜃車，及壙脱之。平野民，平正六遂衆民之行伍也。

按：鄭註「磨」作「歷」，謂執綍人衆，抱版歷數之，《史記·年表》，「磨侯」作「歷侯」，附合解。

遂大夫，每遂中大夫一人。縣正，每縣下大夫一人。鄙師，每鄙上士一人。酇長，每酇中士一人。里宰，每里下士一人。鄰長，五家則一人。

六鄉有公爲老，而鄉大夫用卿；六遂無老，而大夫亦無卿，蓋鄉近遂遠，鄉正而遂副也。

遂大夫各掌其遂之政令。以歲時稽其夫家之衆寡、六畜、田野，辨其可任者與其可施舍者，以教稼穡，以稽功事，掌其政令戒禁，聽其治訟。令爲邑者，歲終則會政致事。正歲，簡稼器，脩稼政。三歲大比，則帥其吏而興甿，明其有功者，屬其地治者。凡爲邑者，以四達戒其功事，而誅賞廢興之。

可任者，謂上中下家可任之人數。施舍見前。功事，即六畜田野之事。令爲邑，謂畿疆五百里内，凡公邑私邑之吏，遂人皆得令之，會計其治邑之政，而致其事于遂大夫。帥吏興甿，亦如鄉大夫以賓禮興賢能獻于王。明有功，鄰長以上吏有功者舉之。屬其地治，謂聚衆吏申勅之。四達，自遂大夫達縣正，縣正達鄙師，鄙師達酇長，酇長達里宰，里宰以下無爵，故止言四，鄭謂夫家、車輦、稼穡、兵械四，恐非。

按：鄉與遂，其瀍内外相似，而遂人頒田里，外達于畿，則六遂之地，何啻數倍于鄉。遂大夫之令，凡爲邑者皆得會，而設官又不少加，其目亦不詳，是書所以密于近，疎于遠也。

縣正各掌其縣之政令徵比，以頒田里，以分職事，掌其治訟，趨促其稼事而賞罰之。

若將用野民師田、行役、移執事，則帥而至，治其政令。既役，則稽功會事而誅賞。

二千五百家爲縣，縣正職見上，六遂縣正凡三十人，皆下大夫。趨，促通，催督也。「用野民」以下皆軍政。縣正，即一師二千五百人之帥。移執事，移民轉相助。

鄙師各掌其鄙之政令、祭祀。凡作民，則掌其戒令。以時數其衆庶，而察其媺惡而誅賞。

歲終，則會其鄙之政而致事。

五百家爲鄙，鄙師職見上，六遂鄙師凡一百五十人，皆上士。作民，謂興役。媺惡，猶善惡。致事，致其職事于鄉大夫。

酇長各掌其酇之政令，以時校登其夫家，比其衆寡，以治其喪紀、祭祀之事。若作其民而用之，則以旗鼓，兵革帥而至。若歲時簡器，與有司數之。凡歲時之戒令皆聽之，趨其耕耨，稽其女功。

百家爲酇，酇長職見上，六遂酇長凡七百五十人，皆中士。簡器，簡閱兵械。戒令，遂大夫之戒令，犯戒令者，酇長聽斷之。女功，謂絲枲。

里宰掌比其邑之衆寡與其六畜、兵器，治其政令。以歲時合耦于耡，以治稼穡，趨其耕耨，行其秩敘，以待有司之政令，而徵斂其材賦。

二十五家爲里，里宰職見上，六遂里宰凡三千人，皆下士。耡言助也，助耕官田，每里有官田，借二十五家耕種，收粟以備飢荒，旅人斂之。秩敘，謂二十五家耡耕之次敘。

鄰長掌相糾相受。凡邑中之政相贊。徙于他邑，則從而授之。

五家爲鄰，鄰長無爵，職見上，六遂鄰長萬五千人。糾，舉察。受，寄託。邑中之政，謂官府之徵求，五家相助。徙，謂五家中有遷移者，則鄰長從行，而親付于其所遷之鄰里。

旅師，中士四人，下士八人，府二人，史四人，胥八人，徒八十人。

旅師，掌斂散之事，猶今義倉。旅，新徒之衆，以其掌新甿謂旅師。遂有旅師，猶鄉有閭師也，旅師專司斂散，閭師專司勸課，互見也。

旅師掌聚野之耡粟、屋粟、閒粟而用之，以質劑致民，平頒其興積，施其惠，散其利，而均其政令。凡用粟，春頒而秋斂之。凡新甿之治皆聽之，使無征役，以地之媺惡爲之等。

野謂遂。耡粟，里宰合耕之耡田所入粟；屋粟，載師所罰不耕者之粟；閒粟，罰閒民無職事者之粟，旅師皆聚而掌之。質劑致民，使民立券稱貸。興，發也，孟子云「興發補不足」，《司稼職》曰「平其興」，鄭謂縣官徵聚物曰興，非也。春飢，發以濟民；秋收，斂以還官。新甿，新自他處遷來。聽，安置也。無征役，恤其困也。以地之媺惡爲等，謂所受或上地、中地、下地，免征以是爲差。

稍人，下士四人，史二人，徒十有二人。

距王城三百里曰稍。《載師職》云「家邑任稍地」，蓋三百里内也。稍人主治稍之軍政，受節制于縣師。蓋六鄉之衆，掌之司徒；六遂之衆，掌之遂人；稍縣都鄙之衆，掌之縣師。稍人，專掌稍地之衆。

稍人掌令丘乘之政令。若有會同、師田、行役之事，則以縣師之灋作其同徒、輂局輂，

帥而以至，治其政令，以聽於司馬。大喪，帥蜃車與其役以至，掌其政令，以聽於司徒。

《小司徒職》云「四井爲邑，四邑爲丘，四丘爲甸。」甸出兵車一乘，曰丘乘。政，軍政，縣師所掌稍外之衆，有軍旅則帥其衆，受灋于司馬，稍人亦以縣師之灋起其同行之徒，帥而至。蜃車，解見《遂師》，凡葬事之蜃車，自六遂出。

委人，中士二人，下士四人，府二人，史四人，徒四十人。

委人，猶鄉之遺人，掌遂外委積之事。

委人掌斂野之賦，斂薪芻，凡疏材、木材，凡畜聚之物。以稍聚待賓客，以甸聚待羈旅，凡其余聚以待頒賜。以式灋共祭祀之薪蒸木材，賓客，共其芻薪，喪紀，共其薪蒸木材，軍旅，共其委積薪芻凡疏材，共野委兵器，與其野囿財用。凡軍旅之賓客館焉。

薪，給炊爨；芻，食牛馬。凡草可食用者皆曰疏材，木可食用者皆曰木材。果蓏、疏菜之類，皆謂畜聚之物。稍三百里遠，以待賓客；甸二百里近城，以待羈旅。凡，通縣都。余、餘同，所用畜聚之餘，以待賞賜。野委兵器，守六遂委積之兵器。野囿財用，山澤苑囿脩築之財用。軍旅之賓客，皆于委人館者，資薪芻也。

按：鄉之遺人，所積多穀粟，而遂之委人，所積惟疏材者，野外近山澤，以多者言，非遺人無薪芻，委人無穀粟也。是書之灋多互見，他可類推。

土均，上士二人，中士四人，下士八人，府二人，史四人，胥四人，徒四十人。

亦猶六鄉之有均人也。

土均掌平土地之政，以均地守，以均地事，以均地貢。以和邦國都鄙之政令、刑禁與其施舍，禮俗、喪紀、祭祀，皆以地媺惡爲輕重之灋而行之，掌其禁令。

政，征也。地守，謂虞衡之屬。地事，謂農圃之事。地貢，謂邦國九貢。和，調和適中。禮俗，謂禮因民俗。

按：遂之土均與鄉之均人，事亦互見。

草人，下士四人，史二人，徒十有二人。

掌糞田之灋，然已細矣，是書之義，大抵貴富强，故凡可以盡地之利者無不爲。

草人掌土化之灋以物地，相其宜而爲之種。凡糞種，騂剛用牛，赤緹低用羊，墳壤用麋，渴澤用鹿，鹹潟（昔）用貆（歡），勃壤用狐，埴（質）壚用豕，彊㯺（罕）用蕡，輕爂（票）用犬。

土化，瘠土化肥。物，辨別也。糞種，取禽獸糞以培種。土有色騂而剛者，有色赤如緹者，有墳起而柔壤者，有汙下爲渴澤者，有潟滷而味鹹者，有勃起爲塵壤者，有黏埴而壚黑者，有彊梗不柔和者，有輕脆不堅重者，牛、羊、鹿、貆、狐、豕、犬，皆用其糞。蕡，麻子。山澤多禽獸，各取其糞以糞田也。

按：土之宜糞，人皆知之，謂某獸糞宜某土，則伎方之誕説，不足盡據也。鄭謂煮禽獸之肉，取汁漬種，或謂焚其骨爲灰壅之，皆求其説不得，而曲爲解也。且曰非通神明之德者無以與此，豈其然乎？

稻人，上士二人，中士四人，下士八人，府二人，史四人，胥十人，徒百人。

掌種稻之瀍，五穀惟稻爲貴。

按：周制徹田而民助耕，王無私稼，惟藉田，則既有天官之甸人矣，此稻人百徒，將焉用之。

稻人掌稼下地。以瀦畜水，以防止水，以溝蕩水，以遂均水，以列舍水，以澮寫水，以涉揚其芟作田。凡稼澤，夏以水殄草而芟荑之。澤草所生，種之芒種。旱暵，共其雩斂。喪紀，共其葦事。

稼言嫁，播種似嫁女生息曰稼。下地，水澤之地，稻宜水。瀦，陂池。防，隄也。溝以通瀦，蕩，流也。田首受水小溝曰遂。田中畦埒曰列。舍，猶停也。有畦埒，水乃可停。田尾大溝曰澮，寫，洩也。人在水中曰涉。芟取萊草揚水中，使浥爛也。作，涑治也。稼澤，種澤田也。夏暑雨，積水湤滅其草，而芟夷其根，此芟本田之草，而上文揚芟，取于萊地之草也。澤草，生水草之地。芒種，稻有芒者，性易生，今湖鄉多種之，鄭謂麥，非也，麥性不宜水，此直言稻耳。暵，旱氣；雩，禱雨祭，四月龍星見而雩，旱則數雩，稻人斂其費，以稻尤畏旱也。葦，蘆也，可爲席，喪事蓋藉多用之。

土訓，中士二人，下士四人，史二人，徒八人。

習知其土地慝物，大軍所止，用以防姦。

土訓掌道地圖，以詔地事。道地慝，以辨地物而原其生，以詔地求。王巡守，則夾王車。

道地圖，陳説山川形勢。詔地事，告以區處之宜。道地慝，地所有隱伏惡物，陳説辨别也。原其生，知其所在與其所從來也。詔地求，告捕也。王巡守至其地，夾王車詔慝也。

按：天子所至，除道警蹕，何地慝之有？苟猜疑生而蒐求過甚，則有瀍外之奸。城狐社鼠，豈土訓所能道，凡此皆申商之意，周公不爲也。

誦訓，中士二人，下士四人，史二人，徒八人。

掌習知地方情僞者。

按：職事與土訓略同，有土訓，此職可省也。

誦訓掌道方志，以詔觀事。掌道方慝，以詔辟忌，以知地俗。王巡守，則夾王車。

道方志，謂陳説地方舊志往蹟。觀，巡視也。方慝，地方妖怪瘴癘，俗所避忌者。

按：土訓、土誦本迂闊猜忌之政，其文義各了然，解者紆鑿，以求合于先王之觀，不知其爲權謀之説耳。

山虞，每大山中士四人，下士八人，府二人，史四人，胥八人，徒八十人；中山下士六人，史二人，胥六人，徒六十人；小山下士二人，史一人，徒二十人。

虞，度也，山澤隱藏，故須度。山生金玉、禽獸、草木之類，度材設虞，以時禁取。

按：虞官肇自唐虞，洪荒初啓，草木鳥獸之害未遠，故官以司之。後世因緣爲利，設掊克之吏守之，爲網羅之禁收之，如孟子所謂澤梁之禁，爲阱于國中，衰世之事。而是書以爲體國經野，設官分職之要務，一山大者官屬百有四人，中者七十四人，小者二十三人。邦畿千里，山林不知幾，假令大山十，則官屬千四十人矣，大山百，則官屬萬四百人矣，而中小不與。益以澤虞、川衡、林衡，深山窮谷，車馬絡繹，魚竭于澤，鳥亂于林，雖桀、紂、幽、厲之貪虐，未有如斯其甚者，豈周公之良灋與？

山虞掌山林之政令，物爲之厲而爲之守禁。仲冬斬陽木，仲夏斬陰木。凡服耜，斬季材，以時入之。令萬民時斬材，有期日。凡邦工入山林而掄材，不禁。春秋之斬木不入禁，凡竊木者，有刑罰。若祭山林，則爲主，而脩除且蹕。若大田獵，則萊山田之野，及弊田，植虞旗于中，致禽而珥焉。

厲，遮列也，各物有蕃界，設禁令守之。仲冬仲夏，官取材之期。山南曰陽，山北曰陰，寒斬陽木，陰勝陽也，暑斬陰木，陽勝陰也。服，謂車轅，耜，耒耜。二木持力而曲，宜柔韌，故用季材，季，柔穉也。時入，以時取而藏之。時斬材，謂草木零落，斧斤入山林。有期日，妨盡取也。邦工，謂國用。掄，擇也。不禁，不拘日。春秋斬木，謂民間取材，斬之四野，不入所禁之山林也。爲主，山虞爲祭主。脩除，治道路壇塲。蹕，止行人。大田獵，王田也。除草曰萊。弊，止也，謂田畢。虞旗，山虞所建旗，植田中，獲者各致禽于旗下，校多寡。獲禽者割禽左耳計功，曰珥。

林衡每大林麓下士十有二人，史四人，胥十有二人，徒百有二十人；中林麓如中山之虞；小林麓如小山之虞。

衡，平也，平治其政令。麓，山足。徒多于山者，林木深阻，巡視勤，採伐用役多也，餘見前。

林衡掌巡林麓之禁令，而平其守，以時計林麓而賞罰之。若斬木材，則受灋于山虞，而掌其政令。

平其守，如大林麓則下士十二人，分徒均守，中小次之。稽蓄茂，防竊伐也。賞罰，論守者功罪也。受灋于山虞，受其時入之灋也。

川衡，每大川下士十有二人，史四人，胥十有二人，徒百有二十人；中川下士六人，史二人，胥六人，徒六十人；小川下士二人，史一人，徒二十人。

流水曰川。

川衡掌巡川澤之禁令，而平其守，以時舍其守，犯禁者執而誅罰之。祭祀、賓客，共川奠。

時，謂當漁時。舍其守，弛禁也。四時唯夏不漁，季冬大漁。《王制》云：「獺祭魚，然後虞人入澤。」川奠，謂水族可奠獻者，蜃蛤之類。

澤虞，每大澤大藪中士四人，下士八人，府二人，史四人，胥八人，徒八十人；中澤中藪如中川之衡；小澤、小藪如小川之衡。

停水曰澤，澤乾曰藪。

澤虞掌國澤之政令，爲之厲禁，使其地之人守其財物，以時入之于玉府，頒其餘于萬民。凡祭祀、賓客，共澤物之奠。喪紀，共其葦蒲之事。若大田獵，則萊澤野，及弊田，植虞旌以屬禽。

厲禁，解見《山虞》。地之人，謂占取澤中財物者。入玉府，珠、貝、皮、角之類，餘見前。葦蒲〔一〕，可爲席。屬禽，猶致禽。

迹人，中士四人，下士八人，史二人，徒四十人。

迹，鳥獸之迹，捕逐之名。迹人，禁非時捕取者。

迹人掌邦田之地政，爲之厲禁而守之。凡田獵者受令焉。禁麛卵者與其毒矢射者。

受令，謂令獵時與獵地。麛，獸子，卵，鳥卵。《月令》：孟春「不麛不卵」「餧獸之藥，毋出九門」。

〔一〕「葦蒲」，原作「蒲葦」，據《周禮》原文改。

丱[礦]人，中士二人，下士四人，府二人，史二人，胥四人，徒四十人。

丱、礦通，土生五金曰礦。

丱人掌金玉錫石之地，而爲之厲禁以守之。若以時取之，則物其地圖而授之。巡其禁令。

物其地圖，謂畫其所在地形求之。

角人，下士二人，府一人，徒八人。

掌徵齒角骨于山澤之農。

按：自角人至掌蜃七職，取之盡錙銖矣，每事官屬二十餘人，少者亦十人，即謂用不可缺，官屬不可損乎？

角人掌以時徵齒角凡骨物於山澤之農，以當邦賦之政令。以度量受之，以共財用。

山澤居民，以採捕爲農業，無夫田之稅，以山澤所有當邦賦。度量，計齒角骨物長短多寡也。

羽人，下士二人，府一人，徒八人。

羽，鳥羽，染以爲后車及旌旗之飾。

羽人掌以時徵羽翮之政于山澤之農，以當邦賦之政令。凡受羽，十羽爲審，百羽爲摶團，十摶爲縳捆與絹音近。

翮，羽本也，《爾雅》云：「一羽謂之箴，十羽謂之縳，百羽謂之緷。」羽不可度量，紀其數而已。

掌葛，下士二人，府一人，史一人，胥二人，徒二十人。

掌採葛材。

掌葛掌以時徵絺綌之材于山農，凡葛征，徵草貢之材于澤農，以當邦賦之政令。以權度受之。

葛精者曰絺，麤者曰綌。凡葛征，結上文，謂凡山農之供葛者，皆掌其徵。草，麻屬。權度，計葛麻輕重長短。

掌染草，下士二人，府一人，史二人，徒八人。

染草，如藍蒨皁斗之屬。

掌染草掌以春秋斂染草之物，以權量受之，以待時而頒之。

待時，如《天官·染人》秋染夏之類。

掌炭，下士二人，史二人，徒二十人。

木石之燼皆謂炭。

掌炭掌灰物炭物之徵令，以時入之，以權量受之，以共邦之用，凡炭灰之事。

灰，煆石爲灰，澣湅塗砌之用。炭，木炭，用以炙。

掌荼徒**，下士二人，府一人，史一人，徒二十人。**

荼，茅秀，葬用爲茵著。《易·大過》曰：「藉用白茅。」大過，棺槨之卦。

掌荼掌以時聚荼，以共喪事。徵野〔一〕**疏材之物，以待邦事，凡聚之物。**

《既夕禮》曰：「茵著用荼。」縫緇布爲褥，著茅秀其中，鋪壙底，縮二横三，乃下棺。野疏材，可食者，徵之入于委人，以待邦事，皆蓄聚之物。

〔一〕「野」，《續修》本、《存目》本脱，據閩本補。

掌蜃，下士二人，府一人，史一人，徒八人。

蜃，大蛤，其甲可爲炭，飾白。

掌蜃掌斂互物、蜃物，以共闉壙之蜃。祭祀，共蜃器之蜃。共白盛之蜃。

蚌蛤之屬，甲交合曰互，互物即蜃。蜃物，凡用蜃飾之物。闉，塞也。壙，葬穴。將井椁，先以蜃灰塞其下禦濕。蜃器，以蜃甲飾器，盛胙肉也，胙曰脤，蜃通。白盛，凡盛物白器。鄭註盛，成也，以蜃灰飾牆。

囿人，中士四人，下士八人，府二人，胥八人，徒八十人。

囿，苑也，掌養鳥獸。

囿人掌囿遊之獸禁，牧百獸。祭祀、喪紀、賓客，共其生獸、死獸之物。

囿遊，苑囿遊觀之處。禁，蕃衛也。

場人，每場下士二人，府一人，史一人，徒二十人。

場即囿，種果蓏蔬菜之地，秋平治爲場以納稼，故曰場。

按：場囿地利幾何，既有大宰九職之賦，大司徒閭師之貢，又設場人，每場官役二十四人，除九州內，名山大澤，在侯國勿論，即王畿千里，家有場，場有官，豈勝其擾，抑任民之外，官自有場邪？一官所司場若干，目又不詳，昔人謂瀆亂不驗，其斯之類。

場人掌國之場圃，而樹之果蓏、珍異之物，以時斂而藏之。凡祭祀、賓客，共其果蓏，享亦如之。

果，棗栗之屬。蓏，瓜瓠之屬。珍異，不常有之種。賓客，謂燕饗。享，謂饋獻。

廩人，下大夫二人，上士四人，中士八人，下士十有六人，府八人，史十有六人，胥三十人，徒三百人。

藏米曰廩，任重事煩，故官尊徒多。此下皆養事，屬地官。

廩人掌九穀之數，以待國之匪頒、賙賜、稍食。以歲之上下數邦用，以知足否，以詔穀用，以治年之凶豐。凡萬民之食句，食者，人四鬴，上也；人三鬴，中也；人二鬴，下也。若食不能人二鬴，則令邦移民就穀，詔王殺晒邦用。凡邦有會同師役之事，則治其糧與其食。

大祭祀，則共其接盛。

匪頒，均頒，解見《大宰》九式。稍食，禄廩也。凡萬民之食，結上言食者，以口計食，六斗四升曰鬴，釜通，二三四皆以一月計。以歲所入計每月食之多寡，知年之上中下。糧，乾餱。食，饔飧。接盛，以器承接盛之，鄭作「扱」，鑿也。

舍人，上士二人，中士四人，府二人，史四人，胥四人，徒四十人。

舍，宮也，掌宮中廩米，地産，故不屬天官。

舍人掌平宮中之政，分其財守，以灋掌其出入。凡祭祀，共簠簋，實之，陳之。賓客，亦如之，共其禮，車米、筥米、芻禾。喪紀，共飯米、熬穀。以歲時縣穜稑之種，以共王后之春獻種。掌米粟之出入，辨其物。歲終，則會計其政。

宮中之政，謂宮中用米之政。分其財守，分送其米于宮中有司守之。簠簋實陳，與上廩人接盛互見，方曰簠，圓曰簋。共其禮，供饔餼之禮。車米，筥米，筥盛米，載以車。芻禾，飼牛馬，供焚爨，皆賓客饔餼之禮。喪共飯米，謂含米、沐米。熬穀，《士喪禮》「熬，黍稷」，《喪大記》「熬，君四種」，錯棺旁，惑蚍蜉也。歲時，秋收時。縣，置之風燥處。先種後熟曰穜，後種先熟曰稑。王后春獻種，勸王耕耤也，見《内宰職》。辨其物，辨别九穀。

倉人，中士四人，下士八人，府二人，史四人，胥四人，徒四十人。

藏穀曰倉。

倉人掌粟入之藏。辨九穀之物，以待邦用。若穀不足，則止餘灋句；用有餘，則藏之，以待凶而頒之。凡國之大事，共道路之穀積、食飲之具。

九穀，謂黍、稷、稻、粱、麻、大小豆、大小麥。止餘灋，謂支用外，常灋當有羨餘，歲儉僅取足用，不責羨餘也。歲豐用餘，則藏以待凶年。國之大事，謂喪戎。

司禄，中士四人，下士八人，府二人，史四人，徒四十人。

主頒禄，凡在官者皆給之粟，故繼倉人。

司禄

事闕。

司稼，下士八人，史四人，徒四十人。

稼，嫁也，如嫁女蕃生也。在田曰稼，斂曰穡，掌巡視豐歉。

司稼掌巡邦野之稼，而辨穜稑之種，周知其名與其所宜地，以爲灋，而縣于邑閭。

巡野觀稼，以年之上下出斂灋。掌均萬民之食，而賙其急，而平其興。

出斂灋，示民免除之數。平，均也。興，發也，發倉粟賑貸。

舂人，奄二人，女舂抌由二人，奚五人。

舂，擣穀爲米。中饋，故用奄女。抌、揄同，杼米出臼，《詩》云「或舂或揄」。

按：臼杵之事細矣，而必設官，既設官矣，又止女奚六七人，日舂幾何，祭祀、賓客、牢禮、饗食皆取給，孟子所謂千室一陶也，昔人云瀆亂不驗，亦此類。

舂人掌共米物。祭祀，共其齍盛之米，賓客，共其牢禮之米，凡饗食，共其食米。

掌凡米事。

米藏于廩，皆舂人舂之。

饎一作「饎」，音熾人，奄二人，女饎八人，奚四十人。

饎、饎同，炊飯供王及后食，不繫于天官，地產也。

饎人掌凡祭祀，共盛。共王及后之六食。凡賓客，共其簠簋之實，饗食亦如之。

盛，飯也。六食，《内則》謂黍稷稻粱苽麥。簠簋之實，亦謂飯。

稾人，奄八人，女稾，每奄二人，奚五人。

稾、犒通，以食賞勞曰犒。八奄，共女稾十六人，奚四十人。

稾人掌共外内朝宂氄食者之食。若饗耆老、孤子、士庶子，共其食。掌豢養祭祀之犬。

外朝，雉門外，王詢萬民于此。中朝，路門外治事。内朝，路寢待公族。宂食，凡在官衆役之食。士庶子，卿大夫子弟宿衛者。祭祀之犬，畜之秋官犬人，臨祭，養于稾人。馬牛羊入于充人，犬獨入稾人者，犬穀食也，穀食曰豢。

按：自春人以下，事瑣而各設官，説者謂勤小物，惟聖人能盡制。夫必瑣瑣而後盡制，則《周禮》所遺者尚多也，大似閭閻負販家什物簿，而耳食者謂從廣大心胸流出，諛也。

右地官之屬，共職七十有八，外闕司禄一職，通計公三人，卿七人，大夫二百三十六人，上士九百四十六人，中士三千九百六人，下士一萬八千四百人，府一百九人，史二百三十一人，胥二百七十四人，徒三千二百四十八人，奄十有二人，女一百一十有一人，約共二萬七千四百八十三人。而各市肆之胥師、賈師等，與各山林川澤虞衡等，各場圃場人等，各司門、司關等與其屬，尚多不載。從古設官分職，未有若是其濫者，昔人謂瀆亂不驗，誠然。

周禮完解卷四終

周禮完解卷五

郝敬　習

春官宗伯第三

宗伯，禮官之長。宗，尊也，禮以致尊也，伯，長也。昔虞舜命伯夷作秩宗，典三禮，後世因謂禮官爲宗伯，是書謂爲春官，何也？辨方正位也。春，東方爲生物主，禮行于主人，《易》曰「帝出乎震」，尊主也。禮莫大于祭，祭莫大于郊禘，冬至而郊，孟春而禘，周以冬至之月爲歲首，郊禘皆行于春，故禮官正位乎春，禮樂繁盛，暢遂之令也。其次司徒何也？古司徒掌教，而《周禮》司徒則土地人民財賦之司，富而後教，財足而後禮可行。然地稱司，春不稱司，何也？地後天而春先時，天首五官，春首四時，故天稱冢宰，春稱宗伯，所以尊禮而配天也。其尊禮何也？禮效于天，瀍于地，施于政，齊于刑，五官循環，謂之《周禮》。縱横之家尚鬼，《周禮》尊鬼神，宗五官爲伯，所以崇禮也，亦縱横之意也。

惟王建國，辨方正位，體國經野，設官分職，以爲民極。乃立春官宗伯，使帥其屬

而掌邦禮，以佐王和邦國。

國富强而不知禮，則其民好争。有禮則上下安，故曰和邦國也。

按：鄭謂禮爲吉凶賓軍嘉據《大宗伯》目解之。愚謂禮自天地以來，唯父子、君臣、夫婦、兄弟、朋友爲五，今以吉凶賓軍嘉，易仁義，序别信，已爲杜撰，而又以六官三百六十職，當經禮三百，安見三百六十職之通行于天下古今也？故愚謂《周禮》非周公之書，而鄭玄之識，不逮何休遠矣。

禮官之屬

禮官，即大宗伯。屬，謂小宗伯以下職七十，其人共三千四百六十有九。

大宗伯，卿一人；小宗伯，中大夫二人；肆師，下大夫四人，上士八人，中士十有六人，旅下士三十有二人，府六人，史十有二人，胥十有二人，徒百有二十人。

肆，陳也，禮以陳設爲事。

大宗伯之職，掌建邦之天神、人鬼、地示祇之禮，以佐王建保邦國。

天靈曰神，人靈曰鬼，地靈曰祇。示、祇同。治道莫大于禮，禮莫大于祭，故大宗伯之職先焉。

按：《易》曰：「精氣爲物，游魂爲變，是故知鬼神之情狀。」此言鬼神之宗也。鬼，屈也；神，伸也。大虛生人生物，知氣變化，靈爽不測，無處無靈爽，即無處非鬼神。祭祀者，聖人所以盡人道、答造化也，人爲鬼神之會，惟聖人與大虛同神，故善其所以事之。事大虛之鬼神，即事吾身之鬼神，通之一理一心一事也，故子思云：「鬼神之爲德，其盛矣乎！視之而弗見，聽之而弗聞，體物而不可遺。使天下之人齊明盛服，以承祭祀，洋洋乎如在其上，如在其左右」，「微之顯，誠之不可揜如此」，此言鬼神之至精也。然則所謂鬼神者，豈徒天神、人鬼、地祇云乎！宗伯以禮佐王和邦國，民彝物則，天常人紀略不及，惟以事天神、人鬼、地祇爲邦國首務，豈不迂哉？子云：「務民之義，敬鬼神而遠之，可謂智矣。」是以教不語神，疾病不禱；問事鬼，則曰「未能事人」；問媚竈，則曰「獲罪於天」。吁！聖人之意可知。聖人以禮教天下萬世，而鬼神之事，遠而不語，則聖人所謂禮與鬼神又可知，是豈徒天神、人鬼、地祇之謂鬼神，事天神、人鬼、地祇之謂禮而已乎！

以吉禮事邦國之鬼神示：以禋(因)祀祀昊天上帝，以實柴祀日月星辰，以槱(酉)燎祀司中、司命、飌(風)師、雨師，以血祭祭社稷、五祀、五嶽，以貍(埋)沈祭山林川澤，以疈(劈)辜祭四方百物，以肆獻祼享先王，以饋食享先王，以祠春享先王，以禴夏享先王，以嘗秋享先王，以烝冬享先王。

祭祀謂之吉禮者，以其卜吉而祭，祭而獲吉也，鄭謂古本作「告禮」，近是。祭以告神，禮何獨祭爲吉也？禋，煙也，升煙上達，以氣玄通，精意之極，故曰禋。昊天上帝，冬至圜丘之祀。柴、胔通，《詩》云「助我舉胔」，謂牲肉也。實于柴上燔之，使煙臭上達，致陽神也。辰，謂一歲日月所會十二次，詳見《春官·占夢》。槱，積薪也。司中等言槱燎，日月等言實牲，昊天言煙祀，列事于卑，義全于尊也。司中、司命皆天神，謂司中界與人命之神。緯書云：三台星，上台司命，中台司中，文昌星第四亦曰司命，第五亦曰司中。風師，箕星。雨師，畢星。此祀天神三禮也。血祭，殺牲取血以薦。社，土神。稷，穀神。五祀，五氣之神，四時迎氣祀之于郊。五嶽，東岱、南衡、西華、北恒，中嵩。貍，埋同，埋玉幣牲于土，祭山林也。沈，沈玉幣牲于水，祭川澤也。疈，披牲胷也。辜，磔禳也。四方百物，如八蜡之類。此祭地祇三禮也。肆，謂迎牲薦血腥之後，解折牲體而爓之以進也。獻，謂獻醴，薦血腥也。祼，灌也，謂始祭迎尸入户，酌鬱鬯獻尸，尸不飲，灌之地，以求神也。凡祭，初祼，次獻，次肆，次饋熟。祼在室，獻、肆在堂，堂事畢，復延尸入室，饋熟，尸始食。祭皆有此四節，鄭以肆獻祼爲大禘，饋食爲大祫，未然。祫即是禘，以其祭始祖所自出之帝謂禘，以其合羣廟主謂祫。天子祫禘，諸侯無所出之帝，但可稱祫而無禘。祠禴嘗烝，四時祭名，春物初生無以享，惟祠爲主曰祠；夏物未成，用薄祭曰禴；秋物初成，薦新曰嘗；冬物可進者衆曰烝。此祀人鬼之六禮也。

按：司中、司命、風師、雨師，後世方士之説，象緯千百，何獨祀文昌與三台也？文昌六星，何獨祀其二？三台三星，何獨遺其一？星以大尉、司徒、司空名，豈其先有是官，後有是星與？誕罔甚矣。箕爲風師，畢爲雨師，亦附會之説。

以凶禮哀邦國之憂，以喪禮哀死亡，以荒禮哀凶札，以弔禮哀禍烖，以禬禮哀圍敗，以恤禮哀寇亂。

哀，謂救患。荒，謂年饑。凶札，謂死亡。弔，慰問。禍烖，水火之類。斂財曰禬。圍敗，國被圍困敗亡。恤，憂也。外來曰寇，内潰曰亂。

按：弔與恤兩者無别，恤寇亂與禬圍敗亦相類。會財以補圍敗，如《春秋傳》諸侯會于澶淵，爲宋裁之類。圍敗之名，始于春秋，故是書多後人附會。

以賓禮親邦國：春見曰朝，夏見曰宗，秋見曰覲，冬見曰遇，時見曰會，殷見曰同。時聘曰問，殷覜曰視。

賓，待諸侯以賓親，近也，《易》比之象曰：「先王以建萬國，親諸侯。」禮之以賓，所以親之。朝，早也。宗，尊也。覲，勤也。遇，偶也。時見，謂六服各有當見之時，如《大行人職》云「侯服歲一見……甸服二歲一見」等是也。殷，衆也，謂十二載王不巡守，六服盡來見。聘，問也。覜，視也。時聘，謂六服不當朝之歲，使其卿大夫來問。殷覜，謂元年、七年、十一等年，侯服始來朝之歲，諸侯朝者少，皆使其臣來聘，曰殷覜。

按：《王制》「諸侯比年一小聘，三年一大聘，五年一朝」，朝覲會同，其名雜見于《詩》《書》，然未聞以春夏秋冬，分朝宗覲遇會同者也。六服遠者數千里，一歲焉能四至？于是大行人有近者一歲一見，遠者六歲一見之瀆，而鄭謂六服當見之歲，四方四時分至，朝春宗夏，覲秋遇冬，更迭而徧，是皆臆見鑿説。王者一統，臣共不二，諸侯尊王，同軌畢至，然後可以明共主，致朝宗之義。參差雜越，于政體不已褻乎？且朝宗覲可也，遇視豈尊王之禮？《曲禮》朝覲行于天子，會遇行于諸侯，諸侯草野邂逅謂遇，天子行幸臨御謂視，豈可謂諸侯遇天子，使陪臣視天子乎？《司儀職》有爲壇合諸侯之説，蓋後世霸主盟誓之事，緣飾以爲周公之禮。後儒轉相附會，遂以春秋書盟會遇，皆行自先王，而朝覲會同，可通諸列國。故以霸主盟諸侯、諸侯朝貢霸主，皆謂周禮，名教之壞，經術之訛，其來已久，自非卓識，誰敢直決其是非乎！據鄭説，春東方六服，當朝之歲盡來朝；夏南方六服，當宗之歲盡來宗；東西亦然，四歲六服徧。行此瀆也，必如是書所云，王畿居土中，六服道里均乃可。周世都豐鎬，西方無六服。每歲見惟三時，諸侯徒有朝宗遇，周京世世無覲禮矣，豈其然乎？且關中之地，距東海四五千里，以五百里一服推之，齊魯當在荒服外，世見可耳。然則是書所言，有名無實，昔人謂瀆亂不驗，而鄭執以爲周公大平之書，非以耳食者與！

以軍禮同邦國：大師之禮，用衆也；大均之禮，恤衆也；大田之禮，簡衆也；大役之禮，任衆也；大封之禮，合衆也。

凡以禮瀆動衆曰軍禮，軍禮尚整齊曰同。大師，謂天子六軍。禮即伍、兩、卒、旅、師、軍之節制。

用者，操縱惟命之意。大均，謂因地制賦，因家起役，以體恤衆民也。大田，謂四時田獵，教以軍灋，以簡閱車徒也。大役，謂版築疏鑿之類，以任用衆力也。大封，謂分封諸侯，平其土地，均其人民，如大國三軍，次國二軍，小國一軍，使民各事其主，君各守其民，以合衆也。王介甫云：「用其命，恤其事，簡其能，任其力，合其志，軍禮用命爲主，合志爲終。」

以嘉禮親萬民：以飲食之禮親宗族兄弟，以昏、冠之禮親成男女，以賓射之禮親故舊朋友，以饗燕之禮親四方之賓客，以脤膰之禮親兄弟之國，以賀慶之禮親異姓之國。

嘉，猶好也。飲食之禮，謂王者歲時宴集同姓，《大傳》云「綴之以食而弗別」，如《詩·棠棣》「有頍者弁」，皆以飲食親宗族兄弟。男子二十冠，三十娶；女子十五笄，二十嫁，昏嫁親之，冠笄成之。賓射，天子與諸侯燕飲而射。故舊朋友，王爲世子時，所與共齒于學者及先世耆舊老臣皆是。饗在廟，爵盈而不飲，燕在寢，爵無筭，《大行人職》云「上公三饗三燕，侯伯再饗再燕，子男一饗一燕」，皆以待來朝諸侯。祭肉生曰脤，熟曰膰，天子社稷宗廟之祭，以胙頒賜同姓，示共福禄也。贊喜曰慶，加財物曰賀。異姓，王之昏姻甥舅。

以九儀之命正邦國之位，壹命受職，再命受服，三命受位，四命受器，五命賜則，六命賜官，七命賜國，八命作牧，九命作伯。

九儀，九等儀衛。正位，辨尊卑也。命，王命。壹命，始受王命爲正吏，如王之下士，及列國上士、子男之大夫，與府史、胥徒、長官自辟除者異。受職，始受王職事。再命，如王中士，及列國大夫，子男之卿。受服，受玄冕之服。三命，如王上士，及列國之卿。受位，受朝列之位。四命，如王大夫，及公之孤，始備祭器，《曲禮》云大夫有田者爲祭器，是也。五命，王大夫，出封加一命，賜等則之地。六命，王卿賜官，使得自置官屬治家邑。七命，王卿出封加一命，賜侯伯之國。八命，王三公，有功德加一命，爲一州諸侯牧。九命，王上公有功德，加一命，爲二伯，分理天下，如周、召二公。

以玉作六瑞，以等邦國。王執鎮圭，公執桓圭，侯執信圭，伯執躬圭，子執穀璧，男執蒲璧。

玉者，乾陽之精。六瑞，即圭璧。瑞，猶寳也，天子諸侯各寳以爲瑞。等，階級也。《雜記》云「凡圭廣三寸，厚半寸，剡上左右各半寸」，其長短各依命數。王圭長尺二寸，鎮，安重也。公圭長九寸，桓，磐桓，《易·屯》之「初九，磐桓，利居貞，利建侯」。磐，礎也，桓，柱也，取安固如柱石意。侯伯圭七寸，信，伸也，躬，詘也，伸以臨下，詘以事上，能詘能伸，乃可獲上治民。璧形圓，徑九寸，中有孔曰好，週邊曰肉，好倍肉曰瑗，肉倍好曰璧，璧孔徑三寸，邊肉各三寸，徑共九寸，穀取養，蒲取柔。

按：《雜記》「《贊大行》曰『子男圭五寸』」，則子男所執非璧也。古者天子朝諸侯，合五瑞，圭可合，璧不可合，五等同爲諸侯，公侯伯皆圭，而子男獨璧，何與？鄭解子男未成國，子云「安見方六七十，如五六十而非邦者」，未成國，非也。未成國則執圓，義奚取？又謂鎮瑑山，桓瑑宫室，信躬瑑人，穀蒲瑑草稼，皆以文名，其説淺陋，恐非先王制器之義。

以禽作六摯至**，以等諸臣，孤執皮帛，卿執羔，大夫執鴈，士執雉，庶人執鶩**木**，工商執雞。**

禽，飛走之通稱。摯，致也。凡初相見，皆有執以自致。孤謂少師、少傅、少保。皮，虎豹皮之類，帛，束帛，鄭謂束帛以皮爲飾，臆説也。羔，羊也，羊不受牽，示難進也。鴈南北隨陽，示從君也。雉文而耿介，鶩江湖野物，雞依人爲食，庶人與工商，皆有事在官者。士以上，初升，見皆以摯，王臣與列國臣庶，名同摯同，鄭謂摯同飾異，亦臆説也。

以玉作六器，以禮天地四方，以蒼璧禮天，以黄琮禮地，以青圭禮東方，以赤璋禮南方，以白琥禮西方，以玄璜禮北方，皆有牲幣，各放其器之色。

禮，謂享神，祭有玉帛牲以成享。蒼，天色，黄，地色，四方之玉，各從其色。璧制見上。圓象天，冬至祀天也。琮形八方，象地，夏至祀地也。圭形上鋭，象春物初生也。半圭曰璋，南方用半圭，夏，陽半也。琥，刻玉爲虎形，猛獸，象秋氣之嚴也。半璧曰璜，北方用半璧，冬，陰半也。祭四方，各以四時之立日，皆有牲幣，亦倣其器色。

以天産作陰德，以中禮防之；以地産作陽德，以和樂防之。以禮樂合天地之化、百物之産，以事鬼神，以諧萬民，以致百物。

禮樂本于天地，成于中和，陰陽者，剛柔動静之謂。剛柔相得，動静有常，則陰陽合，天地泰，中和致而禮樂行，百昌遂而人神悦。天産，牲牢之類。作猶養也。陰德，陰氣。地産，黍稷之類。陽德，陽氣。陰静無陽則消，天，陽也，故以天産養陰，然陰盛則淫，聖人制禮以中，防陽作之過也。陽動無陰則散，地，陰也，故以地産養陽，然陽盛則驕，聖人制樂以和，防陰作之過也。至陽赫赫，非陰不斂，禮主于退，以陰節陽，虚其盈而爲中；至陰肅肅，非陽不暢，樂主于進，以陽導陰，宣其滯而爲和，中和不偏，禮樂之謂也。天地變化，百物生成，未有違此者。百物，謂祭祀百物，皆天地之化，合以禮樂，事鬼神，和萬民，則神人交悦，百物之祥至矣。

凡祀大神，享大鬼，祭大示，帥執事而卜日，宿，眡滌濯，涖玉鬯，省牲鑊，奉玉齍，詔大號，治其大禮，詔相王之大禮。若王不與祭祀，則攝位。凡大祭祀，王后不與，則攝而薦豆籩徹。大賓客，則攝而載果祼。朝覲會同，則爲上相，大喪亦如之，王哭諸侯亦如之。王命諸侯，則儐。國有大故，則旅上帝及四望。王大封，則先告后土。乃頒祀于邦國都家鄉邑。

大神謂天，大鬼謂先王，大示謂地。執事謂助祭諸臣。卜日，卜吉日。宿，祭前一宿。眡、視同。滌濯，溉祭器。涖，監也。玉，圭瓚之屬。鬯，鬯酒，祭天地無鬯，惟宗廟有之。牲，大牢。鑊，烹牲器。玉齍，玉敦，以盛黍稷，齍、粢通，在器曰齍。大號，大祝所掌神祇等六號，大宗伯以詔大祝爲祝辭。凡王親舉禮皆謂大，皆大宗伯治事，而臨行以告助王也。王有故不得親祭，則大宗伯代立主位。大祭祀，謂郊廟外神，則王后不與，宗廟則后薦徹豆籩，后有故不與，亦大宗伯代。大賓客，謂諸侯來朝，王祼用鬱鬯，王不親酌，亦大宗伯代。載，猶爲也。凡詔禮曰相，接賓曰擯，王相五人，卿爲上相。哭諸侯，諸侯薨，王爲位哭。王以爵土策命諸侯于祖廟，儐禮諸侯，則代王爲主。大故，謂凶裁。旅，衆也，陳也，陳設以祭衆神。四望，爲壇位，望四方名山大川祭之。大封，封建諸侯，取大社土授之，則大宗伯先告后土之神，后土即社。頒祀，頒常祀之禮。邦國，邦畿列國；都家，公大都，卿小都，大夫家邑；鄉邑，即都家之邑，各有所當祭與禮儀，皆頒自大宗伯。

按：鄭謂句龍生爲后土之官，死配享于社，社非后土，如是則后土卑于社矣。郊社所以祀天地，后土不得配天，則所稱皇天后土謂何？

小宗伯之職，掌建國之神位，右社稷，左宗廟。兆五帝於四郊，四望、四類亦如之。兆山川、丘陵、墳衍，各因其方。

小宗伯，職見前，中大夫二人。右左，謂庫門内，雉門外左右，右爲陰，鬼神尚右，故右社稷；

左爲陽，人道尚左，故左宗廟。壇壝曰兆。五帝，五方天神，兆五帝而曰四郊者，火土同于南郊也。四望，望祭四方嶽瀆。類，祭天神，日月、星辰、風雨、司中、司命等，亦于四郊，謂之類者，天象無形，以氣爲類。鄭謂兆日于東郊，兆月與風師于西郊，兆司中、司命于南郊，兆雨師于北郊，各以氣類爲位，日月、星辰、風雨，從天祀于郊，亦所謂從其類也。望者無見，類者無形，故宗廟、社稷亦謂類，小司徒類社稷、宗廟是也。山川丘陵墳衍，謂所在小山川，有利益于民者，各因其所在祀之。

掌五禮之禁令與其用等。辨廟祧之昭穆。辨吉凶之五服、車旗、宮室之禁。掌三族之别，以辨親疏。其正室皆謂之門子，掌其政令。

五禮，即大宗伯所掌吉凶賓軍嘉五者。禁，禁其違。令，令守也。用等，器數多寡隆殺之等。廟，宗廟。祧言迢遠祖也。廟次，左昭右穆，父昭子穆，天子三昭三穆，與大祖廟七，諸侯二昭二穆，與大祖廟五。天子七廟，自大祖下，二昭二穆上，二爲祧廟，親盡以次遞遷，藏其主于大祖廟夾室，每歲春祫禘配享。吉禮五服，五等諸侯命服，凶禮五服，斬衰期功緦也。車旗宮室，如典命以九以七以五爲節，皆依命數，不得僭越。三族，父子孫，人之正屬，《喪服小記》云「親親以三爲五，以五爲九。」以三爲五者，身以父而親祖，以子而親孫，則五也；以五爲九者，以祖親曾、高祖，以孫親曾、玄孫，則九也，三族别則親疏辨。正室，謂適子代父，當門曰門子。掌其政令，謂治其昭穆，明其適庶，不得以孽代宗也。

毛六牲，辨其名物，而頒之于五官，使共奉之。辨六齍之名物與其用，使六宫之人共奉之。辨六彝之名物，以待果裸將。辨六尊之名物，以待祭祀、賓客。掌衣服、車旗、宫室之賞賜。

毛，擇毛色純者。六牲，馬、牛、羊、犬、豕、雞。五官，除大宗伯言五也，鄭謂除大宰，《大宰職》云「贊王牲事」，王親牽牲，安得謂天官無共奉也？六齍，粢盛，稻、粱、黍、稷、麥、菽，用器各有宜，使六宫之人奉者，中饋，婦人事也。六彝，盛鬱鬯之器。六尊，盛五齊三酒，詳見《司尊彝職》。果〔一〕將，謂酌而送之，凡祼饗賓客于廟，亦用尊彝，外則否，《春秋傳》曰：「犧象不出門。」衣服之制，見《司服》。車旗之制，見《巾車》。宫室之制，見《典命》。若王以賞賜諸侯，則皆小宗伯掌之。

掌四時祭祀之序事與其禮。若國大貞，則奉玉帛以詔號。大祭祀，省牲，眡滌濯。祭之日，逆齍，省鑊，告時于王，告備于王。凡祭祀、賓客，以時將瓚果。詔相祭祀之小禮。凡大禮，佐大宗伯。賜卿、大夫、士爵，則儐。小祭祀掌事，如大宗伯之禮。大賓客，受其將幣之齎。

〔一〕「果」，原作「祼」，據《周禮》原文改。

天地人之祭，四時皆有之。序，謂先後次第。卜吉曰貞，貞，正也，國有大事，求正于筮龜。玉帛以禮神。號，祝辭，《大祝職》有神號幣號，小宗伯詔之。逆齍，迎粢入廟，饎爨在門外也。省鑊，視烹肉也。時，謂薦陳之早晚。備，饌具，告王行事也。祭祀，王用圭瓚酌鬯酒裸尸，小宗伯酌送王，賓客，則大宗伯代裸，小宗伯酌送大宗伯。凡禮，王不親，使攝爲小，王親舉爲大。賜爵，以王命齎策賜之。禮賓曰儐，諸侯尊，大宗伯儐，卿、大夫、士卑，小宗伯儐。小祭祀，王玄冕之祭。將幣之齎，齎即幣也，諸侯覲畢，致貢享于廟，庭實之物，皆小宗伯受之。

若大師，則帥有司而立軍社，奉主車。若軍將有事，則與祭有司將事于四望。若大甸，則帥有司而饁獸于郊，遂頒禽。

大師，起大軍。有司，謂軍帥與大祝。軍社，以齋車載社主與遷廟主于軍中，賞功告祖，戮罪告社。軍將有事，謂將交戰。祭有司，亦謂軍帥與大祝。將事，以王命祭告四方山川之神。甸、田通，大甸，王田獵。有司，大司馬之屬。饋于野曰饁，《詩》云「饁彼南畝」。獵還至郊，過天神地祇壇壝，以所獲禽薦之曰饁獸，既饁，遂入澤宮射，主皮頒禽也。

大烖，及執事禱祠于上下神示。王崩，大肆，以秬鬯渳米；及執事涖大斂、小斂，帥異族而佐；縣衰冠之式于路門之外；及執事眡葬獻器，遂哭之；卜葬兆，甫竁鑽，亦如之；

既葬，詔相喪祭之禮；成葬而祭墓，爲位。凡王之會同、軍旅、甸役之禱祠，肄儀爲位。國有禍烖，則亦如之。凡天地之大烖，類社稷宗廟，則爲位。凡國之大禮，佐大宗伯。凡小禮，掌事，如大宗伯之儀。

大烖，水火荒札之類。執事，大祝之屬。肆，陳尸于牀，王事稱大。秬鬯，黑黍釀酒。洱，浴尸。執事，執二斂之事謂大祝，臨之者，小宗伯也。佐以異姓者，同姓銜哀，使疏者相助。衰冠之式，喪服之式也。執葬器之事者，梓人匠人之屬。眂葬，省視葬具，《檀弓》云「既殯，旬而布材」是也。獻器，明器成，獻于殯宮門外。遂哭，小宗代王哭也。卜兆，卜葬域。竁，穿壙，甫，始也，亦如獻器哭。凡喪，未葬前設奠無尸，既葬反虞，以祭易奠，士三日三虞，大夫五日五虞，諸侯七日七虞，天子九日九虞，明日祭卒哭，又明日以吉祭易喪祭，附主于廟，然則卒哭以前祭，皆喪祭也，皆小宗伯告王相禮。祔祭，則大宗伯相禮。成葬，封丘既成。祭墓，祭土神。位，主也。肆儀，演習禮儀。禍烖，禱祀肄儀爲主亦如之。類，祭祀之通稱，詳前。

肆師之職，掌立國祀之禮，以佐大宗伯。立大祀，用玉帛、牲牷；立次祀，用牲幣；立小祀，用牲。以歲時序其祭祀及其祈珥。大祭祀，展犧牲，繫于牢，頒于職人。凡祭祀之卜日、宿爲期，詔相其禮，眡滌濯亦如之。祭之日，表齍盛，告絜；展器陳，告備；

及果裸，築鬻煮。相治小禮，誅其慢怠者。掌兆中、廟中之禁令。凡祭祀禮成，則告事畢。

肆師，職見前，下大夫四人，大宗伯之攷也。大宗伯建祀禮，其玉帛牲牷之物，籩豆簠簋之器，皆肆師立之。立，依瀍置立。大祀，天地宗廟。次祀，日月星辰、社稷、五祀、五嶽。小祀，司中、司命、風師、雨師，山林川澤，四方百物。玉帛牲牷，禮之隆者，牲幣爲殺，牲又殺，牲體全曰牷。祈珥，祈福于神，割牲耳以薦，珥、衈通，取其聽。展，視也，牲色純曰犧，牧人供之，肆師展視，以付充人，使繫于牢而肥之。職作織，置杙繫牲也。卜日，卜祭日。宿、爲期，先夕期，明日卜。詔相禮，詔相卜日之禮。眂滌濯，亦先夕視，明日祭，詔相其禮。表齍盛，六齍各標黍稷等名，簠簋有蓋，外須記識。展視祭器，陳設于堂東，乃告備具。果、祼通。築，擣也，擣香草煮汁，和鬯酒，以祼尸也。誅責慢怠、掌禁令，皆攷之事。兆中，壇壝内祭百神，廟中祭先王。凡肆師所告，皆告小宗伯，以次升告王。

大賓客，涖筵几，築鬻，贊果將。大朝覲，佐儐，共設匪甕之禮，饗食，授祭。與祝侯禳于畺及郊。大喪，大渳以鬯，則築鬻；令外内命婦序哭；禁外内命男女之衰不中灋者，且授之杖。

佐儐，爲承儐。匪、篚通，竹器。甕，瓦器。王有故不親食賓客，則使大夫以侑幣致之，豆實實于甕，簋實實于篚。饗，以大牢飲賓。食，以大牢食賓。祭，豆間之祭，周人祭肺，肆師舉肺授賓。侯，迎氣，禳，除殃，皆小祝之職。畺去王城五百里，畿界也，郊近者五十里，遠者百里。渳，解見前。外内命婦，公卿大夫以下諸臣之妻。居宫中屬内宰版籍者，謂之内命婦，天官九嬪世婦等是也。居外寮者，謂之外命婦，春官世婦等是也。序，謂服重者居先，服輕者居後。外内命男女，即公卿大夫、士與其妻。王喪，男義服斬衰，布三升半，冠布六升，其妻義服衰六升。王喪斬衰，后喪齊衰，衰外削幅，裳内削幅之類，皆所謂灋也。杖，謂王喪竹杖，后喪桐杖，服成則授杖，《喪大記》云「君喪，三日，子、夫人杖，五日既殯，授大夫、世婦杖」，王喪宜同。

凡師甸用牲于社宗，則爲位。類造上帝，封于大神，祭兵于山川，亦如之。凡師不功，則助牽主車。凡四時之大甸獵，祭表貉，則爲位。嘗之日，涖卜來歲之芟；獮仙，上聲之日，涖卜來歲之戒。社之日，涖卜來歲之稼。若國有大故，則令國人祭，歲時之祭祀亦如之。凡卿大夫之喪，相其禮。凡國之大事，治其禮儀，以佐宗伯。凡國之小事，治其禮儀而掌其事，如宗伯之禮。

師，謂出征，甸，謂田獵，皆以社主與遷廟主行。有事祭告用牲，則肆師涖位爲主。類，祭名，造，猶造門之造，以祭達于上帝也。封，封土爲壇。大神，天地神祇。祭兵于山川，祭大軍所在之山川，亦如師甸爲主也。師不功，敗績也。主車，載社、宗二主之車。助牽，扶主也。表，立旗爲表。貉、禡通，祭始爲兵，蚩尤也。嘗，秋祭，嘗新物。今歲芟墾所獲，因卜來歲之芟，治田之早晚也，《詩》云「載芟載柞，其耕澤澤」，謂治田也。秋田曰獮，兵寇曰戒。社，秋社，報答今歲之稼，因卜來歲。三卜皆肆師涖之。國有大故，水火凶札。歲時之祭，烝嘗社蜡之類。卿大夫之喪，謂卿大夫適子有父母喪，繼世爲卿大夫者。相禮，相其拜送賓客之類。大事，謂王行禮。小事，謂攝。

鬱人，下士二人，府二人，史一人，徒八人。

鬱，香草，未詳何物，鄭謂即《本草》云鬱金，非也。擣香草和秬黍酒祼尸，宗廟之禮，禮重祭，祭首祼，祼用鬱鬯，禮官先鬱人，春氣芬芳也。

鬱人掌祼器。凡祭祀、賓客之祼事，和鬱鬯，以實彝而陳之。凡祼玉，濯之，陳之，以贊祼事。詔祼將之儀與其節。凡祼事，沃盥。大喪之渳，共其肆器；及葬，共其祼器，遂貍埋之。大祭祀，與量人受舉斝假之卒爵而飲之。

祼器，六彝圭瓚之屬。祼玉，圭瓚璋瓚也。祼將，酌送也。儀節，祼將之威儀節度。凡祼事，祭饗皆用祼也。沃，酌水也。盥，洗手也。肆器，尸將浴，陳牀襢枕第庋盤之類。葬共祼器，明器埋之壙中者，鄭謂遣奠之彝器，恐非。量人，夏官之屬，制從獻脯燔之數量者也。斝即爵，義與嘏通，福也，尸酢主人，俗謂飲福酒。卒爵而飲，謂酢及鬱人與量人。

鬯人，下士二人，府一人，史一人，徒八人。

鬯，暢也，釀秬黍爲酒，氣味條暢，未合香草者，故鬯人供之。

鬯人掌共秬鬯而飾之。凡祭祀，社壝用大罍，禜門用瓢齎，廟用脩，凡山川四方用蜃，凡裸事用概，凡疈事用散。大喪之大渳，設斗，共其釁鬯。凡王之齊齋事，共其秬鬯。凡王弔臨，共介鬯。

秬鬯，無鬱和之鬯。飾之，飾盛鬯之器。唯廟祭初亞獻用鬯，搗鬱汁和之，盛以彝尊，酌以玉瓚；他外神有酒，無鬱和，故無彝尊玉瓚。社壇之祭，盛以大罍，罍，瓦尊。禜，營兆以祭；門，祭國門。瓢齎，匏器，齎、盞通，盛受也。廟用脩，廟祭用鬱脩和，即《司尊彝》「凡酒脩酌」之脩。《郊特牲》云：「醆酒涚于清，汁獻涚于醆酒。」脩治而後用之，即鬱鬯也。蜃，蜃器，《地官·掌蜃職》「祭祀共蜃器之蜃」。蜃，脤也，胙曰脤，今之螺盃，受胙飲福之器。裸事，宗廟裸將，和鬱用鬯，多寡有量。概，量也，《天官·酒正》云皆有酌數、器量。疈辜，祭四方百物小祀，酌鬯用五升之散，爵之下者。以上鬯皆無鬱，別其用器與彝舟圭瓚等殊也。斗，挹鬯以沃尸。釁，以鬯塗尸，王齋浴鬯，襲其香。弔臨，弔臣喪。《曲禮》「贄，天子用鬯」，弔則使臣爲介，致鬯于死者曰介鬯。

按：鄭註「瓢齎」之「齎」作「齊」，割柢使齊；「脩」作「卣」，中尊；「裸」作「埋」，尊腹有朱帶曰概，無飾曰散，義皆鑿。

雞人，下士一人，史一人，徒四人。

司晨之官，雞鳴以旦，震旦爲春，故屬春官。

雞人掌共雞牲，辨其物。大祭祀，夜嘑旦以嘂叫百官。凡國之大賓客、會同、軍旅、喪紀，亦如之。凡國事爲期，則告之時。凡祭祀，面禳、釁，共其雞牲。

辨其物，陽祀用騂，陰祀用黝。嘑，將旦而呼。嘂、叫同，警使起也。凡國有事請期，告以旦明行事。面禳，四面禳除。釁，如廟寢鐘鼓甲兵之類新成，殺牲取血，祭而塗之，用雞，則雞人供之。

司尊彝，下士二人，府四人，史二人，胥二人，徒二十人。

尊盛五齊三酒之器。彝即尊也，以盛鬱鬯，貴之，故異其名。彝、夷通，常也，灋也，常永灋度。

司尊彝掌六尊、六彝之位，詔其酌，辨其用與其實。春祠夏禴，祼用雞彝、鳥彝，皆有舟；其朝如字踐用兩獻尊，其再獻用兩象尊，皆有罍，諸臣之所昨酢也。秋嘗冬烝，祼用斝彝、黄彝，皆有舟；其朝獻用兩著尊，其饋獻用兩壺尊，皆有罍，諸臣之所昨也。凡四時之間祀追享朝潮享，祼用虎彝、蜼毁彝，皆有舟；其朝踐用兩大尊，其再獻用兩山尊，皆有罍，諸臣之所昨也。凡六彝六尊之酌，鬱齊劑獻酌，醴齊縮酌，盎齊涚鋭酌，凡酒脩酌。大喪，存奠彝，大旅亦如之。

宗廟祭享，祼用彝，獻用尊，彝盛鬱鬯，尊盛齊酒，《禮運》曰：「玄酒在室，醴、醆在户，粢醍在堂，澄酒在下。」酒貴滓賤清，貴者居上，賤者居下，曰位。酌，謂獻酌、縮酌之類。用，謂春祠、秋嘗等用。實，謂鬱齊、醴齊等實。雞鳥皆刻畫形象，雞主東明，故春用雞彝，朱鳥爲夏，故夏用鳥彝。承彝之盤曰舟。祭始迎尸入室，王以圭瓚，后以璋瓚，皆酌鬱鬯獻尸，尸不飲，灌地，所謂祼用彝也。朝踐，朝旦所行之禮，迎牲入庭，延尸出堂，告殺薦腥，酌醴齊獻尸，尸始飲，故謂獻尊，鄭云獻作犧鑿也。再獻，亞獻，每獻王先后亞，王獻酌獻尊，后獻酌象尊，象取贊相義，后服亦謂象服，《詩》云「象服是宜」。兩獻尊，一盛醴齊，所謂縮酌也，一盛盎齊，所謂涚酌也，王用之，兩象尊亦然，后用之。朝踐主王，再獻主后，義互備也。罍，大尊，刻畫雲靁紋，以盛凡酒者，所謂脩酌也。皆有罍，謂朝踐再獻之尊，各有罍盛凡酒貳之。諸臣，謂助祭之賓客及兄弟輩。昨、酢通，諸臣助獻，用尊之醴齊、盎齊，諸臣受神酢，用罍之凡酒。罍取雷同，雷聞百里，百里爲同，臣非一人，酢非一舉，同罍也。斝，嘏也，刻畫稼文，古者以宜稼爲福禄，《嘏辭》云「宜稼于田」「受禄于天」，故嘏謂稼，刻其文于彝上，稼秋成，秋祭用之。黄，土色，冬，百昌歸土，故彝用黄，猶大蜡用黄冠黄衣也。朝獻，即朝踐。著尊，尊著地，順土氣，不用禁，明著在外，象陽，王用之也。饋獻，即再獻，后職中饋曰饋獻。壺、瓠通，尊壺形，取子在中，順冬藏，象陰，后用之也。間祀，雜祭小祀。追享，追死者享之，亦間祀。朝享，來朝賓客，享皆有祼，有朝踐，有再獻，有諸臣之酢。六享祼獻酢醴酒皆同而彝尊異。虎爲百獸長，《易》曰「大人虎變」，王祼用之。蜼，虺屬，陰物，《詩》云「唯虺唯蛇，女子之祥」，后祼用之。六酌，酌酒醴之瀘。鬱齊，鬱香所和齊酒。既縮其糟，涚以香汁，遂獻之，不更縮茅涚水，曰獻酌，即六彝所盛，用以爲祼者。鄭謂「獻」作「莎」，摩莎鬱金汁，鑿也。醴齊，糟初成最濁，用茅縮下其汁乃酌，即朝踐之尊也。盎齊，汁滿糟浮，盎然濃厚，以明水涚和而後可酌，即再獻之尊也。凡酒，謂五齊既成酒者，即《酒正》所謂三酒。脩，和也，皆以水脩和，示反本也，《郊特牲》云「明清與醆酒于舊澤之酒」，即諸臣所酢之罍也。齊雖有五，醴盎該之，酒雖有三，凡酒該之，註疏瑣冗。大喪，謂王喪，未葬以前殷奠皆設彝。存，省視也。大旅，遇烖祭天地、山川、羣神。旅，衆也，《宗伯職》云：「國有大故，則旅上帝及四望。」用彝器，亦存視。

按：此節之義，鄭註殊未曉暢。

司几筵，下士二人，府二人，史一人，徒八人。

凭曰几，饌曰筵，筵即席，古者席地延賓，故謂筵。

司几筵掌五几、五席之名物，辨其用與其位。凡大朝覲、大饗射，凡封國、命諸侯，王位設黼依，依前南鄉設莞筵紛純，加繅席畫純，加次席黼純，左右玉几。祀先王、昨酢席亦如之。諸侯祭祀席，蒲筵繢純，加莞席紛純，右彫几。昨席莞筵紛純，加繅席畫純。筵國賓于牖前亦如之，左彤几。甸役則設熊席，右漆几。凡喪事，設葦席，右素几。其柏席用萑完黼純，諸侯則紛純，每敦一几。凡吉事變几，凶事仍几。

五几，玉、彫、彤、漆、素。五席，莞、藻、次、蒲、熊。用，若祭若賓之類。位，若廟若朝之類。大朝覲，謂會同。大饗，饗賓客于廟。大射，天子與諸侯羣臣射。封國，分封諸侯。命諸侯，諸侯繼世來見錫命及加命之類。王位，王所立之位。黼，黑白繡文。依，制如屏，王依以立。莞筵，細蒲席。紛，雜色綬。緣邊曰純。加，加莞筵上。繅、藻通，織五采文裀爲席，畫繒緣邊也。次席，虎皮爲席，次、佽同，勇貌。以白黑文繡爲緣，左右玉几，優至尊也。祀先王，設神席也。昨席，王酳尸，尸酢王，布席户内，西向受酢，其席几如朝饗也。諸侯祭祀，亦謂神席。蒲筵，蒲草席，下迫地。繢，畫也。細蒲曰莞。彫几，几有刻紋，一几居右，神道尚右也。筵國賓，王養國老之席。牖前，廟室牖前，堂中南向。彤，朱色。左几，文事尚左。甸役，王田獵。熊席，熊皮爲席。漆几，黑色，右几，武事尚右。凡喪事，奠用席，蘆曰葦。素几，白木几。柏席，喪主香火之席，柏香可爇，曰柏席。萑，細葦，王黼純，諸侯紛純爲别。敦，焚柏器，几以安主，故一敦用一几，鄭謂

「柏」作「槨」，「敦」作「燾」，鑿也。吉事，祭享之類，變几用新。凶事，喪事，仍用生者舊几，若孝子瘠毁，亦不得凭新几。

按：諸侯酢席美于神席，禮未宜，而疏以莞席清潔爲解，甚牽强。次席，先鄭註虎皮，近是；後鄭註桃枝席，次列成文，然則編蒲葦無列次乎？次、佽同，後世虎賁名佽飛。佽，勇力貌，今人捷疾謂之造次。虎皮褥謂臯比，比即次，臯、橐通，包裹也，比、皮通，《樂記》武王克商「倒載干戈，包以虎皮」，《詩》云「嗟行之人，胡不比焉，人無兄弟，胡不佽焉」，比次皆親近護助意，以虎皮爲次席，猶以虎賁爲綴衣也。

天府，上士一人，中士二人，府四人，史二人，胥二人，徒二十人。

掌藏國重器，稱天以尊其藏。

天府掌祖廟之守藏與其禁令。凡國之玉鎮、大寶器藏焉。若有大祭、大喪，則出而陳之；既事，藏之。凡官府鄉州及都鄙之治中，受而藏之，以詔王察羣吏之治。上春，釁寶鎮及寶器。凡吉凶之事，祖廟之中沃盥，執燭。季冬，陳玉以貞來歲之媺惡。若遷寶，則奉之。若祭天之司民、司禄而獻民數、穀數，則受而藏之。

凡王者世守寶器，藏于始祖廟，曰天府。玉鎮，玉器之最重者，猶王圭曰鎮圭也。大寶器，如周赤刀天球之類。治中，百官所上計簿，皆合經制曰治中，藏于天府者，孟子謂：寶，土地、人民、政事也。上春，孟春。釁，取牲血塗祭，彌茁釁也。凶事在廟者，如大喪柩朝廟，日側祖奠，厥明大遣奠，皆有沃盥。昧爽行事，天府士爲之執燭。貞，正也，疑事正于蓍龜，從曰貞。陳玉，禮神如圭璧之類。遷寶，有事改藏，奉寶器以遷。司命、司禄皆天神，軒轅十七星，形如龍角，曰大民小民；文昌宫六星，第六曰司禄，又三台星下台亦曰司禄。每歲孟冬祭二神，則獻天下民與年穀之數，王受而藏之天府，獻則小司寇也。

典瑞，中士二人，府二人，史二人，胥一人，徒十人。

瑞，天子之符瑞，大圭之類。典，守也，今之尚寶司。

典瑞掌玉瑞、玉器之藏，辨其名物與其用事，設其服飾。

人執曰瑞，鎮圭之類。禮神曰器，四圭之類。名以命之，物以別之。用事，朝日之類。服飾，藉玉以繅，或襲或裼，如衣服也。

王晉大圭，執鎮圭，繅藻藉五采五就，以朝日。公執桓圭，侯執信伸圭，伯執躬圭，繅皆三采三就，子執穀璧，男執蒲璧，繅皆二采再就，以朝、覲、宗、遇、會、同于王。

諸侯相見亦如之。瑑篆圭璋璧琮，繅皆二采一就，以覜聘。

接見曰晉，晉，進也，行禮從容漸進。大圭長三尺，天子所佩也，手曰執。鎮圭，長尺二寸。繅藉，以文繒承圭璧執之。五采五就，謂五色相間，週而復始爲一就，五就，五五二十五行，成就一繅。朝日，即《玉藻》云「玄端朝日于東門外」，《覲禮》云春「拜日于東門外」是也。桓信等圭，解見《大宗伯》。瑑，篆刻爲文，瑑圭璋璧琮殊于桓信等圭璧，彼諸侯親覲天子用之，此使臣聘問天子用之也。圭以覜聘天子，享用璋，璧以覜聘王后，享用琮，子男聘天子，亦璧矣。瑑、繅二采一就，與子男異，子男繅二采成二行，瑑繅二采共一行，行小文褋，臣與君之辨。

按：鄭解《玉藻》「天子搢珽」，以大圭爲玉笏也，天子笏用玉，而大圭非笏，笏度二尺六寸，大圭長三尺，笏有事則搢，無事則執，大圭常搢不可執，故《考工記·玉人》云「天子服之」，不言執之也。此云晉，蓋朝日之名，《易象》日出地上爲晉，行禮從容有漸，如日之升，《夏官·田僕》云「諸侯晉」，與搢珽之搢異，言天子晉接諸侯，佩服大圭也。

四圭有邸，以祀天、旅上帝。兩圭有邸，以祀地、旅四望。祼圭有瓚，以肆先王，以祼賓客。圭璧以祀日月星辰。璋邸射以祀山川，以造贈賓客。

四圭等皆禮神之器，非用執也。邸、底同，下趺曰邸，四圭，合四成一，下著邸，無邸不可合，鄭謂邸即璧，恐非。祀天用四圭，象四時；上帝，即天神。旅，衆也，大裁則旅，天帝有五，以象五氣，曰旅，非一之辭。祭地兩圭，陰用半以象偶。望祭四方嶽瀆，亦地類。祼圭，瓚枘用圭，瓚如槃，盛鬱鬯，祼地者也。肆，陳設，《詩》云「相予肆祀」。大饗賓于廟，祼賓客亦用圭瓚。圭璧，單圭璧，以祀日月星辰，禮殺于天地。半圭曰璋，璋狹，有邸乃可奠。射，貫也，貫于邸，防傾也。造贈，往贈也。

土圭以致四時日月，封國則以土地。珍圭以徵守，以恤凶荒。牙璋以起軍旅，以治兵守。璧羨以起度。駔顙**圭璋璧琮琥璜之渠眉，疏璧琮以斂尸。穀圭以和難，以聘女。琬圭以治德，以結好。琰圭以易行，以除慝。大祭祀、大旅、凡賓客之事，共其玉器而奉之。大喪，共飯玉、含玉、贈玉。凡玉器出，則共奉之。**

土圭，見《大司徒職》，以玉爲圭，長尺有五寸，夏至日午度表景，求地中者也。致四時日月，度景至不至，以知寒暑晝夜之候。土地，土其地，日景每千里差一寸，百里差一分，封國無過五百里，度景長短，以知封域之遠近。珍，畛也，分別意，故以徵召防守；又珍，軫也，憂慮意，故以賑恤凶荒。牙璋，半圭，刻文爲齒牙，齒牙象兵也，故以起軍出征，以治兵防守。璧徑九寸，周圜如一，不盡圜曰羨，羨，餘也，殺其兩旁，使上下稍餘，蓋直尺而橫八寸，如今腰樣。以起度，以直一尺起，則十尺爲丈，十丈爲引；以橫八寸起，則八寸爲尺，八尺爲尋，倍尋爲常，考璧羨，則五度信矣。駔，市儈之稱，《考工記·玉人》有駔琮以爲權，鼻寸半，駔琮有孔，以貫組縣琮而爲權。圭等六玉解見《大宗伯》，以祀天地四方，人死全歸，故歛尸用之，皆有溝文。繫組曰渠，渠畔高起曰眉，亦如駔琮之有鼻，故謂之駔，鄭謂「駔」作「組」。疏，通也，開也，疏璧琮，貫璧于首，貫琮于末，貫圭璋琥璜于中，象天地之包四時也。穀圭，圭刻粟文，穀，善也，故以和難聘女。琬圭，圭刓去棱角，德以渾圓爲至，故以表德結好。琰圭，圭剡其末，有觚棱，象斷割，故以責改行，除姦慝。飯玉，碎玉雜米以飯尸。含玉，爲小器含尸口内，《雜記》云「含者執璧」。贈玉，送死，納之壙中。凡玉器出，如使臣執圭出使之類，皆典瑞供以奉于使者。

典命，中士二人，府二人，史二人，胥一人，徒十人。

命，謂百官爵秩之等，升陟皆王命。

典命掌諸侯之五儀，諸臣之五等之命。

儀，謂禮節，五儀，五等諸侯之儀節。諸臣，列國諸臣。五等之命，謂四命，三命，再命，一命，不命也。

上公九命爲伯，其國家、宫室、車旗、衣服、禮儀，皆以九爲節；侯伯七命，其國家、宫室、車旗、衣服、禮儀，皆以七爲節；子男五命，其國家、宫室、車旗、衣服、禮儀，皆以五爲節。

此外諸侯五儀，天子之公八命，有功德，出封，加一命，爲上公。伯，諸侯之長，如周、召二伯。國家，謂城邑，以九爲節，如城方九里，宮方九百步，貳車九乘，建常九斿，冕服九章，桓圭九寸，樊纓九就，介九人，禮九牢，賓主之間九十步之類，即禮儀也。自公而下，降殺以兩。

王之三公八命，其卿六命，其大夫四命。及其出封，皆加一等。其國家、宮室、車旗、衣服、禮儀亦如之。

此王臣之命數，外諸侯遠于天子，各成爲君，故命數用奇，從陽也。王臣在内近天子，不得伸其尊，故命數用偶，從陰也。不言孤者，天子之孤與卿同，六命也，孤即卿之兼官。卿上大夫，四命，下大夫也。三公出封則九命，爲牧伯。卿出封，則七命，爲侯伯。大夫出封，則五命，爲子男，故曰「皆加一等」。不言士，士卑無封。以此推之，王之上士三命，中士再命，下士一命也。

凡諸侯之適子，誓於天子，攝其君，則下其君之禮一等；未誓，則以皮帛繼子男。

此諸侯世子之禮儀。適子，即世子，繼世者也。誓，盟誓，諸侯立世子，天子命而誓之，以明不易也。攝君，代其君來朝，下其君之禮一等，如公之子執侯伯之圭，侯伯之子執子男之璧，子男之子與凡未誓者，執孤之皮帛，繼子男後。大宗伯六摯，孤執皮帛。

按：諸侯在而立世子，請命于天子，天子命之，示不易也。齊桓公葵丘之盟曰「無易樹子」，王者所以明有宗，正世統，禮也。若天子與諸侯之子誓，以明不易，豈教人臣子忠君孝親，唯命是從之義。五霸無王，專以盟誓相要脅，雖弑君之臣，賊父之子，既盟則人莫敢問，獎寇崇姦，所以大亂。其始也，諸侯之子挾天子要諸侯，《周禮·典命》之誓是也；比其終，天子之子，亦挾諸侯以要天子，《春秋》首止之盟是也。故禮爲可訓，非禮之禮，大人弗爲。

公之孤四命，以皮帛眡小國之君，其卿三命，其大夫再命，其士壹命，其宮室、車旗、衣服、禮儀，各眡其命之數。侯伯之卿大夫士亦如之。子男之卿再命，其大夫壹命，其士不命，其宮室、車旗、衣服、禮儀，各眡其命之數。

此侯國諸臣之命數。凡諸侯之臣，各半其君之命數而弱，故上公九命，其臣置孤卿一人則四命，與天子之大夫同，來聘天子，則摯皮帛以繼子男後，與天子孤之摯同。其卿與大夫、士，皆以次降一等。侯伯之卿、大夫、士，亦如公之卿、大夫、士，但侯伯自大夫上，不得置孤，蓋侯伯七命，其臣半君之命數而弱，故其卿亦三命，大夫亦再命，士亦壹命，與公同也。子男五命，其臣半君之命數而弱，故卿止再命，大夫壹命，士不命也。

按：《王制》：大國三卿，命于天子。次國三卿，其二命于天子，其一命于君。小國二卿，皆命于其君。三等之國，皆五大夫，二十七士，皆其君自命。若是則天下之官，命之天子者，三十分之一耳。卿大夫重秩也，無王命而可謂卿大夫乎？此衰世僭亂之事，《王制》訛承，當以此書之言爲近。天子總理人羣，制五等九儀，以辨名正位，大一統也。外制公侯伯子男，内序卿、大夫、士，設官分職，雖有千百，其命唯九，命雖有九，以天子視之皆王臣，以諸侯相視，非其臣不得相統。故在外則各君其國，在内則共戴一人，同列相視，大小相維，講信脩睦，比肩以奉一人，無小役大弱役强之事。王道衰，五霸憑陵，假五等九儀之名，以挾制同類，故管仲伐楚曰：先王命我太公履五侯九伯，實征之；魯叔孫婼恥與邾大夫坐，則曰「列國之卿當小國之君」；臧孫欲媚晉使，則曰「次國之上卿，當大國之中，中當其下，下當其上大夫；小國之上卿，當大國之下卿，中當其上大夫，下當其下大夫」。漢博士引以爲《王制》，口實相承，由來已久。夫禮莫大于君臣，名莫大于事使，爲之君者爲之臣，不爲之君者不爲臣，古今通誼也。先王以五等制列辟，非以五等遞相爲臣，故大國之卿，雖與小國之君命數相亞，而君臣之分不相及。爲大國者，豈得謂彼君即我臣；爲小國者，豈得謂彼臣即我君乎？五霸假王命要挾友邦，世儒遂謂諸侯有相朝之禮，小國有事大之義，此説《春秋》者所以背理拂經，解禮者長寇齎盗，世運理亂，王霸升降始此，不可不辨。

司服，中士二人，府二人，史二人，胥一人，徒十人。

掌貴賤之命服，服以命異，故次典命。

司服掌王之吉凶衣服，辨其名物與其用事。

用事，謂祭祀、朝、甸、凶弔之事。

王之吉服，祀昊天、上帝，則服大裘而冕，祀五帝亦如之。享先王則衮冕，享先公、饗、射則鷩冕，祀四望、山川則毳冕，祭社稷、五祀則希冕，祭羣小祀則玄冕。

吉服，祭服。祀昊天、上帝，謂冬至圜丘之祭。大裘，裘不裼者，以羔皮爲裘而無表，貴質也。冕，弁上加板爲延，前後重旒，前低後昂，狀俛，冕，俛也，鄭謂大裘之冕無旒，難信。五帝，五方天帝，四時迎氣祭于四郊，中央之帝，土氣從火，并祭于南郊也。如之，亦大裘冕。先王，謂大王以下至文武。畫龍于衣，其狀衮然曰衮，披衮衣而戴冕曰衮冕。先公，后稷以下至祖紺。饗，饗賓。鷩，雉屬，繡于衣，鷩冕，鷩衣而戴冕。四望，望祭四方嶽瀆、名山大川。毳，獸細毛者，繡其形于衣。五祀，五行用切于民者，門竈之屬。希，少文也。羣小祀，百物之祭。玄，玄衣無文繡，蓋禮大服盛，禮小飾簡，禮至無以加，還反朴，此衮冕所以遞降，大裘所以先衮也。

按：鄭玄云：《書》曰「予觀古人之象，日、月、星辰、山、龍、華蟲作繢，宗彝、藻、火、粉米、黼、黻希繡」。此古天子冕服十二章。華蟲，五色蟲。希讀爲絺。王者相變，至周以日月星辰畫于旌旗，所謂三辰旂旗，昭其明也。而冕服九章，登龍于山，登火于宗彝，尊其神明也。初一曰龍，次二曰山，次三曰華蟲，次四曰火，次五曰宗彝，皆畫以爲繢；次六曰藻，次七曰粉米，次八曰黼，次九曰黻，皆絺以爲繡。衮之衣五章，裳四章，凡九也。鷩畫以雉，謂華蟲也，其衣三章，裳四章，凡七也。毳畫虎蜼，謂宗彝也，其衣三章，裳二章，凡五也。絺刺粉米，無畫，其衣一章，裳二章，凡三也。玄衣無文，裳刺黻而已。此上皆鄭註，據《典命職》，衣服各以命數，故援《虞書》，創爲九章之説，自漢至今，學者從之，其實牽强不合，與此節義之可疑非一端，今略舉之。按《虞書》舜欲觀古人之象，日、月、星辰、山、龍、華、蟲，七者皆以作繪于宗廟之彝，此器之象也；藻、火、粉、米、黼、黻六者，皆以薄繒刺繡成五采，施五色作服，此服之章也，兩項各别，文義甚明。古人制器以象，日月七者，所謂觀古人之象也，正服以色，藻、火六者，所謂章施于五色也，象言形，色言彩，今鄭混兩叚，通作衣服，可疑一。宗彝既與山、龍、華、蟲爲五，繪於衣，則《虞書》當云「宗彝作繪」，本謂繪華、蟲以上數者於彝器也。今以「作繪」爲句，而以「宗彝」爲一物，連下藻、火、粉、米、黼、黻並繡作服，於《書》文義不類，可疑二。〔一〕即如其説，數何但九，一日，二月，三星辰，四山，五龍，六華，七蟲，

〔一〕「則《虞書》當云『宗彝作繪』，本謂繪華、蟲以上數者於彝器也。今以『作繪』爲句，而以「宗彝」爲一物，連下藻、火、粉、米、黼、黻並繡作服，於《書》文義不類，可疑二」，《續修》本作「則當云『宗彝作繪』，何乃云『作會宗彝』，是『作會』自爲句，宗彝本與藻、火等同繡，而繪止華、蟲以上數者，今以『宗彝』爲句，强屬上爲衣，强繡爲繪，文義不類，可疑二」。《存目》本文義爲長，今據《存目》本改。

八虎，九蜼，十藻，十一火，十二粉，十三米，十四黼，十五黻，歷歷分明。今合華蟲爲一作雉，雉未聞名華蟲也，鳥羽華彩者何獨雉，古文「花」作「華」，如「皇華」「棠棣之華」，謂草木之花耳，蟲，謂蟲蛾，本兩物，今併作雉，以求合驚冕，可疑三。粉形片，米形粒，亦兩物，今併粉米爲一，作米解，可疑四。白黑曰黼，青黑曰黻，本皆色，今謂黼爲斧形，黻爲兩已相亞，以湊成十二與九章之物，可疑五。宗彝既爲虎蜼，則虎彝、蜼彝兩器也，畫于衣，則一虎一蜼，兩物也，今併爲一物，以合衣五之數，可疑六。凡繒葛細薄，皆可稱絺，刺繡用絺，即今方目紗，冕衣各章皆用，今以希冕之希改從絺，豈他冕衣繡不用絺邪？不然，何以别？可疑七。據《書》十有五章，今削其三，謂王者相變，移日月星辰于旗，引《左傳》三辰旂旗爲證，然龍亦爲旂，虎亦爲旗，龍虎既不以旂旗廢衣裳，何獨日月星辰不然？可疑八。即如所云去其三，尚存十有二，今又合華蟲爲一，虎蜼爲一，粉米爲一，强縮十二，退合九，其實不合也，可疑九。必如其説，九章次第猶當仍舊，今移龍先山以合衮，移火先宗彝以合毳，顛倒舊章，可疑十。宗彝者，宗廟之彝，尊罍之屬，虎蜼其文耳，既取以爲章，即畫宗彝可也，何爲舍彝畫彝上之虎蜼？如虎蜼即彝，《書》何不直云虎蜼，乃云宗彝？可疑十一。尊彝有六，自虎蜼外，有雞彝，有鳥彝，有斝彝、黄彝，今何據必知此彝爲虎蜼，不爲雞鳥之類？可疑十二。或曰以毳冕知之，夫虎毛則毳矣，蜼之爲毳，未明也。或曰蜼即虺，螭屬，果爾，則鱗蟲何以爲毳？必如疏云似猿猴歧尾卬鼻，天雨掛樹，以尾塞鼻者，則異獸也。古聖取象，貴人常見，如雎鳩、鳲鳩之類，必不以山海奇怪之物繪爲瀍服，謂爲虺者近是，謂似猿者，强附毛獸，以成其爲毳耳，可疑十三。據其說，冕服五等，衣數用奇，裳數用偶。衮冕九章，衣五，龍、山、雉、火、宗彝皆畫，裳四，藻、粉米、黼、黻皆繡；鷩冕七章，衣三，減龍山，起宗彝，皆畫，裳四章，與衮裳同，皆繡；毳冕五章，衣三，減龍、山、雉、火，起宗彝，而升裳之藻粉米于衣爲三，皆畫，裳二章，黼黻皆繡。絺冕三章，衣一，以絺繡粉米，不畫，爲粉米無采可畫也，裳二，繡黼黻與毳裳同。玄冕二章，衣玄無章，裳二章，繡黼黻，與毳絺裳同。凡此五服，衣裳畫繡，多寡損益，皆無義理。衣何以畫，裳何以繡，謂衣爲陽，裳爲陰，畫陽功，繡陰功乎？而繒帛本皆陰功也，衣裳又何無别？且衣既畫矣，希衣之粉米獨繡，以附合絺繡爲絺冕，是衣又有不畫者，可疑十四。《書》本謂器不繡，故繪，服不可畫，故繡，義各攸當。今以畫爲衣，繡爲裳，衣之用貴于裳，而畫之工簡于繡，貴者畫，賤者反繡，于義不倫，可疑十五。既謂上衣下裳，上畫下繡，上衣象天，下裳象地，則章物宜各有定局，豈可以裳之章又升爲衣，參差雜越，轉移不定，何稱章服？可疑十六。既裳以次升補衣，爲重衣也，重衣則裳可殺，衣不可殺。玄冕無章，去裳可也，衣既無章，則裳宜從衣，今裳黼黻，而衣反玄，既云衣爲陽，裳爲陰，陰有章而陽無章，不舛戾乎？可疑十七。凡此皆援《虞書》，以舜言爲據，而不達其辭，又牽是書，假周公附會，而不折諸理，耳食相承，習而不察，其來已久。禮祀昊天、上帝于冬至，寒故用裘，大裘者，取至敬無文之義，故大禮無節，大樂無音，大車不飾，大羹不和，大圭不琢，大裘不裼，凡裘皮上有單衣爲表曰裼，不裼袒皮，是名大裘。作者將以是爲無文之敬，抑不思天子舉大禮祀昊天上帝，而躬僕隸之衣，以爲至敬，且首垂旒藻，身披羊皮，是何灋服？解者心疑大裘冕旒之不稱，乃爲無旒之說，則近于嬉，又心疑大裘之過野，乃爲襲衮之説，則又何以異于衮冕乎？不得其説强求通，深信以爲周公之書，而終不敢質其妄，可怪也。即如其説，冬至祀上帝，大裘冕可也，又曰祀五帝亦如之，然則夏暑秋陽，祀赤、黄、白三帝，皆著大裘乎？如謂用于冬，不用于春夏秋，則所謂五帝者，皆祀于冬乎？皆不可解。冕服九章，自公至大夫皆以兩降，獨公不降，與天子同衮冕，夫公雖貴，豈獨非臣，解者爲降龍之説，以别于天子，而《詩》《書》無明訓，可疑十八。先公先王，生有貴賤，死則同爲祖考，今云衮冕獨祀先王而先公降等，于義奚取？然則先公先王必分祀乃可，有如祫禘合食，從先王之冕乎，則先公不安，從先公之冕乎，則先王以爲慢己也。祫禘必于太祖廟，太祖后稷本諸侯，其必從先公之冕矣，禮則祫禘爲大，服則祫禘反輕，可乎？昔夫子謂周公成文之德，上祀先公以天子之禮，夫天子之禮即衮冕也，然則事先公與先王本同，何得有鷩冕祭先公之説？可疑十九。謂大饗賓客于廟，用冕可也，若射，未聞有射于祖者。拾臂彎弓，審固求中，而垂旒蔽其目，黈纊塞其耳，于事不類，故《司馬·射人》掌射位于朝，朝服用皮弁，則是不專用鷩冕也，如必用鷩冕，是冕又不獨在廟矣，可疑二十。夫人主所重莫如社稷，論民生之初，先祖考而社稷輕，論人主之貴，先有社稷而後得享祀祖考，故孟子云「民爲重，社稷次之，君爲輕」，無社稷是無九廟，天子社稷，則四海之大，神州赤縣之重，非一都一邑耳，故大社與大廟并列，賞于廟，戮于社，兩主并重，今社稷之服，比宗廟降二等，比先王降三等，先王用衮冕，社稷僅與四命之陪臣同服，可乎？可疑二十一。且祭雖有六，天子爲主則同，鬼神有大小，禮有加損，天子之貴不易，今殺鬼神之禮，并殺天子之服，何居？作者意以王備五冕，取上兼下之義，於是削天子之等威下祀羣神，用侯伯之鷩冕上祀先公，不思天子先公與侯伯之先公異，而降用侯伯之服，又何以別于侯伯之祭乎？用子男之毳冕以祀山川，用孤之希冕以祀社稷、五祀，天子之山川、社稷、五祀，與子男孤之山川、社稷、五祀異，而用子男孤之服，又何以別于子男孤之祭乎？所祭非所服，所服非所祭，可疑二十二。前可疑者十七，鄭之鑿説，後可疑者五，則是書之贋也。作者既贋，解者不辨其贋，讀者習贋爲真，反疑辨真者爲贋，獨何與？夫衮冕之説舊矣，鷩冕、希冕，不見于《詩》《書》，毳冕則有之，《詩》云「大車檻檻，毳衣如菼」，則所謂毳冕者，蓋冕而畫獸于衣耳。鷩衣畫鳥可知，希殺于二冕而尊于玄冕，其爲少文之義又可知。大抵衣有龍文曰衮，鳥文曰鷩，獸文曰毳，雜文曰希，無文曰玄，義曉然易見。苦爲鄭説牽强附合，遂艱深不可解，若鄭氏者，可謂入海筭沙，心勞日拙矣。

凡兵事，韋弁服。眡朝，則皮弁服。凡甸，冠弁服。凡凶事，服弁服。凡弔事，弁經服。

上五冕，此敘五弁。弁，大也，制大于冠，古冠止撮髮，弁下覆額，《詩》云「有頍者弁」，頍，覆額貌。韋，去毛熟皮，以爲弁，兜鍪之類，兼以爲衣裳。《春秋傳》「晉郤至衣韎韋之跗注」，跗猶足也，注，屬也，俗謂戰裙，皮甲之類，韎，赤色，衣禽獸之革，以象殺示武，蔽石矢也。皮弁，以皮爲質，而飾以采玉，非純用皮也，弁制峩起，故宜皮，其服則緇衣也。甸，田獵。冠弁，即爵弁，以繒帛爲之，古冠制小，用緇布玄繒，後世用爲弁，故曰冠弁，明與韋皮異，猶冕之言弁冕也。《曾子問》云「尸弁冕而出」，鄭謂爲委貌，非也，委貌，冠耳，弁與冠異。凡凶事，謂大喪荒札，大喪則喪弁喪服，荒札則素弁素服。弔事，弔臣喪，弁謂冠弁，絰謂以麻爲小首絰如環加弁上。《檀弓》曰「天子之哭諸侯也，爵弁絰」，其服則錫、緦、疑衰，若未小斂，則素衣。

按：皮弁次于冕，無延旒，有衡笄，紞懸瑱，皮爲質，飾以文玉，不主皮也，蓋首服之華而貴者，故以視朝，《詩》云「充耳秀瑩，會弁如星」是也。鄭謂皮弁用白鹿皮爲之，則是用素皮也，疏謂衣色從冠，舄色從裳，裳色從韠，皮弁以十五升白布爲裳，則是皮弁服純素也。凶主素，吉主玄，古今宜同，視朝吉事，而衣冠純素，非也。天子無日不視朝，無日不皮弁，則是天子終年素衣冠，天子素，則公卿大夫無列采，吉月而舉朝縞素，有是事乎？鄭又謂諸侯相聘亦用皮弁服，則是諸侯相遇，皆素衣冠也，何爲其然！説者謂殷人尚白，惟大事日中之類耳，未聞尚白衣冠也，周人尚赤，豈以所勝色爲禮服乎？以《冠禮》考之，皮弁衣亦玄端玄裳，有時素積素韠，以事偶用，素非吉服，詳見《儀禮》《禮記》諸篇。鄭又謂冕服獨用于廟，按《聘禮》，天子受諸侯朝覲、賓客聘享皆于廟，皆皮弁服；《司馬·射人》掌射位在朝，而射用鷩冕，是冕亦用于朝也；《尚書·顧命》，康王即位于南門内朝，麻冕黼裳，卿士邦君皆麻冕蟻裳，執事諸臣戴冕立于堂階者五人，皆在朝也；又《司馬·節服氏》「朝覲服衮冕，六人維王之大常」；《禮記·曾子問》云「諸侯適天子，告于祖，奠于廟，冕而出視朝」，則冕何嘗不用于朝乎？王者建邦宅中，故朝居中，廟左社右，廟社雖重，皆依于朝，天子之體統，莫尊于朝，今云受覲受享止于廟，則中朝爲虚位，而大禮皆左次，冕旒華衮，惟以拜掃祖考之庭，爲人子孫脩家政耳，何以稱無上之尊，爲天子之元服乎？故謂受覲于廟而冕衣主祀者，亦不盡然也。古者田事所以講武，武宜戎服，故《詩》云「韎韐有奭，以作六師」，《春秋傳》衛獻公射鴻于圃，「不釋皮冠」，孟子謂齊景公田，召虞人以皮冠，田獵用皮冠即所謂戎事之韋弁，今云甸事冠弁服，而鄭玄遂以委貌釋之，委貌固不可爲弁，而冠弁亦不可習武，或此文有誤與？不然，則是書亦杜撰耳。

凡喪，爲天王斬衰，爲王后齊衰。王爲三公六卿錫衰，爲諸侯緦衰，爲大夫士疑衰，其首服皆弁絰。大札、大荒、大烖，素服。

此喪服之制，臣喪君猶喪父，服斬衰三年，君妻猶母，服齊衰不杖期年。君爲臣弔則衰。錫，滑澤也。緦，絲通，細麻布。錫者，十五升去其半，有事其布，無事其縷；緦亦十五升去其半，有事其縷，無事其布。十五升半，六百縷也。事，洗治也，鄭云：「無事其縷，哀在内；無事其布，哀在外。」三公六卿，内臣，故不治布，諸侯外臣，故不治縷。大夫士，王大夫士，分疎賤故，但用疑衰，疑，似也。布之精者十五升，千二百縷，以爲朝服，其疑衰布十四升，略稀，故曰疑。弁絰，加環絰于冠弁上。大札，民疫死。大荒，饑饉。大烖，水火。素服，白衣冠，即下節齊服素端之類。

公之服，自衮冕而下如王之服；侯伯之服，自鷩冕而下如公之服；子男之服，自毳冕而下如侯伯之服。孤之服，自希冕而下如子男之服；卿大夫之服，自玄冕而下如孤之服，其凶服加以大功小功；士之服，自皮弁而下如大夫之服，其凶服亦如之。其齊債，上聲**服有**

玄端、素端。

此吉凶服之等，五冕見上。上公九命，故服備九章，但不得用天子大裘，而衮以下同也。侯伯七命，衣七章，不得用衮，自鷩冕華蟲以下與公同。子男五命，衣五章，不得用鷩，自毳冕宗彝以下與侯伯同。公之孤四命，不得用毳，自絺冕以下，用絺繡粉米，與子男同。卿三命，大夫再命，不得用絺，但玄冕耳，其繡黼黻于裳，與孤同。凶服謂喪服，天子諸侯，自旁期以下絶無服，卿大夫期以下，加大小功，皆降等，無緦服，此諸侯卿大夫吉凶服之制也。諸侯之士，一命以下，玄冕亦不得用，其助祭于君廟，但自皮弁而下至于玄冠，與大夫同。其喪服，亦如大夫大功小功，而無降等。齊服，即上節遇札荒之素服，戒懼祈禱則齋，玄端以吉齋，素端以凶齋。端，正也，禮衣尚方，正曰端，鄭謂袂侈與衣等方，然則莫如裳，何獨于袂取端義。

按：冕服止大夫，士惟皮弁服，《雜記》亦云「士弁而祭于公」。《禮器》云冕旒之數士三，是士亦得用冕也；又云「天子龍衮，諸侯黼，大夫士黻，士玄衣纁裳」，與此文不合。據此文，公以下諸臣有貴賤，服有差等，上得兼下，下不得并上，然何獨公之服得與天子等，豈衮冕之上，有大裘爲別與？然大裘不在九章內，非常御之服，而衮則朝享皆用，章數窮于九，上公擅其極矣，何得以無文之大裘兼此五冕，假使王不郊天，在廟在朝，與公何別？然則是書之意，非如鄭玄所謂九章起于龍明矣。必如鄭説，日月星辰，仍當在大裘上，乃可以兼龍衮，而後天子與三公別，《夏官·節服氏》服大裘送逆郊，以三公所不敢服者，下士又得服之，皆可疑。大抵禮家言，雜而多端，是書之説，昔人謂爲瀆亂不驗，讀者不可無卓識也。

凡大祭祀、大賓客，共其衣服而奉之。大喪，共其復衣服、斂衣服、奠衣服、廞興**衣服，皆掌其陳序。**

共，供王衣服，即冕弁等服。奉，奉王。復衣服，始死招魂之衣服。斂多用祭服，天子百二十稱。奠衣服，魂坐上之衣服。廞，藏也，死者遺衣服，藏之寢廟，以待祭祀授尸，即下守祧所掌，鄭謂爲明器之衣，恐非。

典祀，中士二人，下士四人，府二人，史二人，胥四人，徒四十人。

典，猶守也。

典祀掌外祀之兆守，皆有域，掌其禁令。若以時祭祀，則帥其屬而脩除，徵役于司隸而役之。及祭，帥其屬而守其厲禁而蹕之。

外祀，如小宗伯所謂四郊四望，祭社稷山川等。皆有壇位曰兆，周垣曰域，典祀掌之。司隸，秋官之屬，主羣隸供役使者。厲，謂遮列，使人不得入。蹕，止行也。

守祧挑**，奄八人，女祧每廟二人，奚四人。**

祧，遠祖廟，守用奄女，鬼神，陰事也。

守祧掌守先王先公之廟祧，其遺衣服藏焉。若將祭祀，則各以其服授尸。其廟，則有司脩除之；其祧，則守祧黝堊噩**之。既祭，則藏其隋**妥**與衣服。**

天子祖廟七，遠祖曰祧，祧，迢也，自始祖而下，親盡，以次遷其主于大廟夾室曰廟祧，大祫及禱祀則請而祀之。遺衣服，謂祖考生時衣服。七廟脩除功多，則宗伯有司之事，祧室黝堊功省，則守祧爲之。黝，黑色，堊，白色，皆牆屋之飾，《爾雅》：地曰黝，牆曰堊。隋，《士虞禮》作「墮」，尸所祭之米肉，墮集豆間者。《小祝職》云「沃尸盥，贊隋」，祭畢，守祧埋之。

世婦，每宮卿二人，下大夫四人，中士八人，女府二人，女史二人，奚十有六人。

世婦，即天官世婦之類，蓋卿大夫妻不屬内宰之籍者。宫，六宫。卿二人，即卿妻。下大夫四人，即下大夫妻。中士八人，即中士妻。府、史，即府、史妻。奚則所自除女徒也。

按：鄭以是職爲奄宦，如漢大長秋之類，據凡職有女則用奄。然凡職用奄則著之，此不著奄，未有男子以婦人名官者也，古奄多罪人，亦未有以之爲卿大夫者也。鄭誤于二十七世婦之説失解，而吴澄氏遂以爲天官世婦譌析削之，皆非也。

世婦掌女宮之宿戒，及祭祀，比其具，詔王后之禮事，帥六宮之人共齍盛，相內外宗之禮事。大賓客之饗食亦如之。大喪，比外內命婦之朝莫暮哭，不敬者而苛罰之。凡王后有摔拜事於婦人，則詔相。凡內事有達於外官者，世婦掌之。

女宮，婦人供宮中之役，即天官女御輩。宿戒，謂當給役則豫告也。比，校督也。具，所濯溉及粢盛之爨。王后之禮事，薦徹籩豆之事。齍盛，即粢盛。共，爲饎以供也。內宗，同姓婦女，外宗，外戚婦女，皆有爵者。禮事，佐后徹籩豆之類。王饗食大賓客，王后在，亦詔禮，帥宮人、相內外宗同也。王喪既殯，則朝夕哭，外卿大夫妻與內卿大夫妻各以尊卑爲位哭，比次其位，小失則責讓之，苛，小也。摔，古拜字，后拜，拜女賓，如《喪大記》夫人拜寄公夫人于堂上之類。凡內事，謂六宮內有徵求等事，世婦傳達，蓋此世婦居外便也。

內宗，凡內〔一〕女之有爵者。

內外宗，婦人有爵者之稱，皆王親黨。內宗，同姓婦及同姓女未嫁者皆是爵從其夫。卿妻爲卿爵，大夫士妻爲大夫士爵。凡者無常數，皆禮事，故屬宗伯。

〔一〕「內」，《續修》本、《存目》本作「婦」，據閩本改。

内宗掌宗廟之祭祀，薦加豆籩，及以樂徹，則佐傳豆籩。賓客之饗食亦如之。王后有事則從。大喪，序哭者。哭諸侯亦如之。凡卿大夫之喪，掌其弔臨。

加豆籩，謂尸食後，王后亞獻所薦豆籩謂之加。《天官》醢人、籩人加籩加豆之實是也。以樂徹，祭畢作樂徹豆籩。佐傳，謂后徹與内宗，内宗受而傳之有司也。王后有事則從，總上文祭饗言。序哭，序内外命婦哭位。哭諸侯，同姓諸侯薨，及來朝薨于王國者。卿大夫居外者有喪，則王后命外世婦往弔之。

外宗，凡外女之有爵者。

外戚之婦女，餘見上。

外宗掌宗廟之祭祀，佐王后薦玉豆，眡豆籩，及以樂徹亦如之。王后以樂羞齍，則贊。凡王后之獻亦如之。王后不與，則贊宗伯。小祭祀，掌事。賓客之事亦如之。大喪，則敘外内朝莫哭者。哭諸侯亦如之。

玉豆，以玉飾豆。眡豆籩，視其中實也。徹，亦視其實。羞齍，薦饎也。獻，獻酒。王后不與祭，大宗伯攝亞獻，外宗亦贊之，如后在也。小祭祀，謂宮中五祀之類。

按：外宗婦贊宗伯，于禮未協。

冢人，下大夫二人，中士四人，府二人，史四人，胥十有二人，徒百有二十人。

冢，墓墳也，山頂曰冢，封土象冢，天子之陵寢，冢人掌之。

冢人掌公墓之地，辨其兆域而爲之圖，先王之葬居中，以昭穆爲左右。凡諸侯居左右以前，卿大夫士居後，各以其族。凡死於兵者，不入兆域。凡有功者居前。以爵等爲丘封之度與其樹數。大喪既有日，請度甫竁（鑽），遂爲之尸。及竁，以度爲丘隧，共喪之窆器。及葬，言鸞車象人。及窆，執斧以涖，遂入藏凶器。正墓位，蹕墓域，守墓禁。凡祭墓，爲尸。凡諸侯及諸臣葬於墓者，授之兆，爲之蹕，均其禁。

公墓，猶言官墓。內穴曰兆，外垣曰域。爲圖，畫地形爲世守。先王，謂始爲兆域者，其子孫葬，各以世次昭穆爲左右，居先王墓左右。諸侯卿大夫，皆先王子孫，居前，居左右前列也，居後，居左右諸侯之後。各以其族，各就所出之王，爲昭穆左右前後也。死於兵者，戰陣不勇非孝，故葬不入先域。有功於國者，特使居昭穆前列，顯異之。爵高者墳高樹多，爵卑者墳卑樹少，是謂度數。有日，定葬期也。請度，度葬地也。竁，穿穴也。啓土之日，即宿祭墓之尸，而冢人遂爲尸也。祭在墓成之後，宿尸在竁穴之始，或啓土初即有祭與？丘，墳也。隧，墓前路。以度，謂相墳大小爲隧廣狹。窆器，下棺封土之具，碑繂畚鍤之屬。鸞車，殉葬塗車。象人，殉葬偶人。言，詔也，象人鸞車，不能自運，詔人爲之。執斧，備用也。遂入，入壙藏明器也。正墓位，正丘封之左右前後。蹕，止行人，不使入兆域，守其封樹，禁勿毀傷。均其禁，均各域禁界也。

墓大夫，下大夫二人，中士八人，府二人，史四人，胥二十人，徒二百人。

主民間葬地。人死如暮曰墓，生者思慕亦曰墓，民間葬地，不封不樹，與山陵異，故但稱墓。

墓大夫掌凡邦墓之地域，爲之圖，令國民族葬，而掌其禁令，正其位，掌其度數，使皆有私地域。凡爭墓地者，聽其獄訟。帥其屬而巡墓厲，居其中之室以守之。

邦墓，民間族葬之地。每族爲一圖，族百家。《大司徒職》「四閭爲族，使之相葬」，《鄉師職》族共葬器。正其位，正各姓昭穆左右前後之位。度數，以爵尊卑爲墓大小。百家各墓地一區，曰私地域。各有界限遮列，曰墓厲。各有官舍在中，使其徒居守也。

按：古者民葬，官爲置地，瀇至善也。後世邪説誣民，愚子無知，惑于堪輿陰陽，暴柩以需吉地良辰，數十年不葬，甚者屢埋屢搰，析祖考骸骨，爲子孫徼福，如是可以得福，天道爲獎賊子矣，墓大夫之瀇，可弗講乎！

職喪，上士二人，中士四人，下士八人，府二人，史四人，胥四人，徒四十人。

主公卿大夫之喪事。

職喪掌諸侯之喪及卿大夫士凡有爵者之喪，以國之喪禮涖其禁令，序其事。凡國有司以王命有事焉，則詔贊主人。凡其喪祭，詔其號，治其禮。凡公有司之所共，職喪令之，趣促其事。

諸侯，王子弟之爲畿内諸侯者，卿大夫士，王内臣死者，皆有王國喪禮。王有司以王命往治其喪，則職喪詔贊主人禮事。號，牲號齍號之類。公有司，諸侯本國臣，所當供具者，職喪爲督促之。

周禮完解卷五終

周禮完解卷六

郝敬　習

春官宗伯下

大司樂，中大夫二人；樂師，下大夫四人，上士八人，下士十有六人，府四人，史八人，胥八人，徒八十人。

掌成均之灋，教國子弟。樂者，禮之和，行禮以樂，聖人言禮必言樂，禮樂非二物，故大司樂附于宗伯，或者欲移屬大司徒，謬也。自此以下至鞮鞻氏凡十四職，皆大司樂之屬。

大司樂掌成均之灋，以治建國之學政，而合國之子弟焉。凡有道有德者，使教焉，死則以爲樂祖，祭於瞽宗。以樂德教國子：中、和、祇、庸、孝、友。以樂語教國子：興、道、諷、誦、言、語。以樂舞教國子：舞《雲門》《大卷（權）》《大咸》《大磬（韶）》《大夏》《大濩》《大武》。以六律、六同、五聲、八音、六舞大合樂，以致鬼神示，以和邦國，以諧萬民，以安賓客，以説遠人，以作動物。

成均，成就均，或曰五帝學名。國子弟，公卿大夫子弟。「凡有道」以下，皆所掌瀍與政也。有道、德，國子父兄先達者，延之國學，使教國子弟。死，教者死。樂祖，樂神。瞽宗，祀樂祖宮，古者審樂用瞽，曰瞽宗，或曰瞽宗，殷學也。樂德，即中和以下六者，身心之和也。祗，敬也。庸，常也。樂語，即興道以下六者，聲氣之和也。興，發動也。道，通暢也。諷，歌詠也。誦，對揚也。言，自言。語，相語。樂舞，即《雲門》《大卷》以下六者，動容之和也。《雲門》《大卷》，黄帝樂，德如雲出，又能聚物也。《大咸》即咸池，堯樂。咸，徧也，池，澤也。磬、韶同，舜樂。韶，美也，紹也，即重華意。《大夏》，禹樂。夏，大也，禹功平成諸夏也。《大濩》，湯樂，寬仁護民也。《大武》，武王樂，成武功也。六律六同，十二管，陽爲律，黄鍾、大蔟、姑洗、蕤賓、夷則、無射，六陽也，大吕、應鍾、南吕、林鍾、仲吕、夾鍾，六陰也。陰律爲同，同陽也，一名吕，吕即同，或竹或銅，爲十二管。首黄鍾，管長九寸，以次三分，損益相生，長短間吹，管長聲濁，管短聲清，是生五聲，宫、商、角、徵、羽。八音，謂金、石、絲、竹、匏、土、革、木。六舞，即上《大卷》等六。大合樂，以五聲八音，徧作六代之舞，致人鬼天神地祇，謂祭祀之樂。和諧邦國萬民，謂鄉飲、鄉射等樂，安賓客。説遠人，謂朝覲、會同、燕饗之樂。作動物，即下節謂一變致羽物，六變致象物之類，《虞書》「百獸率舞」亦此意。

按：聖人教國子弟，命其官爲司樂，何也？教莫嚴于禮，貴介之子，驕蹇氣勝，卒然折之以禮，則距而不相入，聖人以歌詠舞蹈之瀀，陶融其情，綽約其氣，使優游自得，和順于道德，故曰「禮之用，和爲貴」，非禮外別有樂也。恒人之性，暴戾馳騁，皆血氣之彊陽，而其從容和順者，皆禮樂之薰育也，故揉傲莫如禮，行禮莫如樂，故曰「興于《詩》，立于禮，成于樂」，樂者，非六律六同之聲與《雲門》《大卷》之舞爾也。

乃分樂而序之，以祭，以享，以祀。乃奏黄鍾，歌大吕，舞《雲門》，以祀天神。乃奏大蔟，歌應鍾，舞《咸池》，以祭地示。乃奏姑洗，歌南吕，舞《大磬》，以祀四望。乃奏蕤賓，歌函鍾，舞《大夏》，以祭山川。乃奏夷則，歌小吕，舞《大濩》，以享先妣。乃奏無射，歌夾鍾，舞《大武》，以享先祖。凡六樂者，文之以五聲，播之以八音。

分序，祭祀各有所宜用之樂。祭、享、祀三者，分指天神、人鬼、地示。黄鍾，陽聲之首，十一月子律，大吕，陰聲，十二月丑律，子與丑合。《雲門》，黄帝樂，六舞之首，雲，天象，故以祀天神。奏之以樂，合之以歌，節之以舞，天神尊，故律歌舞皆用尊者。大蔟，陽聲第二，正月寅律，應鍾，陰聲，十月亥律，寅與亥合。《咸池》，堯舞，池，地象，故以祀地示。姑洗，陽聲第三，三月辰律，南吕，八月酉律，辰與酉合，四陽三陰，合備中氣。《韶》，重華之舞，故以祀四望。蕤賓，陽聲第四，五月午律，函鍾，即林鍾，六月未律，午與未合。《大夏》，禹舞，山川生物，相見于夏，故以祀山川。夷則，陽聲第五，七月申律，小吕，即中吕，陰聲，四月巳律，巳與申合，七月陽微，四月陰弱，寬緩調。濩，其象柔順，故宜舞《大濩》，以享先妣。無射，陽聲第六，九月戌律，夾鍾，即圜鍾，陰聲，二月卯律，卯與戌合。又無射，往生中吕者也，夾鍾，夷則來生者也，有配合之象。《大武》，武舞，六成，故以終六樂，武陽剛，故以祀祖考。凡此六樂，雖各以一陽一陰爲主，而五聲八音各備，五聲備，乃成文采，八音齊，乃能播揚。

按：六代之樂，出自緯書，《詩》《書》無明訓也。王者功成樂作，異代不相襲，何爲舍昭代之樂，遠取異代，何獨昭代之樂以祀先祖，異代之樂以祀外神乎？如其説，六舞可分，五聲十二律必不可分，聲相和，故成音，音有五而其辨甚微，以十二律審五音，其辨愈微，律缺一不可以和樂，今欲分六律合六舞，何以諧聲而作樂，瀆亂不驗，其斯之類。

凡六樂者，一變而致羽物及川澤之示，再變而致蠃物及山林之示，三變而致鱗物及丘陵之示，四變而致毛物及墳衍之示，五變而致介物及土示，六變而致象物及天神。凡樂，圜鍾爲宫，黄鍾爲角，大蔟爲徵，姑洗爲羽，靁鼓靁鼗，孤竹之管，雲和之琴瑟，《雲門》之舞，冬日至，於地上之圜丘奏之，若樂六變，則天神皆降，可得而禮矣。凡樂，函鍾爲宫，大蔟爲角，姑洗爲徵，南吕爲羽，靈鼓靈鼗，孫竹之管，空桑之琴瑟，《咸池》之舞，夏日至，於澤中之方丘奏之，若樂八變，則地示皆出，可得而禮矣。凡樂，黄鍾爲宫，大吕爲角，大蔟爲徵，應鍾爲羽，路鼓路鼗，陰竹之管，龍門之琴瑟，《九德》之歌，《九磬》之舞，於宗廟之中奏之，若樂九變，則人鬼可得而禮矣。

此論音樂感神之應。凡樂一終更奏曰變。羽物，雉鴈之屬；贏物，虎豹之屬；鱗物，魚龍之屬；毛物，狐貉之屬；介物，龜鼈之屬；象物，魍魎之屬。一變至六變，極言作樂之盛，羽物至象物，山澤、林麓、丘陵、墳衍、天地，極言感通之遠，鄭氏以爲蜡祭，非也。圜鍾，即夾鍾，二月卯律，卯有房心爲大辰，日出之鄉，天地之明堂，故爲天神之宫。黄鍾、大蔟、姑洗皆陽律，相次以爲角、徵、羽。天鼓曰雷，小鼓有柄有耳曰鼗。孤竹，竹特生者。雲和，地名。天神屬陽，冬至陽生地上，效其高也。築土爲壇曰丘，圜象天。天神六變而降，陽清感速也。禮，謂薦獻，神降然後可禮。函鍾即林鍾，六月未律，坤居未，爲地示之宫。大蔟管八寸，下生南吕，南吕管五寸有奇，上生姑洗，三律相生爲角、徵、羽，以象地生物也。地鼓曰靈。孫竹，小竹。空桑，山名。夏至陰生，地示屬陰，於澤中，瀍其卑也，方象地。八變而後示出，地幽深，應遲也。黄鍾，十一月子律，子當危虚，危虚主宗廟墳墓，故爲宗廟之宫。大吕，十二月丑律，管八寸有奇，大蔟，正月寅律，管正八寸，應鍾，十月亥律，管四寸有奇，是陰律之終也，子與丑合，亥與寅合，冬藏而春生，性情之道也，故三聲相次爲角徵羽，以祀人鬼。《九德》，即《春秋傳》水、火、金、木、土、穀爲六府，正德、利用、厚生爲三事，謂之九功之德，皆可歌也，謂之九歌。《九磬》，即《書》云「簫韶九成」。九德九韶皆人事，宜奏之宗廟。九變，因《九德》《九磬》而言。

〇按：樂有五聲、六律、八音，所以損益成文，節宣五氣，而妙合自然者也。今割强分配天神地示人鬼，五聲去其一，六律用其半，八音用其三，偏枯不全，何以諧聲作樂。鄭玄謂六律有爲神祇所嫌不取者，有爲人鬼所尊避者，五音商堅剛不可用，皆穿鑿難據。夫樂由人心生，人心和，則天地萬物應，鬼神格，禎祥至，有可致之理，非責以必致之事也。昔夔贊舜樂，擊石拊石，百獸率舞，言帝德温恭孝友，和氣旁通，擊拊無情，以感有情，豈真百獸鳳凰，來在虞之庭乎？是書緣飾，遂成誕罔，秦漢以來方士口吻，初未嘗達禮樂之情，故其言自相背。既云一變致川澤之示，再變致山林，三變致丘陵，四變致墳衍，五變致土示，六變致天神，是致地示易，致天神難也。今云六變天神降，八變地示出，九變人鬼至，則地示人鬼又難致，天神又易致矣，其紕繆多端，元吴澄氏極尊信是書，而于此亦非之，今録附左。

吴澄氏曰：此不惟不經，且自背戾。既曰以六律、六同、五聲、八音、六舞大合樂以致神示，其下分六律、六同、六舞以祀六神，是又各自爲用，不得謂大合樂矣。既各自爲用，何以成樂？周家祭祀，莫詳于《詩》，《昊天有成命》之詩，郊祀天地，是天地無分祭也。《般》之詩，望祀四嶽河海，是山川無各祭也。《雍》詩禘祖，其末曰「既右烈考，亦右文母」，是先妣與先祖亦無各祭也。《周頌》

皆祭祀之詩，其言作樂，未聞分序，亦未言用歷代樂分祀，此甚不足信。既曰六樂者，文之以五聲，播之以八音，下禮天神、地示、人鬼，于五聲止用四，于八音止用三，聲音不備，何以爲樂？《詩·有瞽》之篇，作樂合祖，用鼓、鞉、磬、柷、圉、簫、管等，是宗廟之祭，亦兼用竹革木石之音。先儒謂不用商聲者，祭尚柔，商堅剛，武奏《大武》而言勝殷遏劉，勺告成而言於鑠王師，非堅剛之意乎？前既言祀天神，止奏黃鍾，歌大吕；祭地示，止奏大蔟，歌應鍾；祭先祖，止奏無射，歌夾鍾，後文與前又不合。既曰凡六樂者，一變至六變，合六樂言之，至七變八變九變，則是餘三變又不預矣。樂所以象德，六樂致鬼神示，不知何分而象德乎？舜作樂感格，自近及遠，先祖考，次鳳凰百獸等物，今自遠及近，一變致羽物及川澤等示，九變後及人鬼，舜樂所以感物者，未嘗以某樂感某神，帝王作樂，大槩相似，何獨成周之樂不然？此上皆吴氏之説，理有真非，雖好信不得揜其謬也。

凡樂事，大祭祀，宿縣，遂以聲展之，王出入，則令奏《王夏》；尸出入，則令奏《肆夏》；牲出入，則令奏《昭夏》。帥國子而舞。大饗不入牲，其他皆如祭祀。大射，王出入，令奏《王夏》；及射，令奏《騶虞》。詔諸侯以弓矢舞。王大食，三侑，皆令奏鍾鼓。王師大獻，則令奏愷樂。凡日月食，四鎮五嶽崩，大傀怪異烖，諸侯薨，令去樂。大札、大凶、大烖、大臣死，凡國之大憂，令弛縣。凡建國，禁其淫聲、過聲、凶聲、慢聲。大喪，涖廞樂器。及葬，藏樂器，亦如之。

宿縣，祭日前夕，縣樂器于筍簴。以聲展之，扣其音，察其器完否。三夏，皆樂章。出入，謂出入廟門。肆，舒遂意。牲出入，謂迎牲入告殺，體解以出，爓熟復入。昭，明潔意。國子，即大司樂所教諸子學舞者，祭享則大司樂帥之而舞。大饗，饗賓客于廟，饗神告殺則迎牲入，饗賓則于外殺而烹之，不迎入。其他祼獻禮與祭祀同。《騶虞》，樂章，即《召南》末篇，王射以《騶虞》爲節。以弓矢舞，謂執弓挾矢，揖讓進退合舞節，鄉射五物曰興舞是也。王大食，王每日一盛饌也。侑，勸食也。大獻，獻捷也。愷，樂也，獻功之樂曰愷樂。四鎮，四方山大者，楊之會稽，青之沂山，幽之醫無閭，冀之霍山。五嶽，東岱、南衡、西華、北恒、中嵩。傀、怪通。去，暫輟也。憂短輟樂，憂長弛懸。弛，解下也。夭治曰淫，悽惋曰過，暴戾曰凶，流散曰慢。廞，藏也，大喪遏密八音也。葬藏樂器，藏之壙中，明器也，《檀弓》云「琴瑟張而不平，笙竽備而不和」是也，鄭解失之。

按：鄭註廞皆釋興作也，喪止樂，何爲反興作？廞與墐通，藏也，《詩》云「塞向墐户」，又與釁通，《樂記》云「車甲釁，而藏之府庫弗復用」正此意，後同。

樂師掌國學之政，以教國子小舞。凡舞，有帗拂舞，有羽舞，有皇舞，有旄舞，有干舞，有人舞。教樂儀，行以《肆夏》，趨以《采薺》，車亦如之，環拜，以鍾鼓爲節。凡射，王以《騶虞》爲節，諸侯以《貍首》爲節，大夫以《采蘋》爲節，士以《采蘩》爲節。

樂師，職見《大司樂》，下大夫四人。小舞，《内則》謂十三舞《勺》，成童舞《象》，二十舞《大夏》之類，言小者，對大司樂六舞，此則幼學之舞也。《勺》，《周頌·酌》之詩；《象》，《維清》之詩；《夏》，《大夏》以樂奏詩，而舞按節也。帗舞，裂繒爲拂，執以舞。羽舞，執鳥羽舞。皇，美也，五采羽爲拂，其文美也。旄，旄牛尾爲拂。干，盾也。人舞，手舞。教樂儀，教國子容儀比于樂，以奉王出入也。緩步曰行，急促曰趨。《肆夏》《采薺》皆樂章。以，猶比也。車，在車，車行緩急，亦中《肆夏》《采薺》。環拜，主賓相向拜，鐘鼓交作，伏興俛仰皆應鐘鼓之節。射禮無尊卑，人挾四矢，每樂奏一節，發一矢。天子奏《騶虞》，即《召南》之卒章。諸侯奏《貍首》，即《射義》曾孫侯氏之詩。大夫奏《采蘋》，士奏《采蘩》，皆《召南》之詩。《射義》曰：「《騶虞》者，樂官備也。《貍首》者，樂會時也。《采蘋》者，樂循灋也。《采蘩》者，樂不失職也。是故天子以備官爲節，諸侯以時會爲節，大夫以循灋爲節，士以不失職爲節。」

凡樂，掌其序事，治其樂政。凡國之小事用樂者，令奏鍾鼓。凡樂成，則告備。詔來瞽臯舞，及徹，帥學士而歌徹。令相。饗食諸侯，序其樂事，令奏鐘鼓，令相，如祭之儀。燕射，帥射夫以弓矢舞。樂出入，令奏鐘鼓。凡軍大獻，教愷歌，遂倡之。凡喪，陳樂器，則帥樂官，及序哭，亦如之。凡樂官掌其政令，聽其治訟。

序事，謂陳列先後，節奏次第。樂政，謂正其聲音律吕。小事，小祭祀，有鐘鼓無舞，《舞師職》云「小祭祀，則不興舞」。樂成，樂終也，《燕禮》「大師告于樂正曰『正歌備』」是也。詔來瞽，將作樂，則告眡瞭扶瞽工入。臯、嘷通，舞者之聲，瞽主歌，國子主舞，皆樂師詔之。徹，祭畢徹俎豆。學士，即國子。歌徹，歌《雍》詩徹，亦國子舞，瞽人歌。令相，令眡瞭相導瞽人。饗食諸侯，儀與祭祀同。射夫，謂衆耦，弓矢舞，解見前。樂出入，樂人及樂器出入，亦奏鍾鼓者，重之也，樂以和神，亦如牲出入，奏《昭夏》也。大獻，獻功于廟。喪陳樂器，陳明器也，《既夕禮》，陳器于祖廟前庭及壙道東是也。序哭，陳器時爲位哭，亦帥樂官也。凡樂官，謂大胥以下。

大胥，中士四人；小胥，下士八人，府二人，史四人，徒四十人。

胥，有材智之稱，《文王世子》云：「小樂正學干，大胥佐之。」

大胥掌學士之版，以待致諸子。春入學，舍釋采，合舞。秋頒學，合聲。以六樂之會正舞位，以序出入舞者，比樂官，展樂器。凡祭祀之用樂者，以鼓徵學士。序宫中之事。

學士，卿大夫諸子之入國學者。版，名籍。待致，謂有事則按籍召致。春，學士始入學，奠蘋藻于先師。舍、釋同，奠也。采、菜同。合舞，教以進退周折，合舞節也。頒學，謂品其材器而授之業。合聲，教以應對雍容，合聲律也。始入學，未識其材，使習舞蹈，揉其筋骨，節其步驟，調其血氣，歷三時之久，乃論材頒學，教以音律，而後聲氣有和平之度也。六樂，即前《雲門》等。樂舞用八八六十四人曰會。正舞位，立表爲綴兆，序出入，整序行列，進退由表位，無錯亂也。比校作樂之官，展視八音之器，祭祀用樂，則伐鼓徵召諸子，皆大胥掌之。宫中之事，即《天官・宫正》教國子宿衛者以道藝，大胥亦掌其序，蓋大祭用樂，雖侍衛公卿大夫子弟，亦以序徵之也。

小胥掌學士之徵令而比之，觵觥其不敬者。巡舞列而撻其怠慢者。正樂縣之位，王宫縣，諸侯軒縣，卿大夫判縣，士特縣，辨其聲。凡縣鐘磬，半爲堵，全爲肆。

小胥，職見《大胥》，下士八人。學士，即大胥版内之學士，未至者徵使來，既至者令使學。比，校閱也。觵、觥同，罰爵也，罰失禮曰觥。不敬，謂後至者扑責之。樂縣，謂編鐘、編磬懸于筍簴。正位，正宫軒判特之位。宫縣，懸四面，如宫牆。軒縣，闕南面，似軒榭。判縣，又闕北面，似兩判。特縣，又闕西面，成孤特。辨其聲，扣而聽之，妨損壞也。凡鐘磬編縣，以八爲全，樂本八音也，每簴各八爲堵，二八爲肆。堵者，單立如牆堵；肆者，列行成肆。天子之卿大夫、士，以肆爲軒判特；諸侯之卿大夫、士，以堵爲軒判特也。

按：樂縣不止鐘磬，而編縣惟鐘磬，故有半堵全肆之殊。《詩》云「應田縣鼓」，是大鼓小鼓皆縣也，又云「虡業惟樅，賁鼓惟鏞」，是大鐘、大鼓皆縣也。諸侯以下，縣雖不得四面，而衆樂皆備則同，鄭解《鄉射》謂士禮惟磬，是以士特縣爲不得有鐘鼓矣，何以成樂。

大師，下大夫二人；小師，上士四人；瞽矇，上瞽四十人，中瞽百人，下瞽百有六十人；眂（視）**瞭**（了）**三百人；府四人，史八人，胥十有二人，徒百有二十人。**

大師，樂官之長，小師，其貳也。瞽無目，矇有目而無見，凡典樂，必使瞽矇，無見則聽聰也。眂、視同，視明曰瞭，眂瞭三百，以相瞽矇。

按：視寡則聽專，故樂工尚瞽矇，非必盡取盲人用之也，且焉得三百人同時皆無目，賢而知音者乎？瀆亂不驗類此，解者遂謂大師、少師皆無目，可嗤也。

大師掌六律六同，以合陰陽之聲。陽聲：黃鍾、大蔟、姑洗、蕤賓、夷則、無射。陰聲：大呂、應鍾、南呂、函鍾、小呂、夾鍾。皆文之以五聲：宮、商、角、徵、羽。皆播之以八音：金、石、土、革、絲、木、匏、竹。

律同見前。合陰陽之聲，以十二管，六爲陽，六爲陰，分配十二月，按圖，起十一月黃鍾子位，一陽一陰，以次相間，左旋，自子以東，六陽月爲上，而黃鍾、大呂、大蔟、應鍾、姑洗、仲呂屬焉；自午以西，六陰月爲下，而蕤賓、林鍾、夷則、南呂、無射、夾鍾屬焉。始黃鍾，陽損陰益相生，以三分之一爲率，陽損則下生，陰益則上生，蓋損益其管有長短，上下其聲有高低，清濁相應，陰陽氣順，律吕所以和也。黄鍾之管長九寸，三分損其一，下生林鍾；林鍾三分益一，上生大蔟；大蔟損一，下生南吕；南吕益一，上生姑洗；姑洗損一，下生應鍾；應鍾益一，上生蕤賓；蕤賓正當午位，陰生，又益一，上生大吕；大吕損一，下生夷則；夷則益一，上生夾鍾；夾鍾損一，下生無射；無射益一，上生中吕終焉。五音數多而長大者聲濁，數少而短小者聲清，濁莫如宫，清莫如羽。黄鍾之數，九九八十一爲宫，三分黄鍾損一，下生徵；徵益一，上生商；商損一，下生羽；羽益一，上生角；角數六十有四，三分之不盡一算，故其數不行，聲止五也。宫雖本于黄鍾，而十二律亦各具五聲，五聲和，然後清濁高下相成，故曰文。金，鐘屬。石，磬也。土，塤屬。革，鼓屬。絲，琴瑟之屬。木，柷敔之屬。匏，笙屬。竹，簫管之屬。

教六詩：曰風，曰賦，曰比，曰興，曰雅，曰頌，以六德爲之本，以六律爲之音。

教六詩，教學者《詩》志也。志形于言曰詩，心生于音曰樂，詩者樂之辭。和動曰風，陳辭曰賦，託物曰比，感動曰興，平正曰雅，贊揚曰頌，六者盡詩之義矣。賦比興先雅頌者，風有賦比興，而雅頌可知。詩者，性情之藴，有知、仁、聖、義、忠、和六德而能，後能爲六詩，故曰德爲本。其聲和，而後其歌永，故曰律爲音。

大祭祀，帥瞽登歌，令奏擊拊，下管播樂器，令奏鼓𣂼胤。大饗亦如之。大射，帥瞽而歌射節。大師，執同律以聽軍聲，而詔吉凶。大喪，帥瞽而廞，作匶，謚。凡國之瞽矇正焉。

登歌，樂將作，瞽升堂，歌《清廟》也。拊，樂器，形如鼓，以韋囊實糠，擊以導歌。樂作曰奏。令，大師令奏樂者先擊拊，而後瞽歌也。下管，堂下吹管，歌在堂上，貴人聲也；管在堂下，先衆音，貴人氣也。凡作樂，匏竹在階間，鐘鼓在庭，用氣貴于用手也。播樂器，播衆樂。𣂼言引，小鼓曰𣂼，先擊小鼓引大鼓，而後吹管播衆樂。大饗賓亦帥瞽令奏也。射節，天子歌《騶虞》爲九節。大師，征討也，執陰同與陽律吹之，聽五音，測五氣，而知勝負生尅之吉凶也。大喪，帥瞽廞藏樂器，遏密八音也。匶、柩同，陳死者生平行實作謚，德成于樂，功歌于頌，謚由瞽作也。凡國瞽矇學歌樂者，皆受其正教焉。

小師掌教鼓鼗、柷、敔、塤、簫、管、絃、歌。大祭祀、登歌，擊拊，下管，擊應鼓，徹，歌。大饗亦如之。大喪，與廞。凡小祭祀、小樂事，鼓𣂼。掌六樂聲音之節與其和。

小師，職見《大師》，上士四人也。鼗，有柄小鼓，旁耳摇擊之。柷，如漆桶，中有椎，掆擊之。敔，刻木如虎形，背有二十七齒，以木轢之。塤，燒土如鵝卵，六孔，空中銳上而平底。簫，編小竹管，大者二十四，小者十六，長尺四寸，象鳥翼。管如篪，六孔長尺圍寸。絃，琴瑟。歌，歌詩合絃。

應鼓，即𩌦鼓。擊，小師自擊。徹歌，有司徹饌，瞽歌《雍》詩。大喪與廞，從大師廞也。聲音之節，如登歌在上，匏竹在下之類。和，小大清濁，不相奪倫，鄭云「和，錞于也」。

瞽矇掌播鼗、柷、敔、塤、簫、管、絃、歌。諷誦詩，世奠繫，鼓琴瑟。掌《九德》《六詩》之歌，以役大師。

瞽矇，職見《大師》，三瞽，共三百人。諷誦猶詠歌，風詠曰諷，直言曰誦，先王置瞽史，使朝夕諷誦自儆，《國語》云「瞍賦矇誦」，鄭云闇讀不依詠曰諷，以聲節之曰誦。世，上世；奠，定也；繫，帝王相傳之統系，諷誦古人詩，因述古世系，以指作詩之由，明興亡之故。鄭謂作詩爲諡，書于《世本》也。鼓琴瑟，凡歌必合絃。《九德》，見《大司樂》。《六詩》，見《大師》。役，爲之使。

眡瞭掌凡樂事播鼗，擊頌磬、笙磬。掌大師之縣。凡樂事，相瞽。大喪，廞樂器，大旅亦如之。賓射，皆奏其鐘鼓。鼜戚**、愷獻，亦如之。**

眡瞭，職見《大師》，凡三百人，相瞽矇外，兼掌凡樂事。頌，歌也，頌磬合歌，笙磬合笙，《儀禮》頌磬在西，象成功也，笙磬在東，象生物也。大師之縣，爲大師縣樂器。相瞽，扶持瞽矇。國有大故，大旅上帝，亦廞藏樂器，所謂大憂則弛縣也。射有鐘鼓，發矢以鐘鼓爲節。鼜愷皆軍中之鼓，鼜言戚警夜也，鼓聲急促，如今擂鼓；愷獻之鼓，其聲從容，如今得勝鼓。

典同，中士二人，府一人，史一人，胥二人，徒二十人。

同，箭也，截竹爲管以協律曰箭，後世用銅爲之。

典同掌六律、六同之和，以辨天地四方陰陽之聲，以爲樂器。凡聲，高聲䃂，正聲緩，下聲肆，陂聲散，險聲斂，達聲贏，微聲韽闇，回聲衍，侈聲筰測，弇掩聲鬱，薄聲甄，厚聲石。凡爲樂器，以十有二律爲之數度，以十有二聲爲之齊量。凡和樂亦如之。

六律，六陽管；六同，六陰管。律同和，乃可以協八風，應五氣。辨天地四方之聲，八音可取則，而樂器可作也。凡聲，泛論聲之病，十有二律同，無此病則和。太高則䃂，衮也，如雷衮然于上。正，猶中也，謂高低之間，則緩而無力。下，低也，低則肆而不揚。陂，偏也，偏則聲散。險，深也，深則聲藏。通達則贏滿而有餘。微小則韽闇而不明。回曲則游衍而不定。侈，哆也，哆聲在外。筰，唶也，其聲唶唶然弇，奄也，其聲在內。鬱，不條暢也。器薄者，其聲浮，如扣瓦。器厚者，其聲堅，如擊石。有一于此，則律同不和。數度，謂多寡長短，十二律本黄鍾九九之濩，三分損益相生，五度出焉，凡製樂器者，以此爲數度也。齊量，調適也，十二聲，即高正下陂等聲，以爲齊量，使適中也。和樂，和合衆樂，亦以十二聲律爲數量，以聲審器，以器和樂，則樂無不善矣。

按：䃂緩等十二聲病，鄭據《考工記・鳧氏》作鐘解，《律歷志》有神瞽度律均鐘之濩，爲零鐘十二，以合十二律，然此文但言律，未及鐘，即下《鐘師職》亦不及零鐘，但據本文解，義自曉然。

磬師，中士四人，下士八人，府四人，史二人，胥四人，徒四十人。

按：磬有玉有石，有頌有笙。或曰石磬，笙也，玉磬，頌也，石磬在堂下，玉磬在堂上。《儀禮》笙磬、頌磬皆在階下，《虞書》「擊石拊石」，《樂記》「石聲硜」，八音有石無玉，玉亦石也。

磬師掌教擊磬，擊編鐘。教縵樂、燕樂之鐘磬。凡祭祀，奏縵樂。

鐘獨言編，有不編者，磬皆編也。特鐘，鐘師掌之，編鐘、編磬皆磬師職也。雜文曰縵，縵樂，雜弄也，以雜曲合樂，《學記》云：「不學操縵，不能安絃。」燕樂，終燕房中之樂，燕，安也，以安賓，與正樂殊。

鐘師，中士四人，下士八人，府二人，史二人，胥六人，徒六十人。

掌鐘，鐘有特懸者，有編懸者，皆金爲之，首衆樂，故曰金奏。

鐘師掌金奏。凡樂事，以鐘鼓奏《九夏》：《王夏》《肆夏》《昭夏》《納夏》《章夏》《齊夏》《族夏》《祴陔夏》《驚夏》。凡祭祀、饗食，奏燕樂。凡射，王奏《騶虞》，

諸侯奏《貍首》，卿大夫奏《采蘋》，士奏《采蘩》。掌鼙句，鼓縵樂。

金，謂大鐘特懸者，與鼓合。凡樂，先擊鐘，次鼓，歌在堂上，鐘鼓皆應于堂下。夏，大也，《九夏》皆大樂。舊謂《肆夏》《繁遏》、《渠》皆《周頌》之詩。《肆夏》，《時邁》也，取「肆于時夏」之語。《繁遏》，《執競》也，繁，多也，遏，止也，言福止于周家之多，取「降福穰穰」之語。渠，大也，《渠夏》，《思文》也，取「克配彼天」之語。以此推九夏皆頌，今不可考。王出入奏《王夏》，尸出入奏《肆夏》，牲出入奏《昭夏》，四方賓客來奏《納夏》，臣有功奏《章夏》，夫人祭奏《齊夏》，族人侍奏《族夏》，客醉而出奏《陔夏》，公出入奏《驁夏》。饗食賓客亦于廟，與祭祀同。燕樂，祭終有燕，饗元侯，升歌《頌》，合《大雅》；饗五等諸侯，升歌《大雅》，合《小雅》；饗臣子，歌《小雅》，合鄉樂，此正樂也。燕樂獻酬畢，坐燕安賓之樂，亦用鐘鼓。凡射，謂大射賓射等，皆歌詩爲矢節，亦用鐘鼓。鼙，小鼓。磬師奏縵樂，而鐘師擊鼙以鼓之。

笙師，中士二人，下士四人，府二人，史二人，胥一人，徒十人。

掌教吹笙竽之屬。

笙師掌教歈吹竽、笙、塤、籥、簫、篪、篴、管，舂牘、應、雅，以教祴樂。凡祭祀、饗、射，共其鐘笙之樂，燕樂亦如之。大喪，廞其樂器；及葬，奉而藏之。大旅，則陳之。

眾樂獨以笙名官，象東方生物以始之也。竽，似笙，長四尺二寸，三十六管，宮管在中央。笙長四尺，十三管，宮管在左。塤、管、簫，解見《小師》。篴如篴，三孔。篪，長尺四寸，圍三寸，八孔，一孔上出寸三分。篴，笛也，長三尺四寸，六孔。舂牘應雅，三樂器名。舂牘以竹，大五六寸，長七尺，短者一二尺，端有兩孔，髹畫之，以兩手築地。應，長六尺五寸，中有椎。雅，如漆筩而弇口，大二圍，長五尺六寸，鞔以羊韋，疏畫，有兩紐。三器皆在庭，賓醉而出，奏《祴夏》，祴，戒也，以此三器築地爲行節，明不失禮也。鐘笙，合鐘之笙，堂下之樂。廞樂器，廞笙、竽等器。奉而藏之，奉此明器藏壙中。國有大故，則大旅，但陳設樂器而不作。

鎛博師，中士二人，下士四人，府二人，史二人，胥二人，徒二十人。

鎛，鐘特縣者，掌鼓而謂鎛師，鼓以金先也。

鎛師掌金奏之鼓。凡祭祀，鼓其金奏之樂，饗食、賓射亦如之。軍大獻，則鼓其愷樂。凡軍之夜三鼜戚，皆鼓之，守鼜亦如之。大喪，廞其樂器，奉而藏之。

鎛師不擊鎛，掌擊鼓奏鎛也。《司徒·鼓人》「以晉鼓鼓金奏」，金奏《九夏》，鐘師擊鐘，則鎛師擊鼓。軍夜三鼜，黄昏、夜半、旦明三通也。守鼜，防守巡警之鼓，《鼓人職》云「鼖鼓鼓軍事」，軍中之鼓，皆謂守鼜。廞樂器，廞鼓也。奉而藏之，藏明器之鼓于壙中。

按：鄭註擊鎛，視瞭也，以鎛師等皆瞽人，瞽工既三百人矣，而其長大夫士，又皆無目者與？是書所以爲瀆亂不驗也。

韎（妹）師，下士二人，府一人，史一人，舞者十有六人，徒四十人。

韎，韎韐，戎服。《詩》云「韎韐有奭」，皮衣色赤，舞者服以舞也。

韎師掌教韎樂。祭祀則帥其屬而舞之。大饗，亦如之。

《明堂位》云「韎，東夷之樂」，祭祀用之，象服遠也。周居西土，東方之夷最遠，故舞東夷之樂，昭王化之遠也。

旄人，下士四人，舞者衆寡無數，府二人，史二人，胥二人，徒二十人。

旄，毛通，旄牛尾，舞者持以指麾。

按：《論語》有八佾，《春秋》有六羽，大事之樂，舞有常數，此云衆寡無數，乃所謂散樂耳。

旄人掌教舞散樂，舞夷樂，凡四方之以舞仕者屬焉。凡祭祀、賓客，舞其燕樂。

散樂，猶雜樂，夷樂，四夷之樂，皆有歌有樂有舞。以舞仕，以善舞供事在官者。燕樂，燕閒之樂，即散樂，燕禮有房中之樂，蓋此類。

按：祭祀賓客，大禮也，樂必以雅，而舞散樂，用夷禮，豈周公之制作與？

籥師，中士四人，府二人，史二人，胥二人，徒二十人。

籥，解見《笙師》，舞者所執，且吹且舞，《詩》云：「左手執籥，右手秉翟。」

籥師掌教國子舞羽歗吹籥。祭祀則鼓羽籥之舞。賓客、饗食，則亦如之。大喪，廞其樂器，奉而藏之。

舞羽，持鳥羽舞。歗籥，吹且舞。鼓羽籥之舞，謂擊小鼓爲舞節也。廞其樂器，即廞籥也。奉而藏之，奉明器之籥，藏于壙中也。

籥章，中士二人，下士四人，府一人，史一〔一〕人，胥二人，徒二十人。

章，謂籥所吹歌曲。

〔一〕「一」，《續修》本、《存目》本訛作「二」，據閩本改。

籥章掌土鼓、豳籥。中春，晝擊土鼓，龡《豳詩》以逆暑。中秋，夜迎寒亦如之。凡國祈年于田祖，龡《豳雅》，擊土鼓，以樂田畯。國祭蜡，則龡《豳頌》，擊土鼓，以息老物。

土鼓，埴土爲匡，鞔以革。豳，《豳風·七月》之詩，所言皆天時農政，故歲事用之。土鼓以象農。豳籥，以《豳詩》奏籥。中春，春分，暑氣將至，迎之以晝，從陽也。中秋，秋分，寒氣將至，迎之以夜，從陰也。祈年，求豐年。田祖，神農。《豳雅》即《豳風》，明農務本，陳善納誨，亦謂之雅，稱贊先公功德，亦謂之頌。田畯，農官。蜡，歲終之祭，蜡言腊，槁物也，物至冬而槁，古聖人大索其神祀之，送終之祭。《易》曰萬物勞乎坎，北方物老，休息之鄉，故曰以息老物，蜡而農事休矣。

鞮低鞻句氏，下士四人，府一人，史一人，胥二人，徒二十人。

鞮鞻，革屨無節，夷舞者所著也。

鞮鞻氏掌四夷之樂與其聲歌。祭祀，則龡而歌之，燕亦如之。

緯書云：「東夷之樂曰《韎》，持矛助時生；南夷之樂曰《任》，持弓助時養；西夷之樂曰《侏僑》，持鉞助時殺；北方之樂曰《禁》，持楯助時藏。」其聲歌，即四夷之聲歌。

按：四夷之樂，王者所以象服遠之功，必如取四夷之人言語、衣服、聲音、樂器，奏諸廟庭，豈肅雝之禮與？

典庸器，下士四人，府四人，史二人，胥八人，徒八十人。

庸，功也，古者有大功則銘諸鐘，《春秋傳》季氏以所得齊之兵作林鐘銘功是也。伐國所得樂器，如《書·顧命》胤之舞衣、葼鼓之類，皆樂之庸器也。

典庸器掌藏樂器、庸器。及祭祀，帥其屬而設筍虡，陳庸器。饗食、賓射亦如之。大喪，廞筍虡。

藏，收藏也，庸器亦有非樂器者，故云樂器、庸器。是職所藏，專爲樂器耳，樂之庸器，不可作樂，但藏以示守，有大事陳設之。筍虡以縣鐘磬，横曰筍，直曰虡，或作鐻。大喪則廞藏，不作樂也。

按：鄭謂庸器，如崇鼎、貫鼎之類，然則何預樂事？大喪廞筍虡，不言廞庸器者，庸器常藏也，廞筍虡，不言奉而藏之者，明器有鐘磬，無筍虡也。

司干，下士二人，府二人，徒二十人。

干，楯也，以蔽石矢，舞人執之，以爲舞器。司非止干，但以干命官。

司干掌舞器。祭祀，舞者既陳，則授舞器，既舞則受之。賓饗亦如之。大喪，廞舞器，及葬，奉而藏之。

舞器非止干，故不言干。廞器，即廞舞干，藏明器亦然。

大卜，下大夫二人；卜師，上士四人；卜人，中士八人，下士十有六人，府二人，史二人，胥四人，徒四十人。

龜曰卜，卜，赴也，赴與報通，告也，《春秋傳》來告曰赴。命官以卜，而筮與夢皆卜類，兼掌之，是書所重于禮惟鬼神，凡神事屬焉。

大卜掌《三兆》之灋，一曰《玉兆》，二曰《瓦兆》，三曰《原兆》。其經兆之體，皆百有二十，其頌皆千有二百。掌《三易》之灋，一曰《連山》，二曰《歸藏》，三曰《周易》。其經卦皆八，其別皆六十有四。掌《三夢》之灋，一曰《致夢》，二曰《觭奇夢》，三曰《咸陟》。其經運十，其別九十。

卜，取龜底甲，灼以火，視其焦拆之文，而占吉凶曰兆。兆，象也，玉、瓦、原，三皆拆文成罅未離者，玉拆微，瓦拆麤，原拆開。平田曰原，田土乾裂似龜文，俗云龜均拆也。經，猶正也。體，兆象。頌，兆書辭，《春秋傳》謂之繇宙。兆百有二十，頌千有二百，每體十繇也。《連山》，六畫艮卦，艮爲山，上下兩艮曰連山。《歸藏》坤卦，坤爲地，百昌歸土曰歸藏。《周易》，文王、周公所演繫。夏《易》首艮，夏正建寅當艮方，故首艮。殷正建丑，始生地，故首坤。周正建子，始分天，故首乾。經卦八，乾、坤、艮、兑、震、巽、坎、離，皆三畫，又以八錯八，爲六畫，八八六十有四曰別。人晝而陽神外朗，魂爲主，向離爲覺；夜而陰精内揜，魄爲主，背坎爲夢。夢與覺，人身中陰陽，故以夢參卜筮占吉凶。致夢，因思慮聞見致者。角一仰一俯曰觭，觭夢，反覆異常者。咸，感也，感無心曰咸。陟，升也，魄濁而沈，魂清而升，魄寢魂交，夢中所至，皆魄氣感通升陟曰咸陟。運，氣運，凡夢皆神氣轉運，故占夢之書曰運，運別有九十，一運有九變也。

按：鄭以三兆三夢配三代，甚牽强，謂「咸陟作「咸得」」，「運」作「煇」，近迂。

以邦事作龜之八命，一曰征，二曰象，三曰與，四曰謀，五曰果，六曰至，七曰雨，八曰瘳。以八命者贊《三兆》《三易》《三夢》之占，以觀國家之吉凶，以詔救政。凡國大貞，卜立君，卜大封，則眡高作龜。大祭祀，則眡高命龜。凡小事，涖卜。國大遷、大師，則貞龜。凡旅，陳龜。凡喪事，命龜。

邦事，邦國所占之事。命，謂主者以所占事命龜。征，軍政。象，天象，災異也。與，許諾也。

謀，計畫。果，決疑。至，期望。雨，旱乾。瘳，疾病。贊，猶參也，以卜筮夢三者相參占吉凶。救政，轉禍爲福也。貞，正也，有疑質正曰貞，大貞，有大事卜。立君、大封，二者皆大事。眂、視同。高猶上也，俗語物上曰高頭，《夏官·射鳥氏》云「矢在侯高」。卜師以龜授大卜，審視骨上完潔，及所當灼處，鄭謂近足高處，迂也。作龜，即灼龜。大貞，大卜親眂親作，大祭祀次之，視高而不作，但命以所卜之事。小事，則臨之耳，卜師眂之命之可也。遷國與師亦大事，貞龜亦大貞也。旅謂國有大故，旅，祀神祇也。陳龜，陳設而祀也。喪事命龜，謂卜葬兆四者皆大卜親爲之，鄭謂陳龜重于貞龜，貞龜重于命龜，迂也。

按：魯臧孫辰居蔡，夫子譏其不智，説者謂大夫家不得藏龜耳，他日樊遲問智，子曰：「務民之義，敬鬼神而遠之，可謂智。」然則聖人之意，其可見乎。卜者，聖人所以昭獨見，一衆心也，人主内獨見于已心，外合于卿大夫、士、庶人之心，然後可以加諸卜筮，非茫然無知，專乞靈于鬼神也。禹可禪，故舜卜；岐周可遷，故大王卜；紂可誅，故武王卜；臣代君死，故周公卜。若其不可，聖人不卜，卜即可，聖人亦不用也。故卜者，卜諸心，卜諸道耳。文王、周公、孔子之作《易》也，皆本諸憂勤惕勵之心，以其進退存亡，合諸天地、日月、鬼神，謂之「易」，故其贊易也，以人道爲本，是故河出圖，洛出書，聖人則之，圖數五十有五，書數四十有五，聖人以五十學《易》，理數同也。龜之吉凶即筮之吉凶，天地無二道，鬼神無二理，聖人無二心，是書以《三兆》屬龜，《三易》屬筮，然則《易》之爲書，合于筮而戾于卜，後世蓍短龜長，承襲之謬説也。而古人多用龜，何也？龜專爲卜設，雜用伎方小術，愚夫易曉；筮則大易衍數，四營十八變而成一卦，筮繁龜簡，小道易喻，而大易難究，豈短長云乎哉！

卜師掌開龜之四兆，一曰方兆，二曰功兆，三曰義兆，四曰弓兆。凡卜事，眡高，揚火以作龜，致其墨。凡卜，辨龜之上下、左右、陰陽，以授命龜者而詔相之。

卜師，職見前，上士四人也。開龜，已開之龜。龜背不可卜，卜用腹甲，甲有直文一道，分左右陰陽，横五文，分十二段，象五氣，十二辰，首尾兩段，尖小不可兆，中四段分四兆，象四時。首曰方兆，象春生方始。次二曰功兆，居前高曰功，象夏。次三曰義兆，近後寬平，象秋曰義。次四曰弓兆，形曲向外曰弓，象冬，居終也。方爲始，元也，功則通，亨也，義前後適中，利也，弓執持而固，貞也，以象四德。眡高，見上。揚火作龜，以火灼龜使拆也，兆璺微不可辨，致墨浸潤，使易見也。首曰上，尾曰下，左爲陽，右爲陰，左右上下辨，則四兆可知。命龜者，主人也，詔者告以辭，相者贊其禮。

按：鄭謂開兆爲開兆書，引《金縢》「開籥見書」爲徵，然方功義弓，據下文上下、左右甚明，似非書。鄭據《爾雅》以上下、左右爲辨生龜，生龜可辨，枯甲不可辨，卜師辨甲耳。辨龜，龜人事也。

龜人，中士二人，府二人，史二人，工四人，胥四人，徒四十人。

辨龜、攻龜者。

龜人掌六龜之屬，各有名物。天龜曰靈屬，地龜曰繹屬，東龜曰果屬，西龜曰靁屬，南龜曰獵屬，北龜曰若屬。各以其方之色與其體辨之。凡取龜用秋時，攻龜用春時，各以其物入于龜室。上春釁龜，祭祀先卜。若有祭事，則奉龜以往。旅亦如之，喪亦如之。

名，即天地等六名。物，色也。天龜玄，地龜黄，東龜青，西龜白，南龜赤，北龜黑。《爾雅》云：「龜俯者靈，仰者繹，前弇果，後弇獵，左睨不類，右睨不若。」蓋俯者有神降之象，故天龜靈；仰者有紹天之象，故地龜繹；前弇者肩長，前仆而果于進，有陽長之象，故東龜果；後弇者尾長，後偃而躐其尾，故南龜獵，獵，躐也。左睨，首左顧也，左爲陽，而龜陰物，顧左，則不類陰而類陽，類即靁也，西陰方，故西龜爲靁屬。首右顧爲陰，若猶類也，不若，反陽若陰也，北亦陰方，故北龜爲若屬，屬者，非一之謂。色，即玄黄之類。體，即前弇、後弇之類。取龜用秋，以物成也。攻，謂刳其肉，治其甲，用春，存生氣也。六龜各有室，各以物色分別藏之。上春，孟春。釁，以牲血塗而祭之，助其靈也。祭祀先卜，謂釁龜時，祭古之始爲卜者。祭祀、大旅、喪，三事皆用卜。

菙氏，下士二人，史二人，徒八人。

菙，楚也。所以燃火灼龜，《士喪禮》謂楚焞也。

菙氏掌其燋契，以待卜事。凡卜，以明火爇燋，遂龡其焌俊契，以授卜師，遂役之。

燋，猶炬也，焦薪燃明火，以待契者。契，爇火木以灼龜，即楚也，或謂契，刮龜刀，據下文焌契，則契實菙耳。明火，以陽燧取火日中，不用木石之火也。焌，契鋭頭，讀若鐏，拄于燋上，吹之使燃，以授卜師。役之，爲卜師供揚火致墨等役。

占人，下士八人，府一人，史二人，徒八人。

掌占卜筮之書。

占人掌占龜，以八簭筮占八頌，以八卦占簭之八故，以眡吉凶。凡卜簭，君占體，大夫占色，史占墨，卜人占坼。凡卜簭，既事，則繫幣以比其命。歲終，則計其占之中否。

頌即八命之頌，八故即八事之故，古者先筮後卜。卜簭，卜其所筮。坼文有縱横邪直上下，所謂體也。色，謂色有光澤昏昧，連絡陵犯也。墨，以墨畫灼處，觀其食。坼，謂灼處，罅坼即兆也。墨食坼明吉，不食坼昏凶，坼而觀墨，墨而觀色，色而後體備，卜人、史、大夫皆爲君占也。既事，謂卜筮畢，則以禮神之幣，書其所命事，比而記之，歲終通計其驗否。

簭人，中士二人，府一人，史二人，徒四人。

揲策曰簭，以蓍草爲策四十九，四營十八變，成一卦，詳《周易》。

簭人掌三《易》，以辨九簭之名，一曰《連山》，二曰《歸藏》，三曰《周易》。九簭之名，一曰巫筮更，二曰巫咸，三曰巫式，四曰巫目，五曰巫易，六曰巫比，七曰巫祠，八曰巫參，九曰巫環，以辨吉凶。凡國之大事，先簭而後卜。上春，相簭。凡國事，共簭。

簭有九名，猶龜有八命也。巫，當作筮。更，改也，如遷國之類。咸，皆也，謂衆是衆非。式、試同，用也，謂用人，如堯試舜之類。易，交易，如鄭以祊易許之類。比，親也，逆女求昏之類。祠，郊社之類。參，參乘，卜車右與御也。環，即《夏官·環人》遣偵敵情者，如今探卒，去輒還曰環。大事先筮後卜，筮不吉，則不卜，筮吉，卜不吉，亦不爲也。相簭，採蓍草。

按：六籍盡天下之理，而《周易》括六籍之奥，儻所謂《連山》《歸藏》者，何以加諸？使《連山》《歸藏》與《周易》並美，文王可無事重演，周公、孔子可無事繫贊矣。今以《周易》爲未足，必益以《連山》《歸藏》，《周易》《連山》《歸藏》三《易》，秖以供一筮之用，然則筮不已重哉！而猶謂未足也，必決諸卜，是何龜之重，而易之輕與！筮之説，在《周易》詳矣，卜如世俗所傳，大抵多緯言稗術，孔子五十學《易》，惡夫居蔡者，然則龜不長于蓍，二者皆鬼事，是書以事鬼爲禮，併屬宗伯，或者欲移而之冢宰，以天亦鬼神之類，豈聖人無所禱之意與？

占夢，中士二人，史二人，徒四人。

掌占夢之吉凶。

占夢掌其歲時，觀天地之會，辨陰陽之氣，以日月星辰占六夢之吉凶。一曰正夢，二曰噩夢，三曰思夢，四曰寤夢，五曰喜夢，六曰懼夢。季冬，聘王夢，獻吉夢于王，王拜而受之。乃舍萌于四方，以贈惡夢，遂令始難羅毆疫。

歲，謂十二月；時，謂四時。天地之會，謂日月所會之次，天用干，地用支，干左旋，支右旋，左爲陽建，右爲陰建，如正月陽建在寅，則陰建在亥，日躔娵訾之次，餘可序推。氣，五行休王之氣，如春三月木王，王之所勝者死，木勝土死，水生木則休，木生火則相，相之所勝者囚，火勝則金囚，餘以此推。日月星辰，謂日月會合所在之星辰，如正月次亥當危奎，二月次戌當奎胃，三月次酉當胃畢之類。占夢，謂以所夢年月日辰，參天地陰陽之氣，而占休咎，如《春秋傳》趙簡子夢童子倮而轉以歌，旦而日食，史墨占後六年吴入郢之類。正夢，謂神清氣寧得夢。噩，驚愕叫號之貌，夢之不正者也。思夢，緣思想成夢。寤夢，似夢非夢，似覺非覺，如今之魘寐也。喜夢，夢中順境。懼夢，夢中惡境。季冬，歲除也。聘王夢，訪問夢有關于國家者，如《詩》「牧人乃夢」之類。必于季冬者，舊除新生，來年之兆也。舍，猶釋也。萌，惡兆也，除萌，即《月令》「九門磔禳」及下文毆疫之類，鄭云釋菜之始生者。贈惡夢，送使去，聘其吉者獻于王舍，其惡者送于遠也。難作儺，走相逐也。敺，猶逐也；疫，惡疾也，季冬寒氣方盛，微陽未達，令民間喧呼以達陽氣，逐陰慝也，本夏官方相氏掌之，而占夢令之，《月令》「命有司大儺，旁磔，出土牛，以送寒氣」是也。

按：夢之言懵也，以明白之人事，而求諸蓍龜，過矣，又求諸昏迷恍惚之夢，以爲夢自鬼授，繫諸卜筮，委巷之見，而王者以設官分職，則迂誕甚矣。據其說，惟因天地陰陽日月星辰以爲吉凶，今堪輿、醫方、陰陽、雜伎，何者不然？則天下草木瓦礫皆可占，而何有于夢？鄭康成謂占夢令亡，亦一夢矣。

眡祲，中士二人，史二人，徒四人。

祲，邪氣相侵，視其氣，察災祥也。

眡祲掌十煇運之灋，以觀妖祥，辨吉凶。一曰祲，二曰象，三曰鑴錐，四曰監，五曰闇，六曰瞢，七曰彌，八曰敘，九曰隮，十曰想。掌安宅敘降。正歲則行事，歲終則弊其事。

日爲陽精，大君之象，祲，陰侵陽也。煇，光氣相掩映也，煇侵日，實因日生，故視祲皆言煇。妖，凶氣；祥，吉象。祲，日邊有氣相薄。象，陰氣成形象，如有物在日中之類。鑴，錐也，如錐刺日。監，臨也，兩物在旁，如珥之類。闇，當晝而暗也。瞢，日不明。彌，氣障天。敘，次也，每日至其時則煇，如定敘也。隮，升也，氣自地起觸天。想，彷彿，非有非無，不可名狀。安宅，禳除使安居。敘降，君移災于卿大夫，以至士、庶民，《天官·甸人》「代王受災眚」是也。正歲，謂正月朔日，眡妖祥，察十煇，惟此時爲要。歲終弊事，斷一年吉凶驗否。

大祝，下大夫二人，上士四人；小祝，中士八人，下士十有六人，府二人，史四人，胥四人，徒四十人。

告神曰祝。

大祝掌六祝之辭，以事鬼神示，祈福祥，求永貞。一曰順祝，二曰年祝，三曰吉祝，四曰化祝，五曰瑞祝，六曰筴祝。掌六祈，以同鬼神示，一曰類，二曰造，三曰禬貴，四曰禜詠，五曰攻，六曰說。

六祝，即下順年等，皆因祭祈禱，各有祝辭。大祝所祈，皆郊祀、天地、社稷、宗廟大禮。福祥永貞，爲國家生靈祈求也。順，謂天人和同，底于大順。年，謂五氣時若，年穀順成。吉，謂斂時五福，吉無不利。化，謂化洽含生，頑梗潛消。瑞，謂協氣致應，四靈畢至。筴，謂龜筴不違于人，是謂大同。六祝，脩正祀祈祝也，六祈，因祈禱致祀也。鬼神示怨而不同，故災癘作，祈所以同也。類，各以氣類感格。造，就其神所在致祭也。禬，會財祈福。禜，脩營壇位。攻，敺，逐攘除。說，辭請告諭。

作六辭，以通上下、親疏、遠近，一曰祠，二曰命，三曰誥，四曰會，五曰禱，六曰誄。辨六號，一曰神號，二曰鬼號，三曰示號，四曰牲號，五曰齍號，六曰幣號。辨九祭，一曰命祭，二曰衍祭，三曰炮祭，四曰周祭，五曰振祭，六曰擩如祭，七曰絶祭，八曰繚祭，九曰共祭。辨九𢷎拜，一曰稽首，二曰頓首，三曰空首，四曰振動，五曰吉𢷎，六曰凶𢷎，七曰奇基𢷎，八曰襃𢷎，九曰肅𢷎，以享右祭祀。

上下、親疏、遠近，合神人言，上，天神，下，地示，親，祖考，疏，百物，近，五祀，遠，山海嶽瀆。通達神明，莫不有辭，盟會征伐，賓客昏姻之好，凡致辭，必質鬼神，稱祖考，所謂通上下、親疏、遠近也。祠，廟祀。命，命神之卑者，如命龜命筮，猶今諭祭之辭。誥，誥神之尊者，如「敢昭告皇皇后帝」之類。會，盟會，歃血設誓之類。禱，災病求神，子路請禱之類。誄，累敘死者生平，哀公誄孔子之類。六者皆有辭，皆大祝作之。六號，即祝辭所稱。神號，如天稱皇天之類。鬼號，如祖稱烈祖之類。示號，如地稱后土之類。牲號，犧牲之類。齍號，明粢之類。幣號，量幣之類。皆易其常名，所以致美而歆鬼神也。九祭，皆尸祭，凡尸受獻受薦，皆先祭後食，祭則大祝贊之。命祭，祝命佐食取品物，授尸以祭。衍作餈，祭黍稷也。炮，祭燔炙也。周，偏祭也，《曲禮》云「殺之序，偏祭之」。振，如振袂之振，揮也，羞品有汁滓者，振去以祭也。擩、撋同，揉也，取肉揉于醯醢中以祭。絶，斷也，舉肺斷其末以祭，横曰絶，直曰繚。共祭，謂尸祭則祝與佐食供之。𢷎、拜同，俯首屈躬交手曰擦。稽、頓、空三者皆首也，振動、吉、凶三者皆身也，奇、褎、肅三者皆手也。稽，叩也，擊也，稽首，以頭叩地。頓，著也，頓首，頭著地，不叩也。空首，頭懸空，不及地也。振動，拜而惶悚戰栗也。吉，舒徐雍容，平等交拜也。凶，哀痛迫切，五體投地也。一拜曰奇，如《儀禮》君答臣一拜也。崇讓曰褎，即今鞠躬長揖也。肅拜，直躬端肅，微下其手，答卑幼之禮，猶今婦人立拜也。享，享賓。右、侑通，勸尸也。

凡大禋祀、肆享、祭示，則執明水火而號祝。隋釁句、逆牲、逆尸，令鐘鼓，右亦如之。來瞽，令臯舞，相尸禮。既祭，令徹。大喪，始崩，以肆鬯渳尸，相飯，贊斂，徹奠。言甸人讀禱；付、練、祥，掌國事。國有大故、天烖，彌祀社稷，禱祠。大師，宜于社，造于祖，設軍社，類上帝，國將有事于四望，及軍歸獻于社，則前祝。大會同，造于廟，宜于社，過大山川，則用事焉；反，行舍釋奠。建邦國，先告后土，用牲幣。禁督逆祀命者。頒祭號于邦國都鄙。

大禋祀，祀天神。肆享，陳牲享人鬼。祭示，祭地祇。明水，以鑑取水于月，明火，以燧取火于日，明，潔也，執水火者，水火百物之先，稱其嘉號，致祝也。隋、墮同，奠物于地以祭曰隋，洒除曰釁。將祭，脩其壇墠廟宇，大祝執明水火，隋祭釁除，以致明潔，如今開壇洒净之類，鄭以隋釁連下作薦血解，恐非。逆牲、逆尸，當祭之事，牲入，尸入，鐘鼓奏《昭夏》《肆夏》，皆大祝令之。右、侑通，勸尸食也。亦如之，亦令鐘鼓也。來瞽皋舞，見《樂師》，此大祝來之令之也。肆鬯，陳設鬯酒。涖尸，浴尸。相飯，助飯舍。徹奠，徹大小斂之奠。甸人，即甸師，天官之屬，掌治藉田，喪事則代王受眚災。言，大祝言于神。讀禱，大祝爲禱辭，讀以告藉田之神。付、祔同，既卒哭，祔主于廟。練，小祥。祥，大祥。國事，謂祭祀，禮儀皆大祝掌之。彌祀，偏祀，即大旅也。禱祠，禱各神祠。大師，王親征。宜，祭社。造于祖，祭祖廟也。設軍社，以社主從軍。軍歸獻功于社，大祝先告，王後臨也。用事，用祭也。反，王反。行舍奠，釋其器，奠其物于神，無迎尸以下及薦獻等事。禁，止其將然。督，責其已然。逆祀命，謂僭用祀禮者。頒祭號，謂頒其所當用之名號，使遵守也。

按：卜筮以下至祝巫等職爲禮愈駁雜，名法亦浸假杜撰，若八命、九筮、六夢、十煇、六祝、六祈、六辭之類，事乏典要，目亦煩簡失中，而鮮倫次，譸張爲幻矣。

小祝掌小祭祀將事侯禳禱祠之祝號，以祈福祥，順豐年，逆時雨，寧風旱，彌裁兵，遠辠疾。大祭祀，逆齍盛，送逆尸，沃尸盥，贊隋，贊徹，贊奠。凡事，佐大祝。大喪，贊渳，設熬，置銘。及葬，設道齎之奠，分禱五祀。大師，掌釁祈號祝。有寇戎之事，則保郊，祀于社。凡外内小祭祀、小喪紀、小會同、小軍旅，掌事焉。

小祝，職見《大祝》。將事，猶言奉事。侯禳禱祠，即小祭祀，侯，迎祥，禳，禦災，禱，祈求，祠，報賽。祝，六祝；號，六號。順，猶願也。逆，迎也，逆齍盛，尸入室，將饋食，粢盛自廟門外迎入也。送，祭畢送尸也。逆，始祭迎尸也。沃，酌水也。盥，洗手也。隋、墮同，尸將食，取肉黍稷墮祭于豆間，《士虞禮》「祝命佐食墮祭」是也。凡事，凡祭事。設熬，熬黍稷，置棺旁，惑蚍蜉也。銘，書死者姓名于旌，置西階上，表識之。道齎之奠，將葬，設大遣奠于廟庭，包其牲體，以車載送曰道齎。分禱五祀，亦謂葬時祭宮中户、竈、中霤、門、行之神，告王去不反也。大師，大出師。釁，以血釁鼓。祈，禡祭。號祝，猶告祝。保郊，保護四郊神壇，社主兵，祀以求福。小祭祀，林澤墳衍百物之祭。小喪紀，世子及諸侯大臣之喪。小會同，諸侯不時來見。小軍旅，命將出師，皆小祝掌其事。

按：古聖王所以銷裁彌患，動天地而感鬼神者，惟其脩德行仁，克當四海兆民之心，即天地鬼神不能違矣，故曰「惟仁人爲能饗帝，惟孝子爲能饗親」。身不行道，而脩裸將之文，結怨于四海，而求釋恨于鬼神，雖有神蓍靈龜，千巫百祝，捨身懺罪，如梁武帝之爲者，曾何救于死亡哉？是書所以瀆亂不驗也。

喪祝，上士二人，中士四人，下士八〔一〕人，府二人，史二人，胥四人，徒四十人。

〔一〕「八」，《續修》本、《存目》本訛作「二」，據閩本改。

掌送死之事。

喪祝掌大喪勸防之事。及辟，令啓。及朝，御匶，乃奠。及祖，飾棺，乃載，遂御。及葬，御匶，出宫乃代。及壙，説載，除飾。小喪亦如之。掌喪祭祝號。王弔，則與巫前。掌勝國邑之社稷之祝號，以祭祀禱祠焉。凡卿大夫之喪，掌事，而斂飾棺焉。

勸，謂執纛柩前郤行，勸帥六引。防，謂執披者居柩旁，防傾側也。辟，開也，王崩七日而殯，菆塗其棺，七月而葬，開塗啓殯，喪祝令之也。朝，柩將葬，朝于祖廟。匶、柩同，御匶，以輴車載柩適廟，喪祝爲御。乃設遷柩之奠，既朝，卻柩階間向外，設祖奠，祖，始也，凡出行之始皆有祖祭。既祖，設柳飾棺，乃載以行，亦喪祝爲御。柩車出宫，喪祝上士二人，相與更代而御。及窆所，脱載，扶柩下車，除去柳翣，説、脱通。小喪，王后世子以下之喪。喪祭，虞祭，葬日以虞祭易奠。祝號，即六祝、六號，王弔臣喪，喪祝與巫執桃茢前，除穢惡。勝國邑，所滅亡之國邑，皆存其社稷之祀，喪祝掌之，以其爲喪國也。掌事，掌喪事。

甸祝，下士二人，府一人，史一人，徒四人。

四時田獵祈禱者。

甸祝掌四時之田表貉之祝號。舍奠于祖廟，禰亦如之。師甸，致禽于虞中，乃屬禽。及郊，饁獸，舍奠于祖禰，乃斂禽。禂^禱^牲、禂馬，皆掌其祝號。

四時之田，春蒐、夏苗、秋獮、冬狩，皆大司馬之事。貉、禡通，祭始爲兵者，無壇壝，立表以祭。田動衆講武，必禡，必告廟。舍奠，猶釋奠，不立尸，不饋獻，釋所奠物于神前耳。禰，父廟。師甸，謂大衆既田，虞人立表田中，獲者各致禽于表下，甸祝分別屬類，計其多寡。師還及郊，以所獲獸獻郊壇，謂之饁獸，野饋曰饁，再言舍奠，出告反面也。斂禽，謂頒禽，各分斂之。禂、禱同，禱牲，求獲多也；禱馬，求强壯也，《詩》云「既伯既禱」，鄭註迂僻。

詛祝，下士二人，府一人，史一人，徒四人。

詛，惡誓，詛人于神，使禍之，《詩》曰「出此三物，以詛爾斯」，《書》曰「厥口詛呪」。

詛祝掌盟、詛、類、造、攻、說、禬、禜之祝號。作盟詛之載辭，以敘國之信用，以質邦國之劑信。

盟，明誓于神。詛，阻犯盟者。類造以下六者，解見前。載辭，書辭于策，爲坎殺牲，加書于上，告神埋之，渝此者，神禍之。敘國之信用，即載辭所敘，如葵丘五命之類，使同盟信而用之。質，正也。

劑，券也。有劑信者，必盟詛之，使質正而不敢背也。

按：先王所以服人心，一四海者，仁義忠信爲本，殺牲唼血，要鬼神爲質，發不祥之語，以要挾愚蒙，此市井駔儈欺罔之術，薦紳羞稱之，況有天下者乎？《詩》云：「君子屢盟，亂是用長。」五霸之事，所以見譏于《春秋》也，世儒不知《春秋》，誤信《周禮》，以盟詛爲先王之舊，豈不謬哉。

司巫，中士二人，府一人，史一人，胥一人，徒十人。

巫言無也，鬼神無形，故事神曰巫。

司巫掌羣巫之政令。若國大旱，則帥巫而舞雩。國有大烖，則帥巫而造巫恒。祭祀，則共匰丹**主及道布及蒩館。凡祭事，守瘞。凡喪事，掌巫降之禮。**

舞以樂神，雩，吁也，嗟吁而舞，禱雨之祭。巫，女巫，舞旱以女。恒，常舞處，旱久則常舞。匰主，以器盛神主，人捧一曰單。布，冪主巾，道，主在道，以布搶覆，防褻也。蒩，以茅爲藉，主入館，藉以茅，皆奉神主至壇墠陳設之事。守瘞，謂祭畢牲、玉之類當埋者，守而埋之。巫降，神氣在天，巫降之下也。

男巫無數，女巫無數，其師，中士四人，府二人，史四人，胥四人，徒四十人。

巫職尤不經。

男巫掌望祀望衍授號，旁招以茅。冬堂贈，無方無筭。春招弭，以除疫病。王弔，則與祝前。

望祀，謂不見其神，望想以祀。衍，演習，歌呼舞蹈，望其神來也。授號，神本虛無，授以名號。旁招，四方徧招。茅、旄通，執旄舞之，以招神也。冬，歲除，堂，宅也，贈，古本作矰，逐疫宅内，桃爲弓矢射四方，辟鬼物曰堂矰，猶《秋官·庭氏》「以大陰之弓枉矢射之」之類。無方，無定向，無筭，無定數，皆謂矰也。鄭據《占夢職》，贈送惡夢，與無方無筭未協。春陽發生，招福弭災也。

女巫掌歲時祓除、釁浴。旱暵，則舞雩。若王后弔，則與祝前。凡邦之大烖，歌哭而請。

祓除，拂去不祥。釁，取牲血歆鬼神。浴，洒掃，如今人浄竈室之類。暵，熱氣。舞雩見《司巫》。旱舞用女，致陰氣也，歌以樂神，哭以告哀，且歌且哭，女巫下神之狀。

按：巫言誣，自古有之，非先王之正典禮。古訓曰「恒舞于宫，酣歌于室，是謂巫風」，然則古人所深禁也，何爲反設之官，導其婦女，爲此誕罔不經之事乎？在《易·中孚》之六三曰：「或鼓或罷，或泣或歌。」巽、兑二陰不正邪媚之象，制禮者欲使婦人習之，格鬼神，祈福祥，不已謬與？

大史，下大夫二人，上士四人；小史，中士八人，下士十有六人，府四人，史八人，胥四人，徒四十人。

史者，文章之司，紀載之官，大史掌圖籍，司天文，小史貳之，馮相、保章皆其屬，昔晉韓起適魯，「觀書于大史氏，見《易象》與《魯春秋》」，則是大史所藏書，不止天文占測耳。據目，國之令甲、萬民之約劑及諸禮書，皆掌焉。《月令》云「大史守典奉灋」，皆禮事，或者欲移屬天官，豈以天官爲象緯占測之司而已乎？凡天官皆袞職，王者無爲，天道資始，故乾居西北，四時得正用事，天垂象不自占，故大史掌典灋則，以逆邦國、官府、都鄙之治，此春官所爲首四時，承天運，而稱宗伯者也。

大史掌建邦之六典，以逆邦國之治，掌灋以逆官府之治，掌則以逆都鄙之治。凡辨灋者攷焉，不信者刑之。凡邦國、都鄙及萬民之有約劑者藏焉，以貳六官，六官之所登。若約劑亂，則辟灋，不信者刑之。

六典、八灋、八則，皆冢宰掌之，小宰司會既貳之矣，此云掌者，蓋掌其典灋則之文書耳。掌其文書，則并與其逆考，凡以灋相争辨者，大史攷而聽斷之。不信，謂事理乖違詐冒者。約劑，猶今勘合文書，凡賦役刑名，達上行下，有期會者皆是，皆有副文藏于大史，以佐六官之治，及佐六官所登記之籍。約劑亂，謂不以時行復及寢閣之類。辟，開也，大史開其所藏之灋考之，不如約劑者，刑之。

正歲年以序事，頒之于官府及都鄙，頒告朔于邦國。閏月，詔王居門終月。

正歲，年以序事，謂治曆授時，使民因時作事。頒，頒曆日，頒告朔，謂以十二月朔及其月所行政事，頒于邦國諸侯，諸侯受而藏于祖廟，每月朔，則告廟請行之。詔王居門，即《月令》天子按月居明堂十二位，閏月無位，則居于門，《玉藻》曰：「閏月闔門左扉，立于其中。」終月，終閏月。

按：閏月王居門之説，緣于《明堂》，明堂之名，見于《孟子》與《詩序》，蓋天子巡守朝會之堂，取南面向明之義。青陽、總章、玄堂等名出《月令》，秦世處士之譚，而《玉藻》附會之。鄭氏援字意王在門作解，不思閏月始《堯典》，帝世無王，焉得以王在門爲閏？凡禮事，不折衷于《詩》《書》，多緯稗之言，君子未嘗過而問焉。

大祭祀，與執事卜日，戒及宿之日，與羣執事讀禮書而協事。祭之日，執書以次位常，辨事者攷焉，不信者誅之。大會同、朝覲，以書協禮事，及將幣之日，執書以詔王。大師，抱天時，與太師同車。大遷國，抱灋以前。大喪，執灋以涖勸防，遣之日，讀誄。凡喪事，攷焉。小喪，賜謚。凡射事，飾中，舍筭，執其禮事。

執事，謂大卜之屬，《占人職》云「史占墨」是也。戒，謂散齋七日。宿，謂致齋三日。讀禮協事，謂考禮書，合所行事，使無違錯也。次位常，謂序貴賤常位。辨事，謂以位事相争辨者，大史執書以考正之，妄冒僭越者誅之。大朝會，以書協禮事，謂先事考訂肄習也。將幣，諸侯既朝，奉享幣于廟，則執書以禮事告王大師。王出征，抱天時，抱占象之書。太師，樂官，掌執同律聽軍聲者，大史與同車，共察天時，處吉凶也。遷國抱灋，抱所藏典籍之類。勸防，見前。執灋以涖，糾其怠事者。遣之日，柩行之朝，設遣奠于廟庭。誄，哀辭。凡喪事，考其不如灋者，刑之誅之。凡射，謂王與賓客羣臣等射。盛筭之器曰中。筭，籌也，以記射中者。飾，脩飾。舍，猶釋也，每中一矢，釋一筭于中旁。

按：先王之制禮也，情順而事簡，用和而體安，使人習而利之，是故可大可久，而人無犯禮之失，故曰「先王之道斯爲美，小大由之」，何刑禁誅責之有？今大史一考禮不信，而誅之者一，不信而刑之者再，豈聖人所以化民成俗之意，煩瑣迫促，名法多而艱難强世，欲民不犯，不可得已。

小史掌邦國之志，奠繫世，辨昭穆。若有事，則詔王之忌諱。大祭祀，讀禮灋，史以書敘昭穆之俎簋。大喪、大賓客、大會同、大軍旅，佐大史。凡國事之用禮灋者，掌其小事。卿大夫之喪，賜謚讀誄。

小史，職見上。邦國之志，謂記載邦國事蹟之書。奠世繫，解見《瞽矇職》。彼云世奠繫，謂古帝系，此云奠繫世，謂繫昭代之世。辨昭穆，即因繫世而辨昭生穆，穆生昭也。有事，謂祭事，先王死日爲忌，死名爲諱，皆以告王。讀禮灋，謂大祭祀，大史與羣執事撿讀禮書，小史亦與也。史以書，即所屬史八人，供書寫之役者，據禮瀍，按昭穆，書其世敘。俎盛牲，簋盛粢，亦書其先後多寡之敘，鄭謂大史讀禮，小史書敘，誤也。賜謚，王賜卿大夫之謚，必以辭告之，所謂誄也，誄則小史讀于柩。

馮平相氏，中士二人，下士四人，府二人，史四人，徒八人。

馮、凭同，猶乘也。相，視也。乘高以觀天象，掌察七政之位次，世官曰氏，氏，猶家也。《春秋傳》曰：「胙土命氏。」

馮相氏掌十有二歲、十有二月、十有二辰、十日、二十有八星之位，辨其敘事，以會天位。冬夏致日，春秋致月，以辨四時之敘。

歲，謂歲星，左行，一年歷一辰，所在之辰爲歲，在寅曰攝提格，在卯曰單閼，在辰曰執徐，在巳曰大荒洛，在午曰敦牂，在未曰協洽，在申曰涒灘，在酉曰作噩，在戌曰掩茂，在亥曰大淵獻，在子曰困敦，在丑曰赤奮若，歷十二舍，爲十有二歲之位，而成一紀。月，謂斗柄所建，每月與日會于一辰，自正月建寅，至十二月建丑，凡歷十二朔，而成一歲，是爲十有二月之位。辰，即日月所會之次，正月次亥曰陬訾，二月次戌曰降婁，三月次酉曰大梁，四月次申曰實沈，五月次未曰鶉首，六月次午曰鶉火，七月次巳曰鶉尾，八月次辰曰壽星，九月次卯曰大火，十月次寅曰析木，十一月次丑曰星紀，十二月次子曰玄枵，是爲十二辰之位。天干，甲、乙、丙、丁、戊、己、庚、辛、壬、癸，是爲十日之位。

東方，角、亢、氐、房、心、尾、箕；南方，井、鬼、柳、星、張、翼、軫；西方，奎、婁、胃、昴、畢、觜、參，北方，斗、牛、女、虛、危、室、壁，是爲二十八星之位。十二辰、二十八星者，天位之體也；十二歲、十二月、十日者，紀曆之數也。天象有位，則人事有敘，如仲春平秩東作，厥民析，其月建卯，日月會于降婁，爲奎婁之次；仲夏平秩南訛，厥民因，其月建午，日月會于鶉首，爲井鬼之次；仲秋平秩西成，厥民夷，其月建酉，日月會于壽星，爲角亢之次；仲冬平秩朔易，厥民隩，其月建子，日月會于星紀，爲斗牛之次。以至十有二歲，十有二月，所會天位，皆可推也。致日者，樹八尺之表于日中，冬至，日在牽牛，景長丈有三尺；夏至，日在東井，景長尺有五寸，此長短之極，所以致日也。致月者，春分日在婁，月上弦于東井，下弦于牽牛；秋分日在角，月上弦于牽牛，下弦于東井，此長短之中，所以致月也。致日必于冬夏，致月必于春秋者，天度一月易一位，一時易一方，推日月所經，正在二分二至，爲天度之中，分至之氣正，則四時之序正矣。

保章氏，中士二人，下士四人，府二人，史四人，徒八人。

保，守也，章，天文也，世守天文之官，掌觀七政之變動。

保章氏掌天星，以志星辰日月之變動，以觀天下之遷，辨其吉凶。以星土辨九州之地，所封封域皆有分星，以觀妖祥。以十有二歲之相，觀天下之妖祥。以五雲之物，辨吉凶、

水旱降豐荒之祲象。以十有二風察天地之和，命乖别之妖祥。凡此五物者，以詔救政，訪序事。

天體無方，步占以星爲主，故曰掌天星。星，謂木、金、水、火、土五星，木曰歲星，火曰熒惑星，土曰鎮星，金曰大白星，水曰辰星。辰，謂二十八宿分爲十二辰，二十八宿經天不移，無以見吉凶，惟日月五星行乎十二月辰之次，留伏順逆，是生變動，日有薄蝕暈珥，月有虧盈朓挑，上聲側，五星有盈縮圜角，天象變動，則人事遷移，可辨其吉凶也。星土，謂十二辰分主十二土，星紀，吴越也；玄枵，齊也；娵訾，衛也；降婁，魯也；大梁，趙也；實沈，晉也；鶉首，秦也；鶉火，周也；鶉尾，楚也；壽星，鄭也；大火，宋也；析木，燕也。凡日月薄蝕于其分，五星盈縮守犯於其處，彗孛客星見于其野，則妖祥可觀也。歲星爲東方龍精，天德貴神，所在之野，其國不可加兵，一歲移一辰，十二歲一周天，故天行以歲爲年，妖祥以歲爲占，順軌則祥，乖次則妖，其象可觀也。五雲之物，謂雲氣之色，《春秋傳》云：「凡分至啓閉，必書雲物。」占測家以青爲蟲，赤爲兵荒，黄爲豐，白爲喪，黑爲水。降，自天降。祲象，乖氣。十二風，謂十二月之風：距冬至四十五日，條風至；又四十五日，明庶風至；又四十五日，清明風至；又四十五日，景風至；又四十五日，涼風至；又四十五日，閶闔風至；又四十五日，不周風至；又四十五日，廣莫風至；以十二律管埋地中，深淺按月候，以驗氣之應否也。命，猶分也；乖，異也；别，離也。妖祥者，不和之徵。五物，謂天星、星土、歲相、雲物、風氣也。

救政，謂脩禳以回天變。訪，諮訪；序事，順敘之事，訪序事，所以救乖事也。

按：天象五行休咎之説多端，其要以人主脩德行仁爲本，人主之身，即天下人之身，人主之心，即天下人之心，天下人之心，即天地之心，其氣一，其理同，不可謂天有必然之數，而無與于己，不可謂人有自作之孽，而無與于天，聖人所以致中和，位天地，育萬物者，其道不過如此。若夫推日月之躔次以爲妖祥，測五星之運行以驗休咎，如《春秋傳》裨竈史墨諸人之説，則是日月五星，日流行于天地之間，盈虚參差，往往而是，過一分，彼當其咎，少一分，此受其殃，是大道無時不以降災爲事，人物受譴蒙譴無虚日，豈造化生物之理乎！所以牽强附會，終不驗也，善言天者，莫如《易》，聖人之繫《易》，本諸人事而已。

内史，中大夫一人，下大夫二人，上士四人，中士八人，下士十有六人，府四人，史八人，胥四人，徒四十人。

掌王之策命，凡書策，皆禮之屬。

内史掌王之八枋柄之灋，以詔王治。一曰爵，二曰禄，三曰廢，四曰置，五曰殺，六曰生，七曰予，八曰奪。執國灋及國令之貳，以攷政事，以逆會計。掌敘事之灋，受納

訪，以詔王聽治。凡命諸侯及孤卿大夫，則策命之。凡四方之事書，内史讀之。王制禄，則贊爲之，以方出之。賞賜亦如之。内史掌書王命，遂貳之。

枋、柄通，《冠禮》「加柶面枋」。八柄，即《冢宰》八柄，載在方策，内史掌之，掌其書，遂執其灋。國令之貳，謂凡國令典，皆掌其副。執國灋以考政事之得失，貳國令以逆財用之會計。敘事，即《小宰》六敘，百官以敘爲本，朝廷有序，則政紀清，其灋亦内史掌之。納訪，下有納誨，上有延訪，内史受以告王。諸侯、孤卿大夫有功德，晉爵加等，以策書王命授之。四方有事上書，讀而省之。王以禄頒臣下，贊王爲之等，以方策書其數，出而予之，王賞賜亦然。凡王有策命，如生殺、廢置、予奪，皆内史以方出之，留其副書曰貳。

按：史本典書策之名，故内史所掌皆書策之事，典籍簡策，自當屬禮官，原無錯誤，其目即《冢宰》八柄，以贊王聽治執灋，此宗伯所以佐冢宰，聯事共職者也。其屬七十，自鬱人以下，皆几筵、鐘磬、卜祝、鬼巫之司，朝廷紀綱政事，獨内史一職，春官承天而首四時以此，世儒疑其目相似，改置天官，非也。

外史，上士四人，中士八人，下士十有六人，胥二人，徒二十人。

掌王命達于四方。

外史掌書外令，掌四方之志，掌三皇五帝之書，掌達書名于四方。若以書使于四方，則書其令。

外令，王命之布于外者。四方之志，記四海九州、山川地理、人物事蹟之書。書名，即文字，有點畫形象，必有名字，唯天子考文，故傳達使通曉。以簡書遣使臣適四方，則書王命授之。

御史，中士八人，下士十有六人，其史百有二十人，府四人，胥四人，徒四十人。

御，侍也，掌灋令之書數。

御史掌邦國、都鄙及萬民之治令，以贊冢宰。凡治者受灋令焉。掌贊書。凡數從政者。

六官之令，莫備于冢宰，冢宰爲灋令之長，其書數皆御史領之。凡爲吏治事，求灋令者，皆于御史受之。贊書，謂助佐書寫文字。凡數，謂凡精通九數，以此二事從政在官者，即其史百二十人之輩，皆御史掌之，鄭解未達。

巾車，下大夫二人，上士四人，中士八人，下士十有六人，府四人，史八人，工百人，胥五人，徒五十人。

巾車，車上幨帷，名器莫重于車，故大夫掌之。工，車工。

巾車掌公車之政令，辨其用與其旗物而等敘之，以治其出入。

公車，猶言官車。用，即祀賓等用。旗物，旌旗物色，即大常、大旂之屬，皆建于車上者。等，謂差其貴賤，如同姓異姓，下至庶人之等。敘，即敘其等。治其出入，謂出則供之，入則藏之，皆所謂政令也。

王之五路：一曰玉路，錫（陽），樊（盤）纓，十有再就，建大常，十有二斿，以祀；金路，鉤，樊纓九就，建大旂，以賓，同姓以封；象路，朱，樊纓七就，建大赤，以朝，異姓以封；革路，龍（駹）勒，條纓五就，建大白，以即戎，以封四衛；木路，前（淺）樊鵠纓，建大麾（揮），以田，以封蕃國。

大道曰路，凡王所在稱路，車以行道，于義本切，故即路名車，五路，即玉、金、象、革、木。玉路，以玉飾車。其駕車之馬，額間有金飾曰錫，錫者，揚也，眉上曰揚，《詩》云「揚且之顔」也。樊、鞶通，馬胸前革帶，今之扳胸。纓，纓絡，以五采罽纏束爲流蘇，縣鞶間，大者纏十二匝乃成，故曰十有再就，九、七、五倣此。大常，天子旗，畫日月者也。斿，垂旒，旗正幅外裂繒綴下邊，凡十有二。以祀，乘此車郊祀也。金路，金飾之車。鉤，金鉤，著鞶上以懸纓，《詩》云「鉤膺」也，玉路有錫有鉤，金路有鉤無錫，錫在額，鉤在項下，當胸。纓九就，殺其三也。大旂，畫交龍者也。以賓，乘此車會同諸侯也。同姓以封，封王子弟則賜之也。象路，象齒飾車，以朱革爲馬帶，無鉤，其纓七就，視金路殺二也。大赤，赤旗，周所尚色，王出視朝所乘。異姓，王甥舅之屬。革路，以皮鞔束使固，凡車皆然，此無飾，故但曰革路也。龍、庬通，雜色也。勒，馬韁。條纓，以窄皮爲帶，綴纓于上。五就，視象路殺二。大白，白旗，周所勝色，殺于赤。兵事尚白，故用以即戎。封四衛，封四方諸侯在要服内者，護王畿曰衛。建白、即戎，皆謂王，非謂封四衛諸侯皆建白旗也，大麾亦然。木路，并革亦殺矣，凡車無革不可行，此甚言其朴。前，作淺，如《士喪禮》「疏布緇翦」之翦，淺黑色也。鵠，乾鵠，鵲也，其色玄，鵠纓，黑色纓。麾，揮也，旗以指揮，黑色，夏旗也。田曰獵。蕃國，要服外，蠻夷之長，爲中國蕃蔽者。此上五路，王皆兼用，諸侯則各從其等，上得兼下，下不得兼上也。

王后之五路：重翟，鍚(陽)面朱總；厭(音押)翟，勒面繢總；安車，彫面鷖總，皆有容蓋；翟車，貝面，組總，有握；輦車，組輓，有翣，羽蓋。

翟，雉羽，以爲車蔽，表裏皆翟曰重翟。鍚面，與王玉路馬面飾同。總，馬轡，其色朱。厭、壓同，以雉羽鱗次相壓，不及重也。勒面，謂如王馬龍勒之皮以爲馬面飾。繢總，畫繒爲轡。安車，尋常出入安乘之車，與祭饗禮瀼之車異。彫面，彫刻飾馬面。鷖，水鳥，青色，以鷖色繒爲轡。容，車帷，蓋，車頂蓋，此重壓安三車，皆周圍掩蔽，飾以翟羽，而上加幨帷也。翟車，以翟羽微飾之，又次安車。貝，貝甲，以飾馬面。組總，以絲絛爲轡。握作幄，此車無容蓋掩蔽，但以繒帛爲幄，韜其上。輦車，人所輓車，制低小，有輪無輻，迫地行，無馬無緦，以絲緣輓行，別用翣扇掩其旁，羽蓋覆其上。

按：《曲禮》云「婦人不立乘」，又云「大夫七十而上，賜安車」，古者乘車皆立，獨老人坐乘曰安車。然則王后不立乘，五路皆安，今獨次三名安車，則是婦人亦有瀍車，不坐乘者矣。故禮家言不盡同，鄭又以重翟爲從王祭祀，厭翟爲從王饗賓，安車無蔽朝王，翟車出桑，皆猜說。容蓋即是蔽，皆有容蓋，括上三車，豈獨安車無蔽乎？翟曰重曰厭，非蔽而何？據文，前三車皆有蔽，後二車乃無蔽耳，幄與翣蓋正爲無蔽設。

王之喪車五乘：木車，蒲蔽，犬䄏蔑尾櫜，疏飾，小服皆疏；素車，棼蔽，犬䄏素飾，小服皆素；藻車，藻蔽，鹿淺䄏，革飾；駹車，萑丸蔽，然䄏，髤休飾；漆車，藩蔽，豻䄏，雀飾。

喪車，大喪所乘車。木車，柴車，初喪無文之惡車。蒲蔽，蒲編爲障蔽。軾凭處，覆以皮曰䄏，犬，狗皮。尾，車上所設戈矛，以狗尾爲旄，櫜而藏之。疏，粗布，䄏櫜皆以疏布緣飾之。小服，短兵衣亦用疏布。次二曰素車，以白爲飾。棼、蕡通，以蕡麻爲蔽。素飾，以白布爲緣。次三曰藻車，藻、藻同，水草，蒼色。鹿淺，鹿皮無裏者，淺、帴通，無飾曰帴。練祥後，未遂用文裀，《詩》韓侯受命，「鞹鞃淺幭」，亦除喪用之，鄭謂鹿皮夏毛淺，鑿也。革飾，以無毛之皮爲緣。次四曰駹車，駹，雜文。藋，葦席。然，果然，猿屬，《莊子》云「腹猶果然」。髹、髤同，漆飾曰髹，革緣而加漆色，駹色髹飾，猶未全漆也。次五曰漆車，則純漆矣。藩蔽，以簟爲蔽。豻，胡地犬，或云狐與犬交生子，皮類狐。雀，玄鳥色，亦韋也。

服車五乘：孤乘夏篆，卿乘夏縵，大夫乘墨車，士乘棧車，庶人乘役車。

服車，謂畿外六服臣民所乘車。孤，公之孤。夏，采色，篆，彫刻，車衡畫采，加彫篆也。縵，雜文，畫而不彫曰縵。墨車，黑漆無畫。棧車，素木無漆。役車，不蔽不蓋，或牛或輓，但可載任器，供役事，非乘具也。

凡良車、散上聲車不在等者，其用無常。凡車之出入，歲終則會之，凡賜闕之，毀折，入齎于職幣。大喪，飾遺車，遂廞之，行之；及葬，執蓋從車，持旌；及墓，嘑啓關，陳車。小喪，共匶路與其飾。歲時更續，共其弊車。大祭祀，鳴鈴以應雞人。

良車美，散車麤，諸不在五等之類，惟所用之，故無常。凡乘用官車出入，歲終計其數，稽其完敝，如已賜其人，則不在計內。官車毀折，賣其財入職幣，以助繕治。遺車，載牲幣明器送葬之車。飾，脩飾。廞之，謂吉車，如王與后五路之類，居喪不用，廞而藏之，其飾爲遺車者行之。及葬，謂柩在道。執蓋，輴車無蓋，巾車親爲執蓋以從。持旌，執銘旌柩前，執蓋又執旌，下大夫二人也。啓關，開墓門。

陳車，陳列遣車于墓道左右。匶路，謂輲車。飾，柳翣。更續，謂四時置造新車，以續舊車。其敝壞者，供以還官。鳴鈴，鳴其車上和鸞，大祭祀，雞人呼旦儆百官，巾車亦鳴鈴應之，王出祭，必乘車，應雞人者，勸駕之意。

典路，中士二人，下士四人，府二人，史二人，胥二人，徒二十人。

掌王與后所乘車。

典路掌王及后之五路，辨其名物與其用說稅。**若有大祭祀，則出路，贊駕說。大喪、大賓客亦如之。凡會同、軍旅、弔于四方，以路從。**

王及后之五路，見《巾車》。用，謂行則駕之；說，謂既舍則脱之。出路，國有大事，則陳五路，示不敢寧居也，《尚書·顧命》「大路在賓階面」之類。贊駕説，助車僕與趣馬也。王有大事，出乘一路，以其餘路從行。

車僕，中士二人，下士四人，府二人，史二人，胥二人，徒二十人。

掌戎車也。

車僕掌戎路之萃，廣車之萃，闕車之萃，苹車之卒，輕車之萃。凡師，共革車，各以其萃，會同亦如之。大喪，廞革車。大射，共三乏。

萃，猶副也。五者皆兵車，戎路即革路，王乘之以即戎者，一戎路出，衆戎路副之曰萃。廣、闕、苹、輕四車皆戎路，而其用殊。廣車，橫陣之車，《春秋傳》晉楚邲之戰，楚分車爲左右二廣是也。闕車，補闕之車，楚以游闕四十乘爲左拒是也。苹、屏通，對敵及安營屏蔽之車。輕車，馳敵奔突之車。革車，即五車供革車，各以其副從。會同，王乘金路，五戎亦從，故曰如之。大喪廞革車，藏先王生日所乘戎車，猶廞衣服之類，車僕廞之者，廞其所掌也。乏，一名容，以皮爲之，射則設近侯，報獲者所自容隱，矢不及曰乏。王射，六耦，三侯，三容，見《夏官・射人職》，車僕供之，亦屏蔽之事，革車之類也。

按：車僕與下司常所掌多軍陳行伍之事，以屬宗伯，亦內政之意，所謂軍禮同邦國也，凡車旂皆禮事。

司常，中士二人，下士四人，府二人，史二人，胥四人，徒四十人。

掌旗幟之官。常，天子所建旗名，凡旗皆建之車上。

司常掌九旗之物名，各有屬，以待國事。日月爲常，交龍爲旂，通帛爲旜，雜帛爲物，熊虎爲旗，鳥隼爲旟，龜蛇爲旐，全羽爲旞，析羽爲旌。及國之大閱，贊司馬頒旗物：王建大常，諸侯建旂，孤卿建旜，大夫士建物，師都建旗，州里建旟，縣鄙建旐，道車載旞，斿車載旌，皆畫其象焉，官府各象其事，州里各象其名，家各象其號。

九旗，即常旂至旞旌九也。物，即九旗之色名，即九旗之名。各有屬，即官府以下，各象事名號，使相聯屬也。待國事，聽指揮也。日月，畫日月于旗，天象常明，故曰常，王旗也。交龍，畫二龍，一升一降，旂言令也，旗上有衆鈴，以令衆也。通帛，純帛無畫，周尚赤，赤帛也。旜，單也，通，純無物之稱。雜帛，以雜色帛緣飾之。物者，相雜之稱。畫熊虎，象猛也。旗，期也，與衆期于其下。畫鳥與鷹隼，象鞏疾也。旟，與也，鞏飛貌。畫龜蛇，象神武也。旐，兆也，陰符之意。全羽，剥飛鳥皮懸之竿上。旞，遂也，直前之名。析羽，分析鳥羽，亦懸竿上。旌，精別之名。旞旌二者，有羽無帛，如今節旄之類。大常以下七旗，皆帛也。大閱，仲冬王大閱武也，大司馬頒旗物，司常贊之。王建大常以象天。諸侯建龍旂，以象登天也。孤卿建純帛之旜，明從王也。大夫士各守其職，建雜帛之物。師，衆也，都，公邑，師都，鄉老爲三公者，食邑于都，兼統鄉遂之衆，建熊虎之旗。其次州里之長，建鳥隼之旟，州里，即州閭鄉之屬。其次縣鄙之長，建龜蛇之旐，縣鄙，六遂之屬。六鄉爲前軍，鳥隼陽象也，六遂爲後軍，龜蛇陰象也。以上七者，皆統衆之大旗也。旞旌以下，又各車上小旗，所謂徽識也，前導之車，載全羽之旞。斿，屬也，各屬之車，載析羽之旌，皆畫其象，猶《曲禮》前有塵埃載鳴鳶，前有車騎載飛鴻之類。其三軍之衆，各有所屬。官府及其地里居宅，車上各以小旗表識，如司馬、鄉遂大夫之屬，各以執事爲象别之；州里之屬，各以州里之名爲象别之；鄰比五家之屬，各以家之號爲象别之，如此則什伍相聯，不至淆亂而無統。鄭註未明，云道車爲王出入之車，斿車爲王遊閒之車，尤無謂。

凡祭祀，各建其旗。會同、賓客，亦如之，置旌門。大喪，共銘旌。建廞車之旌，及葬亦如之。凡軍事，建旌旗；及致民，置旗，弊之。甸亦如之。凡射，共獲旌。歲時共更旌。

祭祀，適郊廟也。置旌門，見《天官·掌舍職》。王在外爲帷宮，則設旌門，謂樹旌旗爲行宮門。凡初喪，各以死者所當建之旗象其制，而以尺易仞，書死者名，置西階上，表其柩也。廞車之旌，謂王崩，生前所乘五路，廞而藏之，亦以旌識之。及葬如之者，建遣車之旌也。致民，謂招集衆人，則置大旗爲表。既至，則仆旗以誅後至曰弊。甸，田獵，亦置旗弊之。獲旌，報獲者所持旌。更旌，供新旌，易舊旌也。

都宗人，上士二人，中士四人，府二人，史四人，胥四人，徒四十人。

王城外四百里爲縣，五百里爲畺，王子弟之封與公之食邑在曰都，貴戚曰宗。都宗人，親戚之貴者，掌其都事，與家宗人專爲祭祀設，故以終禮職。

都宗人掌都祭祀之禮。凡都祭祀，致福于國。正都禮與其服。若有寇戎之事，則保羣神之壝偉。國有大故，則令禱祠；既祭，反命于國。

都家之邑，皆有山川社稷、五祀宗廟，及丘陵墳衍、名賢古祠，禮當祭者，皆都宗人掌之。致福于國，爲王祝福也。正都禮，禁其違失也。服，衣服及車旗之屬。羣神之壝，謂境内神壇。國有大故，謂王國有烖變。既祭，反命于王。

按：臣子祭祀，必使祝福于君，此秦漢以來人主驕恣之事，非先王所以小心昭事之禮也。

家宗人，如都宗人之數。

王畿三百里曰稍，卿大夫采地在焉，曰家邑，家宗人掌其事。

家宗人掌家祭祀之禮。凡祭祀，致福。國有大故，則令禱祠，反命。祭亦如之。掌家禮與其衣服、宮室、車旗之禁令。

國有大故，禱祠反命，解見前。

凡以神士者無數，以其藝爲之貴賤之等。

士，仕也，習于鬼神之事而仕爲士者。自大卜以下至保章諸職，皆鬼神之事。無數，謂不限常數，貴者爲上士，次中士，又次爲下士。

凡以神士者，掌三辰之灋，以猶鬼神示之居，辨其名物。以冬日至致天神人鬼，以夏日至致地示物彪眉秘反，**以禬國之凶荒、民之札喪。**

三辰之灋，謂日月星之次。猶，圖也。居，位也。三辰之精，降爲鬼神，鬼神之位，象日月之躔度，與列宿之次舍，而其名色可知也。世俗謂地有一物，則天有一星，即此意也。冬至陽生，天與人屬陽；夏至陰生，地與物屬陰。彪、魅通，百物之神曰彪。禬，會也，祈福之名，祈福所以解殃，今世俗有十保福即禬也。

按：百物之精，上爲列宿，理固有之，如謂某物爲某星，某星直某物。星之精下爲鬼神，誕妄不經，秦漢以來術士，欺誑世主，秦皇漢武，竭四海之力，以求一試，而竟無左驗，奈何以此開後世好誕之端乎！縱使列宿皆有神，鬼物皆有居，人行人道，鬼行鬼道，列宿何預人事，而必欲致之，亦勞矣，況萬無是事乎？大人者與日月合其明，鬼神合其吉凶，豈謂是與？是書所以辨方正位，象四時而列六官，學術本原可知已。

右春官之屬七十，卿一人，大夫二十七人，上士四十九人，中士一百二十六人，下士二百二十七人，府一百一人，史二百五十人，胥一百六十四人，徒一千五百七十人，又瞽矇三百人，眡瞭三百人，韎舞者十六人，黿車之工一百四人，六宫女卿大夫士共六十四人，女府、史、奚一百二十人，守祧奄八人，女祧女奚共四十二人，以上共三千四百六十九人，其餘若旄舞人無數，男巫無數，女巫無數，凡以神士者無數，内宗、外宗女之有爵者無數。

周禮完解卷六終

周禮完解卷七

郝敬　習

夏官司馬第四

夏官，官象夏也。夏，大也，天高日永，萬物相見，莫大乎夏，國家之事，莫大乎軍旅。司馬六軍之長，次宗伯，聖人所謂文德脩而遠人服也，馬行地致遠，故以名。夏，繼春者也，禮樂昭明于帝鄉，如草木榮華于震旦，木氣自東而南，當離位，卦象爲甲胄，爲戈兵，地支屬午，馬爲午獸，東方七宿，角、亢、氐、房、心、尾、箕，是謂蒼龍，房居中爲馬精，心居中爲火精，夏火用事，與房同舍，龍馬自東而南，行與火并，故馬屬夏也。午火自南西流爲坤，坤利牝馬，西南得朋，利征無疆，蓋水歸東南，而坤居西南，午火正中，暑氣溽烝，水土相得，其卦爲師，故司馬所統，即司徒、司空所兼脩者也。地水西行遇母，復命于父，歸于其宅，五氣所以運旋，周流無間，曰「周禮」也，辨方正位，其斯而已。

惟王建國，辨方正位，體國經野，設官分職，以爲民極。乃立夏官司馬，使帥其屬而掌邦政，以佐王平邦國。

建國以下，解見前篇。政，正也，以正不正；政，征也，以正往正。馬利用征，司馬，行政之官也，天官無爲，司徒、宗伯脩之于内，司馬奉天，布政于四方，故其道主蕩平，南方地卑，利牝馬之貞，其象如此。

政官之屬：大司馬，卿一人；小司馬，中大夫二人；軍司馬，下大夫四人；輿司馬，上士八人；行杭司馬，中士十有六人，旅下士三十有二人，府六人，史十有六人，胥三十有二人，徒三百有二十人。凡制軍，萬有二千五百人爲軍，王六軍，大國三軍，次國二軍，小國一軍，軍將去聲皆命卿；二千有五百人爲師，師帥率，去聲皆中大夫；五百人爲旅，旅帥皆下大夫；百人爲卒，卒長皆上士；二十五人爲兩，兩司馬皆中士；五人爲伍，伍皆有長。一軍則二府，六史，胥十人，徒百人。

政官，即大司馬，其屬，謂小司馬以下及衆職七十也，遞相副貳如五官，而此胥徒獨三倍者，軍伍事煩也。行司馬，主行列。「凡制軍」以下，興師之灋，即内政爲軍令也，司馬所統六軍之衆，即司徒所教六鄉、六遂之民。一軍萬二千五百人，即一鄉萬二千五百家也。軍將之命卿，即鄉大夫之卿，師帥即州長，旅帥即黨正，卒長即族師，兩司馬即閭胥，伍長即比長，此司徒所以爲重任，地所以承天而資四時也，《周禮》之要在于此。

按：司徒六鄉，而遂人之政與鄉老等，是鄉遂灋同也。六鄉既爲六軍，六遂亦然，是天子十有二軍也。今曰六軍，以六遂之地外通稍縣都鄙，不全屬王家，賦與六鄉異。然六遂地亦廣矣，調度之灋不甚詳，愚所以謂是書密于近，而疎于遠也。

大司馬之職，掌〔一〕邦國之九灋，以佐王平邦國：制畿封國，以正邦國；設儀辨位，以等邦國；進賢興功，以作邦國；建牧立監，以維邦國；制軍詰禁，以糾邦國；施貢分職，以任邦國；簡稽鄉民，以用邦國；均守平則，以安邦國；比小事大，以和邦國。

大司馬九灋，獨言邦國者，司馬專閫外，以平諸侯爲事。諸侯布散五服，而平治之灋在朝廷，九灋所以整飭六服，使莫敢不正，故曰「佐王平邦國」。司馬所以平之者在征伐，先之以九灋，其不協于灋，有討。畿，邊疆；封，封土爲界，制畿有侯甸男采衞，封國有公侯伯子男。畿封定，則上下遠近、土地人民各正而六服定，故爲九灋之首。其次莫如辨名分，儀者，公侯伯子男及孤卿大夫九儀，《大宗伯職》云「以九儀之命，正邦國之位」，《大行人職》云「以九儀辨諸侯之命，等諸臣之爵」。儀有隆殺，則位有尊卑，設儀以辨位，而後貴賤有等。其次莫如進賢興功，有德者進，有功者興，則羣情振起，所以作邦國也。乃州立一牧，爲二百一十國之長，國立一監監之，所以維繫之，使不叛離

〔一〕「掌」字下據閩本有「建」字，《續修》本、《存目》本無。

也。又制立軍政，詰禁姦慝，如天子六軍，大國三軍，小國一軍，所以糾察之，使不亂也。乃施九貢，分職任民，所以責任邦國，使納貢于上也。乃簡閲其實，稽考其數，什伍相聯，以用邦國之民。各均其守，各平其賦，以安邦國之心。親比其小，服事其大，以和邦國之交。所謂九灋也。王以此平邦國，司馬操征伐之柄以佐之，故灋立而邦國莫敢不正也。

按：此文則大司馬之權，不獨重于五官乎？制畿封國，施貢分職，兼司徒；設儀正位，比小事大，兼宗伯；進賢興功，建牧立監，兼大宰；制軍詰禁，稽簡鄉民，兼司寇，然則六卿之權重，無踰于司馬者矣。外典重兵，内緫大政，將無偏重之患，不掉之憂與？殆非古明王所以設官分職之良規也。作者惟欲借兵威以伸王灋，有司馬九伐，然後可行九灋于邦國，孟子謂以力服人，霸者之事，威天下以兵革之利而已。故官雖有六，所重莫如司徒與司馬，司徒脩内政，司馬制軍令，司徒爲相，司馬爲將，故宗伯之禮，附于司徒之教，而兼司空之事，司寇之刑，附于司馬之兵，而操大宰之柄。蓋三代以還，其治術未有踰于富强者，故將相之權特重，孟子謂「由今之道，無變今之俗」，時使之然，豈《周官》之舊與！《王制》謂古者選士，鄉升之司徒，司徒升之司馬，司馬升之王，而後用之，則司馬重于六官，自古已然。古禮樂征伐合爲一，士有文事，即有武備，故童則習舞，長則習射，干戚、弓矢、金革之事，幼學而壯行，故司徒教士與司馬掄材，非二途也。後世士識一丁耳，手不習弓矢，口不誦韜略，學術所以日偷，治道所以不如古，職此之故。儒者耳食周公之禮，及其不合，妄事改訂，謂是書爲錯簡，司馬不當掄士，猶夏蟲語冰矣。

以九伐之灋正邦國，馮平弱犯寡則眚損之，賊賢害民則伐之，暴内侵外則壇善之，野荒民散則削之，負固不服則侵之，賊殺其親則正之，放弑其君則殘之，犯令陵政則杜之，外内亂，鳥獸行，則滅之。

馮，乘陵也。眚，減削也。暴内，内暴其國。侵外，外侵鄰國也。壇、墠通，平其地以爲墠，遷徙之也。負固，恃地險不服天子。侵，謂以兵侵其疆境。賊殺其親，謂子弟殺父兄。正，正其罪。殘，殺也。犯令陵政，犯亂天子之政令。杜，止也。外亂，如齊襄公淫女弟。内亂，如衛宣公烝父妾。行同鳥獸，無人道也。滅，誅絶也。

按：九伐之灋，罪之大小與刑之輕重，亦不甚允。

正月之吉，始和布政于邦國都鄙，乃縣政象之灋于象魏，使萬民觀政象，挾日而斂之。

解見《大宰》。六官獨大宗伯不縣象，不觀象，以禮制一定，歲無可更也。

乃以九畿之籍，施邦國之政職。方千里曰國畿，其外方五百里曰侯畿，又其外方五百里曰甸畿，又其外方五百里曰男畿，又其外方五百里曰采畿，又其外方五百里曰衛畿，又其外方五百里曰蠻畿，又其外方五百里曰夷畿，又其外方五百里曰鎮畿，又其外方五百里曰蕃畿。凡令賦，以地與民制之。上地食者參之二，其民可用者家三人；中地食者半，其民可用者二家五人；下地食者參之一，其民可用者家二人。

此申明上九灋制畿封國，詳舉天下邦國形制，皆大司馬所掌四方之政也。畿，邊界。籍，圖冊。政職，貢賦也。國畿，王畿也，王畿居中，環四外各五千里，由近及遠分爲九畿。侯，伺侯非常。甸，佃也，佃治王田。男，任也，爲王任職。采，採取也。衞，防護也。蠻，縻係也。夷，無禮貌。鎮，守也。蕃，蔽也。令賦，令侯甸以外邦國之軍賦。地與民，皆謂侯甸以外，《小司徒》所謂地與民者。王畿之賦，此則大司馬施貢分職，以任四方者也。司徒所任，王之六軍，司馬所令，大國三軍，次國二軍，小國一軍之灋也。上地，即不易之地，家百畝也。可食者三之二〔一〕，外有萊五十畝也。其家七人，除家長外可任者半，止三人也。中地，即再易之地百畝，可食者半，外有萊百畝也。其家六人，除家長外，可任者半，則二家五人也。下地，三易之地百畝。可食者三之一，外有萊二百畝也。其家五人，除家長外，可任者半，則二人也，鄭解俱未達。

○按：此節之文，説者疑不當屬司馬，欲移之司徒、司空，不知是書以司馬掌征伐，守四方，諸侯土地軍賦，皆得而制之，故獨詳，非錯簡也。然據其説，亦大謬。自禹功平成九州之地，畫爲五服，東西南北，不過五千里，今九畿踰萬里，豈周地卒然改闢，倍于唐虞乎？四海非縮于古也，東南半壁

〔一〕「三之二」，原作「二之一」，據《存目》本改。

千餘里而阻大海，北至燕郊千餘里而逼沙漠，惟西南稍遠，然皆秦漢以來開拓，周未嘗通中國，安得八方環遶，萬里均齊，稱爲九畿乎？周京僻處西隅，據此，則豐鎬正當采衛蠻夷間，何得稱國畿，《詩》《書》惟王國稱畿，今以九服之地，皆謂畿名，亦未稱。

中去聲**春，教振旅，司馬以旗致民，平列陳**陣**，如戰之陳。辨鼓鐸鐲**濁**鐃**勞**之用，王執路鼓，諸侯執賁鼓，軍將執晉鼓，師帥執提，旅帥執鼙**皮**，卒長執鐃，兩司馬執鐸，公司馬執鐲。以教坐作、進退、疾徐、疏數之節，遂以蒐田，有司表貉，誓民，鼓，遂圍禁，火弊，獻禽以祭社。**

兵者，守國之備，子云「以不教民戰，是謂棄之」，故因田獵教之。凡師，出曰治兵，入曰振旅，春田習振旅，農功方作，散兵歸田，如《詩》勞還帥、還卒，皆以春也。以旗致民，樹熊虎之旗，招集大衆也。平，齊也，布列車徒，如臨敵也。鐸、鐲、鐃皆似鐘，而大小異。路，大也，凡天子所御曰路，《鼓人職》云：「以路鼓鼓鬼享，以賁鼓鼓軍事……以晉鼓鼓金奏。」諸侯代王執事，則執賁鼓。將戰，金鼓交作，則擊晉鼓，軍之進退係于將，故軍將執之。馬上曰提鼓，二千五百人之師帥執之。絡于項下曰鼙鼓，五百人之旅帥執之。如鈴而無舌曰鐃，軍灋鼓退鳴鐃，百人之卒長執之。大鈴金舌曰鐸，鐸以通鼓，二十五人之兩司馬執之。如小鐘而節鼓者曰鐲，五人之長，公司馬執之。此所謂辨鼓鐸鐲鐃之用也。凡兵以鼓進，以鐃退，鼓急則行疾，緩則行遲，遠則疏，近則數，皆所教之節也。春田曰蒐，蒐，搜也，農事方作，蒐捕禽獸之伏于田間者曰蒐。有司，大司馬之屬。表貉，立表貉祭，貉、禡通，祭始爲兵蚩尤也。誓民，戒勿犯令也。鼓，既誓伐鼓，衆聞鼓進。圍其所禁山澤，逐禽也。火弊，火止也，春田主火，爲焚萊，除陳草也，蒐畢火止。虞人植表，使各獻所獲之禽于下。方春后土發生，故祭先社，春田必以社日。

中夏，教茇舍，如振旅之陳。羣吏撰車徒，讀書契，辨號名之用，帥以門名，縣鄙各以其名，家以號名，鄉以州名，野以邑名，百官各象其事，以辨軍之夜事。其他皆如振旅。遂以苗田，如蒐之灋，車弊獻禽以享礿。

茇舍，草止也，軍行有草止之灋，營壘于野，所戒在夜，因夏田教之，夏禾成苗，野鼠害苗，取猫捕鼠之義以名獵，教夜事也。撰，選通，簡擇也。讀書契，按籍校選也。辨名號，將帥至伍長，各以徽識名號辨之。門名，各帥所居門名，古卿大夫治第，各因其所居國門爲名，如魯東門襄仲，宋桐門右師之類，在軍中即以門名之，使其屬識之也。縣鄙，縣正鄙師至鄰長也。家，食采之家。鄉，謂州長至比長。野，謂六遂之衆。邑，謂稍甸公邑大夫也。百官，從王護衛者。事，謂各執事。草舍夜營，有警則易辨識，部曲不亂也。其他如春蒐振旅，坐作進退，表貉誓衆，同也。車弊，車止也，夏田主車，車行遲殺少，獵畢則車止。宗廟之祭，夏曰礿，礿，約也，夏田取獸不多，故名，鄭謂陰陽始起，象神在內，鬱也。

按：四時之祭，皆在孟月，田獵皆在四仲，云以礿以烝，亦相矛盾，疏謂非正祭，未然。

中秋，教治兵，如振旅之陳。辨旗物之用，王載大常，諸侯載旂，軍吏載旗，師都載旜，鄉遂載物，郊野載旐，百官載旟，各書其事與其號焉，其他皆如振旅。遂以獮仙，上聲**田，如蒐田之灋，羅弊致禽以祀祊**方。

治兵，謂出師，禮，春夏不興師，于秋教之，順殺氣也。旗物，大常以下，解見《春官·司常職》。軍吏，天子六軍之吏，即大司馬。師都，即公孤爲鄉老者。鄉遂，謂鄉遂大夫士。郊野，郊外六遂，縣鄙之衆。百官，王近臣，分帥護衛者。以上諸臣，皆有將領之事，鄭云或將或不將，非也。旗上各書其執事與其名號，如教茇舍夜事之灋，鄭云書作畫，非也。獮，殺也，秋田曰獮，以應殺氣。羅，網也，秋田多穀，主網羅，《王制》云鳩化爲鷹，則設罻羅，秋祭四方，報成物。祊，方也，《詩》云「以社以方」。

中冬，教大閱：前期，羣吏戒衆庶脩戰灋。虞人萊所田之野，爲表，百步則一，爲三表，

又五十步爲一表。田之日，司馬建旗于後表之中，羣吏以旗物鼓鐸鐲鐃，各帥其民而致。質明弊旗，誅後至者。乃陳車徒如戰之陳，皆坐。羣吏聽誓于陳前，斬牲以左右徇陳，曰「不用命者斬之」。中軍以鼙令鼓，鼓人皆三鼓，司馬振鐸，羣吏作旗，車徒皆作；鼓行，鳴鐲，車徒皆行，及表乃止；三鼓，摝[六]鐸，羣吏弊旗，車徒皆坐。又三鼓，振鐸，作旗，車徒皆作。鼓進，鳴鐲，車驟徒趨，及表乃止，坐作如初。乃鼓，車馳徒走，及表乃止。鼓戒三闋，車三發，徒三刺。乃鼓退，鳴鐃且卻，及表乃止，坐作如初。

仲冬農暇，乃教大閱，特詳于三時。羣吏，鄉師以下。萊，除草萊，便馳驅也。表，植木表，正行列，自南而北，連植四表，表百步，三表則三百步，又五十步一表，共三百五十步，左右之廣各容三軍。鄉師州長以下，各帥其所統之民而致之大司馬。質明，天正明，即田日之旦。弊，仆其所建旗，後至者誅。始陳衆卒，皆跪聽誓，大司馬爲軍吏，立北表下，南面誓衆，羣吏皆北面向表，聽誓訖，各歸部伍。中軍，軍將居軍之中，擊鼙以令鼓。鼓人，謂中軍及師帥旅帥執鼓者。三鼓，鼓三度。司馬，兩司馬。振鐸，以作衆也。作旗，豎旗也。車徒皆作，坐者皆起也。既起，鼓人鼓之使行，伍長鳴鐲節之，南行及第二表止。復次三鼓，兩司馬手捫其鐸振之，使不成響，以示暫息，旗皆偃，衆皆坐。次又三鼓，振鐸立旗，衆皆起，鼓行鳴鐲，車乃急驟，徒乃疾趨，視初加勇，南行及第三表止，摝鐸偃旗，衆坐如初。次又三鼓，振鐸立旗，衆皆起，鼓進鳴鐸，車乃馳驅，徒乃奔走，南追及第四表乃止。鼓戒，戒窮逐也。車發，迴車也。刺，殺敵也。每鼓一闋則車一轉，徒一刺，象克敵而還。乃鼓退，軍吏與士卒皆迴身北向，卒長鳴鐃和鼓，軍皆卻退，自前表至後表，坐作之灋與初同。鄭云習戰之禮，出入同，所異者，廢鐲而鳴鐃耳。

遂以狩田，以旌爲左右和之門，羣吏各帥其車徒以敘和出，左右陳車徒，有司平之。旗居卒間以分地，前後有屯百步，有司巡其前後。險野，人爲主；易野，車爲主。既陳，乃設驅逆之車，有司表貉于陳前。中軍以鼙令鼓，鼓人皆三鼓，羣司馬振鐸，車徒皆作。遂鼓行，徒銜枚而進。大獸公之，小禽私之，獲者取左耳。及所弊，鼓皆駴亥，車徒皆譟。徒乃弊，致禽饁獸于郊，入獻禽以享烝。

冬禽伏藏，守而取之曰狩。軍門曰和，師克在和也。兩旌夾立爲門，左右爲兩門，車徒各以敘出和門，左出列左，右出列右。有司，謂各帥居門，均其左右。百人爲卒，每卒旗居中閒，百人屯其下，各有分地。前後，謂所分車徒前後，《司馬灋》「兵車一乘，甲士三人，步卒七十二人」，車徒同羣，臨陳則車徒異羣。險野人前，平野車前，前後相去百步，各帥長巡行其間。山田曰險，澤田曰易，爲主，即居前也。行陳既定，乃設驅逆之車，立表祭貉。「中軍」以下皆狩田之灋。枚如箸，銜于口，以繩結項後，止語也。大獸難制，則公搏之，小獸，則獨力可制也。凡獲獸，割取左耳，如殺敵之獻馘。

弊，止也，及所弊，至所當止之地。駴，疾擊鼓也。譟，羣呼，象克敵大獲也。徒乃弊，田止也。致禽，虞人植表，收所獲禽，衆歸至郊，以所獲禽獻四方之神，入則獻于廟。冬祭曰烝，凡言獻禽，及用火用車用羅、旗鼓行陣之類，四時各舉一，互備也。

按：兵者，殺人之事，聖人不欲以瀆民，而因獵獸習其事；又不欲無故殺獸，因四時天神人鬼之享乃田；又不欲殺無罪之獸，因其害田取之。禽獸且然，況肯毒其民乎？作者未必能行此意，而古聖人因田講武之義可知也。

及師，大合軍，以行禁令，以救無辜，伐有罪。若大師，則掌其戒令，涖大卜，帥執事涖釁主及軍器。及致，建大常，比軍衆，誅後至者。及戰，巡陳，眡事而賞罰。若師有功，則左執律，右秉鉞，以先愷樂獻于社。若師不功，則厭（葉）而奉主車。王弔勞士庶子，則相。大役，與慮事屬其植，受其要，以待攷而賞誅。大會同，則帥士庶子而掌其政令。若大射，則合諸侯之六耦。大祭祀、饗食，羞牲魚，授其祭。大喪，平士大夫。喪祭，奉詔馬牲。

及師，謂有事出師。大合軍，司馬自將聚衆也。九伐曰禁，九灋曰令。大師，王自將。戒令，謂軍灋。大卜，大事卜吉凶。釁主，軍出奉廟主社主行，殺牲血塗主及軍器。致，召集六師，天子自將，大司馬用王之大常致衆，弊而誅後至者。及戰，巡視功罪，行賞罰。律，以銅鑄爲筩，如小鐘，《春官·大師》「執同律以和軍聲」，師克，則大司馬執之，以先愷樂也。厭，冠不起貌，《曲禮》云「厭冠不入公門」，喪服之冠也，兵敗用喪禮。主車，載社主、廟主之車。士庶子，謂卿大夫子死于軍者，王弔勞之，庶子即諸子，未爵稱士。相，相禮。大役，築城之類。慮事，謀爲也。植，植榦以束版。屬，聚衆也。要，簿書，稽功者。王大會同，庶子護衛，則大司馬帥之。大射，王與諸侯射，王射設三侯，合諸侯爲六耦。羞，進也。牲魚，以魚爲牲，鱗甲之象，故大司馬薦之。授祭，舉肺以授尸賓，祭于豆間。平士大夫，齊其服，比其職與位也，司馬平邦國，故掌之。王喪祭用馬牲，大司馬奉以告于柩，鄭云遺奠也。

小司馬之職掌，凡小祭祀、會同、饗射、師田、喪紀，掌其事，如大司馬之灋。

小司馬，職見上。「職掌」以下有闕文。

軍司馬

職見上，事闕。

輿司馬

職見上，事闕。

行司馬

職見上，事闕。

司勛，上士二人，下士四人，府二人，史四人，胥二人，徒二十人。

主賞功，軍事賞爲先，故司勛首衆職，或欲移之天官，非也。

司勛掌六鄉賞地之灋，以等其功。王功曰勛，國功曰功，民功曰庸，事功曰勞，治功曰力，戰功曰多。凡有功者，銘書於王之大常，祭於大烝，司勛詔之。大功，司勛藏其貳。掌賞地之政令，凡賞無常，輕重眡功，凡頒賞地，參之一食，唯加田無國正。

賞地，即《司徒·載師職》所謂賞田也，古者賞功以地。王功，功在王躬。國功在社稷。民功在庶民。事功，作事有功。治功，服官有功。戰功，臨陣有功。書於王之旂，與日月同明，示表章也，死則從于宗廟烝，而司勛告其神。貳，副也，功書於天府，司勛藏其副。參之一食，一無征，二猶征也，唯特加恩賜之田全無征。正、征通，税也。

馬質，中士二人，府一人，史二人，賈四人，徒八人。

戰用莫如馬，質，正也，掌平馬價與用馬之瀍。馬，房星之精，與火同宫，盛于夏，故馬質先夏。

馬質掌質馬。馬量三物，一曰戎馬，二曰田馬，三曰駑馬，皆有物賈。綱惡馬。凡受馬於有司者，書其齒毛與其賈，馬死，則旬之内更，旬之外入馬耳，以其物更，其外否。馬及行，則以任齊其行。若有馬訟，則聽之。禁原蠶者。

量，度也。物，材力也。上材爲戎馬，次用田獵，駑馬下，供冗用。物賈，謂毛色與價值。綱惡馬，馬蹄齧者，綱維之，使馴服也。受馬于有司，謂有公事乘官馬者，記其所受馬老少與價值。遇馬死，十日内告更，更，代也，道里近，旬日内可省驗也。十日外，不及省驗，割其死馬之耳，來驗毛色，實與更。凡更馬，不過二旬，過二旬外，告亦不與更。及行，謂馬始行，試其力之强弱，爲任之輕重，均齊其行，勿使中道疲乏也。歲再蠶曰原蠶，原，再也，猶《易》「原筮」之「原」，蠶爲龍星之精，故《周頌》靈星尸絲衣，馬亦龍精，與蠶同氣，再蠶則夏矣，夏午火爲馬，蠶盛傷馬，故夏官之屬司其禁。

量人，下士二人，府一人，史四人，徒八人。

量，謂以丈尺度地，量人掌營軍壘，習知天下九州山川道里之數。大軍所向，識敵形，此行師之要，故屬司馬，説者移以補司空，非也。

量人掌建國之灋，以分國爲九州，營國城郭，營后宫，量市朝道巷門渠。造都邑亦如之。營軍之壘舍，量其市朝、州、涂、軍社之所里。邦國之地與天下之涂數，皆書而藏之。凡祭祀饗賓，制其從獻脯燔之數量。掌喪祭奠竁昌絹反**之俎實。凡宰祭，與鬱人受斝歷而皆飲之。**

分國爲九州，分天下之國，按禹蹟九州之舊，宇内大勢可知也。營國，營王國。后宫，六宫。市朝道巷門渠六者，皆謂王國。量，謂廣狹大小，皆有定式。造都邑，謂封建諸侯。軍壁曰壘，大軍所舍，倣國都爲營，亦有市有朝，有州有涂，有軍社之里。二千五百人爲師，猶二千五百家爲州也。涂，道路。軍社，社主在軍中者。里，猶居也。凡天下邦國之地，與道途遠近之數，皆書而藏之，以熟知其形勢。「祭祀」以下，量人平居在官之事。從獻，從酒以獻，脯膰即所獻。多少曰數，長短曰量，《儀禮》脯長尺二寸。喪祭，謂虞祭。奠竁，謂穿壙釋奠于土神，《春官·冢人》「甫竁，遂爲之尸」，是竁日有祭，而量人掌其俎之實。宰祭，大宰佐王祭，或攝祭。斝，酒器，嘏通，受斝猶受嘏，尸酢主人以福酒，鬱人制酒，量人制殺，亦受酢。歷，次第也。皆飲，謂盡飲，猶言卒爵。

按：司馬有量人，掌書天下邦國道里遠近，及大軍壘舍所里，而兼掌建國之灋者，平居知市朝門渠之制，則在軍知營壘舍；平居習九州邦國之涂數，則軍興熟其道里。是以無事惟祭饗膰肉之制，有事則敵情萬里，不越俎豆，是書所爲寄軍令于内政之意。世儒以類求之，或曰司空，或曰司徒，失其解矣。

小子，下士二人，史一人，徒八人。

主軍中斬徇之事，而寄之屠人。小子，羊也，小羊曰達，《詩》曰「先生如達」。南方火獸，未爲羊，故屬夏。

小子掌祭祀羞羊肆、羊殽、肉豆。而掌珥于社稷，祈于五祀。凡沈辜侯禳，飾其牲。釁邦器及軍器。凡師田，斬牲以左右徇陳。祭祀，贊羞，受徹焉。

羞，進也。肆，豚解也，《國語》云「禘郊之事，則有全烝」，宗廟不全烝，豚解而腥之曰肆。體解而爓之曰殽。肉豆，切熟肉爲豆。珥，割牲耳以薦，釁禮也。祭川曰沈，磔禳曰辜，迎祥曰侯，除菑曰禳。飾其牲，謂刷滌之。邦器，禮樂之器，軍器，旗鼓之屬，皆殺牲釁之。釁，歆也，以歆其神，彌其釁。受徹，祭畢徹俎豆，小子受之。

羊人，下士二人，史一人，賈二人，徒八人。

主祭祀割羊。屬司馬者，軍行則帥之，以爲小子之屬。羊屬未，爲火，《五行傳》「視之不明……則有羊禍」，視爲火，故屬夏官。賈二人，買羊者。

羊人掌羊牲。凡祭祀，飾羔。祭祀，割羊牲，登其首。凡祈珥，共其羊牲。賓客，共其瀀羊。凡沈辜、侯禳、釁、積，共其羊牲。若牧人無牲，則受布于司馬，使其賈買牲而共之。

登其首，謂尸入室，薦牲首，《郊特牲》云：「用牲于庭，升首于室。」瀀羊，飧饔牢禮之羊，多少有常瀀，如上公飧五牢，饔餼九牢之類。積，積于柴上焚燎之羊。受布，受泉也。

司爟貫**，下士二人，徒六人。**

爟，火明也，與觀通，《書·盤庚》云「予若觀火」，視屬火，故謂火爲爟，軍中有火攻之瀀，故屬司馬。平居無事，則掌火政，南方火，故屬夏，説者欲移屬春官，非也，春官有司烜，專爲祭祀耳。

司爟掌行火之政令，四時變國火，以救時疾。季春出火，民咸從之；季秋内火，民亦如之。時則施火令。凡祭祀，則祭爟。凡國失火，野焚萊，則有刑罰焉。

行火，猶用火。國火，民間日用之火。變，謂改火，《論語》云「鑽燧改火」，取各方色木鑽火。

順時氣以救時疾，火新則無疾。季春，夏正三月建辰，火星，心星，即大辰，三月昏見于南方，火用事，使民出火，如陶鑄之類。季秋，夏正九月建戌，日纏大火，火星伏藏，使民斂火，防焚也。時，謂如季春以後，季秋以前，及四時當出火用火之時，皆司爟令之。祭爟，祭始教燧者。失火，民間被焚者。焚萊，縱火野燒者。

按：羊人爟人之類，無甚切務，特以其爲夏令湊入，備軍伍之用。説者謂天之水旱災祥，人之疾病壽夭，皆生于火，然則雖司爟，用何道以救之？皆未窺作者之意，而過爲從臾也，夏秋二官，此類甚多。

掌固，上士二人，下士八人，府二人，史四人，胥四人，徒四十人。

掌防守之事。

掌固掌脩城郭、溝池、樹渠之固，頒其士庶子及其衆庶之守。設其飾器，分其財用，均其稍食，任其萬民，用其材器。凡守者受灋焉，以通守政，有移甲與其役財用，唯是得通，與國有司帥之，以贊其不足者。晝三巡之，夜亦如之，夜三鼜戚以號戒。若造都邑，則治其固，與其守灋。凡國都之竟有溝樹之固，郊亦如之。民皆有職焉。若有山川，則因之。

城郭，謂王城外有郭，城郭外有溝池，溝池上樹木，渠即溝池。士庶子，公卿大夫子。衆庶，衆民，公卿大夫子衞護王宫，有急，與庶民分地而守。設飾器，守城之器，陳設脩飾也。財用，守禦所用之財。稍食，廩禄也。任萬民，用材器，興工濬築之類，用人與器。濠，防守之濠。通守政，彼此相應援也。「移甲」以下，通守政之事，兵甲、人役、資財，唯此處有餘，可以通彼者，則移之以助不足。國有司，主甲兵與人役、財用之司。晝夜三巡，察懈惰也。鼜，警夜之鼓。號戒，號呼士卒使戒備。此以上皆守王城也。造都邑，造三等采邑。治固，治城池。守濠，即前濠。國都之竟，王國及三等都邑之界。郊，謂王城外遠近郊關。民皆有職，分番輪守，有山川可依，則因其險守之。

司險，中士二人，下士四人，史二人，徒四十人。

險，謂四方阨塞要害之地，所當防據者，在國曰固，在野曰險。

司險掌九州之圖，以周知其山林川澤之阻，而達其道路。設國之五溝五涂，而樹之林，以爲阻固，皆有守禁，而達其道路。國有故，則藩塞阻路而止行者，以其屬守之，唯有節者達之。

達其道路，謂山林阻則開鑿之，川澤阻則橋梁之。五溝，即《遂人》之遂、溝、洫、澮、川。五涂，即徑、畛、涂、道、路。樹之林，作藩落也。國有故，兵變也。止行者，防姦寇也。

掌疆，中士八人，史四人，胥十有六人，徒百有六十人。

掌正四方疆界。

掌疆

事闕。

候人，上士六人，下士十有二人，史六人，徒百有二十人。

掌巡視道路，軍中用以爲斥候傳警，無事則主迎送。六人，六鄉各一人。

候人各掌其方之道治，與其禁令，以設候人。若有方治，則帥而致于朝；及歸，送之于竟。

方，遠方。道治，經行便道者，爲治其防護之事，分鄉治事曰各掌。設候人，設其徒爲伺候之人。方治，遠方有事來王國求治，如虞芮質成之類。

環人，下士六人，史二人，徒十有二人。

往復曰環，鄭作卻，非也。往探敵情還復，蓋勇士，如今探子。

環人掌致師，察軍慝，環四方之故，巡邦國，搏諜（牒）賊，訟敵國，揚軍旅，降圍邑。

致師，謂臨敵挑戰。察敵慝，敵有隱伏，往伺察；四方有故，還報；敵人來窺探，搏執之；敵國侵陵，往辯之；兩軍交壘，耀武以揚之；圍其國邑，賈勇以降下之，數者皆勇士之事。

挈（結）壺氏，下士六人，史二人，徒十有二人。

挈，猶提也，壺，汲水器，軍中主刻漏，大軍所止，遇水可汲，縣壺示衆，故名。

挈壺氏掌挈壺以令軍井，挈轡以令舍，挈畚（本）以令糧。凡軍事，縣壺以序聚欜；凡喪，縣壺以代哭者。皆以水火守之，分以日夜。及冬，則以火爨鼎水而沸之，而沃之。

軍行，凡有事令衆，懸物示之。穿井既成，懸壺示衆令汲。轡，馬韁，解轡欲宿，懸轡示衆止舍。畚，箕也，以盛糧，懸畚使知頒糧。軍中置刻漏定時，畫竹箭爲百刻，以壺盛水，縣箭上，水漏下，入器中沒箭，以驗刻數也。欜、柝通，夜行以兩木相擊。人衆曰聚，軍中擊柝巡夜，以序按刻更代。凡喪，未殯以前，哭不絶聲，使人代哭，亦以漏爲序。水守壺，以沃漏也，火守壺，以視箭也。分以日夜，分冬夏日夜之長短。冬水凍，漏不下，以火炊水，沸而後灌。

射人，下大夫二人，上士四人，下士八人，府二人，史四人，胥二人，徒二十人。

射，武備，自當屬司馬，或者欲移之宗伯，非也，射人屬宗伯，則服不射鳥，將焉屬，次第分明，無錯簡。

射人掌國之三公、孤、卿、大夫之位，三公北面，孤東面，卿、大夫西面。其摯，三公執璧，孤執皮帛，卿執羔，大夫鴈。諸侯在朝，則皆北面，詔相其灋，若有國事，則掌其戒令，詔相其事，掌其治達。

射人本掌射，兼掌朝列之位，以射則有位次也。王與賓燕射，在路門外朝，故射人兼司朝位。三公北面，答君也。孤卿大夫東西面，佐佑王也。灋，禮灋。國事，助祭之事。戒令，告以齊與祭期。相其事，相在廟祭事。治達，諸侯既治其事，達于王，王有命，又受而達之。此節皆言朝見之事，既朝見而後燕，與之射。

按：鄭謂射人所掌位爲將射入見君之位，將射見，則不必摯，凡摯，始相見也，始見輒與燕而射，非也。

以射灋治射儀。王以六耦射三侯，三獲三容，樂以《騶虞》，九節五正；諸侯以四耦射二侯，二獲二容，樂以《貍首》，七節三正；孤卿大夫以三耦射一侯，一獲一容，

樂以《采蘋》，五節二正；士以三耦射豻侯，一獲一容，樂以《采蘩》，五節二正。若王大射，則以貍步張三侯。王射，則令去侯，立于後，以矢行告，卒，令取矢。祭侯，則爲位。與大史數射中，佐司馬治射正。祭祀，則贊射牲，相孤卿大夫之灋儀。

灋，即耦獲容樂之灋；儀，即一三五二七之儀。兩人爲耦，六耦凡十二人，兩耦共射一侯，故用三侯。三侯二侯連張，自北而南，詳《大射禮》，《天官·司裘》云王大射三侯，虎熊豹，諸侯二侯，無虎，大夫一侯，麋也。獲者三人，持旌侯道，旁報中，即服不氏也。容，一名乏，皮爲之，獲者所自隱蔽曰容，矢至此而乏，又曰乏。《騶虞》《貍首》《采繁》皆樂章，解見《春官·樂師》，歌一閒爲一節，九節，以五聽，以四射，七五倣此。正，鵠心，侯中曰鵠，鵠中曰正，即《鄉射記》云「天子白質，諸侯赤質」也。五正，以白色畫鵠中爲五處，三正二正一正倣此。天子、諸侯侯道遠，難中，正多，大夫以下，侯道近，易中，正少。王大射，王與諸侯、大夫、士射。貍，猫屬，善搏物，步必擬度，發無不獲，故量侯道之步曰貍步。侯有大小，則步有遠近，九節者九十弓，七節者七十弓，五節者五十弓，詳《天官·司裘》。令去侯，謂獲者執旌負侯，將射，射人令去居乏，避矢也。立于後，射人立王後，視矢行高下左右告王也。卒，射畢也。令取矢，令射鳥氏取既射之矢。祭侯，服不氏祭也，王射則服不氏爲獲者負侯，王獻服不，服不以祭侯。大史，春官大史，掌射事，飾中舍筭，射畢，射人與大史數中之多寡。射正，猶射政，司馬主之，射人佐之。射牲，王祭自射殺犧牲，《國語》云「郊禘之事，天子自射其牲」，《司弓職》亦云「共王射牲之弓矢」是也。相孤卿大夫之灋儀，相其與天子射于朝也。

按：《儀禮·大射》諸侯亦張三侯，是侯用天子，而以三耦射，耦用卿大夫，與此異。《鄉射記》云「唯君有射于國中，其餘否」，鄭註「人臣不習武事于君側」是也。然不于國中，則當于野，據此文，臣有射于朝者矣。《春官·司服》云「射用鷩冕」，是又有射于廟者矣。廟朝可射，國中獨不可乎？鄉射樂奏《騶虞》，今云王以《騶虞》。祭禮先夕省牲，祭之晨君迎牲入，告殺于庭，今云祭祀射牲，然則射于先夕乎？射于庭乎？于門外乎？豈射而遂斃之乎？抑射而後殺之乎？十事理皆未見確。

會同朝覲，作大夫介，凡有爵者。大師，令有爵者乘王之倅車。有大賓客，則作卿大夫從，戒大史及大夫介。大喪，與僕人遷尸，作卿大夫掌事，比其廬，不敬者苛罰之。

會同朝覲，諸侯來王也。作，使也。介，副使，王有事于諸侯，則公卿爲止使，大夫爲介。凡有爵，謂上中下士，可爲衆介者，使之副大夫也。大師，謂王出征。王之倅車，即《春官·車僕》所掌五戎之副車也，王乘一路，衆戎路皆從，令有爵者乘之，亦謂士以上也。賓客，謂諸侯，王見諸侯，則選卿大夫從王。春官大史主協禮事，執書詔王，故射人戒大史也。如王有命賜賓客于館，使公卿，則大夫爲介，亦射人戒也。王崩，射人與大僕遷尸，始死北墉，遷南牖下，小斂遷于房，斂訖遷于堂，大斂遷于阼階，斂訖遷于西階殯，皆射人與大僕也。僕人，大僕之人。掌事，掌喪事。比其廬，比當居倚廬者，如《天官·宮正》「辨親疏貴賤之居」，親貴者居倚廬，疏賤者居堊室。不敬，居喪不敬。

苛罰，細數其事，責罰之也。

服不氏，下士一人，徒四人。

善射，以服不服者。《射義》云「射者，射爲諸侯」，其《詩》云「小大莫處，御于君所」，《考工記·梓人》祭侯之辭云「毋或若女不寧侯，不屬于王所，故抗而射女」，即服不之義。其掌養猛獸者，平居無事云爾。

服不氏掌養猛獸而教擾之。凡祭祀，共猛獸。賓客之事則抗皮，射則贊張侯，以旌居乏而待獲。

猛獸，虎豹熊羆之屬。抗皮，王受賓客朝貢之皮幣，服不氏舉之，以旌居乏中，待射者矢中，舉旌唱獲也。

射鳥氏，下士一人，徒四人。

服不氏，力能服猛者，射鳥氏，巧能中微者，鳥亦夏火之象。

射鳥氏掌射鳥。祭祀，以弓矢毆烏鳶。凡賓客、會同、軍旅，亦如之。射則取矢，

矢在侯高，則以并夾取之。

烏，梟鴈之屬，以供膳羞。烏鳶，惡鳥，喜集人屋，善鈔盜，遺汙穢，大事貴清肅，故毆之。侯高，侯之高上，手不及，以并夾取之。并夾，取矢之具。

羅氏，下士一人，徒八人。

羅，網也，以網鳥，《郊特牲》曰「大羅氏，天子之掌鳥獸者，諸侯貢屬焉」，其致戒于諸侯曰「好田者亡其國」，蓋田獵之官，故屬司馬。網罟，本南離之象。

羅氏掌羅烏鳥。蜡，則作羅襦。中春，羅春鳥，獻鳩以養國老，行羽物。

烏，鵶烏，飛集成羣，可羅取。蜡，歲終祭百物之神，蜡則百蟲蟄，豺祭獸，宜羅禽。羅，網也，襦，裙屬。羅襦，網方幅似襦，與三面異。春鳥，鳥蟄初出者。鳩亦春鳥，仲春鷹始化爲鳩，變舊爲新，宜以養老。行羽物，謂頒賜羽物。

掌畜，下士二人，史二人，胥二人，徒二十人。

掌養鳥。

掌畜掌養鳥而阜蕃教擾之。祭祀，共卵鳥，歲時貢鳥物，共膳獻之鳥。

阜蕃，鵝鴨之類。教擾，鸚䳇之類。卵鳥，鳥子。貢鳥物，貢四時野鳥。膳獻，王及賓客之饌。

按：服不，如後世搏虎之類，射鳥，如穿楊貫虱之類，皆大司馬之材官也。羅氏掌畜，因鳥附之，鳥，南方之宿，宜屬夏，本無錯簡，但一鳥耳，羅之養之，各置官屬，不已冗乎？

周禮完解卷七終

周禮完解卷八

郝敬　習

夏官司馬下

司士，下大夫二人，中士六人，下士十有二人，府二人，史四人，胥四人，徒四十人。

古學士之進仕者，通謂之士，教無二術，文武同途，故士皆掌之司馬。《王制》云鄉論秀士，升之司徒，司徒論選士，升之國學，大司樂論造士，升之司馬，司馬論進士之賢材者，告于王而官之，任官而後爵之，位定而後禄之，皆大司馬事。世儒拘天官八柄爵禄之説，移司士屬天官，不知天官之事，皆裒職也，六典、八灋、八則、八柄、六卿之任，無所不兼，而不親執，財賦則司徒，禮樂則宗伯，用材則司馬，刑灋則司寇，考工則司空，而冢宰無偏任，所以象天也。自後世文武二途，士習章句者屬宗伯，諳韜鈐者屬司馬，文武有左右，而士習始偷，是書其猶古之遺意與。

司士掌羣臣之版，以治其政令，歲登下其損益之數，辨其年歲與其貴賤，周知邦國

都家縣鄙之數，卿大夫士庶子之數，以詔王治，以德詔爵，以功詔禄，以能詔事，以久奠食。唯賜無常。

羣臣之版，内外大小羣臣版籍。政令，即登下損益之政令。新進者登記之謂益，退去者除下之謂損。年歲，仕者之老幼，《曲禮》四十始仕，五十服官政，七十致仕，故須辨。邦國，仕于諸侯者。都家縣鄙，仕于三等采邑者。卿大夫士庶子，護衛王宫者。奠食，定禄之多寡，禄以日月計，久而後奠，《王制》云位定而後禄。「禄有常數」，貴賤爲準，唯王賞賜無常數。

正朝儀之位，辨其貴賤之等。王南鄉；三公北面東上；孤東面北上；卿大夫西面北上；王族故士、虎士在路門之右，南面東上；大僕、大右、大僕從者在路門之左，南面西上。司士擯，孤卿特揖，大夫以其等旅揖，士旁三揖，王還揖門左，揖門右。大僕前，王入，内朝皆退。

朝儀之位，每日視朝之位，王之中朝在路門外。三公北面，答王也；東上，以東爲班首。孤立西，東向。卿大夫立東西向，皆以北爲上，自北立而南也。王族，同姓之臣護衛者。故士，舊爲士，年久宿衛曰故。虎士，即虎賁。立路門右，負門南向。大僕大右皆司馬之屬，大右，即司右，從者其屬也。立路門左，亦負門南向，右東上，左西上，王出入由中也。司士爲擯，王出朝，司士詔王揖，兩手推而前曰揖，示辭讓也。特揖，三孤六卿，人各一揖。大夫有中下，各以其等，同衆一揖，旅，衆也。士立大夫後，旁三揖，上中下士，亦以其等旅揖也。王還，旋身向内，左揖大僕大右，右揖王族虎士，亦旅揖也。揖畢，大僕前正王位，王即席也，視朝畢，王入路門内。路寢之前廷曰内朝，以聽政，孤卿以下皆退，各適館治事以奏。

按：位次之禮，莫嚴于朝廷與軍伍，故司馬之屬，兼掌朝儀之位。朝政與軍伍皆陳列之事，禮樂征伐，俎豆軍旅，文武同道之意。夏火文明，禮事多屬夏。

掌國中之士治，凡其戒令。掌擯士者，膳其摯。凡祭祀，掌士之戒令，詔相其灋事；及賜爵，呼昭穆而進之。帥其屬而割牲，羞俎豆。凡會同，作士從，賓客亦如之。作士適四方使，爲介。大喪，作士掌事，作六軍之士執披。凡士之有守者，令哭無去守。國有故，則致士而頒其守。凡邦國，三歲則稽士任，而進退其爵禄。

國中，王國中。士治，仕者之治蹟。擯士，凡仕者初就職見王，則司士爲擯相。摯，謂見者所執羔鴈之類，受之以付膳人，供王膳。祭祀之戒令，如齋與祭期之類。灋事，在廟行禮之灋事。賜爵，祭終旅酬，呼同姓長幼，依昭穆次第，進使受爵也。割牲，宗廟無全烝，始則豚解而腥之，爲七體，次則體解而爓之，爲二十一體。王會同，則使士從王。作，猶使也。賓客，謂饗食。適四方，王命使適。介，副使。披，柩旁有紐，使人持之，防道路披靡曰披，于六軍中使千人行也。有守，有官守者，令哭于守所，不得離職。有故，有兵寇。致，召也。邦國，諸侯之臣，三歲稽考其功罪而進退之。

按：是書王國仕者，三年大比，其權在冢宰，邦國之仕者，三年大比，其權在司馬。

諸子，下大夫二人，中士四人，府二人，史二人，胥二人，徒二十人。

掌公卿大夫之子，非一人曰諸子，與《燕義》所謂庶子異。庶子未爵，而此爵大夫也。

諸子掌國子之倅，掌其戒令與其教治，辨其等，正其位。國有大事，則帥國子而致於大子，唯所用之。若有兵甲之事，則授之車甲，合其卒伍，置其有司，以軍灋治之。司馬弗正。凡國正弗及。大祭祀，正六牲之體。凡樂事，正舞位，授舞器。大喪，正羣子之服位。會同、賓客，作羣子從。凡國之政事，國子存遊倅，使之脩德學道，春合諸學，秋合諸射，以攷其藝而進退之。

國子，謂公卿大夫之子在國學者。倅，副貳也，古者世官，子貳父曰倅。戒令，即「致于太子」以下諸事。教治，即脩德學道。等位，各依其父蔭等級爲位。大事，喪祭之類。司馬弗正，謂司馬不得征役，凡國正，謂司徒鄉遂力役之征，亦不及也。正牲體，出鼎肉陳之俎也。舞位，六十四人之行列。

舞器，羽籥干戚之類，舞用國子，故諸子爲正之授之。《喪服》王喪，卿大夫子斬衰，與父同，《雜記》云「大夫之子得行大夫禮」故也。位，哭泣之位。作羣子從，使羣子護從王也。國之政事，繇役之事。存，留也，免役不往也。遊倅，倅未仕，無官守也。合，聚也。學，國學。射，射宮，即序也，免其役以使之學。

司右，上士二人，下士四人，府四人，史四人，胥八人，徒八十人。

掌勇士可爲車右者。戎事尚右，故勇士稱右。按是職專掌勇士，鄭謂兼掌戎右、齊右、道右，非也。戎右齊右，爵皆下大夫，有材勇，爲王驂乘者，大夫非士所屬。

司右掌羣右之政令。凡軍旅會同，合其車之卒伍，而比其乘，屬其右。凡國之勇力之士能用五兵者屬焉，掌其政令。

羣右，謂凡車右勇力之士。車之卒伍，謂凡車，三三爲小偏，三五爲偏，五五爲大偏，是一師二千五百人之車也。二偏爲卒，又謂廣，是合二師之車也。五偏爲伍，凡一百二十五乘，是萬二千五百人之車也。合之使相聯屬，比其乘，較馬力强弱也。屬其右，分付車右勇力之士。五兵，弓矢、殳、矛、戈、戟，五者長短相資，《考工記》五兵，殳、戈、戟、酋矛、夷矛也。

虎賁奔**氏，下大夫二人，中士十有二人，府二人，史八人，胥八十人，虎士八百人。**

掌王護衛之士。賁、奔通，勇而善走者。

虎賁氏掌先後王而趨以卒伍。軍旅、會同亦如之。舍則守王閑。王在國，則守王宮。國有大故，則守王門，大喪亦如之。及葬，從遺車而哭。適四方使，則從士大夫。若道路不通有徵事，則奉書以使於四方。

先後王，謂王出入，則先後護從。趨以卒伍，謂行有行列。王行宮曰舍。閑，梐枑。大故，兵寇。王門，王五門。遺車，送葬之車。從士大夫，從使臣也。

旅賁氏，中士二人，下士十有六人，史二人，徒八人。

旅，行旅，賁見前。掌勇士護從王車者。

旅賁氏掌執戈盾夾王車而趨，左八人，右八人，車止則持輪。凡祭祀、會同、賓客，則服而趨。喪紀，則衰葛執戈盾。軍旅，則介而趨。

服而趨，謂不介冑，朝服夾車趨。禮，既葬易葛，此衰葛，武士尚輕也。

節服氏，下士八人，徒四人。

服，王袞冕，爲王持大常之旗，以節制六軍，故曰節服，言非通服也。

節服氏掌祭祀朝覲袞冕，六人維王之大常。諸侯則四人，其服亦如之。郊祀裘冕，二人執戈，送逆尸從車。

大常，王旗，畫日月星辰，十二旒，長曳地，故用六人共牽持。諸侯旗則交龍。服如之，如諸侯服也。郊祀，天子大裘而冕，節服二人亦大裘而冕。尸，象上帝之尸，《晉語》曰：「晉祀夏郊，董伯爲尸。」從車，從尸車。

按：是職本下士，披天子服，執旗荷戈以趨，于禮何居？祀天爲尸亦不經。

方上聲**相**上聲**氏，狂夫四人。**

主逐疫之事。方相猶罔象，虛無之稱。

方相氏掌蒙熊皮，黄金四目，玄衣朱裳，執戈揚盾，帥百隸而時難儺**，以索室毆疫。大喪，先匶，及墓，入壙，以戈擊四隅，毆方**上聲**良**上聲**。**

以熊皮蒙頭，黄金塗額爲四目。百隸，即《秋官·司隸》所掌五隸之屬。儺以逐疫，時儺，季春、季秋、季冬，人室有陰匿，帥衆搜索之。先匶，先柩行。方良，猶魍魎，《國語》：「水之怪龍罔象，土之怪夔罔兩。」

大僕，下大夫二人；小臣，上士四人；祭僕，中士六人。御僕，下士十有二人，府二人，史四人，胥二人，徒二十人。

僕，侍御之稱，大僕其長也。

大僕掌正王之服位，出入王之大命。掌諸侯之復逆。王眡朝，則前正位而退，入亦如之。建路鼓于大寢之門外，而掌其政。以待達窮者與遽急令，聞鼓聲，則速逆御僕與御庶子。祭祀、賓客、喪紀，正王之服位，詔灋儀，贊王牲事。王出入，則自左馭而前驅。凡軍旅田役，贊王鼓。救日月亦如之。大喪，始崩，戒鼓，傳達于四方，窆亦如之。縣喪首服之灋于宮門。掌三公孤卿之弔勞。王燕飲，則相其灋。王射，則贊弓矢。王眡燕朝，則正位，掌擯相。王不眡朝，則辭於三公及孤卿。

大僕，王親近供奉之臣，凡王起居出入皆掌之。服，王禮服；位，王臨朝之位，皆大僕正之。大命，大事之命。復，有事白王。逆，迎受也。王出視朝，則前導王，正王之位，而退立于虎門左。王入亦前行導王，入正其位而退。大寢門外，即路門外，王中朝也。建鼓，以爲視朝早晚之節，亦以待有事伸寃者。達，上通也。窮，寃枉也。遽令，驛卒急報。御僕與御庶子，皆守鼓之官，聞鼓聲，則御僕庶子將以事來告，大僕速出迎受之也。御庶子，亦御僕，公卿大夫子爲之，下士十二人曰庶子。贊王牲事，贊其殺解匕載之事。凡馭者立車中，乘者居左，勇士居右，曰參乘，王出，大僕乘車前驅，則不敢用馭人，居左自馭，不參乘，擬王也。軍旅、田役、日月食，皆王親鼓，大僕皆以他鼓擊助之。喪首服，免髽笄總，廣狹長短之數。書縣宫門，使衆守也。三公孤卿有事弔勞，王不親行，命大僕往。燕飲之灋，謂獻酬與三燕再燕一燕之數之類。眡燕朝，視路寢前廷之朝。

小臣掌王之小命，詔相王之小灋儀。掌三公及孤卿之復逆，正王之燕服位。王之燕出入，則前驅。大祭祀、朝覲，沃王盥。小祭祀、賓客、饗食、賓射掌事，如大僕之灋。掌士大夫之弔勞。凡大事，佐大僕。

小臣，職見《大僕》下。小命，尋常傳呼之類。小灋儀，趨行拱揖之類。燕，猶閒也，燕出入，閒行也。沃，酌水。盥，將洗爵酌獻，先盥手。凡小事，小臣掌之，大事佐大僕，不敢專也。

祭僕掌受命于王以眡祭祀，而警戒祭祀有司，糾百官之戒具。既祭，帥羣有司而反命，以王命勞之，誅其不敬者。大喪，復于小廟。凡祭祀，王之所不與，則賜之禽，都家亦如之。凡祭祀致福者，展而受之。

祭僕，職見上。復，招魂也。小廟，高祖以下之廟，惟始祖稱大廟。王所不與之祭，如同姓諸侯祭先祖之類。都家，三等采邑，《春官》都宗人、家宗人掌其祭祀之類。致福，臣祭歸胙于王。展，省視也。

御僕掌羣吏之逆及庶民之復，與其弔勞。大祭祀，相盥而登。大喪，持翣。掌王之燕令，以序守路鼓。

職見上。羣吏之逆，謂羣吏有事上奏者。庶民之復，謂民有事白王者，弔勞，王使弔勞庶民來復者。相盥，奉槃授巾。登，登肉于俎。翣以飾柩，持夾輴車也。燕令，燕居使令。序守鼓，十有二人，以次序守寢門外路鼓，待達窮與遽令也。

隸僕，下士二人，府一人，史二人，胥四人，徒四十人。

僕之賤者曰隸，供糞除等役，僕隸奔走，屬司馬。

隸僕，掌五寢之埽除糞洒之事。祭祀，脩寢。王行，洗乘石。掌蹕宫中之事。大喪，復于小寢、大寢。

寢在廟後，天子七廟，云五寢者，鄭云二祧無寢。乘石，登車之石。小寢，高祖以下之寢。大寢，大祖廟寢。

弁師，下士二人，工四人，史二人，徒四人。

弁，首服，無延旒者，人首火象，冠而成丁，支干以南方爲丁火，故弁屬夏官，或移之春官，非作者意。

弁師掌王之五冕，皆玄冕，朱裏，延，紐。五采繅十有二就，皆五采玉十有二，玉笄，朱紘。諸侯之繅斿九就，瑉玉三采，其餘如王之事。繅斿皆就，玉瑱，玉笄。王之皮弁，會五采玉璂，象邸，玉笄。王之弁經，弁而加環經。諸侯及孤卿大夫之冕、韋弁、皮弁、弁經，各以其等爲之，而掌其禁令。

《春官·司服》祭祀六冕，此獨言五，大裘與袞同冕也，鄭謂大裘冕無旒，臆説也。冕上有版曰延，廣八寸，長尺六寸，上玄下朱，制延長曰延。紐以固延，鄭謂爲小鼻，綴武上，貫笄者也。繅、藻同，采絲也。以采絲繩貫玉，垂延前後，各十有二旒。每繩貫五采玉，亦各十有二玉。每玉間一寸，十二玉，則斿長尺二寸，前後共玉二百八十八也。玉笄，玉爲簪，横貫冕武。朱紘，以朱組左屬笄首，下繞頤右，復上屬于笄末。諸侯兼公，上公以九爲節。九就，繅九斿。瑉，美石似玉。三采，三色瑉玉。其餘如王之事，謂玄、朱、延、紐、紘等同也。繅斿皆就，皆三采也。玉瑱，以繩懸玉于冕兩旁當耳，所謂充耳者也，王不言玉瑱，互見也。皮弁，王視朝首服。弁縫曰會，以五采絲貫玉飾縫曰璂，與綦通，結也。象邸，以象齒飾弁頂下底。弁絰，王弔服，弁上加小麻絰，細如環。韋弁，戎事之服。各以其等，謂繅斿玉璂，侯伯七繅七玉，子男五繅五玉，皆三采，孤卿大夫四命者，三繅三玉，三命者二繅二玉，弁璂亦以此推之可知。

按：冕弁繅玉之飾，各以命數爲等，則子男之大夫一命者，一旒一玉，弁會一璂，豈成文章。鄭謂一命之大夫冕而無旒，韋弁、皮弁無結飾，弁絰之弁無辟積，皆以臆解。韋弁戎服，亦何必與朝服皮弁同飾？

司甲，下大夫二人，中士八人，府四人，史八人，胥八人，徒八十人。

司兵、司戈皆其屬。

司甲

事闕。

司兵，中士四人，府二人，史四人，胥二人，徒二十人。

掌五兵。

司兵掌五兵、五盾，各辨其物與其等，以待軍事。及授兵，從司馬之灋以頒之。及其受兵輸，亦如之；及其用兵，亦如之。祭祀，授舞者兵。大喪，廞五兵。軍事，建車之五兵。會同亦如之。

五兵，見《司右》。五盾，干櫓之屬，兵以刺敵，盾以自蔽，五兵則五盾。物與等，謂所當用之物，與大小長短之式。從司馬之灋，謂車騎步卒多寡，各有所用之兵，依灋授之。事畢，還輸其所授之兵，亦依灋收之。尋常守衞用兵仗，亦依灋與之。祭祀舞者所執兵，朱干玉戚之類。大喪廞五兵藏之，居喪不親兵革之事也。

按：鄭謂車上五兵，有夷矛，無弓矢，步卒之五兵，無夷矛，有弓矢。《詩》云「不失其馳，舍矢如破」，是射御相依也，又云「公車千乘，二矛重弓」，是弓矢皆在車也，鄭説難據。

司戈盾，下士二人，府一人，史二人，徒四人。

戈，似戟而兩刃，柄短。戟，三刃而柄長。盾，干櫓也。

按：六師之衆，用兵與戈盾多，而司兵止四人，司戈盾止二人，徒止二十餘人，烏足以供之？蓋三軍甲兵，出自田賦，官所造秖給王頒賜耳。

司戈盾掌戈盾之物而頒之。祭祀，授旅賁殳、故士戈盾，授舞者兵亦如之。軍旅、會同，授貳車戈盾，建乘車之戈盾，授旅賁及虎士戈盾。及舍，設藩盾，行則斂之。

殳，長丈二，無刃。故士，見司士。貳車，王副車。乘車，王所乘車，軍旅乘革路，會同乘金路。旅賁，虎士，衞王車者。止宿曰舍，以盾爲藩衞。

司弓矢，下大夫二人，中士八人，府四人，史八人，胥八人，徒八十人。

弓矢之用要而廣，故大夫司之，繕人、槀人皆其屬。

司弓矢掌六弓四弩八矢之灋，辨其名物，而掌其守藏與其出入。中春獻弓弩，中秋獻矢箙。及其頒之，王弓、弧弓以授射甲革、椹質者，夾弓、庾弓以授射豻侯、鳥獸者，唐弓、大弓以授學射者、使者、勞者。其矢箙皆從其弓。凡弩，夾、庾利攻守，唐、大利車戰、野戰。凡矢，枉矢、絜矢利火射，用諸守城、車戰，殺矢、鍭矢用諸近射、田獵，矰矢、茀矢用諸弋射，恒矢、庳矢用諸散射。天子之弓合九而成規，諸侯合七而成規，士合三而成規，句者謂之弊弓。

六弓，即王、弧、夾、庾、唐、大。四弩，即夾、庾、唐、大。八矢，即枉、絜、殺、鍭、矰、茀、恒、庳。名物，即六弓四弩八矢，各有名號物色。弓矢畏濕宜燥，貴正賤欹，守藏宜慎，頒曰出，收曰入，弓弩成于陽和之時，中春獻之。箙以盛矢，皮爲之，矢箙用于陰肅之時，中秋獻之。王、弧二弓，往體寡，來體多，最强。甲革，堅甲皮革；椹、砧通，厚木；質即正；以此爲質，尚力之射，故用强弓。夾、庾二弓，往體多，來體寡，最弱。豻侯，《射人職》云士射豻侯，五節，五十步，近也，射鳥獸亦宜近，用弱弓。唐、大二弓，往來體一，强弱均，故學射者用之，出使遠行者用之，賞勞有功者用之。矢箙從弓，每弓百矢，盛以一箙。弩不言王，王不御弩也。不言弧，弓弩異制也，弩無不勁者。夾庾，小弩發近，故利攻守。唐、大，大弩發遠，故利車戰、野戰。凡矢兼弓弩，枉矢，流星也，火矢似之，因以名，絜矢亦火矢，數矢連發曰絜，二者皆戰守之具。殺矢，矢有刃者；鍭矢，矢有金鏃者，近射豻侯之類，田獵亦近射也。矰，高也，用絲繫矢，仰射高鳥曰矰。茀，疾貌，射鳥曰弋。恒矢，常用之矢。庳矢短小，蓋弩矢也。散射，凡禮射、學射之類皆是。成規，成圜也，凡弓體，直合多成圜，曲則合少成圜，直者力强，曲者力弱，强者射遠。天子侯道九十弓遠，故弓强，諸侯侯道七十弓，大夫士侯道五十弓，故弓以次而弱。句、鉤同，曲也。弊，猶惡也，太曲者爲惡弓，則直者爲良弓矣。

凡祭祀，共射牲之弓矢。澤，共射椹質之弓矢。大射、燕射，共弓矢如數并夾。大喪，共明弓矢。凡師役、會同，頒弓弩各以其物，從授兵甲之儀。田弋，充籠箙矢，共矰矢。凡亡矢者，弗用則更。

射牲，王祭親射犧牲，《射人職》云「祭則贊射牲」。澤，澤宮，習射處，《射義》云：「天子將祭，先習射于澤」。澤，擇也，射以擇士。椹質見上。如數，如各耦所用多少之數。并夾，以取矢侯高者，見《射鳥氏》。明弓矢，明器之弓矢。各以其物，謂天子王、弧，諸侯唐、大，大夫士夾、庾之類。從授兵甲之儀，謂授弓矢，依授兵甲之灋，《司兵職》「凡授兵從司馬之灋，及受輸亦如之」，皆所謂灋也。田，田獵。弋，以絲繫矢射。充，猶實也，田弋用矢多，故曰充。箙，矢服，竹曰籠，皮曰服。矰矢即弋矢。亡矢，既舍之矢，更，更易，凡矢既舍，再收用亡失及收不可用，乃請更，鄭謂矢不用遺亡者責償，似誤。

繕人，上士二人，下士四人，府一人，史二人，胥二人，徒二十人。

繕言善，良也，攻也，繕治弓矢。

繕人掌王之用弓、弩、矢、箙〔一〕、矰、弋、抉、拾。掌詔王射，贊王弓矢之事，凡

〔一〕「箙」，《續修》本、《存目》本作「服」，據閩本改。

乘車，充其籠箙，載其弓弩，既射則斂之。無會計。

抉，以骨爲之，著右手大指勾弦，一名彄。拾，以韋爲之，裹左臂避弦，一名韝扞。斂，收藏也。無會計，王所用弓矢敗壞亡失，不在會計内。

槀人，中士四人，府二人，史四人，胥二人，徒二十人。

槀，稈也，箭幹曰槀。掌弓矢之材，與《地官》槀人殊。

槀人掌受財于職金，以齎其工。弓六物爲三等，弩四物亦如之。矢八物皆三等，箙亦如之。春獻素，秋獻成。書其等以饗工。乘其事，試其弓弩，以下上其食而誅賞。乃入功于司弓矢及繕人。凡齎財與其出入，皆在槀人，以待會而攷之，亡者闕之。

職金，秋官之屬，掌罪人贖金，古訟者使納鈞金束矢，助弓矢之費，故槀人受于職金。齎、資通。弓六物，即王、弧等，各以長短爲上中下三等。弩四物，即夾、庾、唐、大，亦各爲三等。箙，矢服，長短如矢。獻素，箙始成，胎素。成，成功。各書其上中下等，以制其食，饗，食也。乘，計也，計其工拙。入功，以弓弩入于司弓矢者待頒賜，入繕人者供王用也。齎財猶資財，謂置造之費。出入，謂弓矢斂散。會攷，考槀人也。弓矢出入，敝壞亡棄者除之，計其見在者。

戎右，中大夫二人，上士二人。

立戎車右，爲王參乘。

戎右掌戎車之兵革使。詔贊王鼓。傳王命于陳中。會同，充革車。盟，則以玉敦對**辟盟，遂役之。贊牛耳桃茢。**

戎右與王同車，執戈盾立車右，備非常，供王兵革之役使。王親帥六軍，則執鼓，而戎右告王鼓，且助王。王會同乘金路，革車從，則戎右充乘充，實左也，乘車者居左，《曲禮》「祥車曠左」，乘君車，不敢曠左，故戎右充之。王與諸侯盟，以玉敦盛牲血。辟，開也，開盟書讀之，遂傳敦血偏歃，戎右爲役也。割牛耳，盛以珠槃，示神人共聽也。桃，桃枝，茢，苕蔕，二物皆以辟惡，歃血用之，戎右贊之，皆役事也。

按：牛耳歃血，衰世狙詐之事，是書承襲其謬，以附會周公之禮，俗儒好信，獎五霸而誣春秋，實始作俑矣。

齊齋**右，下大夫二人。**

齊車之右。齊，敬也，祭祀賓客，齋敬之事。

齊右掌祭祀、會同、賓客前齊車，王乘則持馬，行則陪乘。凡有牲事，則前馬。

齊右，玉路、金路之右，王祭祀則乘玉路，賓客則乘金路。前，謂王未登車，則齊右執策立馬前。王乘，則持馬防驚駭。既乘行，則登車立右陪乘。王在車，遇祭牲拱而式，《曲禮》「式齊牛」，王式則右下車前卻行，防馬逸，使王致敬也。《曲禮》云：「君撫式，大夫下之。」王式，則齊右下。

道右，上士二人。

道，道車，象路也，爲王道車之右。

道右掌前道車。王出入則持馬陪乘，如齊車之儀。自車上諭命于從車。詔王之車儀。王式，則下前馬，王下則以蓋從。

前，謂王未乘，則執策立馬前。道車，文事之車，《巾車職》云「象路以朝」是也。王在車中有命，則自車上傳諭副車。車儀，即《曲禮》「立視五巂」。式，視馬尾之類，王式見上。蓋，幓蓋，從以表尊。

大馭，中大夫二人。

掌馭王之玉路。

大馭掌馭玉路以祀。及犯軷，王自左馭，馭下祝，登，受轡，犯軷，遂驅之。及祭，酌僕，僕左執轡，右祭兩軹帋，祭軓犯，乃飲。凡馭路，行以《肆夏》，趨以《采薺》。凡馭路儀，以鸞和爲節。

玉路，王乘以郊祀。郊出國門，故有行道之祭。山行曰軷，即祭名，《詩》云「取羝以軷」。郊非遠，必軷，重其行也，封土象山，柏棘爲主，以車轢過其上，示無險難，曰犯軷。王在車左，大馭執轡居中，祭則大馭下車祝神，王自左執轡駐馬，祝畢，登車受王轡，乃驅，犯軷，遂行。祭，即軷祭，既獻神，酌酒獻僕，僕即大馭也。左手執轡，右手舉酒澆兩軹及軓，皆祭之。車軸兩端曰軹，軾前曰軓，與範同。凡馭路，馭五路，《爾雅》堂上謂行，門外謂趨，鄭云大寢至路門謂行，路門至應門謂趨。《肆夏》《采薺》皆樂章，言疾徐中節也。鈴在衡曰鸞，在軾曰和，疾徐有節，則鸞和相應，大徐則不鳴，大疾則不和。

戎僕，中大夫二人。

戎車之馭。

戎僕掌馭戎車。掌王倅車之政，正其服。犯軷，如玉路之儀。凡巡守及兵車之會，亦如之。掌凡戎車之儀。

戎車，革車也。倅車，戎車之副。正其服，正衆乘戎車者之服色。戎車之儀，如《玉藻》云「戎容暨暨」，《曲禮》「兵車不式，武車綏旌」之類。

齊（齋）僕，下大夫二人。

朝享之事，爲王馭也，敬賓客如神明，故曰齊僕。

齊僕掌馭金路以賓。朝、覲、宗、遇、饗、食皆乘金路，其灋儀各以其等，爲車送逆之節。

以賓，謂以賓禮待諸侯，即朝、覲、宗、遇之賓客。至王饗食于廟，有迎送之禮，以其貴賤爲遠近之節，詳見《大行人》及《司儀》職。皆乘金路，而齋僕爲馭。

道僕，上士十有二人。

王尋常出入之馭。

道僕掌馭象路以朝（潮）夕、燕出入，其灋儀如齊車。掌貳車之政令。

《春官·巾車職》「象路以朝」，即道車也。朝夕，早晚出視朝也，早曰朝，莫曰夕。燕出入，尋常出入。貳車，副車，副道車曰貳，副戎車曰倅，副田車曰佐。

田僕，上士十有二人。

王田車之馭。

田僕掌馭田路，以田以鄙。掌佐車之政。設驅逆之車，令獲者植旌，及獻，比禽。凡田，王提馬而走，諸侯晉，大夫馳。

《巾車職》云「木路以田」，取其堅朴也，循行縣鄙亦用之。佐車，副車。驅，逐也。逆，迎也。獲，獲禽。植旌，謂田畢樹旗，令獲者各獻所獲于旗下，較多寡也。提，勒馬舉首，使緩行也。晉，進通，行有漸也。馳，騁馬也。貴者徐，賤者疾。

馭夫，中士二十人，下士四十人。

副車之馭。

馭夫掌馭貳車、從車〔一〕、使車。分公馬而駕治之。

貳車，五路之副車皆是。從車，公侯卿大夫從王之車。使車，聽王役使之車。公馬猶官馬。治之，

〔一〕「從車」，《續修》本訛作「從王」，據《存目》本改。

調習制馭。

校人，中大夫二人，上士四人，下士十有六人，府四人，史八人，胥八人，徒八十人。

馬官之長，考驗曰校。

校人掌王馬之政。辨六馬之屬，種馬一物，戎馬一物，齊（齋）馬一物，道馬一物，田馬一物，駑馬一物。凡頒良馬而養乘之。乘馬一師四圉；三乘爲皁，皁一趣（楚）馬；三皁爲繫，繫一馭夫；六繫爲廄（救），廄一僕夫；六廄成校，校有左右。駑馬三良馬之數，麗馬一圉，八麗一師，八師一趣馬，八趣馬一馭夫。天子十有二閑，馬六種；邦國六閑，馬四種；家四閑，馬二種。凡馬，特居四之一。

馬有六物，以路車有五，而外多駑馬也。種馬，良馬可爲種者，以駕玉路。一物，猶一類。戎馬，駕戎車，革路也。齊馬，駕齊車，金路也。道馬，駕道車，象路也。田馬，駕田車，木路也。駑馬不任五路，以給雜役。頒，謂分任各役。良馬，謂五路馬皆良善者。養乘，畜養差配成乘。四馬曰乘，則一人爲師，四人爲廝養。三乘爲皁，皁十二匹，一趣馬，下士也。三皁爲繫，繫三十六匹，一馭夫，中士也。六繫爲廄，廄二百一十有六匹，一僕夫，上士也。六廄成一校，共馬一千二百九十六匹。左右二校，共馬二千五百九十二匹，此良馬之成數也。下駟曰駑，駑馬三良馬之數，則當爲七千七百七十六匹。兩馬曰麗，一圉牧之。八麗十六馬，一師牧之。八師一百二十八馬，一趣馬掌之。八趣馬一千二十四匹，一馭夫領之。大略七馭夫所領，得馬七千一百六十八匹，視良馬數乃可三倍。天子十有二閑，藏馬處曰閑。馬六種，分十二閑，每種二閑，即所謂左右二校，六廄成校者也。以良馬十二廄，合駑馬三倍之數，大約馬萬匹。邦國六閑，半天子，馬四種，無種與戎也。家四閑，降于諸侯，馬二種，無齊與道，止田駑二種耳。牡馬曰特，三牝一特，欲其生之衆也。每乘亦然，欲其以類相從也。

按：鄭以十二閑六種，合十二廄爲左右校，則良馬當爲二千一百六十匹，五種分左右爲十廄，每一廄良馬二百十六匹，十廄共良馬二千一百六十匹也。駑馬一種，三倍良馬，當爲一千二百九十六匹，如是則駑有三廄，當爲十三閑，一不合也。且本文所謂三良馬之數者，謂天子賞賜牲幣之類取給多，故三倍；六廄承上文校有左右之全數，非謂三倍一廄也，今獨以一廄之數三之，則通計駑馬一種，不過一千二百九十六匹，而良馬五種十廄，共二千一百六十匹，是駑馬反少良馬二之一，二不合也。義既不通，乃改八麗、八師、八趣馬，三「八」字爲三「六」字，求伸前説，三不合也。凡鄭説牽强類此。今據本文，大約駑馬七千七百七十六匹，每二匹一圉夫，共圉夫三千八百八十八人；每十六匹一師，共師四百八十六人；每百二十八匹一趣馬，共趣馬六十人有奇；每千二十四匹一馭夫，共馭夫七人有奇。其良馬，二千五百九十二匹，每一匹一圉夫，共圉夫二千五百九十二人；四匹一師，共師六百四十八人；每十二匹一趣馬，共趣馬二百一十六人；每三十六匹一馭夫，共馭夫七十二人；每二百一十六匹一僕夫，共僕夫十二人。據本文解當然，實不足信也。因馬設官，官反多于馬，馬之芻牧，取給于甸賦官之廩禄，十倍于馬，何所取給？自天子至諸侯皆有馬，今六家馬四閑，一良三駑，則馬八百六十四匹，掌牧者當六百八十三人，大國卿禄四大夫，田不過三千二百畝，上農夫僅可食二百八十一人耳，祭祀賓客之需取給外，畜馬八百六十四匹，牧者六百八十三人，何以廩餼之？而諸侯天子可推矣。是書成于周衰六國嬴秦之際，諸侯强大，比于王者，制侈費汰，官冗事繁，考《儀禮》諸侯一聘，賞賜庭實之馬且數十匹，安得不養馬之多乎？非先王之舊，必矣。

春祭馬祖，執駒。夏祭先牧，頒馬，攻特。秋祭馬社，臧僕。冬祭馬步，獻馬，講馭夫。凡大祭祀、朝覲、會同，毛馬而頒之，飾幣馬，執扑而從之。凡賓客，受其幣馬。大喪，飾遣車之馬；及葬，埋之。田獵，則帥驅逆之車。凡將事于四海、山川，則飾黄駒。凡國之使者，共其幣馬。凡軍事，物馬而頒之。等馭夫之禄，宫中之稍食。

馬祖，天駟，房星之神，東方蒼龍之宿，馬，龍精也。執駒，方春，牝牡通淫，縶維其駒，使離母也。夏草方茂，可牧，故祭先代始牧馬者。攻特，牝馬方孕，攻去其特，勿使近牝馬。社，牧地之神，秋報成，故祭之。臧僕，簡練僕夫也。馬神爲祟者曰步。獻馬，獻成馬于王。講馭夫，簡習馭夫也。

毛馬，齊馬毛色，如《詩》四黃四鐵之類。頒，謂給當乘者。幣馬，聘享之馬。飾，整刷也。扑，馬策。受幣馬，受諸侯之獻馬。遣車之馬，送葬者也。及葬埋，埋馬牲也。王遣奠用馬牲，《大司馬職》：「喪祭，奉詔馬牲。」黃駒，天子過名山大川，殺黃駒以祭。黃，中色。凡國之使者，謂王命勞賜諸侯，有幣馬則供之。物馬，辨別馬材力。宮中，猶官府，如廄一僕夫，繫一馭夫，皁一趣馬，乘一師，匹一圉夫之類。稍，稟食。

趣(楚)馬，下士，皁一人，徒四人。

趣，促通，督促養馬者。馬十二匹爲一皁，十二閑共良馬二千五百九十二匹，爲趣馬二百一十六人，徒八百六十六人，而駑馬三良馬之數不與焉。

趣馬掌贊正良馬，而齊其飲食，簡其六節。掌駕說(稅)之頒，辨四時之居治，以聽馭夫。

良馬駕五路，校人既物而乘之，皆良矣，趣馬從而正其等，不使間雜，調養適宜也。簡六等之馬，節其飢渴勞逸，或駕以行，或稅以止，均其敘而頒之。暑則出居于庌，寒則入居于廄，《春秋傳》云：「日中而出，日中而入」。治，治其居也。以聽于馭夫，趣馬馭夫之屬。

巫馬，下士二人，醫四人，府一人，史二人，賈二人，徒二十人。

馬有疾者，皆使治之，若神巫然。

巫馬掌養疾馬而乘治之，相醫而藥攻馬疾，受財于校人。馬死，則使其賈粥之，入其布于校人。

疾馬，羸疾之馬。乘治，謂乘之以試其所疾，而治之。相醫，使其屬醫四人，相視用藥。受財于校人，資醫藥之費也。馬死，賈人計直賣之，以其泉布入于校人。

牧師，下士四人，胥四人，徒四十人。

掌牧馬之地。

牧師掌牧地，皆有厲禁而頒之。孟春焚牧，中春通淫，掌其政令。凡田事，贊焚萊。

牧，即萊也，地不可井，則以爲牧畜牛馬。厲、列通，遮列禁樵採也，牧非一處，故頒禁。焚牧，焚陳草使生新。通淫，合牝牡也。田事，田獵之事，春田用火。

廋人，下士，閑二人，史二人，徒二十人。

廋，藏也，閑以藏馬。天子馬十二閑，閑二人，共下士二十四人。

廋人掌十有二閑之政教，以阜馬、佚特、教駣肇、攻駒及祭馬祖、祭閑之先牧及執駒、散馬耳、圉馬。正校人員選。馬八尺以上爲龍，七尺以上爲騋，六尺以上爲馬。

自阜馬至圉馬九事，皆政教也。阜，蕃盛也。牡馬曰特，佚之不使勞困，資生息也。馬三歲曰駣，二歲曰駒，教駣，習乘也；攻駒，治蹄齧也。先牧，始爲閑者。執駒，仲春合牝，則執其駒。散馬耳，以物繫馬耳，使習聽不驚。圉，納之閑內也。正，待也。員，數也，完美之稱。選，擇也。校人總馬政，擇馬全善者，備五路之用也，鄭謂校人爲圉師，恐非。八尺以上，即員選，《月令》天子駕五路之馬，皆稱龍。七尺以上，諸侯之馬，《詩》云「騋牝三千」。六尺以上，常馬耳。

圉師，乘一人，徒二人。圉人，良馬匹一人，駑馬麗一人。

養馬曰圉，四馬曰乘，乘一師，十二閑共圉師六百四十八人；乘徒二人，共徒一千二百九十六人。十二閑共良馬二千五百九十二匹，圉人亦二千五百九十二人；駑馬三良馬，共七千七百七十六匹，每二馬一圉人，共三千八百八十八人。

圉師掌教圉人養馬，春除蓐辱、釁廄、始牧，夏庌迓馬，冬獻馬。射則充椹質，茨牆則翦闔。

圉師，教圉人養馬，故以師名。冬寒，以草爲蓐藉馬，春除之。滌廄，殺牲釁廄神。始牧，春草生，馬始可牧也。庌，廡下，夏休馬廡下，避暑也。冬獻馬，從校人獻也。充，供也。質，射正也。椹，蚪草木，《司弓矢職》云：「射甲革、椹質。」角力，則以木椹爲質射，而圉師供之。茨牆，以草蓋牆。闔，蓋也，翦闔，翦其亂草。椹與翦茨，皆圉師所習。

圉人掌養馬芻牧之事，以役圉師。凡賓客、喪紀，牽馬而入陳。廞馬亦如之。

圉人，職見上。芻，以草飼馬；牧，水草地。役圉師，爲圉師役也。賓客之馬，王所賜；喪紀之馬，啓殯後所薦送葬之馬。入陳，謂賓客陳馬于館，喪紀陳馬于廟。大喪，廞先王之路馬而藏之，亦圉人牽以入也。

職方氏，中大夫四人，下大夫八人，中士十有六人，府四人，史十有六人，胥十有六人，徒百有六十人。

職，主也，方，四方，任重事繁，故官尊人多。

按：四方道里山川，不屬地官屬司馬者，地官主内，司馬主外。征伐者，四方之事，馬行地無疆，削平叛亂，九職歸貢，然後司馬之事畢，《詩》云「幹不庭方」，又云「經營四方」。大軍所至，先知其情形虛實、地里遠近、山川險夷，然後可制勝，故職方屬司馬，古命將出師曰閫，以外將軍制之以此。南火西流，正值坤方，故夏官以地終，世儒欲移補司空，非作者意。

職方氏掌天下之圖，以掌天下之地，辨其邦國、都鄙、四夷、八蠻、七閩、九貉、五戎、六狄之人民與其財用、九穀、六畜之數要，周知其利害。

天下之圖，即今輿地圖，按圖知地，故掌圖以掌地也。邦國都鄙，王邦侯國及各都鄙采邑也。四夷，謂東夷、西戎、南蠻、北狄。閩，蠻屬。貉，狄屬。四、五、六、七、八、九，言其種雜而多也。細數曰數，總數曰要。利所當貢，害所當防。

按：職方所掌九州以内土地人民財用，則中國之産也，其蠻夷戎狄，各舉其數，此秦皇漢武之略，非先王爲治之要。是書大言極誇，張司馬之勛，啓世主好大之志，昔周公謝越裳，豈以此訓後世乎？

乃辨九州之國，使同貫利。東南曰揚州，其山鎮曰會稽，其澤藪曰具區，其川三江，其浸五湖，其利金錫竹箭，其民二男五女，其畜宜鳥獸，其穀宜稻。

貫，習也，貫利，猶言便利。揚州，吴越也。山鎮，山之最大，鎮壓一州者。會稽在今浙江紹興府。有水曰澤，無水曰藪。具區，即震澤，在今蘇州府。流水曰川，三江，岷江、吴江、錢塘江。浸，澤之深者。五湖，彭蠡、洞庭、巢湖、太湖、鑑湖也。其人民七分，女居五。鳥獸，謂多野鳥獸。東南水鄉，五穀宜稻。

正南曰荆州，其山鎮曰衡山，其澤藪曰雲夢，其川江漢，其浸潁湛，其利丹銀齒革，其民一男二女，其畜宜鳥獸，其穀宜稻。

荆州，楚也。衡山在湘南。雲夢跨江南北，北雲南夢。江出岷山，漢出嶓冢，潁水出陽城，湛未詳，或曰淮也。丹，朱砂。

河南曰豫州，其山鎮曰華山，其澤藪曰圃田，其川滎雒，其浸波溠詐，其利林漆絲枲，其民二男三女，其畜宜六擾，其穀宜五種。

豫，中州，魏地。華山在今陝西華陰。圃田，在中牟。滎，兗水，與濟水同出王屋，兗東流爲濟，南渡河，溢爲滎澤。雒，洛水，水自洛出爲波，《禹貢》曰「滎波既瀦」。溠水在漢南，《春秋傳》楚子梁溠，「營軍臨隨」是也。馴養曰擾。六，馬、牛、羊、豕、犬、雞。五種，黍、稷、菽、麥、稻，此畜穀獨全者，土氣正中也。

按：華山在雍州，溠水在荆州，是書以屬豫州，誤。

正東曰青州，其山鎮曰沂宜山，其澤藪曰望諸，其川淮泗，其浸沂沭述，其利蒲魚，其民二男二女，其畜宜雞狗，其穀宜稻麥。

青州，齊地，今山東。沂山，在蓋縣，沂水所出。望諸，即孟諸，在睢陽。淮水出桐柏山，泗水出瑯琊東莞，或曰洙也。人民居四分，男女半。

河東曰兗州，其山鎮曰岱山，其澤藪曰大野，其川河泲濟，上聲**，其浸盧維，其利蒲魚，其民二男三女，其畜宜六擾，其穀宜四種。**

兗州，魯地，河東，則西侵豫州境。岱山，即泰山。大野，即鉅野。河，黃河，泲、濟同。盧維未詳，鄭作雷雍，《禹貢》云「雷夏既澤，雍沮會同」。穀宜四種，稻麥黍稷，因前後文省。

正西曰雍州，其山鎮曰嶽山，其澤藪曰弦蒲，其川涇汭，其浸渭洛，其利玉石，其民三男二女，其畜宜牛馬，其穀宜黍稷。

雍州，秦地。嶽，即華山，鄭云吴嶽山，在汧西，汧水出焉，是爲弦蒲之藪，或曰弦蒲，汧浦也。涇水出涇陽，汭水在豳地，渭水出鳥鼠山，洛出懷德，與熊耳之洛異。玉石，出藍田玉山。

東北曰幽州，其山鎮曰醫無閭，其澤藪曰貕兮**養，其川河泲，其浸菑時，其利魚鹽，其民一男三女，其畜宜四擾，其穀宜三種。**

幽州，燕地，今北直隸境。醫無閭山在遼東。貕養澤在徐州長廣。菑水出萊蕪，時水出般陽。魚鹽之利，東近海也。四擾，牛、馬、狗、雞，因前文也。三種，黍、稷、麥，亦因前文，而地高不宜稻，鄭註恐非。

河内曰冀州，其山鎮曰霍山，其澤藪曰楊紆，其川漳，其浸汾（焚）**潞，其利松柏，其民五男三女，其畜牛羊，其穀宜黍稷。**

冀州，韓地，古帝都。霍山在彘，周人流厲〔一〕王處。楊紆未詳。漳水出上黨，汾水出汾陽，潞出歸德。人民多于他州者，都會之地也。

正北曰并州，其山鎮曰恒山，其澤藪曰昭餘祁，其川虖（呼）**池**（沱）**、嘔**（謳）**夷，其浸淶易，其利布帛，其民二男三女，其畜宜五擾，其穀宜五種。**

并州，趙地。恒山，在上曲陽，北嶽也。鄭云昭餘祁在鄔。虖池，即嘑沱，出鹵城。嘔夷出平舒，淶出廣昌，易出故安。五擾，雞可緩也。

按：是書所敘九州與《禹貢》異，《禹貢》有徐、梁，是書多幽、并，其所舉山川人物，往往錯雜，不似《禹貢》指掌可見。華山在雍，溠水在楚，何以屬豫？而更名雍鎮曰嶽，五嶽皆嶽，雍其爲誰嶽乎！

〔一〕「厲」，原作「幽」，據《史記·周本紀》記載被流放之周王當爲厲王，故此處改作「厲」。

幽居極北，其川澤物産皆南侵齊。據今各方人民男女，五穀六畜，與是書所言多不合，昔人謂之瀆亂不驗有以也。讀《禹貢》，自覺此文爲荒陋。

乃辨九服之邦國，方千里曰王畿，其外方五百里曰侯服，又其外方五百里曰甸服，又其外方五百里曰男服，又其外方五百里曰采服，又其外方五百里曰衛服，又其外方五百里曰蠻服，又其外方五百里曰夷服，又其外方五百里曰鎮服，又其外方五百里曰藩服。

此即《大司馬》九畿之濾，解見前。服，服從也，以序環遶于外，如服之被體然。

按：周之王畿原不在九服内，周之列服亦非能倍于《禹貢》，此因襲《禹貢》而加緣飾，與下封建之濾，皆以臆見增入，當以《禹貢》爲正。

凡邦國千里，封公以方五百里，則四公，方四百里則六侯，方三百里則七伯，方二百里則二十五子，方百里則百男，以周知天下。

此以開方之濾計之，九州地方萬里，中以千里爲王國，外九千里，分侯伯子男。《大司徒》云：「諸公之地方五百里，諸侯之地方四百里，諸伯之地方三百里，諸子之地方二百里，諸男之地方百里。」以方千里之地開方爲四，則爲方五百里者四，可以封四公；開方爲六，則各方四百里，可以封六侯；

開方爲三百里，可封十一伯，云七，誤也；開方爲二百里，可封二十五子；開方爲百里，可封百男。即一州而八州可推。

按：此文分合之數，以施之布帛則庶幾，至于裂土，必因山川形勢便利，未有畫千里之地，限尺寸分爲幾國者，名法之家，瑣碎苛刻類此。孟子云：「海内之地，方千里者九。」此前賢典要情實之語，而鄭玄附會此書，云周九州，地方千里者四十有九，數相懸絶，不知何據。

凡邦國〔一〕，小大相維。王設其牧，制其職，各以其所能，制其貢，各以其所有。王將巡守，則戒于四方，曰：「各脩平乃守，攻乃職事，無敢不敬戒，國有大刑。」及王之所行，先道，帥其屬而巡戒令。王殷國亦如之。

王五載一巡守，則諸侯朝于各方嶽之下。戒，職方戒之。先道，王所之國，先爲訓導。巡戒令，即巡行脩平，乃守之戒令。殷，衆也，《大宗伯職》「殷覜曰視」，謂六服盡朝也。國即諸侯。亦如之，亦戒令也。

土方氏，上士五人，下士十人，府二人，史五人，胥五人，徒五十人。

〔一〕「國」，《續修》本、《存目》本作「家」，據閩本改。

掌堪輿風水之事。

土方氏掌土圭之灋，以致日景。以土地相宅，而建邦國都鄙。以辨土宜土化之灋，而授任地者。王巡守，則樹王舍。

土圭，見《大司徒職》。土地，猶言土其地。相宅，相邑居。土宜，土氣所宜。土化，化瘠爲肥。任地者，載師之屬。樹王舍，爲行宮，植藩籬也。

懷方氏，中士八人，府四人，史四人，胥四人，徒四十人。

掌遠人來歸者，懷，來也。

懷方氏掌來遠方之民，致方貢，致遠物，而送逆之，達之以節。治其委積、館舍、飲食。

達之以節，以旌節通其道路，詳《地官·掌節職》。委積，詳《遺人》。

合方氏，中士八人，府四人，史四人，胥四人，徒四十人。

掌合同四方之事。

合方氏掌達天下之道路，通其財利，同其數器，壹其度量，除其怨惡，同其好善。

通財利，貿遷有無，以相濟也。同數器，權衡不得有輕重。壹度量，丈尺釜鍾不得有大小。除怨惡，邦國不得相侵陵。同好善，習尚不得爲淫僻。

訓方氏，中士四人，府四人，史四人，胥四人，徒四十人。

掌宣布王化，以訓四方。

訓方氏掌道四方之政事與其上下之志，誦四方之傳道。正歲，則布而訓四方，而觀新物。

四方之政事，謂四方諸侯之政事。道，謂告王。上下之志，諸侯君臣之志。傳道，謂四方所傳頌稱道嘉言善事。誦，爲王誦。正歲，建寅之正月。布，謂以政志之善與所傳道者，布而訓之。觀新物，觀四方新異之物，察民俗之好尚也。

形方氏，中士四人，府四人，史四人，胥四人，徒四十人。

掌制四方邦國之形勢。

形方氏掌制邦國之地域，而正其封疆，無有華花離之地。使小國事大國，大國比去聲小國。

華，雜也，離，亂也，言幅員方正，不錯雜間斷也。比，猶庇也。

按：此上五方，皆職方之屬，惟土方上士五人，懷、合、訓、形皆中士。懷、合中士八人，訓、形中士四人，府史以下四方同，本無錯簡，或欲移土、形補司空，移訓方屬司徒，非作者意。

山師，中士二人，下士四人，府二人，史四人，胥四人，徒四十人。

掌知四方丘陵林木。

山師掌山林之名，辨其物與其〔一〕利害，而頒之于邦國，使致其珍異之物。

山林名物，如岱畎絲枲，嶧陽孤桐之類。利，材木之類。害，猛獸之類。

川師，中士二人，下士四人，府二人，史四人，胥四人，徒四十人。

掌知四方川澤。

川師掌川澤之名，辨其物與其利害，而頒之于邦國，使致其珍異之物。

〔一〕「其」，《續修》本、《存目》本脱，據閩本補。

川澤之名物，如泗濱浮磬，淮夷蠙珠暨魚之類。

邍（原）**師，中士四人，下士八人，府四人，史八人，胥八人，徒八十人。**

掌知四方原野閒曠之地。邍、原同，高平曰原。

邍師掌四方之地名，辨其丘陵、墳衍、邍隰之名物之可以封邑者。

司徒五地，山林、川澤、丘陵、墳衍、原隰也，山林川澤，山師、川師掌之，餘六邍師掌之。辨其名，以知平陂燥濕；辨其物，以知肥磽美惡，鄭以物字屬下讀，未是。

匡人，中士四人，史四人，徒八人。

匡，正也，《詩》云：「王于出征，以匡王國。」匡人、撢人，蓋軍中贊畫之職，自職方至撢人十職，大抵多贊畫之士。

匡人掌達灋則，匡邦國而觀其慝，使無敢反側，以聽王命。

灋則，即大司馬九灋之類。

撢尋人，中士四人，史四人，徒八人。

撢、撏同，探也，掌探討四方之事。

撢人掌誦王志，道國之政事，以巡天下之邦國而語之，使萬民和說而正王面。

國之政，王國之政事。語，語諸侯。正猶對也，面猶向也，使望王國歸向。

都司馬，每都上士二人，中士四人，下士八人，府二人，史八人，胥八人，徒八十人。

都，謂畿内王子弟及三公之封邑，王爲置司馬，平其政。

都司馬掌都之士庶子及其衆庶、車馬、兵甲之戒令。以國灋掌其政學，以聽國司馬。

士庶子，卿大夫士之子。政，謂賦税。學，謂德藝。軍興，則聽大司馬徵發。進士，則聽大司馬論材。

家司馬亦如之。

家司馬，各使其臣，以正于公司馬。

此職綱也，目見上。家，謂王卿大夫之邑。各以家臣主其軍賦，而受政于國司馬，王不特置官。

右夏官之屬七十，內卿七人，大夫二百二十四人，上士八百七人，中士三千一百四十八人，下士一萬五千四百七十六人，府九十四人，史二百六人，胥二百十一人，徒四千二百四十四人，又醫四人，賈八人，工四人，狂夫四人，通計二萬四千四百三十七人，而校人之屬，馭夫趣馬之流，尚七千九百七十有奇，不與焉，合之則三萬二千四百人有奇。

周禮完解卷八終

周禮完解卷九

郝敬　習

秋官司寇第五

秋，揫也，採取收斂之意，物至秋而收，天氣始肅，故司寇爲刑官。寇，害也，物成曰害，何也？物成不以春夏雨露，以秋霜，刑斯成之，利斯害之，凡利所在，不期寇而寇至，故司寇，秋官也。其次司馬，何也？道之以政，齊之以刑，六師所征伐，皆已蕩平，罪人得而國憲彰，如九夏炎烝，而凉風至也。蓋水土之氣，冲和于東春，發揚于南夏，轉而西適，木遇金傷，火遇金革，坤土當西南之交，金氣得養，左母右父，履坤戴乾，故保定堅固莫如金，其森爽清寧之氣，莫甚于西，而天地定位，帝王功成，故刑者成也。《詩》云：「不顯維德，百辟其刑之。」君子篤恭而天下平，刑成而後平也，周之王業，成于西土，故行人、司儀統于秋，而周禮大備。夏官效地之用，職方、山、原所以終地；秋官贊春之功，行人、司儀所以成春。天無爲而冬考成，皆四官之力，以斯謂之辨方正位也。

惟王建國，辨方正位，體國經野，設官分職，以爲民極。乃立秋官司寇，使帥其屬

而掌邦禁，以佐王刑邦國。

禁，止也，止則成矣。刑，形也，形，成也，凡物刑之而後成形，如禾刈則成穀，果剥則成實，土範金則成器，凡物不毁不成，世道不亂不治，不桀紂無湯武，不征伐無太平，故萬寶告成于秋，司寇繼司馬也。

刑官之屬

刑官，即大司寇，屬，謂小司寇以下六十六職。

大司寇，卿一人；小司寇，中大夫二人；士師，下大夫四人；鄉士，上士八人，中士十有六人，旅下士三十有二人，府六人，史十有二人，胥十有二人，徒百有二十人。

士，察也，師，長也，刑官稱士，見理明也。皐陶九德見知，爲虞士，所以明允。鄉士，聽畿内六鄉之訟者。

大司寇之職，掌建邦之三典，以佐王刑邦國，詰四方，一曰刑新國用輕典，二曰刑平國用中典，三曰刑亂國用重典。以五刑糾萬民，一曰野刑，上功糾力；二曰軍刑，上

命糾守；三曰鄉刑，上德糾孝；四曰官刑，上能糾職；五曰國刑，上愿糾暴。

典，常也，常刑曰典。詰，窮究也。新國，新建之國，民未習教，故用刑宜輕。平國，承平之國，民已習教，用刑惟中。亂國，叛逆之國，不大懲不知反正，故刑重。糾，約束也。野刑，刑民之不任職者。上、尚同，所尚在功，糾其不用力，以儆惰也。軍刑，軍伍之刑，所尚在用命，糾其不死守，以飭武也。鄉，鄉三物，弼教之刑，所尚在德，糾其不孝，以勵人倫。官刑，官府之刑，所尚在能，糾其不盡職，以儆官邪。國刑，立國之刑，所尚在謹厚，糾其狂暴，以正風俗。

按：刑者，聖人不得已而用之。其用之也，本欲輕之，輕之而不可得，則權宜適中，惟明惟允。新國用輕，亂國用重，豈不刊之典與？夫墨、劓、宮、剕、辟，先王所謂五刑也，而大司寇易爲野軍鄉官國；親義序別信，先王所謂五禮也，而大宗伯易爲吉凶軍賓嘉。大抵皆以名法變幻，使人踟躕疑似，是縱橫之習氣也。

以圜土聚教罷皮民，凡害人者，寘之圜土而施職事焉，以明刑恥之。其能改者，反于中國，不齒三年；其不能改而出圜土者，殺。以兩造禁民訟，入束矢於朝，然後聽之。以兩劑禁民獄，入鈞金，三日乃致于朝，然後聽之。

圜土，獄城也。罷民，囚禁困罷之民。施職事，如後世城旦舂、鬼薪之類，困苦之，使改悔也。明刑，以木書其所犯罪狀，梏于頸，以愧恥之。中國，猶國中，故里也。反，謂役滿還鄉。不齒，不得以年次列于衆中。不改而出圜土，謂逃亡也。兩造，告人者與告于人者，並造庭也。束矢，百矢，矢象直，訟者與被訟者至，各入束矢于官，自表其直，而後受其辭，不入矢者，自服不直，故不聽也。凡公署皆曰朝。争辨曰訟，訟成曰獄，對質兩辭曰劑。鈞，三十斤。金，銅鐵之屬。三日乃聽，俟其中悔也。致于朝，召訟者于官也。必使入束矢，所以難其聽，而禁民訟也。必使入鈞金，所以難其聽，而禁民獄也。

按：束矢鈞金之灋，因訟以爲利耳，使民無訟者不爲。吴澄氏曰：古有贖刑，爲過誤可赦者設，不聞凡獄訟，皆入矢與金也。先王爲弓矢各有司存，戎器不粥于市，民何從得束矢，貧者何能備鈞金，必矢與金然後聽，則富者先訟，貧者寃阻上達矣。夫所謂兩造者，兩訟之人至于前，面折曲直也；兩劑者，兩人所書之辭款也，既有兩造之人，必有兩劑之辭，何乃分而爲二，一使之入矢，一使之入金乎？鄭氏云訟以財貨相告，獄以罪名相告，夫民之争辨，皆訟也，既訟而纍繫，皆獄也，必財貨相告謂訟，則凡以他事告者，不謂之訟乎？訟必有罪，何獨以罪名獄乎？

以嘉石平罷民，凡萬民之有罪過而未麗於灋，而害於州里者，桎梏而坐諸嘉石，役諸司空。重罪旬有三日坐，朞役；其次九日坐，九月役；其次七日坐，七月役；其次五日坐，五月役；其下罪三日坐，三月役。使州里任之，則宥而舍之。以肺石遠窮民，凡遠近惸獨老幼之欲有復於上而其長弗達者，立於肺石，三日，士聽其辭，以告於上，而罪其長。

坐罪人之石名嘉，即後世以囹圄爲福堂之意，先王之刑民，無非欲民爲善耳。平，成也。罷民，解見上。有罪過，謂無知誤犯也。未麗于灋，刑不至于圜土之重也。害于州里，罪不至于害州里也。木在足曰桎，在頸曰梏，梏即所謂明刑，鄭謂梏在手。坐諸嘉石，坐限滿，乃役諸司空。以坐之日爲役之月，「旬有三日」，當爲旬有二日。役畢必使州里人保任之，不復犯，然後縱舍之。以「肺」名石，取赤誠不妄之意。其長，謂所屬官司，如鄉遂大夫之類。

按：「嘉石」「肺石」，鄭氏謂設于外朝門左右。堯舜在上，不能去殺，一歲所犯所告不知幾，罪人填集外朝，二石不足以容之。國家有大體，明刑有司寇，必欲以一人詳鞫天下刑獄，日亦不足，此等規模名法，豈周公制作？不可欺智者。

正月之吉，始和布刑于邦國都鄙，乃縣刑象之灋于象魏，使萬民觀刑象，挾日而斂之。凡邦之大盟約，涖其盟書，而登之于天府。大史、内史、司會及六官皆受其貳而藏之。凡諸侯之獄訟，以邦典定之；凡卿大夫之獄訟，以邦灋斷之；凡庶民之獄訟，以邦成弊之。大祭祀，奉犬牲。若禋祀五帝，則戒之日，涖誓百官，戒于百族。及納亨烹，前王；祭之日，亦如之。奉其明水火。凡朝覲、會同，前王；大喪亦如之。大軍旅，涖戮于社。凡邦之大事，使其屬蹕。

「正月」以下至「斂之」，解見《大宰》。盟約所以糾衆，司寇掌之。盟書，盟誓之辭。天府，祖廟之藏。大史、内史、司會皆掌典灋則，六官即六卿，司寇涖盟書，而六官與人史等皆受其副而藏之，示共守也。邦典，即《天官》六典，待邦國之治，故以定諸侯之獄訟。邦灋，即《天官》八灋，待官府之治，故以斷卿大夫之獄訟。邦成，即《天官》八成，待萬民之治，故以弊庶民之獄訟。弊，斷也。犬屬戌，故秋官奉之。戒之日，始齋戒之日。誓百官，使齋戒也。百族，謂同姓，《郊特牲》云「戒百官于庫門之内，戒百姓于大廟」，是也。納亨，將祭致牲。前王，引導王。祭之日，旦明行禮之日。如之，亦前王也。陰鑑取水于月曰明水，陽燧取火于日曰明火，以給烹爨，司寇奉之，取秋氣清明，皆方位之義。大事皆司寇前王，取嚴肅之義。

小司寇之職，掌外朝之政，以致萬民而詢焉。一曰詢國危，二曰詢國遷，三曰詢立君。其位：王南鄉向，三公及州長、百姓北面，羣臣西面，羣吏東面。小司寇擯以敘進而問焉，以衆輔志而弊謀。

小司寇，職見上，中大夫二人。外朝，在雉門外。致，召集也。詢，諮訪也。國危，謂敵難。國遷，謂遷國。立君，謂擇繼。三公，鄉老也。州長，鄉大夫，六卿也。百姓，萬民也。羣臣，諸大夫士也。羣吏，府史以下。擯，揖之使前也。輔志，輔王志。弊謀，斷謀也。

以五刑聽萬民之獄訟，附于刑，用情訊之。至于旬，乃弊之，讀書則用灋。凡命夫命婦，不躬坐獄訟。凡王之同族有罪，不即市。以五聲聽獄訟，求民情。一曰辭聽，二曰色聽，三曰氣聽，四曰耳聽，五曰目聽。以八辟麗邦灋，附刑罰：一曰議親之辟，二曰議故之辟，三曰議賢之辟，四曰議能之辟，五曰議功之辟，六曰議貴之辟，七曰議勤之辟，八曰議賓之辟。以三刺斷庶民獄訟之中：一曰訊羣臣，二曰訊羣吏，三曰訊萬民。聽民之所刺宥，以施上服下服之刑。

五刑，即野、軍、鄉、官、國五。附于刑，有罪當刑也。用情，慎重也。訊，問也。十日而後斷，慎之至也。讀書，考刑書。命夫，男子貴者。命婦，貴人妻。坐，跪也，凡獄訟者必坐對，不躬坐，使其屬代也。王族有罪，刑于甸師，不即市也。五聲，辭氣也。辭聽，理屈則辭窮。色聽，情愧則色報。氣聽，中怯則氣餒。耳聽，心惑則聽亂。目聽，志懾則視昏。辟，灋也。麗，附也。議辟，灋所不得行，爲議處也。親，王之親戚。故，王之故舊。賢，素有德者。能，素有材者。功，有勳績者。貴，居高位者。勤，勞于國事者。賓，王之所不臣者。八者皆灋所當議也。刺，猶殺也，獄訟之中，謂刑中其罪也，民所欲刺乃刺之，所欲宥則宥之。上服被重刑，下服被輕刑，孟子云「善戰者服上刑」，鄭謂上爲墨、劓，下爲宫刑，恐非。

及大比，登民數，自生齒以上，登于天府。内史、司會、冢宰貳之，以制國用。小祭祀，奉犬牲。凡禋祀五帝，實鑊水，納亨亦如之。大賓客，前王而辟，后、世子之喪亦如之。小師，涖戮。凡國之大事，使其屬蹕。孟冬，祀司民，獻民數於王，王拜受之，以圖國用而進退之。歲終，則令羣士計獄弊訟，登中于天府。正歲，帥其屬而觀刑象，令以木鐸，曰：「不用灋者，國有常刑」。令羣士，乃宣布于四方，憲刑禁。乃命其屬入會，乃致事。

大比，三年大較民數之消長。男子八月生齒，女子七月生齒，生齒而後體備，故登其數于天府。内史掌八柄之籍，司會主會計，冢宰長六官，故皆取其民數之副，民數定，則可以任職貢賦，制國用矣。納亨亦如之，謂殺牲亦須水也。前王而辟，開道也。小師，命將征伐也。司民，星名，解見《春官·天府》之職。圖國用，謂民衆則賦益用饒，民少則賦減用縮，故進退之也。令羣士，令其所屬遂士以下。登中，登一歲所斷刑獄之中。憲，懸示也。刑禁，即五刑五禁。乃命其屬入會，承歲終計羣士而言，先得其屬之計，乃令致其事于王。

按：六官之事多錯舉，即《天官》所謂官聯也，意主縱横，不在分疏，而儒者以一隅求之，多舛迕不合。或疑登民數、祀司民、祭祀、賓客、喪紀非司寇之事。夫世儒所謂司寇者，刑灋之官，而是書所謂司寇，則天地之秋也。天地氣凝于秋，春夏成功于秋，《王制》云「刑者，侀也；侀者，成也，一成而不可變」，非殺人之謂也。故登民數者，秋成之象；祭祀奉犬者，戍守之象；禋祀奉水者，金生之象；賓客喪事前王者，肅清之象；師旅涖戮、大事使蹕者，嚴厲之象。凡是書所以設官分職，寓其意，通其謀耳，非區區典守，尸祝不越俎之謂也，不喻此旨，不可與讀此書。

士師之職，掌國之五禁之灋，以左右刑罰：一曰宮禁，二曰官禁，三曰國禁，四曰野禁，五曰軍禁。皆以木鐸徇之于朝，書而縣于門閭。以五戒先後刑罰，毋使罪麗于民：一曰誓，用之于軍旅；二曰誥，用之于會同；三曰禁，用諸田役；四曰糾，用諸國中；五曰憲，用諸都鄙。

士師，職見《大司寇》，下大夫四人也。左右，猶佐佑。宮，王宮。官，官府。國，城中。野，郊遂。軍，行伍。戒，猶禁也。先後猶左右。毋使罪麗于民，戒勿犯也。以言折曰誓，以告曰誥，軍旅曰誓，會同曰誥，田役曰禁，國中曰糾，都鄙曰憲。憲，縣示也，其爲戒一也。

按：五禁、五戒目重複，而禁、糾、憲三者，强配湊數，未見其合。

掌鄉合州黨族閭比之聯，與其民人之什伍，使之相安相受，以比追胥之事，以施刑罰慶賞。掌官中之政令。察獄訟之辭，以詔司寇斷獄弊訟，致邦令。掌士之八成：一曰邦汋（酌），二曰邦賊，三曰邦諜（牒），四曰犯邦令，五曰撟（矯）邦令，六曰爲邦盜，七曰爲邦朋，八曰爲邦誣。若邦凶荒，則以荒辯之灋治之，令移民、通財、糾守、緩刑。凡以財獄訟者，正之以傅別、約劑。

鄉合，六鄉合聚，州黨族閭比相聯，即合也。一比爲伍，二伍爲什，以至二千五百家爲州，萬二千五百家爲鄉，所謂相安相受也。追，追盜，胥，相也，追胥，有警相追捕也。有功則慶賞，失事則刑罰。官中，大司寇官府中。凡獄訟，士師察之，告于司寇斷之，皆士師致之也。成，獄成不可易者，大罪也，害及邦國，故罪大獄成而不變。汋，酌也，謂本國之臣，酌取邦國機密，洩之敵人。叛逆曰賊。諜，敵人來爲間諜。撟、矯通，詐稱王命曰矯。邦盜，竊國寶。邦朋，比周爲黨。邦誣，左道惑衆。荒辯之灋，即移民通財，糾守緩刑。治財訟，辯別區處之灋，年荒多以財訟者。傅別，一券中分，各執爲信。約劑，即券也，訟財者，以此正之，皆所謂「荒辯」也。鄭云「辯」作「貶」，減損意。

若祭勝國之社稷，則爲之尸。王燕出入，則前驅而辟。祀五帝，則沃尸及王盥，洎鑊水。凡刉（機）珥，則奉犬牲。諸侯爲賓，則帥其屬而蹕于王宮；大喪亦如之。大師，帥其屬而禁逆軍旅者與犯師禁者而戮之。歲終，則令正要會。正歲，帥其屬而憲禁令于國及郊野。

勝國，周所勝之國，謂殷也，勝，克也，刑主克，故祀亡國社稷以刑官爲尸，鄭謂略之，非也。王燕出入，王燕閒行幸也。辟，開道也。沃尸，酌水尸盥也。洎鑊水，增水于鑊，使熱也。刉珥，猶割耳，珥作衈，凡釁禮，割牲耳，取其血，割犬，則士師奉之，鄭註：毛曰刉，羽曰衈。諸侯爲賓，謂饗于廟，燕于寢。帥其屬，謂鄉士以下。大師，王親征也。正會要，治計簿也。

鄉士掌國中，各掌其鄉之民數而糾戒之，聽其獄訟，察其辭，辨其獄訟，異其死刑之罪而要之，旬而職聽于朝。司寇聽之，斷其獄、弊其訟于朝；羣士司刑皆在，各麗其灋以議獄訟。獄訟成，士師受中。協日刑殺，肆之三日。若欲免之，則王會其期。大祭祀、大喪紀、大軍旅、大賓客，則各掌其鄉之禁令，帥其屬夾道而蹕。三公若有邦事，則爲之前驅而辟，其喪亦如之。凡國有大事，則戮其犯命者。

鄉士，職見《大司寇》，掌百里內六鄉之獄。云國中者，六鄉獄在城中。上下士五十六人分掌，故言各。辨其獄訟，謂獄成有寃者辨之。死刑，則異別而要劾之。遲十日，乃以其職對衆吏聽于外朝，司寇覆聽，遂斷決也。各麗其灋，羣士司各以所見合律議之。士師，司寇之貳，受中，猶受成。協日，擇用刑之日。肆，陳尸市朝。免，赦也。王會其期，當司寇與羣吏聽之日，王親會也。大祭祀四者，王有事于六鄉也。三公有邦事，以王事入鄉。其喪謂三公喪，亦如之，亦前驅辟道也。

按：死刑欲免，則王會其期，豈天子以私意免罪人乎？抑以其罪疑而免之乎？罪疑而免，則羣士司刑在，王不必會。如以私意縱罪人而親往，不可以爲訓。

遂士，中士十有二人，府六人，史十有二人，胥十有二人，徒百有二十人。

掌六遂之訟。

遂士掌四郊，各掌其遂之民數，而糾其戒令，聽其獄訟，察其辭，辨其獄訟，異其死刑之罪而要之，二旬而職聽于朝。司寇聽之，斷其獄、弊其訟于朝；羣士司刑皆在，各麗其灋以議獄訟。獄訟成，士師受中。協日就郊而刑殺，各於其遂，肆之三日。若欲免之，則王令三公會其期。若邦有大事聚衆庶，則各掌其遂之禁令，帥其屬而蹕。六卿若有邦事，則爲之前驅而辟，其喪亦如之。凡郊有大事，則戮其犯命者。

掌王畿百里外至三百里內，六遂之獄。云四郊者，六遂在四郊。死刑要之二旬而後聽于朝者，六遂遠，更遲十日也。王令三公會其期，遠故不親會。六卿有邦事，遠故不使三公。其喪，謂公卿大夫喪。郊有大事，謂六遂民從軍田役等事。鄉在内曰國，遂在外曰郊。

縣士，中士三十有二人，府八人，史十有六人，胥十有六人，徒百有六十人。

距王城三百里至四百里曰縣，縣士掌其獄。

縣士掌野，各掌其縣之民數，糾其戒令，而聽其獄訟，察其辭，辨其獄訟，異其死刑之罪而要之，三旬而職聽于朝。司寇聽之，斷其獄、弊其訟于朝；羣士司刑皆在，各麗其灋以議獄訟。獄訟成，士師受中。協日刑殺，各就其縣，肆之三日。若欲免之，則王命六卿會其期。若邦有大役聚衆庶，則各掌其縣之禁令。若大夫有邦事，則爲之前驅而辟，其喪亦如之。凡野有大事，則戮其犯命者。

郊外曰野，遠郊二百里外縣地通謂野。死刑三旬而後聽于朝，縣地愈遠也。王令六卿會，公會近，卿會遠。大夫有邦事，縣遠，使大夫。

方士，中士十有六人，府八人，史十有六人，胥十有六人，徒百有六十人。

掌四方都家之獄。

按：自鄉士至方士，環千里內，獄吏至百有十人，府史以下六百二十人，中朝與遠方尚不與，豈先王之世，訟獄之多如此乎？

方士掌都家，聽其獄訟之辭，辨其死刑之罪而要之，三月而上獄訟于國。司寇聽其成于朝，羣士司刑皆在，各麗其灋以議獄訟。獄訟成，士師受中，書其刑殺之成與其聽獄訟者。凡都家之大事聚衆庶，則各掌其方之禁令。以時脩其縣灋，若歲終，則省之而誅賞焉。凡都家之士所上治，則主之。

王畿四百里外至五百里，王子弟公卿采地，家大夫采地皆在焉。大都在畺地，小都在縣地，家邑在稍地，皆方士掌其獄訟，此不言民數，民不屬王也。三月而後上于國，遠也。士師受成，不言協日刑殺，都家吏自刑殺也，士師但書其成，與聽斷之吏備攷。大事聚衆，謂王有征伐田役之事。縣灋謂地官縣師之灋，辨郊野地域，稽夫家人民六畜車輦之類。都家之士所上治，謂獄訟小事則方士主之。

訝士，中士八人，府四人，史八人，胥八人，徒八十人。

訝，迎也，掌治遠方獄訟。

訝士掌四方之獄訟，諭罪刑于邦國。凡四方之有治於士者，造焉。四方有亂獄，則往而成之。邦有賓客，則與行人送逆之。入於國，則爲之前驅而辟，野亦如之。居館，則帥其屬而爲之蹕，誅戮暴客者。客出入則道之，有治則贊之。凡邦之大事聚衆庶，則

讀其誓禁。

四方，謂諸侯之國。諭罪刑，謂以麗罪制刑之意曉諭邦国四方。有疑獄求治于士師者，先造訝士，乃爲之通。諸侯之國有亂獄，訝士往平之。刑官主賓客，秋方本賓位也。暴客，賊害賓旅者。有治，謂賓有禮事，則贊助之。大事，謂王征伐等事。

朝士，中士六人，府三人，史六人，胥六人，徒六十人。

掌外朝之事。

朝士掌建邦外朝之灋，左九棘，孤卿大夫位焉，羣士在其後；右九棘，公侯伯子男位焉，羣吏在其後；面三槐，三公位焉，州長衆庶在其後。左嘉石，平罷民焉；右肺石，達窮民焉。帥其屬而以鞭呼趨且辟。禁慢朝、錯立、族談者。

鄭氏曰王有五門三朝，自外入，一曰皐門，二曰庫門，三曰雉門，四曰應門，五曰路門。路門，即《尚書·顧命》所謂畢門也。雉門次五門中，兩觀，左廟右社在焉。三朝，庫門外爲外朝，路門外爲中朝，路門内爲内朝，即路寢之前廷，此朝士掌庫門外朝也。棘，棘樹，取赤心外刺。槐，懷也，取懷遠。孤卿大夫，臣道也，比諸侯爲卑，故西向。公侯伯子男，君道也，比羣臣爲尊，故東向。羣士謂上中下士。羣吏，謂府史輩。面，猶前也，三公前列，領州長衆庶，答天子也。嘉石、肺石，見《大司寇》，嘉石左，肺石右，右伸左詘，地道尊右卑左也。帥其屬，其徒六十人也。鞭執以爲威。呼，呵呼。趨，疾行。辟，辟人。慢朝，臨朝不敬者，錯立聚談，皆慢也。

按：鄭氏五門三朝，皆以臆説。皋門，即今都城南門，庫門在其内，朝，即在庫門外，是城門内，即朝署也。魯有庫門、雉門，蓋因地立名，即以配皋門、路門，爲王門之通稱，義未甚協。九棘、三槐，嘉石、肺石，皆似後人創造，《詩》《書》無明征。

凡得獲貨賄、人民、六畜者，委于朝，告于士，旬而舉之，大者公之，小者庶民私之。凡士之治有期日，國中一旬，郊二旬，野三旬，都三月，邦國朞。期内之治聽，期外不聽。凡有責者，有判書以治，則聽。凡民同貨財者，令以國灋行之。犯令者，刑罰之。凡屬責者，以其地傅，而聽其辭。凡盜賊軍鄉邑及家人，殺之無罪。凡報仇讐者，書於士，殺之無罪。若邦凶荒、札喪、寇戎之故，則令邦國、都家、縣鄙慮刑貶。

得獲，獲亡失物。人民，謂子女。凡得遺失物，委于朝，待求者識之，十日無識者，取之，舉，猶取也，大物入官，小物與民。士治有期日，即上章鄉遂士獄成，職聽于外朝，遠近皆有期日。國中，即鄉士獄，期一旬聽，近也。郊二旬，遂士獄。野三旬，縣士獄。都三月，方士獄。邦國朞，訝士獄。期外不聽，惡其怠事也。責，債也，凡以債責償，必有分券可治，則聽之。同貨財，富人以財貨斂放與人取息者，令以國賦什一之灋行之，即《地官·泉府職》民之貸，以國服爲之息，過什一則刑罰之。屬責，謂以財物屬託人索還者。地傅，謂比鄰，託財必有近鄰爲證，乃可聽。盜賊軍鄉邑家人，謂羣盜稱兵，害鄉里人家，人皆得殺之，無罪也。仇，對也，讐，怨也，謂所對敵怨恨之人，如殺人父兄，其子弟圖報之類，必先書其事告于朝士，則殺之不罪也。慮刑貶，議省刑也，貶猶損也。

按：士治有期是已，過期則罰其士可也，并其獄不聽，如罪人何？民苟有必報之讐，書于士，士當爲治之，苟不察真僞，但書則聽其人殺之，安知見殺者之果有罪乎？凡此，皆不可爲訓。

司民，中士六人，府三人，史六人，胥三人，徒三十人。

掌萬民之數，民數不以屬司徒而屬司寇者，秋官主成也。

司民掌登萬民之數，自生齒以上皆書於版，辨其國中與其都鄙及其郊野，異其男女，歲登下其死生。及三年大比，以萬民之數詔司寇。司寇及孟冬祀司民之日獻其數于王，王拜受之，登于天府。內史、司會、冢宰貳之。以贊王治。

登下，生者升之，死者除之。孟冬祀司民，小司寇之職，見《春官·天府》。

按：養民者不使登民數，防其僞也；刑民者屬以生齒，教之仁也。凡物，春夏升長，多寡之數不可知，至于秋則豐約可見，故天道不以雨露廢霜雪，明主不以姑息廢勵精，作者自有意，儒者謂錯亂，欲改而他屬，非也。

掌肉刑。

司刑，中士二人，府一人，史二人，胥二人，徒二十人。

司刑掌五刑之灋，以麗萬民之罪。墨罪五百，劓乙罪五百，宮罪五百，刖月罪五百，殺罪五百。若司寇斷獄弊訟，則以五刑之灋詔刑罰，而以辨罪之輕重。

墨，黥也，以針刻面，窒以墨。劓，截鼻也。宮，男割勢，女閉宮中。刖，斷足，即臏也。殺，死刑也。五者古所謂肉刑，各五百，所犯異而刑同也。

按：五刑始于蚩尤之五兵，其遺種爲苗民，《周書》穆王誥詳已，故《書》録其辭。儒者併肉刑以爲聖王之典，不可除，豈獨無惻隱之心？蔽于是書之爲周公耳。

司刺，下士二人，府一人，史二人，徒四人。

刺，殺也。

司刺掌三刺、三宥、三赦之灋，以贊司寇聽獄訟。壹刺曰訊羣臣，再刺曰訊羣吏，三刺曰訊萬民。壹宥曰不識，再宥曰過失，三宥曰遺忘。壹赦曰幼弱，再赦曰老旄，三赦曰惷愚。以此三灋者求民情，斷民中，而施上服下服之罪，然後刑殺。

臣吏民皆曰可殺，又以宥赦之灋議之，仁之至也。不識，如生長他鄉，不識所親，以甲爲乙，報讐誤殺之類。過失，如舉刃斫伐他物，誤中人之類。遺忘，如帷薄外投射，忘有人在之類。三者非故犯，可寬宥也。年小微弱、年老昏耄、頑惷癡愚，三者情可矜，當赦除之。以此刺宥赦三灋求民情，斷民所犯之中，施以上服下服之罪。服，被也。上服重罪，下服輕罪，得情允中，輕重適量，然後刑殺慎之至也。

司約，下士二人，府一人，史二人，徒四人。

約，如漢約灋三章之約，令甲之類。

司約掌邦國及萬民之約劑，治神之約爲上，治民之約次之，治地之約次之，治功之約次之，治器之約次之，治摯之約次之。凡大約劑，書於宗彝；小約劑，書於丹圖。若有訟者，則珥而辟藏，其不信者服墨刑。若大亂，則六官辟藏，其不信者殺。

約劑，與衆約其事，刻其辭以爲質。約必要神，故神約爲首。治者，理其不齊。神約，如郊社、羣望、宗廟、祀典之序。民約，謂賦税征役、編户刑律之條。地約，如鄉遂縣都、井牧田萊之等。功約，如王功國勳、頒爵行賞之次。器約，如宫室、車旗、服色之品。摯約，謂上下交際、玉帛禽鳥之數。大約劑，謂邦國要典。宗彝，宗廟灋器，書于宗彝，質之鬼神，示守也。小約劑，萬民之期會。丹圖，猶丹書，書以丹，示赤誠也。訟，不如約而訟。珥、衈，通割牲耳，取血告神也。辟藏，開其所藏約書，衈而後開，神之也。不信，理屈不如約者，被以墨刑，不信書，故墨之。大亂，謂僭越大典，六卿共開約質之，殺不如約者。

司盟，下士二人，府一人，史二人，徒四人。

啑血誓曰盟。

司盟掌盟載之灋。凡邦國有疑會同，則掌其盟約之載及其禮儀，北面詔明神。既盟，則貳之。盟萬民之犯命者，詛其不信者亦如之。凡民之有約劑者，其貳在司盟。有獄訟者，則使之盟詛。凡盟詛，各以其地域之衆庶共其牲而致焉。既盟，則爲司盟共祈酒脯。

盟者，殺牲取血，塗口旁，書其約辭，載于牲上，爲坎埋之，盟載之灋也。邦國有疑，謂諸侯有貳心，王于會同盟之。貳之，謂寫盟辭爲副以藏也。萬民犯命者亦盟之。其不信盟者，詛于神禍之。亦如之，亦掌其禮儀詔神貳之也。凡民有約劑，即《司約職》云「治民之約」與「小約劑，書于丹圖」者，司約書其副以與司盟。有違約相訟者，使盟而詛之。地域，謂訟者所居邑閭。致，猶送也。司盟既爲衆盟，又以酒脯自祈福于神，亦地域之衆供之。

按：先王以仁義忠信化民而民心服，故言而民莫不信，令而民無不從，其信從非以令與言也，有不言而信，不令而喻者，故曰善約者無繩墨而不可解。四海之大，億兆之衆，人各有心，苟實意不孚，雖父子兄弟不能相保，況以狙詐之虛辭，徼神歃血，以求民不二，是緣木求魚也。夫朝廷有約束，與民共守，布大公也，不信者誅，明大灋也。今犯命者不能正灋，而詛之以鬼；獄訟者不能明斷，而乞靈于神；攜貳者不能懷集，而要結以誓，則是國家無典刑，相習爲狙詐怪誕而已，烏足以聯億兆治天下乎！

職金，上士二人，下士四人，府二人，史四人，胥八人，徒八十人。

罪人罰金，故職金掌之。金，秋氣也，屬秋官。

職金掌凡金、玉、錫、石、丹、青之戒令。受其入征者，辨其物之媺惡與其數量，楬而璽之，入其金錫于爲兵器之府，入其玉石丹青于守藏之府。入其要。掌受士之金罰、貨罰，入于司兵。旅于上帝，則共其金版，饗諸侯亦如之。凡國有大故而用金石，則掌其令。

入徵，謂納貢。楬，標記之。璽，印識之。爲兵器者，攻金之工，治氏、桃氏之屬。守藏，玉府、内府也。入其要，入凡數于大府也。金罰，贖罪之金。貨罰，準金之貨。入司兵，充置造之費。金版，金爲葉，大祭，書祝辭，大饗賓客，書策命也。國有故，寇戎之類。用金石，兵器之類。

司厲，下士二人，史一人，徒十有二人。

厲，惡也，禁無良者。

司厲掌盜賊之任器、貨賄，辨其物，皆有數量，賈而楬之，入于司兵。其奴，男子入于罪隸，女子入于舂槀。凡有爵者與七十者與未齔者，皆不爲奴。

任器，任用之器械。貨賄，所盜財物。賈而楬之，辨其價值記之。入于司兵，給治兵器之費。奴，謂犯重罪者之家屬，入官爲奴。罪隸，即司隸所屬百二十人之輩，舂槀，司徒之屬，舂人槀人女奚輩也。有爵，命士以上也。齔，毁齒也，男八歲，女七歲，則毁齒。

按：古者罰弗及嗣，文王之治岐也，罪人不孥，有罪者誅，既伏其辜矣，併其妻子爲奴，不已甚乎！文王無此刑，周公安得有此禮，衰世之灋復何疑。

犬人，下士二人，府一人，史二人，賈四人，徒十六人。

犬司昏，戌獸，故屬秋。犬主防禦，故獄曰犴，犴，犬屬，獄字從犬。

犬人掌犬牲。凡祭祀，共犬牲，用牷物。伏、瘞亦如之。凡幾、珥、沈、辜，用駹可也。凡相犬、牽犬者屬焉，掌其政治。

牷物，體色純全。伏，謂王祭行，則伏犬壇上，而車轢以去。瘞，埋物祭地也。幾珥，猶刉衈，解見《士師職》。沈其物，祭川也。辜，磔牲禳災也。駹，雜色，不必純也。犬有三等，田犬、吠犬、食犬，相之而知其美惡，賈四人之事也。牽犬，以犬贈送，人牽之以獻，《少儀》云「犬則執緤」，其徒十六人之事。

司圜，中士六人，下士十有二人，府三人，史六人，胥十有六人，徒百有六十人。

圜，獄城，謂之圜土，圜象天，貴生也。

司圜掌收教罷民，凡害人者，弗使冠飾而加明刑焉，任之以事而收教之。能改者，上罪三年而舍，中罪二年而舍，下罪一年而舍。其不能改而出圜土者，殺。雖出，三年不齒。凡圜土之刑人也不虧體，其罰人也不虧財。

罷民、明刑解見《大司寇》。任事，謂罰作。不改而出，謂逃亡。明刑則不虧體，任事則不虧財。

按：圜土刑不虧體，罰不虧財，非至當之論，後世所以多滯獄也。凡獄貴斷，故雷電噬嗑，先王以明罰勅灋，仲由片言，聖人稱之，謂囹圄不虧體，不虧財，所傷適多，不可以訓。

掌囚，下士十有二人，府六人，史十有二人，徒百有二十人。

掌禁繫刑人，古者五刑不入圜土，使身被三木，掌囚守之。

掌囚掌守盜賊，凡囚者。上罪梏拲拱而桎，中罪桎梏，下罪梏。王之同族拲，有爵者桎，以待弊罪。及刑殺，告刑于王，奉而適朝，士加明梏，以適市而刑殺之。凡有爵者與王之同族，奉而適甸師氏以待刑殺。

守盜賊，謂守盜賊之見囚者。凡囚，謂非盜賊而犯他罪者。木在項曰梏，在足曰桎，在手曰拲。中罪桎梏不拲，下罪并不桎，惟梏其頸。王族與有爵者犯罪，或拲或桎，不并施。奉而適朝，請命于王也。加明梏，謂書所犯之罪于梏，乃適市施刑。甸師氏，即天官甸人，在藉田之野，不戮于市。

掌戮，下士二人，史一人，徒十有二人。

戮猶辱也，殺之又辱之，尸于市，所以辱也。

掌戮掌斬殺賊諜而搏之。凡殺其親者，焚之；殺王之親者，辜之。凡殺人者，踣諸市，肆之三日。刑盜于市。凡罪之麗于灋者，亦如之。唯王之同族與有爵者，殺之于甸師氏。凡軍旅田役斬殺刑戮，亦如之。墨者使守門，劓者使守關，宮者使守內，刖者使守囿，髡者使守積。

斬以鈇鉞，殺以刀刃。賊，叛寇也。諜，姦細爲反間者。搏、剥通，去其衣而磔之，賊諜罪大，加重刑也。親，五服之親。焚，既殺，焚其尸。辜，亦磔也。踣，僵尸也。肆，陳也。刑，謂五刑，凡刑盜賊與罪人之麗五刑者，皆于市，以戮辱之，唯刑王族與貴人于甸師，不于市。凡軍旅田役斬殺刑戮，有罪與盜，亦于市，如王族有爵，亦于甸師氏，故曰亦如之。墨守門以下，皆戮辱之事，黥面者使守城門，劓鼻者使守郊關，宮刑者絶人道，使守王內，刖足者不能行，使守園囿，髡髮者無虧損，使守積聚。

按：肉刑之灋嚴矣，其極斬殺之耳，既斬殺而又搏之、焚之、辜之、肆之，五刑所不載。問其罪，唯賊諜爲首，雖殺其親者次之，此衰世慮敵之意，士師八成首邦汋亦以此禮。公家不畜刑人，大夫弗養，故閽殺吳子，《春秋》書之。用刑人爲守，亦迂闊之灋，不可信也。

司隸，中士二人，下士十有二人，府五人，史十人，胥二十人，徒二百人。

隸，勞賤之役，罪人之没爲奴者，司隸掌之。

司隸掌五隸之灋，辨其物，而掌其政令。帥其民而搏盜賊，役國中之辱事，爲百官積任器，凡囚執人之事。邦有祭祀、賓客、喪紀之事，則役其煩辱之事。掌帥四翟之隸，使之皆服其邦之服，執其邦之兵，守王宮與野舍之厲禁。

五隸，即罪隸以下五也。物，名色也。政令，役使之政令。帥，司隸自帥。民即五隸。辱事，賤役也。積任器，收聚官府所用器物。囚執人，猶今皂隸勾攝罪人也。翟、狄通，四翟猶四夷。其邦之服，如東南衣布帛，西北衣氊裘之類。其邦之兵，如東南多刀劍，西北多弓矢之類。野舍，謂王行次。厲禁，遮攔也，厲、列通。

罪隸，百有二十人。

罪人没爲奴者，此中國之人也。

罪隸掌役百官府與凡有守者，掌使令之小事。凡封國若家，牛助，爲牽徬。其守王宮與其厲禁者，如蠻隸之事。

役百官府，爲百官府共役。凡有守，謂凡有典守之事者皆得役之，供使令奔走耳，大事非所能供。

封國，封諸侯、封家、封大夫，牛以載什器至封所，罪隸助爲牽徬，前曰牽，側曰徬。蠻隸見下。

蠻隸，百有二十人。

此下四隸，征討四方，俘獲爲奴者。蠻，南夷。

蠻隸掌役校人養馬。其在王宮者，執其國之兵以守王宮；在野外，則守厲禁。

《夏官》校人掌馬政，役校人，爲校人役也。

閩隸，百有二十人。

閩，東南之蠻。

閩隸掌役畜養鳥而阜蕃教擾之，掌子則取隸焉。

掌子之掌字，當移掌役下，《夏官》有掌畜，職掌養鳥而阜蕃教擾之，祭祀共卵鳥，此閩隸爲其役者也。子，即卵鳥。取，謂祭祀取鳥子也。取隸，取之閩隸也，鄭謂王立世子取隸，謬。

按：鳥類産于閩地者多，故閩人多習鳥性，語鴂音。

夷隸，百二十人。

東裔曰夷。

夷隸掌役牧人養牛馬，與鳥言。其守王宫者與其守厲禁者，如蠻隸之事。

《地官》有牧人，職掌養牛馬，而夷隸爲之役。東夷人識鳥語，如《左傳》介葛盧辨牛鳴之類。與鳥言者，聞其聲音，諳其性情也。

貉陌**隸，百有二十人。**

北裔曰貉。

貉隸掌役服不氏而養獸而教擾之，掌與獸言。其守王宫者與其守厲禁者，如蠻隸之事。

《夏官》服不氏主養猛獸，而貉隸爲之役也，餘見上。

按：四翟之隸不及西戎，以西正秋方，是書好隱如此。

周禮完解卷九終

周禮完解卷十

郝敬　習

秋官司寇下

布憲，中士二人，下士四人，府二人，史四人，胥四人，徒四十人。

憲，懸示也，主懸布禁令于四方。

布憲掌憲邦之刑禁。正月之吉，執旌節以宣布于四方，而憲邦之刑禁，以詰四方邦國及其都鄙，達于四海。凡邦之大事合衆庶，則以刑禁號令。

刑，即司寇五刑。禁，即士師五禁。司寇正月布刑于天下，布憲以旌節出布之，司寇正歲縣書于象魏，布憲亦懸之門閭。詰四方者，即大司寇佐王詰四方也，鄭作謹，非。大事合衆庶，謂軍旅田役之類。號令，猶告戒。

禁殺戮，下士二人，史一人，徒十有二人。

掌禁民間相殺。

禁殺戮掌司斬殺戮者，凡傷人見血而不以告者，攘獄者，遏訟者，以告而誅之。

司，猶察也。斬殺戮，謂民間私相斬相殺相戮者。攘獄，謂攘奪罪人，即今拒捕者。遏訟，謂禁遏受害之人，使不得赴愬。禁殺戮皆以告于司寇士師，而誅之。

按：自此以至伊耆氏二十四職，皆除害去惡、禁戢肅清之事，然多冗瑣迂僻，不可盡用。

禁暴氏，下士六人，史三人，胥六人，徒六十人。

掌禁强暴。

禁暴氏掌禁庶民之亂暴力正者，撟誣犯禁者，作言語而不信者，以告而誅之。凡國聚衆庶，則戮其犯禁者以徇〔一〕。凡奚隸聚而出入者，則司牧之，戮其犯禁者。

力正，謂以强力正人。撟，矯通，詐也。奚，女奴；隸，男奴；官，官府。役使出入，恐侵暴良民，

〔一〕「徇」，《續修》本、《存目》本作「狥」，據閩本改。

故司察牧領之。

野廬氏，下士六人，胥十有二人，徒百有二十人。

禁戢野外道路，《地官·遺人職》：國野之道，十里有廬，三十里有路室，五十里有候館。所謂野廬也。

野廬氏掌達國道路，至于四畿。比國郊及野之道路、宿息、井、樹。若有賓客，則令守涂地之人聚欜之，有相翔者則誅之。凡道路之舟車轚計互者，敘而行之。凡有節者及有爵者至〔一〕，則爲之辟。禁野之橫行徑踰者。凡國之大事，比脩除道路者。掌凡道禁。邦之大師，則令埽道路，且以幾禁行作不時者、不物者。

國，王城。道路，即澮上之道，川上之路。達，脩治也。四畿，王都四邊。比，較視也。宿息，即路室候館。井以供飯食，樹以爲藩蔽。守涂地之人，謂近宿息居民。聚欜，聚衆擊柝，守護也，欜、柝同，兩木相擊，司夜者所執。相翔，往來窺伺也，賓在館而窺伺者，必姦盜，故誅之。轚、擊同，迫隘處，舟車互相抵觸，則次序使單行也。辟，辟行人。橫行徑踰，不由道路隄梁者也。國有大事，

〔一〕「至」，《續修》本、《存目》本脱，據閩本補。

謂王出則脩除道路。比，督校也。凡道禁，即横行徑踰之類。幾，微察也。不時，早夜行者。不物，形迹可疑者。

蜡氏，下士四人，徒四十人。

蜡、腊通，蟲死乾者皆曰腊，人死骴骼亦謂蜡。蜡人掌收道路骴骼，清野之事，故屬秋。

蜡氏掌除骴。凡國之大祭祀，令州里除不蠲，禁刑者、任人及凶服者，以及郊野，大師、大賓客亦如之。若有死於道路者，則令埋而置楬焉，書其日月焉，縣其衣服任器于有地之官，以待其人。掌凡國之骴禁。

骨連肉曰骴。除，掩埋也。不蠲，不潔也。刑人，黥劓之流。任人，圜土罷民，罰作任事者。凶服，衰絰也。祭則至郊，大師、賓客則由野達，除凶穢以致清潔，延吉祥也。行人死則埋之，立標記其死之日月。任器，死者所賫用器物。有地之官，謂本地長吏。縣懸以待人，謂死者親屬。骴禁，禁暴骸道路，凡禽獸死，皆掩之。

按：鄭訓「蜡」作「蛆」，云骨肉腐臭，蠅蟲所蜡，未然。蜡者，歲終之祭也，百蟲至冬槁死，古伊耆氏索其神饗之，以素服葛帶榛杖，送物之終，此與伊耆氏二職，本皆冬官。作者欲以司寇終五官，而萬物秋成，故以蜡與伊耆屬秋終焉，飛鉗之旨也。

雍氏，下士二人，徒八人。

雍，壅塞，壅塞溝瀆陷阱，平治道路，亦清野之事。

雍氏掌溝瀆澮池之禁，凡害於國稼者。春令爲阱擭溝瀆之利於民者，秋冬塞阱杜擭。禁山之爲苑、澤之沈者。

水相構曰溝，水會曰澮，通水曰瀆，畜水曰池。禁，謂蓄洩不時，旱澇不均，皆害國稼。阱擭，掩捕禽獸害稼者，塹坑曰阱，置柞鄂其中曰擭。春作，設以禦禽獸，秋收杜塞，恐害人也。山爲苑，專利也，澤爲沈，竭取也，謂沈毒取魚者。

按：壅塞溝瀆，平治道路，亦冬官之事，以屬司寇者。

萍氏，下士二人，徒八人。

掌水禁。萍，水草，川瀆壅塞，則水渟滯，防其不潔，故以官主之，本亦冬官之事，兼掌酒禁，取不沈溺意。

萍氏掌國之水禁。幾酒，謹酒，禁川游者。

幾酒，察私造及羣飲之類。謹酒，用有節，飲有禮。川游，不用舟楫者。

司寤氏，下士二人，徒八人。

主夜禁。

司寤氏掌夜時。以星分夜，以詔夜士夜禁。禦晨行者，禁宵行者、夜遊者。

以星分夜，謂星見爲夜，星没爲曉也。夜士，夜行徼候者。夜中曰宵，日未出曰晨。禦，不使出也。禁，不使入也。行，行路。遊，慢遊。

司烜袁氏，下士六人，徒十有二人。

掌火禁。烜，火明也，《詩》云「赫兮烜兮」，鄭作烜。秋水涸，物槁，故禁火，災莫烈于火，九月日躔大火，故屬秋官。

司烜氏掌以夫遂取明火於日，以鑒取明水於月，以共祭祀之明齍、明燭，共明水。凡邦之大事，共墳燭庭燎。中春，以木鐸脩火禁于國中。軍旅，脩火禁。邦若屋誅，則爲明竁焉。

夫遂，陽遂，即鑒鏡也，以木取火曰燧。以鑒取火于日曰陽燧，以鑒取水于月曰方諸，取日月之水火，貴陰陽之真氣也。明齍，以明火水烹滌齍盛。明燭，祭之晨陳饌堂東，以燭照之。明水，玄酒也。墳燭，大燭，設于門外。庭燎，設于廟庭。中春，二月建卯，卯爲大火，辰星所在，至三月昏正中，故中春應天象，脩火禁，防風燥也，在軍尤急。屋誅，謂王族及有爵者，刑不即市，誅于甸師氏。明竁，罪人夜葬，以火穿壙也。

條狼氏，下士六人，胥六人，徒六十人。

掌執鞭辟道，條即鞭也。狼，鞭垂貌。禁禦之職，故屬司寇，鄭云條作滌，狼謂道路狼藉不潔。

條狼氏掌執鞭以趨辟。王出入則八人夾道，公則六人，侯伯則四人，子男則二人。凡誓，執鞭以趨於前，且命之。誓僕右曰殺，誓馭曰車轘患**，誓大夫曰敢不關，鞭五百，誓師曰三百，誓邦之大史曰殺，誓小史曰墨。**

趨辟，謂疾走辟開行人。誓，謂有大事誓衆。殺，不用命者殺。轘，車裂也。不關，有事不關白。師，樂官。大史、小史，禮官。

按：國有常刑，而用條狼氏執鞭誓衆，于義何取？馭夫何罪，遽至車轘？先王無此刑，不可以訓。大夫不關，輒鞭五百，鞭箠非所施于大夫，《公羊》遂事之說，《春秋》枝指也，曾周公而爲此瀀與？

脩閭氏，下士二人，史一人，徒十有二人。

掌市巷之禁，閭，里巷門。

脩閭氏掌比國中宿互㯟者與其國粥育，而比其追胥者而賞罰之。禁徑踰者，與以兵革趨行者，與馳騁於國中者。邦有故，則令守其閭互，唯執節者不幾。

宿，守夜。互，梐枑，以止衆。㯟、柝通，宿互者所擊。粥、育通，養卒也。追胥，捕盜也。徑踰，如越城之類。執兵革，疾行者，寇也。車馬馳騁于國中，防躪踐人。閭互，巷門所設梐枑。有節者不幾，無節則察之。

冥氏，下士二人，徒八人。

掌設機穽，驅猛獸。掩其不見曰冥，亦除害之事，故屬司寇，非獨獸有冥耳，凡寇類皆冥事，則知所備矣。

冥氏掌設弧張。爲阱擭以攻猛獸，以靈鼓敺之。若得其獸，則獻其皮、革、齒、須、備。

弧張，弓弩以機張者，觸則機發。阱擭，解見前。靈鼓，祭社之鼓，獸不入機穽，以靈鼓敺之使入，借神力也。毛存曰皮，去曰革。須，頤下毛。備，謂爪牙。

按：冥氏以下，職多隱語，凡寇之爲狀隱，防慮禁禦，細至草木蟲蟻，銷釁窒萌，百蠹盡洗，然後可以收清寧之化，成秋肅之功。

庶氏，下士一〔一〕人，徒四人。

庶，近也，不覺曰冥，覺之曰庶。

庶氏掌除毒蠱，以攻説禬之，嘉草攻之。凡敺蠱，則令之比之。

毒蠱，鬼物能病害人。中其毒者，攻説其神，以禬解之，大祝六祈，有攻有説有禬。嘉草，甘草，能解毒。攻，猶治也。凡敺蠱令之，令庶氏也。比之，責其效也。

按：冥、庶二者，盡寇之情矣，曖昧疑似，姦宄之狀，冥氏銷其隱，庶氏攻其姦。

穴氏，下士一人，徒四人。

穴者，伏藏之名。

穴氏掌攻蟄獸，各以其物火之。以時獻其珍異皮革。

〔一〕「一」，《續修》本、《存目》本訛作「二」，據閩本改。

蟄獸，謂猛獸藏伏者。各以其所欲食物焚穴外，誘使出也。珍異，如熊蹯狼臅之類

翨治氏，下士二人，徒八人。

翨，鳥羽。

翨氏掌攻猛鳥，各以其物爲媒而掎之。以時獻其羽翮。

猛鳥，鷹隼之屬。媒，誘也，置其所欲物于羅，誘之使下，掎關其足。猛鳥之羽，可爲矢翼，故獻之。

按：穴者竄伏，翨者飛揚，擣其巢穴，擢其羽毛，而後寇可殄也，凡寇之情微，故司寇之屬多隱語。擿發奸宄，鏬隙盡塞，然後光明浄潔，内外肅清，國治而天下平矣，穴氏以下，上下鳥獸草木咸若，亦猶行古命官之意與。

柞氏，下士八人，徒二十人。

柞，木叢生者，除木曰柞，《詩》云「載芟載柞」，亦除害之事。

柞氏掌攻草木及林麓。夏日至，令刊陽木而火之；冬日至，令剥陰木而水之。若欲其化也，則春秋變其水火。凡攻木者，掌其政令。

此治地之瀌，先歲芟刈之，後歲乃種之。山足曰麓。夏至陽極陰生，冬至陰極陽生，凡木夏至盛者爲陽，于陰生刊之，刊，伐也，夏木發而燥，故宜火焚。冬至盛者爲陰，于陽生剥之，剥者，既伐，削其皮，冬氣伏而濕，故宜水漬。化，化木爲土，夏所焚者，秋用水漬，冬所漬者，春用火焚，則化爲糞壤矣。

薙替**氏，下士二人，徒二十人。**

除草曰薙。

薙氏掌殺草。春始生而萌之，夏日至而夷之，秋繩而芟之，冬日至而耜之。若欲其化也，則以水火變之。掌凡殺草之政令。

萌之，謂春草方生，斬其萌芽。夏日草長，迫地脩之，使平夷。繩、孕通，含實曰繩，并實芟之，使無遺種。冬草宿根，耜耕之，以拔其根。

按：薙、柞皆芟除之名，而草木異，既柞又薙，惟恐不盡。司馬所征討，四方遠人，而隱慝惑潛于肘腋，故蒐剔以至，哲蔟翦芟，則姦宄情窮，而天下攸同。此申韓之意，非聖人所以在宥天下之道也。

哲蔟氏，下士一人，徒二人。

石擲曰哲，矢殺曰蔟，皆撲滅之名。

硩蔟氏掌覆夭鳥之巢。以方書十日之號，十有二辰之號，十有二月之號，十有二歲之號，二十有八星之號，縣其巢上，則去之。

夭鳥，鴟鴞之屬。方，版也。十日，謂甲、乙、丙、丁、戊、己、庚、辛、壬、癸。十二辰，謂子、丑、寅、卯、辰、巳、午、未、申、酉、戌、亥。十二月，謂正月娵，二月如，三月寎，四月余，五月皋，六月且，七月相，八月壯，九月玄，十月陽，十一月辜，十二月涂。十二歲，謂寅曰攝提格，卯曰單閼，辰曰執徐，巳曰大荒落，午曰敦牂，未曰協洽，申曰涒灘，酉曰作噩，戌曰閹茂，亥曰大淵獻，子曰困敦，丑曰赤奮若。二十八星，角、亢、氐、房、心、尾、箕、斗、牛、女、虛、危、室、壁、奎、婁、胃、昴、畢、觜、參、井、鬼、柳、星、張、翼、軫。

按：聖人所謂夭祥不在物，有德則瑞，鴟鴞亦鸞鳳也；不德則殃，芝草亦祥穀也。天地之間，羣生異類，何所不有，彼鳥自爲夭，何預人事，而必欲覆其巢，且以歲日月星辰之號書之輒去之，不經甚矣。作者之志不盡爲鳥，然其言譎詭，非聖人之訓。

翦氏，下士二人，徒二人。

翦，斷也，與湔通，洗之曰湔，拭之曰拔。

翦氏掌除蠹物，以攻禜攻之，以莽草熏之，凡庶蠱之事。

蠹物，謂蟲穿食人服器者。攻、禜皆祈名，見《大祝》。莽，藥草，能殺蟲。庶蠱，見《庶氏》，庶，痊可意。

赤犮弗**氏，下士二人，徒二人。**

赤，丹砂之屬，可驅邪惡。犮、祓通，拂除也，亦去害之意。

赤犮氏掌除牆屋，以蜃炭攻之，以灰洒毒之。凡隙屋，除其貍埋**蟲。**

除牆屋，除蟲蟻藏屋壁者。蜃，大蛤。攻之，謂擣蜃灰坋之，則蟲去。洒毒，謂以蜃灰和水，洒而毒之。貍蟲，埋藏之蟲。

按：蠹物貍蟲，隱伏細微之害，皆以瀼毆之，作者自矜周悉，而不知牛毛繭絲，以防天下之姦，心勞計拙，日亦不足，官其可勝設邪。

蟈或**氏，下士一人，徒二人。**

蟈，蝦蟆，一名螻蟈，亂鳴聒耳，有大事則惡之。

蟈氏掌去鼃黽，焚牡蘜，以灰洒之，則死。以其煙被之，則凡水蟲無聲。

鼃，即今食蛙。黽，耿黽，鼃屬，其鳴怒。牡蘜，菊不華者。

壺涿氏，下士一人，徒二人。

壺，陶器汲水者。涿、㧻通，擊也。

壺涿氏掌除水蟲，以炮土之鼓敺之，以焚石投之。若欲殺其神，則以牡橭枯午貫象齒而沈之，則其神死，淵爲陵。

水蟲，舍沙罔象之屬。炮土之鼓，即瓦壺。焚石，火燒石。投，投水中。橭作枯，榆也，或曰梓，或曰樗。牡，不實者。以橭木爲幹，以象齒一縱一横午貫之，沈水中，則其神死。淵化爲陵，高丘曰陵。按：善潛莫如水，蛙黽亂鳴，罔象作祟，匿迹深淵，以爲人力莫可及矣，而牡菊焚石，可以制之，則天下何事無治瀼與？顧其説甚不經，作者變幻骨稽，以通揣摩之意，世儒區區然辨驗事之有無，失其旨矣。

庭氏，下士一人，徒二人。

庭，堂前之地，高平浄爽，古有大庭氏，極治之象也。壺涿以下，百蠹埽除，則國中如庭。

庭氏掌射國中之夭鳥。若不見其鳥獸，則以救日之弓與救月之矢夜射之。若神也，則以大陰之弓與枉矢射之。

夭鳥獸，夜鳴不見形者。救日月之弓矢，嘗用以救日月者，夜望而射之，以陰陽殺氣勝之也。神，謂鳴者爲鬼，非鳥獸也。大陰之弓，即救月之弓。枉矢，矢帶火者，本星名，解見《夏官·司弓矢職》。

按：秋官至庭氏而百害消除，光天化日，魍魎絶踪，容或有昏夜不見形，聞其聲者，則以正氣勝之。此章之旨變而近于諧，讀是書者，端冕而聽古樂，則失其趣矣。天道秋斂而冬藏，故二官多隱。

銜枚氏，下士二人，徒八人。

枚，以箸横口，繩結于項後，止諠也。

銜枚氏掌司囂。國之大祭祀，令禁無囂。軍旅、田役，令銜枚。禁嘂呼歎鳴於國中者，行歌哭于國中之道者。

囂，讙譁。國中嘂呼歎鳴，歌哭于道，皆驚人惑衆，故禁之。

按：秋政森嚴，至于庭氏，則鬼神無夜號者，至于銜枚氏，則朝市無諠譁者，泰平之象覩矣。

伊耆氏，下士一人，徒二人。

伊耆，古帝號，《記》曰「伊耆氏始爲蜡」，故自蜡氏以下，皆除害之政，而終之以伊耆，蓋朝野清肅，國中如太古。高年曰耆，故其事變而爲杖，後乃及朝覲貢獻，王業有秋矣。

伊耆氏掌國之大祭祀共其杖咸；軍旅，授有爵者杖。共王之齒杖。

老臣七十杖于國，八十杖于朝，有大祭祀，則收其杖，以函盛之，咸、函通，匣也，伊耆氏供之。在軍旅中，凡伍長下士以上，至師帥中大夫皆杖，用指麾，防奔走也。王之齒杖，以優賜臣子之老者。

按：伊耆于刑官本無涉，惟以司寇功成，內外清肅，民還隆古，故《詩》曰「上帝耆之」，又曰「耆定爾功」。耆，久也，老也，物至秋成久，且老，故齒杖屬之。蜡爲息老之祭，自伊耆氏始，秋行冬令，以明五官終于司寇也。或云伊耆即陶唐氏，或云神農氏，而神農氏近是。蜡本農祭，子孫以歲終蜡其先祖，亦息老之義，萬寶告成，帝道綦隆，故大庭伊耆，所以朝諸侯、賓九服也，冬官無爲，以考其成，凝亮天工，其以此與。

大行人，中大夫二人；小行人，下大夫四人；司儀，上士八人，中士十有六人；行夫，下士三十有二人；府四人，史八人，胥八人，徒八十人。

行，履也，禮所以履，故掌禮事曰行人，掌大禮曰大行人。

按：此以下多諸侯入朝、四夷來王之事，所以繼伊耆爲王道之成也。其不繫之宗伯，何也？宗伯主內，春生方長，至司馬奮揚于外，司寇肅清于內，外無割據之宇，內無隱伏之姦，而後萬國攸同，四夷咸賓。其以行人屬秋官，何也？天居西北，秋居正西，兑與乾遇，有覲君之象，金氣本肅，遇乾而戰，森爽峻厲，故禮瀍嚴而大行人屬焉，冬官無位，亦以此耳。自伊耆以上，禁令嚴肅，以去天近也，司馬近地，故終職方，司寇近天，故終大行，作者辨方正位，陰陽雜家之意。

大行人，掌大賓之禮及大客之儀，以親諸侯。春朝諸侯而圖天下之事，秋覲以比邦國之功，夏宗以陳天下之謨，冬遇以協諸侯之慮，時會以發四方之禁，殷同以施天下之政，時聘以結諸侯之好，殷覜以除邦國之慝，間問以諭諸侯之志，歸脤以交諸侯之福，賀慶以贊諸侯之喜，致禬以補諸侯之災。

賓，謂諸侯；客，謂諸侯之使。朝、覲、宗、遇、會、同、聘、覜八者，解見《大宗伯》，皆諸侯見于天子之名。圖、比、陳、協、發、施六者，互言其事。間問，謂間一歲，天子遣人一問諸侯。歸脤，謂天子祭祀，歸胙于諸侯。賀慶，謂諸侯有喜慶，天子使人賀。禬，謂諸侯有凶荒，天子使諸侯會財賑助。

以九儀辨諸侯之命，等諸臣之爵；以同邦國之禮，而待其賓客。上公之禮，執桓圭九寸，繅藉九寸，冕服九章，建常九斿，樊纓九就，貳車九乘，介九人，禮九牢，其朝位賓主之間九十步，立當車軹，擯者五人，廟中將幣三享，王禮再祼而酢，饗禮九獻，食禮九舉，出入五積，三問三勞。諸侯之禮，執信圭七寸，繅藉七寸，冕服七章，建常七斿，樊纓七就，貳車七乘，介七人，禮七牢，朝位賓主之間七十步，立當前疾，擯者四人，廟中將幣三享，王禮壹祼而酢，饗禮七獻，食禮七舉，出入四積，再問再勞。諸伯執躬圭，其他皆如諸侯之禮。諸子執穀璧五寸，繅藉五寸，冕服五章，建常五斿，樊纓五就，貳車五乘，介五人，禮五牢，朝位賓主之間五十步，立當車衡，擯者三人，廟中將幣三享，王禮壹祼不酢，饗禮五獻，食禮五舉，出入三積，壹問壹勞。諸男執蒲璧，其他皆如諸子之禮。凡大國之孤，執皮帛以繼小國之君，出入三積，不問，壹勞，朝位當車前，不交擯，廟中無相，以酒禮之。其他皆眡小國之君。凡諸侯之卿，其禮各下其君二等以下，及其大夫士皆如之。

九儀，九等之禮儀，公、侯、伯、子、男、孤、卿、大夫、士也。爵命有尊卑，故禮有隆殺，曰圭璧，曰繅藉，曰冕服，曰旂常，曰樊纓，曰貳車，曰介，曰祼，曰饗，曰食，曰積，曰問，曰勞，皆所謂待賓客之禮也。圭有桓信躬，璧有穀蒲，解見《大宗伯》。繅、藻同，以綵絲織爲小裀褥，裹藉圭璧。冕服見《春官·司服職》。常，旌旗之緫名。斿，旗上綴旒，垂動曰旒。樊纓，解見《春官·巾車職》。

貳車，副車從行者。介，副也，副賓行禮者。禮九牢，饔餼之禮，牛羊豕三牲具爲一牢。朝位，朝門外止立之位。賓謂諸侯，主謂王，賓至，立大門外，主出迎，立大門内，擯傳主命，介致賓辭，賓主相去，其間九十步。立，謂賓下車立。軹，車旁轂末也，車北向近西。上公立軹東，侯伯立傍車轅前疾，謂車轅曲處，比軹稍前。衡謂轅端横木，立當衡，比前疾又前也。擯，主人迎賓相禮者，其人數各用其賓命數之半，迎九命者五人，迎七命者四人，迎五命者三人。廟中將幣，謂諸侯既行覲禮于朝，王受諸侯享幣于廟。三享，猶三獻。王禮，謂王廟中設酒以禮諸侯，裸用鬱鬯，酌用圭瓚，敬之如神也。上公再裸，謂王初裸，后亞裸，皆大宗伯攝主，而王與后拜送；若諸侯，則惟王一裸，無后亞。賓酌主曰酢。盛禮飲賓曰饗，設飯食賓曰食，九舉，謂一食九侑，賓九飯，九舉牲體。出入，謂自來至去。來五積，去五積，積牢醴米禾芻薪于其館也。問，問無恙也。勞，慰勤勞也。此數禮，凡賓客皆備，而多少視爵命爲差。大國之孤，謂上公使其孤來聘天子，其私覿以皮帛，其位繼子男後，朝位當車前，又出于衡也。不交擯，謂親致辭，不敢使其介傳辭于王之擯。廟中無相，謂行禮于王廟，皆使臣親執事，無介爲相。以酒禮之，謂禮以常酒，不用鬱鬯圭瓚。其他，謂牢禮之類。

〇按：古聖王小心恭儉，仁以親諸侯，禮以賓邦國，其股肱厚下，同心一體之愛，而人臣事君，冠履之等自不可易也，豈有臣子抗禮于君，相爲賓主者乎？是故《覲禮》天子不下堂，而此節序朝位，賓主相見，離立遠近之數，是天子而出迎諸侯也；又云大國之孤立當車前，不交擯，是天子而出迎陪臣也。此東遷以後，陵替之風，詘天子賓諸侯，以爲親萬國，先王禮下有制，何乃至此？鄭據《儀禮》，謂覲于朝，享于廟，于朝不迎，于廟迎，今本文未嘗分别朝廟也。禮先覲後享，擯介通辭，正賓主初交朝見之始，豈得謂專在廟，廟禮既異，朝禮亦宜然，如是則九等各自爲禮，煩瑣參差，豈成朝常。若使在朝禮同，在廟禮異，是廟朝二體，曲爲之解，未見其當。

邦畿方千里，其外方五百里謂之侯服，歲壹見，其貢祀物。又其外方五百里謂之甸服，二歲壹見，其貢嬪物。又其外方五百里謂之男服，三歲壹見，其貢器物。又其外方五百里謂之采服，四歲壹見，其貢服物。又其外方五百里謂之衛服，五歲壹見，其貢材物。又其外方五百里謂之要服，六歲壹見，其貢貨物。九州之外謂之蕃國，世壹見，各以其所貴寶爲摯。王之所以撫邦國諸侯者，歲徧存；三歲徧覜；五歲徧省；七歲屬象胥，諭言語，協辭命；九歲屬瞽史，諭書名，聽聲音；十有一歲達瑞節，同度量，成牢禮，同數器，脩灋則；十有二歲王巡守殷國。

九服，説見《大司馬》及《職方氏》。要服，又謂蠻服，要者，約束之名，自王畿至要服三千里，公侯伯子男封焉。見謂入見天子，自侯服外，每五百里而間一歲爲期，以節其勞也。祀物，犧牲之屬。嬪物，絲麻之屬。器物，尊彝之屬。服物，皮幣之屬。材物，金錫竹木之屬。貨物，珠玉龜貝之屬。蕃，蔽也，蕃國，即《司馬·職方》所謂夷服鎮服蕃服也。世一見，謂其君繼世新立，一來見王。歲徧，謂王每歲遣人周徧存問。規、省皆視也。屬，召集也。象胥，通四方言語之官。瞽，樂官，能察聲律者。史，大小史，禮官，掌文書。書名，文字也。諭，教也。聽，瞽聽。瑞，六瑞，見《大宗伯職》。節，六節，見《地官·掌節職》。度，謂分寸尺丈引；量，謂龠合升斗斛。牢禮，謂行禮牲牢多寡之等。成，平也，言不得相踰越也。數器，即五權、五度、五量，如百黍爲銖，二十四銖爲兩，十六兩爲斤，三十斤爲鈞，四鈞爲石之類。灋則，即大宰八灋八則之類。十二歲，六服來見再周矣，王乃一親巡守。殷，衆也，所至之方，諸侯皆朝于方嶽下曰殷。

按：職方既屬司馬，而行人司儀又屬司寇，何也？四方遠，不來庭則有討，大司馬主之；諸侯來朝，不恭則有刑，大司寇主之。

凡諸侯之王事，辨其位，正其等，協其禮，賓而見之。若有大喪，則詔相諸侯之禮。若有四方之大事，則受其幣，聽其辭。凡諸侯之邦交，歲相問也，殷相聘也，世相朝也。

諸侯之王事，謂諸侯以歲事來王。辨其位，九十、七十步之類。正其等，冕服旂常貳車之類。協其禮，牢禮饗食問勞之禮。賓而見之，謂以賓禮見于天子，皆大行人之事。四方之大事，謂諸侯有兵寇來告急。邦交，謂諸侯友邦自相交。歲，常歲。殷，衆也。世，謂繼世初立。相朝，謂友邦自相朝賀。

小行人掌邦國賓客之禮籍，以待四方之使者。令諸侯春入貢，秋獻功，王親受之，

各以其國之籍禮之。凡諸侯入王，則逆勞于畿。及郊勞、眂館、將幣，爲承而擯。凡四方之使者，大客則擯，小客則受其幣而聽其辭。

小行人，職見上，下大夫四人。禮籍，謂禮著在典籍者。四方之使，謂諸侯使臣。春入貢，謂歲貢冬行，春始達。獻功，獻其考課之功，以秋爲期。國之籍，即大行人公侯伯等國之禮，著爲令甲者。入王，入見王。逆勞于畿，王使人迎勞于境上。及郊勞，至近郊又勞也。眂館，將至視其館舍。將幣，謂諸侯享王幣于廟。承，謂次擯。大客，大國之使，王親見之，則小行人爲擯。小客，小國之使，則小行人受其幣，聽其來見之辭，以入告于王。

使適四方，協九儀。賓客之禮，朝、覲、宗、遇、會、同，君之禮也；存、覜、省、聘、問，臣之禮也。達天下之六節：山國用虎節，土國用人節，澤國用龍節，皆以金爲之；道路用旌節，門關用符節，都鄙用管節，皆以竹爲之。成六瑞：王用瑱圭，公用桓圭，侯用信圭，伯用躬圭，子用穀璧，男用蒲璧。合六幣：圭以馬，璋以皮，璧以帛，琮以錦，琥以繡，璜以黼。此六物者，以和諸侯之好故。若國札喪，則令賻補之；若國凶荒，則令賙委之；若國師役，則令槁（犒）禬之；若國有福事，則令慶賀之；若國有禍烖，則令哀弔之。凡此五物者，治其事故。及其萬民之利害爲一書，其禮俗、政事、教治、刑禁之逆順爲一書，其悖逆、暴亂、作慝、猶犯令者爲一書，其札喪、凶荒、厄貧爲一書，其康樂、和親、安平爲一書。凡此五物者，每國辨異之，以反命于王，以周知天下之故。

此章皆使于四方之事，天子使人于諸侯，諸侯使其臣于天子，曰臣禮。朝、覲六者，諸侯所以見天子，曰君禮。存、覜五者，天子使人于諸侯，所至之國，則爲之合九等賓客之禮。六節，解見《司徒》掌節之職。虎、人、龍三者，用于天下；旌、符、管三者，用于國中。《掌節職》云「都鄙用角節」，蓋王國都鄙用角，而侯國都鄙用管。管，竹也。達者，齊其灋式。六瑞與圭、璋、琮、琥等，解見《大宗伯》。六幣，諸侯所以享也，先執圭、璋等，將命，陳馬皮等于外，上公用圭、璋，侯伯用璧、琮，子男用琥、璜。圭合而馬全，璋半而皮死，各以類合也；璧圓而帛純，琮錦琥繡，皆以文合也；璜半璧，黼斧文，以斷合也。諸侯享天子，列國自相享，皆然。通情曰好。通事曰故。助喪曰賻。助貧曰補。濟飢曰賙。送遺曰委。賞勞曰槁，犒通。合助曰禬。稱贊曰慶。加物曰賀。哭死曰哀。悲生曰弔。事故，有事變故。五書，皆採風問俗之事。作慝，爲惡也，猶謀也。

司儀掌九儀之賓客擯相之禮，以詔儀容、辭令、揖讓之節。將合諸侯，則令爲壇三成，宮，旁一門。詔王儀，南鄉見諸侯，土揖庶姓，時揖異姓，天揖同姓。及其擯之，各以其禮，公於上等，侯伯於中等，子男於下等。其將幣亦如之，其禮亦如之。王燕，則諸侯毛。

司儀，職見《大行人》，上士八人，中士十六人。詔，詔王。合諸侯，謂會同。爲壇，築壇郊外。三成，三級。宫即壇壝。旁一門，謂每方一門，如《考工記》「匠人營國……旁三門」是也。南向，王登壇南面，進諸侯見之。揖，拱手推讓。土揖，下其手，象地也。庶姓，非親者。時揖，平其手，象四時也。異姓，謂昏姻，《家語》夫子妻南容，以爲異姓。天揖，上其手，象天。同姓，謂宗族。擯之，擯迎之，使登。各以其禮，即三等之禮。等，謂壇分尊卑三級序立。將幣，謂奠幣各于其級。禮，謂王以秬鬯祼禮之，亦各于其級。王燕，謂既朝賜燕。毛，謂尚齒，髮白者居上。

按：上下之禮莫嚴于朝廷，未聞天子會同諸侯而野合者也。築壇郊外，歃血同盟，五霸狙詐之術，作者附會其事，以累文武周公，不經甚矣。若使會同必于郊外，朝廷不爲虛位乎？中衰以後之王，忍辱媚强臣，如晉重耳河陽踐土之事，則然成康盛時，斷乎無是禮矣。

凡諸公相爲賓，主國五積，三問，皆三辭拜受，皆旅擯；再勞，三辭，三揖，登，拜受，拜送。主君郊勞，交擯，三辭，車逆，拜辱，三揖三辭，拜受，車送，三還，再拜。致館亦如之。致飧如致積之禮。及將幣，交擯，三辭，車逆，拜辱，賓車進，答拜，三揖三讓，每門止一相，及廟，唯上相入。賓三揖三讓，登，再拜，授幣，賓拜送幣。每事如初，賓亦如之。及出，車送，三請三進，再拜，賓三還三辭，告辟。致饔餼、還圭、饗食、致贈、郊送，皆如將幣之儀。賓之拜禮：拜饗餼，拜饗食。賓繼主君，皆如主國之禮。諸侯、諸伯、諸子、諸男之相爲賓也，各以其禮，相待也如諸公之儀。

此諸侯相朝之禮。相爲賓，自相朝也。致米芻于賓館曰積，至則積，止則問，行則勞，皆主君使卿大夫爲之。五積，出入皆五積。三問，自初來訖去之數。三辭，賓讓不敢當也。拜受，敬主君之命也。皆旅擯，謂五積三問之來，皆賓爲主，陳擯以迎也。旅，猶陳也。再勞，謂賓初至遠郊，主君兩次使人迎勞。賓三辭，乃三揖進使臣，登所舍之堂，拜受勞禮，使者歸，賓拜送。此以上，主君使人致積問勞之禮也。賓至近郊，主君親出郊勞，賓爲主，陳擯迎，主君爲賓，傳辭告至，賓傳辭請事，主傳辭告迎勞，是謂交擯三辭。賓以主君親來，出舍門登車，示將遠迎，主君下車，拜其遠辱，賓三揖，主君入，賓三辭不敢當，而後拜受其勞禮，主君退，賓登車示將遠送，主君三還辭，賓乃再拜送。此以上，主君親郊勞賓之禮也。致館謂賓至，主君親致館，亦如郊勞之禮。致飧，謂賓至館，主君使臣饋食，亦如使臣致五積之禮。將幣，謂賓奉幣享主君，則主君陳擯，賓陳介，交傳三辭，主君出門登車示遠迎，見賓下車，拜辱臨，賓車進，答拜，主三揖進賓，賓三讓入門，每門主君之擯與賓之介各一人，相禮以詔揖讓。及入廟成禮，唯上相一人入，古者享禮皆于祖廟，示敬也。賓不敢當，三揖三讓，及登堂，主君拜賓至，賓授幣于主君，拜送，然後即席裸酢交語，每事皆如初之揖讓，拜授拜送也。賓亦如之，揖讓拜同也。享幣畢，賓出，主君登車，示欲遠送，三請賓前，主車三進，再拜送賓，賓三還三辭，每主君一請，賓必一還一辭告避。此以上，皆將幣之禮也。熟食曰饔，生物曰餼。致，謂主君致于賓。還圭，賓以圭通信，主君受而復還之。饗，以酒飲賓，食，以飯食賓。致贈，賓將去，贈以財。郊送，賓出郊，主君親送。六者惟饔食賓來，餘皆主君往，其送迎揖讓拜送，皆如將幣之儀。賓之拜禮，謂賓將去，造主君朝，拜饔餼饗食，主君往送。凡賓受主君郊勞、致館、饔餼、還圭、贈、送，賓亦繼爲主，亦有幣帛皮馬酒饌之設，皆如主君之禮，所謂禮尚往來，迭爲賓主者也。此以上，皆諸公之禮，其侯伯子男相賓，亦各以其禮，如諸公之儀，但隆殺各自有等耳。

諸公之臣相爲國客，則三積，皆三辭拜受。及大夫郊勞，旅擯，三辭，拜辱，三讓，登，聽命，下拜，登受。賓使者如初之儀。及退，拜送。致館如初之儀。及將幣，旅擯，三辭，拜逆，客辟，三揖，每門止一相，及廟，唯君相入，三讓，客登，拜，客三辟，授幣，下，出，每事如初之儀。及禮、私面、私獻，皆再拜稽首，君答拜。出，及中門之外，問君，客再拜對，君拜，客辟而對；君問大夫，客對；君勞客，客再拜稽首，君答拜，客趨辟。致饔餼如勞之禮，饗食還圭如將幣之儀。君館客，客辟，介受命，遂送，客從，拜辱于朝。明日，客拜禮賜，遂行，如入之積。凡侯伯子男之臣，以其國之爵相爲客而相禮，其儀亦如之。

此敘諸侯使其臣交相聘問之禮。諸公之臣，謂公使其臣聘鄰國之公，則使臣爲主國之客。三積者，上公五積，臣下其君二等。主君使人致積，客皆三辭不敢當，而後拜受。客至近郊，主君使大夫迎勞，客旅擯不交，三辭而後拜辱臨，客三讓而後登館舍之堂，聽使者傳主君命，乃下堂拜命，復登堂受其勞禮也。賓使者，謂以束帛之類，賓禮主君之使，其相辭讓，亦如初行勞禮之儀。使者退，賓拜送，此郊勞之禮也。客至，主君使人致館，其儀亦如郊勞。及客執圭行禮，將幣于主君，主君旅擯，客親對，三辭，主君拜迎，客避不敢當，主君三揖，客入每門主客止一相，及廟，客之相不入，唯主君相入，客三讓，然後登堂，主君拜客，客退避者三，授幣于主君，下堂而出。每事，謂將幣之時，執玉奠幣非一事，皆如三讓三辟下出之儀也。及禮，謂主君以酒禮客。私面，私覿也。私獻，私贄也。此三禮，客皆再拜稽首，行臣禮，主君但答拜，不答稽首。出，謂禮畢客退，主君送客出及中門外，大門内。主君問客以其君之起居，客再拜對，重君也；主君亦拜，拜聘君也，客且辟且對。主君又問國之大夫，客對，不拜，主君慰勞客遠來，則客再拜稽首謝，主君答拜，則客趨辟不敢當。此以上，皆將幣之禮也。主君使人致饔餼于館，客辭讓，下拜登受，皆如郊勞之禮。主君饗客、食客，還圭，客辭讓辟拜，皆如將幣之儀。客將去，主君就館親省之，客辟不敢當，以其介受命，君遂拜送客，客即從主君往拜謝于朝。明日，客又往拜，主君禮賜，遂行，主君以積送，亦如入之三積也。此以上，皆公之禮，侯伯子男之臣，相爲客同，而降殺各以等。

凡四方之賓客禮儀、辭命、餼牢、賜獻，以二等從其爵而上下之。凡賓客，送逆同禮。凡諸侯之交，各稱其邦而爲之幣，以其幣爲之禮。凡行人之儀，不朝不夕，不正其主面，亦不背客。

此總敘行人相禮之事。二等，即《大行人職》云「諸侯之卿，其禮各降其君二等」，凡降殺以兩爲差，爵尊者加二等，爵卑者減二等，所謂上下也。送逆同禮，謂始迎終送，禮如一。諸侯之國，大者幣豐，小者幣殺，其主國亦量其豐殺，以禮報之。行人之儀，謂相禮傳辭之時，不正東向，不正西向，不正對主君，亦不背客，隨賓主周旋也。

行夫掌邦國傳遽之小事、𡚁惡而無禮者。凡其使也，必以旌節。雖道有難而不時，必達。居於其國，則掌行人之勞辱事焉，使則介之。

職見《大行人》，下士三十二人也。所掌乘傳急遽之小事，吉事曰𡚁，凶事曰惡。無禮，謂急遽單行，非慶恤大禮。無紹介輔行，則必以旌節通路，遇厄難失期，務求必達。其在王國，大小行人煩勞卑屈之事，行夫任之。大小行人出使，則行夫爲之介。

環人，中士四人，史四人，胥四人，徒四十人。

環人，解見司馬之屬，主往來循環偵探，軍中用之，有四方境外客至亦用之，故司寇重設焉。

環人掌送逆邦國之通賓客，以路節達諸四方。舍則授館，令聚㰛，有任器，則令環之。凡門關無幾，送逆及疆。

四方賓客，往來交通，來則逆之，去則送之。路節，旌節。四方，王畿境上。舍，客舍。夜令野廬氏聚㰛，因其任器環守之。環人旌節所過，關門無幾，妨稽滯也。及疆，謂迎送及境而止。

按：賓客入境，使人環守送逆，妨内外交通，洩機事也，亂世猜忌之政，道路迎送，候人野廬之設足矣。

象胥，每翟上士一人，中士二人，下士八人，徒二十人。

掌通四夷言語，翟、狄通。

象胥掌蠻、夷、閩、貉、戎、狄之國使，掌傳王之言而諭説焉，以和親之。若以時入賓，則協其禮，與其辭，言傳之。凡其出入送逆之禮節幣帛辭令，而賓相之。凡國之大喪，詔相國客之禮儀而正其位。凡軍旅會同，受國客幣而賓禮之。凡作事，王之大事諸侯，

次事卿，次事大夫，次事上士，下事庶子。

國使，蕃國之使，其人言語不通，象胥傳王言，曉諭解説其情，以和親之。若其君繼世來賓，教以中國之儀與奉上之辭，因譯其辭，而傳于王。凡王國送迎有禮節，賜予有幣帛，誥諭有辭令，皆以賓禮贊相之。若國有大喪，使來弔，則詔相其禮儀，正其朝位。若國有軍旅會同，奉幣來問，則受其幣，以賓禮禮之。作事，作四夷之事。王之大事，謂征討四夷，則使諸侯。次事，謂威讓之令，文誥之辭，量其輕重，或使大夫，或使士，或使國之庶子。庶子，謂卿大夫之子侍衛者也。

掌客，上士二人，下士四人，府一人，史二人，胥二人，徒二十人。

掌凡賓客之饋獻。

掌客掌四方賓客之牢禮、餼獻、飲食之等數與其政治。王合諸侯而饗禮，則具十有二牢，庶具百物備，諸侯長十有再獻。王巡守、殷國，則國君膳以牲犢，令百官百牲皆具。從者，三公眡上公之禮，卿眡侯伯之禮，大夫眡子男之禮，士眡諸侯之卿禮，庶子壹眡其大夫之禮。

王合諸侯，謂大會同也。饗禮，謂王大饗諸侯之禮。上物不過十二，天之數也，羣侯咸在，故用盛禮。諸侯長，謂九命作伯者，十有再獻，優異之。殷國，衆諸侯之國。國君，即諸侯。膳牲用犢牛，事王如事天帝也。百官皆具，備使令也；百牲皆具，備膳羞也。令，掌客令也。從者，王從行者。王之内臣，比外諸侯。禮，謂牢禮飲食之數。庶子世蔭有尊卑，皆王衞士，故皆以諸侯大夫禮禮之。

按：王饗諸侯，用十有二牢，十有再獻，禮數極矣，若諸侯饗天子，又何加焉？凡是書稱天子，所以降禮諸侯者，往往過當，其作于周衰以後，諸侯强僭之日，無疑也。

凡諸侯之禮：上公五積，皆眡飧牽，三問皆脩，羣介、行人、宰、史皆有牢；飧五牢，食四十，簠十，豆四十，鉶四十有二，壺四十，鼎簋十有二，牲(腥)三十有六，皆陳。饔餼九牢，其死牢〔一〕如飧之陳，牽四牢，米百有二十筥，醯醢百有二十罋，車皆陳。車米眡生牢，牢十車，車秉有五籔，車禾眡死牢，牢十車，車三秅(杜)，芻薪倍禾，皆陳；乘禽日九十雙，殷膳大牢，以及歸，三饗、三食、三燕，若弗酌則以幣致之。凡介、行人、宰、史皆有飧饔餼，以其爵等爲之牢禮之陳數，唯上介有禽獻。夫人致禮，八壺、八豆、八籩，膳大牢，致饗大牢，食大牢。卿皆見，以羔，膳大牢。

此天子待上公之禮，賓入境，主君致積，上公五積，皆視飧牽。飧，熟食，賓始至致飧，有牲牢，

〔一〕「牢」，《續修》本、《存目》本脱，據閩本補。

皆殺之。積則生牲，牽致之。上公飧五牢，積視飧牽，五積用二十五牢，牛、羊、豕七十五牽也。問，問起居，用脯脩。羣介，羣臣爲輔行者，行人掌禮，宰掌食，史掌文書，皆有牢禮，敬賓以及從者也。飧，致飧，其牲體五牢，其庶羞可食者四十，簠盛稻粱十，豆盛菹醢亦四十，鉶鼎盛和羹，四十有二，壺盛酒漿四十，鼎盛牲肉，簋盛黍稷，各十有二。牲作腥，生肉，三十有六，皆陳設致之，此飧禮之數也。賓既見，致饔餼，上公九牢，牛、羊、豕共二十七，内五牢已殺，如飧之五牢，其四牢生牽。米百二十筥，醯醢百二十甕，車載米禾，皆陳設之。車米視生牢，每生牢一，米車十，上公生牢四，則米車四十，每車米秉有五籔，十斗曰斛，十六斗曰籔，十六斛曰秉，是一車載米二十四斛。一牢十車，爲米二百四十斛，四牢四十車，則上公米九百六十斛也。車禾之數視死牢，每死牢一，禾車十，上公死牢五，禾車五十，每車禾三秅，十束曰秅，是每車禾三十束，一牢十車，禾三百束，五牢五十車，則上公共禾一千五百束也。芻以飼馬，薪以供爨，其數倍禾，是芻薪共六千束也。乘禽，羣處之禽，鵝鴨之類，日九十雙，每日一百八十隻。殷膳，盛饌也，君日一舉，每日饋一大牢，自始至及歸日皆然。饗以醴，食以飯，燕以酒，三者各三，皆上公之禮。主君若有故不得親，則以幣致，弗饗燕，以酬幣致之，弗食，以侑幣致之。凡介以下飧饔餼，即上文所謂皆有牢，其數各以爵命爲差，唯上介日有乘禽之獻，餘否。夫人，主君夫人，亦致禮于賓，有壺，有豆，有籩，以八爲數；有膳，有饗，有食，皆用大牢。卿，主國之卿，往見賓于館，羔爲摯，獻膳于賓，亦以大牢。

按：此文牲、牢、米、禾、芻、薪之數，一公之餽，始至用牛、羊、豕一百一十七頭，其每日在館，禽獻殷膳、饗食燕費及夫人與卿之饋尚不與焉。一餼之費，用米九百六十石，禾、芻、薪共七千五百束，勿論經費不支，即賓館，何地可容？任載之車，多至二百九十乘，填塞街衢矣，況納之館舍乎！其誇誕不足據也。

侯伯四積，皆眂飧牽，再問皆脩。飧四牢，食三十有二，簠八，豆三十有二，鉶二十有八，壺三十有二，鼎簋十有二，腥二十有七，皆陳；饔餼七牢，其死牢如飧之陳，牽三牢，米百筥，醯醢百甕，皆陳。米三十車，禾四十車，芻薪倍禾，皆陳。乘禽日七十雙，殷膳大牢，三饗、再食、再燕。凡介、行人、宰、史，皆有飧饔餼，以其爵等爲之禮，唯上介有禽獻。夫人致禮，八壺、八豆、八籩，膳大牢，致饗大牢。卿皆見，以羔，膳特牛。

此待侯伯之禮，解見上，其數少殺于公。特牛，一牛也。

子男三積，皆眂飧牽，壹問以脩。飧三牢，食二十有四，簠六，豆二十有四，鉶十有八，壺二十有四，鼎簋十有二，牲腥十有八，皆陳。饔餼五牢，其死牢如飧之陳，牽二牢，米八十筥，醯醢八十甕，皆陳。米二十車，禾三十車，芻薪倍禾，皆陳。乘禽日五十雙，壹饗、壹食、壹燕。凡介、行人、宰、史皆有飧饔餼，以其爵等爲之禮，唯上介有禽獻。夫人致禮，六壺、六豆、六籩，膳眂致饗。親見句卿皆膳特牛。

此待子男之禮。膳視致饗，謂膳饗皆特牛。親見，謂主國卿大夫有親詣館見賓者，卿則以特牛致膳，云皆，槩上夫人致膳饗同。

凡諸侯之卿、大夫、士爲國客，則如其介之禮以待之。凡禮賓客，國新殺去聲禮，凶荒殺禮，札喪殺禮，禍烖殺禮，在野外〔一〕殺禮。凡賓客死，致禮以喪用。賓客有喪，唯芻稍之受。遭主國之喪，不受饗食，受牲禮。

爲國客，謂來聘問。介之禮，謂從其君來之禮，客介雖異，論爵以待之同。國新，主國新建。殺，減損。在野外，無備也。賓客死，主君所致禮，取供喪具之用，不拘常禮之數。賓客在本國，聞彼國喪，主君餽如常，賓不盡受，唯芻藁稍稟，供人畜者受之。若賓客遇主國有喪，于主國饗食鼎豆之類，皆不受，惟牲肉受之。鄭云牲當作腥。

按：是職言饔、餼、牲、牢、米、禾、薪、芻，百物充牣，所謂正得秋而萬寶成，義之和而爲利也。兑金爲口爲悦，飲食醉飽，人心歡悦，太平功成，所以爲五官之終也，世儒疑錯亂、議改訂，非作者之意。

〔一〕「在野外」，閩本作「在野在外」，從下注文，故不改。

掌訝，中士八人，府二人，史四人，胥四人，徒四十人。

訝，迎也，迎賓致辭曰訝，兑象。

掌訝掌邦國之等籍，以待賓客。若將有國賓客至，則戒官脩委積，與士逆賓于疆，爲前驅而入。及宿，則令聚欜。及委，則致積。至于國，賓入館，次于舍門外，待事于客。及將幣，爲前驅。至于朝，詔其位，入復。及退亦如之。凡賓客之治，令訝，訝治之。凡從者出，則使人道之。及歸，送亦如之。凡賓客，諸侯有卿訝，卿有大夫訝，大夫有士訝，士皆有訝。凡訝者，賓客至而往，詔相其事而掌其治令。

掌九儀之差等，載于典籍者，以其籍之等爲待賓之隆殺。戒官，預戒有司。道路三十里有委，五十里有積。士，訝士。宿，未至國，宿于野。致積，以王命致牢廩之類。詔其位，告賓以朝見所立之位。入復，告王以賓至。退亦如之，亦告也。賓客在館，凡有所欲治之事，訝爲治之，如求取之類。從者，賓客之從者。凡迎賓之禮，以卑迎尊，故卿訝諸侯，大夫訝卿。

掌交，中士八人，府二人，史四人，徒三十有二人。

掌通好之事。

掌交掌以節與幣巡邦國之諸侯及其萬民之所聚者，道王之德意志慮，使咸知王之好惡，辟去聲行之。使和諸侯之好，達萬民之説悦。掌邦國之通事而結其交好。以諭九稅之利，九禮之親，九牧之維，九禁之難，九戎之威。

萬民所聚，謂都邑城市。王之好惡，謂所好在善，所惡在不善，所惡使民避，所好使民行。邦國之通事，謂朝聘之事。九稅，即九賦。九禮，即九儀。九牧，即九州。九禁，即九灋。九戎，即九伐。凡言九者，陽數之極，所以爲秋官之成也。

掌察四方，中士八人，史四人，徒十有六人。

察四方賓客來朝者，防姦慝也。

掌察

事闕。

掌貨賄，下士十有六人，史四人，徒三十有二人。

掌四方來朝之人，以貨賄貿易者。

掌貨賄

事闕。

朝大夫，每國上士二人，下士四人，府一人，史二人，庶子八人，徒二十人。

主王畿内都家之事。國，都家之食邑。庶子，都家世子，侍從之屬。

朝大夫掌都家之國治。日朝以聽國事故，以告其君長。國有政令，則令其朝大夫。凡都家之治於國者，必因其朝大夫，然後聽之；唯大事弗因。凡都家之治有不及者，則誅其朝大夫。在軍旅，則誅其有司。

都家之國治，謂都家事關白王國者。日朝，謂每日常在王朝，聽受王國政事當行之故，以告其都家之君與治事之長，使奉行也。王國有政令施于都家，令其朝大夫，使轉令都家之吏民。都家有所治事上王國，必朝大夫爲之通，然後受而聽之，唯大事非朝大夫所能主者，如軍旅之類，則直達。治有不及，謂廢閣王命，以朝大夫不能催督，故誅反之。若軍旅失事，則誅都家有司，謂都司馬、家司馬。

都則，中士一人，下士二人，府一人，史二人，庶子四人，徒八十人。

則，灋也，徒多于朝大夫者，都多故也。

都則

事闕。

都士，中士二人，下士四人，府二人，史四人，胥四人，徒四十人，家士亦如之。

掌都家之獄訟。

都士

事闕。

家士

事闕。

右秋官之屬，六十有六職，卿一人，大夫六人，上士十二人，中士一百三十五人，下士一百六十人，府七十四人，史一百四十七人，胥一百四十三人，徒二千七十人，通計二千七百四十有八人。外象胥每翟上士一人，共上士四人；朝大夫，每國上士二人，下士四人，府史以下，共二十五人；又犬賈四人，皆不與焉。五官之人，此其獨少者矣，通計天官之屬六十有三，其人三千八百二十有奇，地官之屬七十有八，其人二萬七千四百八十有奇，春官之屬七十，其人三千四百六十有奇，夏官之屬七十，其人三萬二千四百三十有奇，秋官之屬六十有六，其人二千七百四十有奇，職存事亡者又三百四十有七，共人七萬有奇。他如天官世婦、九嬪之類，地官市肆山澤虞、衡之類，春官旄舞、男巫、女巫之類，夏官校人、趣馬之類，秋官朝大夫之類，無定數者尚不與。夫以王畿之地，不過千里，分封王公子弟，卿大夫食邑外，十萬之衆，日聚而食之，歲入亦不足矣，昔人謂之瀆亂不驗，誠然。

周禮完解卷十終

周禮完解卷十一

郝敬　習

冬官考工記第六

冬官，司空也；考工，課百官也；記，記其事也。司空終五官，猶冬終四時。天地之數成于五，五官備而百度貞，司寇令行禁止，諸侯賓貢而王事畢，人主惟執要考成，勿曠庶官，天下可坐而理也。天布其令，地承其施，春飾其具，夏恢其功，秋收其利，冬惟無事，考厥成功。故冬者，終也；考者，成也。天道無爲而歲成，王者無爲而治成，時終則萬物斂，治終則萬民忘，故天道不藏無生息，王者不藏無治功。事終則休，物終則老。考者，老也。故冬之用顯于三時，冬官之用散于五官。堯舜老，而平成之迹在天地，五臣十亂死，而翊贊之烈垂宇宙，物無有老不休、勞不息者，故冬，四時之終也。冬官，五官之考也。官不任考，事不觀成，三百六十職衹虛文耳，故曰「建其正，立其貳，設其考」。物至終而後可見，事至終而後可考，故古者計吏必以歲終，萬寶成于秋，而三才會于五也。五者，參天兩地，圖書之極，三百六十不違五，會其極也，冬官不分屬，通其考也。然司空之爲冬官，何也？

五氣冬爲水，天一生水，萬物勞乎坎，坎水承乾出艮，而終始五行者也；故天官資始，水官成終，上德莫若水，柔而能平，圓而能方，外玄而中朗，含萬有而能藏；故乾初爲潛，用九无首，官天宰物者取灋焉。故官莫重于司空，空者，六虚之總也。惟冬山童水涸，天清氣肅，淒寂成空，洪荒昏墊，水土未平，命官消除，乃命司空。唐虞以總百揆，堯以試舜，舜以試禹，箕子《洪範》八政，以先司徒、司寇，《大雅》太王治岐，命司空先司徒，唐虞三代之司空即冢宰，冢宰歲終計百官，即考工。司空總百揆，課羣吏，即冢宰代天理物，爲天官者也。冢宰先天而始，司空後天而終，《易》曰「大明終始，六位時成」，是書所以揣摩《易》數，爲陰符之旨也。《禮運》曰「政本于天，聖人所以藏身之固，立于無過之地」，此也。或曰：冬官考羣吏，而記言百工之事，何也？曰：天下之工一也，工有灋度，亦一也。《臯陶謨》曰「百工惟時，撫于五辰，庶績其凝。」舜之歌曰「股肱喜哉！元首起哉！百工熙哉！」「百官」之謂百工，唐虞時已然矣。《周書》「侯、甸、男邦、采、衞」謂百工，孟子曰：「朝不信道，工不信度……國之存者幸也。」故官府有憲章，工匠有規矩，一也。《記》以六材槩六官，以三十工槩三百六十職，故曰國有六職，百工居一。王公坐而論道，士大夫作而行之，與百工審曲面埶，飭化五材，一也。以冬官之灋考工，百工無惰窳，而器械精好；以考工之灋考六職，百官無鰥曠，而庶績凝熙。故冬官之工，即五官之用也。㮚人之量，即天官內、外府之用也；築氏之削，即司書之用也；梓人之飲器，即酒人、漿人之用也；鍾氏染羽，即染人之用也；匠人建國，即地官封人、司市、司關之用也；其溝洫川澮，即載師、遂人之用也；輪人之輪，輿人之輿，即春官巾車、典路之用也；

玉人之圭瓚，即典瑞、典祀之用也；韗人之鼓，鳧氏之鐘，磬氏之磬，即大司樂之用也；弓人之弓，矢人之矢，函人之甲，冶氏之戈戟，即夏官射人、虎賁、司兵之用也；桃氏之劍，即秋官司刺之用也；玉人之圭璧，㡛氏之帛，即大、小行人、司儀之用也。五官列其體，考工備其器，五官詳于名，考工精于瀍。大而天地四時，就其陶冶，小而羽毛絲粟針芥，莫逃其綜核。作者所以沾沾炫奇自用，而世儒莫能窺也。曰：若是，則百工之事多矣，工人僅止三十，何也？曰：三百六十者，周天六六之數；三十者，卦爻五六之瀍也。五以緯六，六以經五，互相衍倚，而生奇正，圖書宗五而揲策營四，亦此意也。陽設六官，陰縮爲五，以五藏六也；陰隱冬官，陽出爲考工，以六乘五也。六爲天地全數，五爲天地中氣，天地之材六爲府，天地之氣五爲用，卦爻至五而盛，至六而終，數莫備于五六，是書隱顯伸縮，若成若毁，若完若缺，惟六其五，五其六，揣摩縱横，瀍周天之運也。曰：天運冬不異四時，司空獨異五官，何也？曰：以方位推之，八卦冬爲坎，居北數六，六者乾一，乾盛于五，居西北，五乘一，生坎鄰乾，父在，子無獨成，冢宰所以代天資，始首五官也；兑金復自西來，與乾遇，秋事甫畢，輒還于乾，故冬無正位，風清氣凜，百物受成，皆天之藏其用，司空所爲考成，行乾之令者也，故秋官而後，司空欲自爲事不可得已，司空承乾之終，冢宰體乾之始，司空冢宰，二而一，一而二，是書所以始終五德，爲辨方正位之説也。然以禮命書，繫之以記，何也？曰：《禮》有記，非獨是書，如《儀禮·鄉飲酒》《鄉射》《燕禮》《喪服》《士虞》《特牲饋食》，皆篇終著記，以補其未備，無記則制度無考，《周禮》無記，則六屬散漫，三百六十皆冗食，而冢宰八瀍八柄爲虚器矣。但他書直而顯，是書隱而幻，其爲周禮也，若不周也；其爲記也，若非記也；其爲考工也，若非考工也。是以儒者謂是書闕也，謂漢河間獻王以《考工》補之，欺也。彼以《周禮》爲周公作，然則《考工記》誰之作邪？其言論風旨，材具機軸，本出一手，五官主敘事而辭莊，六工兼風議而氣宕，至于刻意精嚴，峻嶒變態，一也。世儒特疑司空無屬，若使司空有屬，則周官爲四百二十，與作者周天之旨戾矣。官不可增，乃議分五屬均之，割《考工》棄之。嗟夫，《周禮》無《考工》，何以爲《周禮》乎！變其舊，益以損其真，將歸咎于傳者之訛，而反受作者之欺，非惑則愚。大抵是書借禮教以飾刑名，出入占緯堪輿、奇門遁甲，以煽燿世主，而惡夫冬之爲終也，空之爲亡也，避名家之忌，假五行，離散冬官，附合卦位，用九无首之義，而名之曰《周禮》，以黯干姬公之作，其博物洽聞，旁羅今古，依附典刑，幾與《詩》《書》方駕，稱禮經，亦奇矣。彼河間獻王，安所措一指，而云補，虛誕可哂哉！或曰：司空平水土，即古之共工氏也。此鄭玄之謬也，唐虞有司空，別有共工，舜命禹作司空，命垂作共工，本二官，是書以百工屬司空比共工，飛鉗之習也。司空掌水土，自禹治水始；水官稱共工，則緯稗家言。古共工與祝融戰，緣于水火相克之義，又云共工有子句龍爲后土，緣于水生土之義，今人遂謂共工氏司水土，水部爲冬官，不知是書所謂冬官，取西北乾方不周，爲復命之鄉，終始五行，以爲《周禮》云爾。文雖隱僻，意自周匝，如世儒說六官方幅，無異除目，乃斥《記》爲添補，不知天壤間，安有斷簡神契若此者，而河間獻王，安從得此乎？耳食無稽，尤可哂也。

國有六職，百工與居一焉。或坐而論道，或作而行之，或審曲面埶勢，以飭五材，以辨民器，或通四方之珍異以資之，或飭力以長地材，或治絲麻以成之。坐而論道，謂之王公；作而行之，謂之士大夫；審曲面埶，以飭五材，以辨民器，謂之百工；通四方之珍異以資之，謂之商旅；飭力以長地材，謂之農夫；治絲麻以成之，謂之婦功。

自此至第四節，皆序作《記》之意。六職，謂王公、士大夫、百工、商旅、農夫、婦功也。審曲，審察五材文理之曲直。面埶，方面形埶之向背。飭，脩整也。五材，金、木、皮、玉、土也。辨、辦通，治也。

按：作者之意，謂司空無專職，考六官成功耳，故以六職發端，本《虞書》「百工熙哉」之義，以明行濫在課吏，而其目舉工、商、農、女、士大夫參焉，變幻滑稽如此，其意緒可曉。云六職百工居一，則五官之兼考工爲六明矣，後世司空董匠作，故因百工之事，以例爲治之濫。孟子云「有大人之事，有小人之事。」不以規矩，不能成方圓；不以仁政，不能平治天下，即此意。五官之屬，三百六十，百度俱舉，則天下可理，商鞅治秦，徙木立信，行此意也。世儒泥工匠作解，宜其視《記》爲蛇足爾。

粵無鎛，燕無函，秦無廬，胡無弓、車。粵之無鎛也，非無鎛也，夫人而能爲鎛也；燕之無函也，非無函也，夫人而能爲函也；秦之無廬也，非無廬也，夫人而能爲廬也；

胡之無弓車也，非無弓車也，夫人而能爲弓車也。知者創物，巧者述之，守之世，謂之工。百工之事，皆聖人之作也。爍金以爲刃，凝土以爲器，作車以行陸，作舟以行水，此皆聖人之所作也。天有時，地有氣，材有美，工有巧，合此四者，然後可以爲良。材美工巧，然而不良，則不時、不得地氣也。橘踰淮而北爲枳，鸜衢鵒欲不踰濟上聲，貉霍踰汶則死，此地氣然也。鄭之刀，宋之斤，魯之削，吳、粵之劍，遷乎其地，而弗能爲良，地氣然也。燕之角，荆之幹，妢焚胡之笴槀，吳、粵之金、錫，此材之美者也。天有時以生，有時以殺，草木有時以生，有時以死，石有時以泐勒，水有時以凝，有時以澤，此天時也。

粵、越同。鎛，田器，《詩》云「其鎛斯趙」，粵地多水草，用鎛者多。函，甲也，孟子云：「函人唯恐傷人。」廬作纑，攢竹爲矛柄，通作縷，言細而長也，《國語》：「侏儒扶廬。」。《記》者引諺語因釋之，謂四國所無者，非真無，人人習之，忘其爲有也；人人習之忘其有者，以聖人作瀼善也。刃器車舟，聖人所作，天時、地氣、材美、工巧，四者缺一不可。枳，似橘而小。鸜鵒，鴝鵒，産南方。濟，北地水名，出齊、魯間，踰濟，自南而北也。貉，狐屬，産北方。汶水入于濟，踰汶，自北而南也。斤，小斧。削，書刀。遷乎其地，謂以鄭刀移宋作斤，以宋斤移鄭作刀，則弗能爲良矣，削、劍亦然。角，牛角，可爲弓材，燕地寒，角堅實。楚多良木，可爲弓幹。妢胡，地名，近楚，古胡子國。笴，讀如《夏官》「槀人」之槀，竹可爲矢幹者也。石破曰泐。凝，結也。澤、釋同，解也。

按：此節言用灋者在使民忘灋，使民忘灋在有聖主賢臣爲之巧，禮樂刑政爲之材，相天時，因地俗，如規矩於方圓，則灋成而民用，斯善行灋矣。

凡攻木之工七，攻金之工六，攻皮之工五，設色之工五，刮摩之工五，摶(團)埴之工二。攻木之工，輪、輿、弓、廬、匠、車、梓。攻金之工，築、冶、鳧、㮚(栗)、段、桃。攻皮之工，函、鮑(鞄)、韗(運)、韋、裘。設色之工，畫、繢、鍾、筐、㡛(芒)。刮摩之工，玉、楖、雕、矢、磬。摶埴之工，陶、旊(倣)。有虞氏上陶，夏后氏上匠，殷人上梓，周人上輿。故一器而工聚焉者，車爲多。

上言天時地氣，材美工巧，此承以工人之事。攻，治也。刮摩，猶琢磨。摶，揉也。埴，黏土。木工有七：輪人爲輪蓋；輿人爲車輿，輿，車箱也；弓人爲弓；廬人爲兵柄；匠人爲宮室、溝洫、城郭；車人爲車；梓人爲飲器射侯之類。金工有六：築氏爲削，削，書刀也；冶氏爲戈戟；鳧氏爲鐘；㮚氏爲量；段氏爲鎛；桃氏爲劒。皮工五：函人爲甲，鞄人治皮，韗人爲鼓，韋氏、裘氏事闕。設色工五：摸物形曰畫，施采色曰繢，鍾氏染羽，筐氏事闕，㡛氏湅絲。刮摩之工五：玉人治玉，矢人爲矢，磬氏爲磬，楖氏、雕氏事闕。摶埴之工二：陶人爲甗甑，旊人爲簋。有虞氏風朴，用瓦器，尚陶。夏后氏平水土，始爲宮室城郭，尚匠。殷人攻木制器，尚梓。周人議禮制度，爲五輅，雜用金玉象革，尚車，而五材六工皆備，故曰：一器而工聚焉者，車爲多。

按：工之家百，舉六者，應六官也；目分爲三十者，五其六，爲三十也。五應五行，六應三百六十職，又不直言木金水火土，變水火土，爲攻皮、設色、刮摩、摶埴，爲六以函五，又不全用三十，缺六用二十四，以應二十四氣，合五官之屬爲三百六十，皆所謂飛鉗縱横之意也。

車有六等之數：車軫四尺，謂之一等；戈柲六尺有六寸，既建而迆以，崇於軫四尺，謂之二等；人長八尺，崇於戈四尺，謂之三等；殳長尋有四尺，崇于人四尺，謂之四等；車戟常，崇於殳四尺，謂之五等；酋矛常有四尺，崇於戟四尺，謂之六等。車謂之六等之數。凡察車之道，必自載於地者始也，是故察車自輪始。凡察車之道，欲其樸屬燭而微至。不樸屬，無以爲完久也；不微至，無以爲戚促速也。輪已崇，則人不能登也；輪已庳婢，則於馬終古登阤侈也。故兵車之輪六尺有六寸，田車之輪六尺有三寸，乘車之輪六尺有六寸。六尺有六寸之輪，軹崇三尺有三寸也，加軫與轐焉四尺也。人長八尺，登下以爲節。

承上言攻器之工，惟車爲多，此言爲車之灋。禮之器莫重于車，以車槩器，以器槩灋，百工守灋，王公大夫奉灋，則六職俱舉，此作《記》之意也。車，謂兵車。軫，謂輿前後著轐横木。四尺謂去地四尺。戈有鉤，似戟而柄短。柲，即柄。建于車旁，邪倚曰迆，建迆之餘，出於軫上者四尺。人身長八尺，周以八寸爲尺，八尺爲丈，故人稱丈夫，人立車上，比戈高四尺。杖無刃曰殳，亦建車旁，八尺曰尋，尋有四尺，長丈二尺也，比人又高四尺。戟似戈，三刃而柄長，亦建車旁，倍尋曰常，長丈六尺也，比殳又高四尺。酋，長貌；矛，鎗也。酋矛亦建車旁，常有四尺，長二丈也，比戟又高四尺。皆以人身爲度，每四尺，半人身爲一等，是謂車六等之數。自地至于車上所建通計之，故曰察車必自載于地者始，載于地者盡制，然後乘于上者安。載于地者，車輪也，察車自輪始，下文遂以輪人首車工。樸屬以下，皆言察輪，明爲車之灋，而百工六職皆可知矣。樸屬，附屬堅固。微至，輪著地者微，則圓極易轉。戚、促通。速，行疾也。輪太高，則車高而人不能升；輪太卑，則馬局促如登坡坂而難前。終古，猶言常也。登阤，謂上坡。兵車之輪，以六尺六寸爲度，與王乘車同，比田車高三寸，馬大故也。輪心爲轂，轂中横貫者爲軸，軸兩端曰軹，輪高六尺六寸，軹當輪中半之，得三尺三寸。平軹加直木，受軹曰轐，一名伏兔，轐端前後加軫，軫轐共七寸，兼軹以下三尺三寸，即前所謂車軫四尺爲一等，自地始者也。所以然者，人身八尺，以人身半爲等，則升降適中，故四尺爲車節，此定灋也，即一車而衆器可知，即車工而百工可知，即百工而六職皆可知。

按：此上四節，皆《記》之頭緒，語若散漫，意自周匝，讀者詳之。

輪人爲輪，斬三材，必以其時。三材既具，巧者和之。轂也者，以爲利轉也；輻也者，以爲直指也；牙也者，以爲固抱也。輪敝，三材不失職，謂之完。望而眂其輪，欲其幎密爾而下迆以也；進而眡之，欲其微至也；無所取之，取諸圜也。望其輻，欲其掔削爾而纖也；進而眡之，欲其肉稱也；無所取之，取諸易直也。望其轂，欲其眼也；進而眡之，欲其幬蹈之廉也；無所取之，取諸急也。眡其綆扁，欲其蚤之正也。察其菑蚤不齵隅，則輪雖敝不匡。

此下詳記三十工之事，所以爲考也。周人上輿，輿所上在輪，故首輪人，此木工也。輪有三材，轂輻牙，輪心虛而容軸者曰轂，輪内周迴直木三十曰輻，輪外周迴抱輻曰牙，一謂之輞。斬取木材，必以時，乾久而後可用。和，合也，合爲輪也。指，撐也。輪久敝壞，轂輻牙三者不動，斯謂完輪。望眡以下，察輪之瀍。遠曰望，近曰眡，視同。幎、眠通，下迆貌。迆，下也。輪圓易轉，幎然邪下，如入地然。微至，謂著地微少，圓之至也。無所取之，猶言何取于此，取其圜而已。掔、削通。纖，小貌。凡輻，内著轂者大，外著牙者小，如削然。肉稱，謂三十輻大小勻稱。易直，猶平直。眼，謂轂中洞虛無礙，如眼孔然。以革裹轂曰幬。廉，裹緊也，裹緊則廉隅現。急，即緊也，運車在轂，以革束之，欲其堅固，《詩》所謂「約軝」也。綆作緶，扁通，謂輪兩偏平面。蚤、爪通，三十輻如人爪。正，平正無參差邪枉也。菑、栽通，輻兩端栽入牙轂，或作剚，插入也。人齒不齊曰齵，蚤不齵，謂輻爪均齊縝密，無罅縫也。匡，不圓貌，方曰匡，輪本圜，不圜則匡，至敝壞而猶不匡，所謂完也。此察輪之瀍，舊解未盡曉。

凡斬轂之道，必矩其陰陽。陽也者稹真理而堅，陰也者疏理而柔，是故以火養其陰而齊諸其陽，則轂雖敝不藃耗。轂小而長則柞窄，大而短則摯聶。是故六分其輪崇，以其一爲之牙圍。參分其牙圍而漆其二。椁其漆内而中詘之，以爲之轂長，以其長爲之圍。以其圍之防勒捎蕭其藪。五分其轂之長，去一以爲賢，去三以爲軹。容轂必直，陳篆必正，施膠必厚，施筋必數，幬必負幹，既摩，革色青白，謂之轂之善。

此承上言爲轂之灋。斬，斬木。矩，猶度也。陰木濕而柔，陽木燥而堅。稹、縝通，密也。理，木文理。疏，鬆也。火養其陰，炙使乾也，齊諸其陽，使材均乾，不雜濕木也。藃、鏬通，木乾則不耗縮生鏬。柞、窄通，微弱貌。摯作槷，揑扤也，轂短而兩輪逼促，則車行不穩而揑扤。是故轂長短大小有定灋，六分其輪崇，謂輪高六尺六寸，分而爲六，每分一尺一寸，以一尺一寸爲牙圍，抱輪外週邊寬厚共一尺一寸也。又三分其牙圍，而漆其二，漆者七寸有奇，不漆者三寸有奇，不漆者，著地也。椁，週郭，除不漆外，沿漆以内，共六尺四寸，中折半得三尺二寸，以爲轂之長。詘，折也。又以三尺二寸圍而圓之，中徑得一尺有奇，以爲轂之大。又以三尺二寸三分之，以其一分爲轂中之藪，藪，孔也。防、扐通，奇餘曰扐，《易》筮灋「歸奇于扐」，三分圍用其防，則轂圍一尺有奇，徑三寸有奇也。捎與疏通，謂轂中有孔，三十輻所聚曰藪。又以轂長三尺二寸分爲五，而去其一，以其四分爲賢。賢，猶閒也，以一分著輪，輪外餘者曰閒。又即五分内去其三分，以二分爲軸頭，貫于轐，轂中有木轉輪可抽曰軸，軸頭曰軹，輪轂軸相連，言轂該軸也。容轂，轂中容軸，孔欲直，無礙也。陳篆，以墨分畫三十輻孔，鑿之必正，欲均齊也。輻所輳處防損折，施膠爲黏必厚，施筋爲束必密，包之以革必貼木。數，密也。負幹，皮負木也，即上節云廉急也。摩，皮既輓而摩蕩使平。革色青白，則輓急負幹，斯爲轂之善也。

按：六分輪崇，用一爲牙圍，三分牙圍而漆其二，中詘漆内以爲轂長，以其長爲圍，以圍防爲藪。五分轂長，去一以爲賢，去三以爲軹，後多此類。非獨文章變幻極奇，實乃工度精嚴，方圓深淺，大小厚薄，伸縮吻合，所以爲考也，皆名法綜核，縱横飛鉗之意，讀者但作文字解，失其旨矣。

參分其轂長，二在外，一在内，以置其輻。凡輻，量其鑿深以爲輻廣。輻廣而鑿淺，則是以大扤，雖有良工，莫之能固。鑿深而輻小，則是固有餘而强不足也。故竑其幅廣以爲之弱，則雖有重任，轂不折。參分其輻之長而殺其一，則雖有深泥，亦弗之溓（廉）也。參分其股圍，去一以爲骹（敲）圍。揉輻必齊，平沈必均。直以指牙，牙得，則無槷（臬）而固。不得，則有槷，必足見也。六尺有六寸之輪，綆參分寸之二，謂之輪之固。

此爲輻牙之瀍。三分其轂長者，輻長與轂同，三尺二寸三分之，則二分爲二尺有奇，露在外爲輻，一分爲一尺有奇，栽入轂牙内，以置輻也。鑿，鑿孔削輻貫孔中。廣謂輻寬厚，與鑿深淺相應。輻大鑿淺，則摇抓不固，鑿深輻小，雖固不勝任。故量輻之弘廣，爲鑿之削弱，斯可免鑿深輻小之患，任重而轂不折，固而又强之道也。輻露在牙轂間者二尺有奇，其藏入牙轂内者一尺有奇，是三分輻長而殺其一，雖行深泥之中，没牙圍而不及輻也，溓，黏也。股大在上，骹小在下，骹，足脛骨，輻上近轂曰股，下近牙曰骹，近牙處比近轂處窄三之一，蓋輪近心者厚，近外者薄。揉輻，揉治其木，使衆輻如一。平沈，以水試其輕重均平，輻以直爲良。指牙，謂撑拄牙圍，輻牙相應，則不捏抓而堅固，不相應，則其罅外見，蓋任重行遠，有槷不可掩也，故輪之固，在輻牙相得，輻牙相得，在骹殺于股。故輪之高，六尺六寸，其牙之厚，以六寸分爲三，去其一分，用二分爲側厚，是牙厚四寸也。股厚骹薄，則牙輻相應，而輪固。綆、緶通，平也，解見前。

凡爲輪，行澤者欲杼，行山者欲侔。杼以行澤，則是刀以割塗也，是故塗不附。侔以行山，則是摶(團)以行石也，是故輪雖敝，不甐(吝)於鑿。凡揉牙，外不廉而内不挫，旁不腫，謂之用火之善。是故規之以眡其圜也，萬(矩)之以眡其匡也，縣之以眡其輻之直也，水之以眡其平沈之均也，量其藪以黍，以眡其同也，權之以眡其輕重之侔也。故可規、可萬、可水、可縣、可量、可權也，謂之國工。

此總叙爲輪之瀍。澤行多塗，山行多石。杼、杵通，謂削其牙邊方棱爲圜也。侔，上下均也。摶，厚也。甐，破裂也。鑿，輻入處，外不廉角，内不挫枉，側不臃腫，則圜正得所矣。用火，謂以火揉治其木。萬、矩同，匡，方也，謂輪四圍，懸而視之，輻輻相對，則直也。置輪水中，視其沈平，無輕重之偏也。兩輪之藪孔，各以黍量其中，大小同也，以兩輪并稱，輕重同也。國工，謂通國之名工。

輪人爲蓋，達常圍三寸，桯（楹）圍倍之，六寸。信（申）其桯圍以爲部廣，部廣六寸。部長二尺。桯長倍之，四尺者二（句）。十分寸之一謂之枚，部尊一枚，弓鑿廣四枚，鑿上二枚，鑿下四枚；鑿深二寸有半，下直二枚，鑿端一枚。弓長六尺，謂之庇軹，五尺謂之庇輪，四尺謂之庇軫。參分弓長而揉其一。參分其股圍，去一以爲蚤圍。參分弓長，以其一爲之尊。上欲尊而宇欲卑，上尊而宇卑，則吐水疾而霤遠，蓋已崇則難爲門也，蓋已卑是蔽目也，是故蓋崇十尺。良蓋弗冒弗紘，殷畝而馳不隊，謂之國工。

此承上言爲車蓋之灋。蓋，車上屋，輪人爲輪，又爲蓋，蓋與輪制相似，輪圓，蓋亦圓，輪有三十輻，蓋有二十八弓，善爲輪者，即善爲蓋，吴澄氏欲增蓋人，非也。蓋頂有長椽，交達四隅曰達，下著于柱，上曲起如弓，諸小椽附之，爲二十八弓。椽上有板曰部，前後弓長六尺，部曲二尺，是達邪廣共一丈六尺也。圍，即達圍。桯，即柱，戴達者也。信、伸通，部、蔀通。椽空板六寸，横曰廣，直曰長，部長止二尺者，頂斗起高于四宇，中曲二尺爲斗，週垂四尺爲宇也。桯長四尺者二，高八尺也，加部二尺共一丈，即下文所謂十尺也。十分之一爲枚，枚一分。部尊一枚，謂蓋板厚一分也。弓即達，鑿達爲牡，下函于桯，鑿上二分，下四分者，牡上小而下大，如棺衽然。鑿深二寸有半，謂鑿桯爲牝，以受達也。下直二分，上端一分者，亦上小而下大也。弓之長六尺謂達椽，周圍平分，除曲各六尺，共一丈二尺，則并車軸兩旁皆覆之矣，故曰庇軹。短者或五尺，可覆輪。又短者四尺，前後僅覆軫，軫縮于輪，輪縮于軹。弓長六尺，三分而揉其一，即屈二尺爲部斗也。弓近頂稍隆爲股，近宇稍細爲蚤，蚤、爪通，爪殺上三分之一。參分弓長，以一分爲尊，以二分爲卑，尊爲部斗，卑爲四宇。難爲門，謂城門不可出入也。蓋崇十尺，高于人二尺也。弗冒，謂不用衣覆之。弗紘，謂不用繩維之。殷、隱同，《詩》云「殷其靁」，車疾行震動之聲。畝，地也。不隊，謂蓋不隤落，此節舊解未曉然。

輿人爲車，輪崇、車廣、衡長，參如一，謂之參稱。參分車廣，去一以爲隧。參分其遂，一在前，二在後，以揉其式。以其廣之半爲之式崇，以其隧之半爲之較崇。六分其廣，以一爲之軫圍；參分軫圍，去一以爲式圍；參分式圍，去一以爲較圍；參分較圍，去一以爲軹圍；參分軹圍，去一以爲轛對圍。圜者中規，方者中矩，立者中縣，衡者中水，直者如生焉，繼者如附焉。凡居材，大與小無并，大倚小則摧，引之則絶。棧車欲弇，飾車欲侈。

此亦木工。車者，總名。當車中受載者曰輿，挾車傍行地者曰輪，横車前駕馬者曰衡。輪之崇，輿之廣，衡之長，皆六尺六寸，三者如一，則相稱。輿深曰隧，邃通，車横六尺六寸，以其横三分之去一以爲隧，則車深四尺四寸也。三分其深，一分在前，二分在後，人立近前，手凭較，較下有式，致敬則手下凭式，式與較皆在輿前。揉，揉其木使平直也。式高三尺三寸，是得其廣之半也；較高于式二尺二寸，是得其隧之半也。六分車之廣，而軫圍得廣之一，是軫圍一尺一寸也，式小于軫，較又小于式，軹又小于較，轛又小于軹，皆三分去一以爲殺。式下兩傍植木相對，横加一木置式于上，植者爲轛，横者爲軹，與轂末之軹名同而異。「圜者中規」以下六句總論治車材，必如是乃盡善。生，如木自地出。附，如枝附幹。居材，隨材大小，布置得宜。并，湊合也，大材力强，小材力弱，小與大并，小者力不支，則屈而摧，不能前而引之則斷。棧車，士所乘車，無革鞔，不堅易折，故欲弇，弇，謂斂向内也。飾車，謂大夫以上革鞔之車，結束固，雖侈不害，侈，謂張向外。弇與侈，皆言輿也。

輈人爲輈。輈有三度，軸有三理。國馬之輈深四尺有七寸，田馬之輈深四尺，駑馬之輈深三尺有三寸。軸有三理：一者以爲媺也，二者以爲久也，三者以爲利也。軓前十尺，而策半之。凡任木：任正者，十分其輈之長，以其一爲之圍；衡任者，五分其長，以其一爲之圍。小於度，謂之無任。五分其軫間，以其一爲之軸圍；十分其輈之長，以其一爲之當兔之圍；參分其兔圍，去一以爲頸圍；五分其頸圍，去一以爲踵圍。凡揉輈，欲其孫去聲而無弧深。今夫大車之轅摯，其登又難；既克其登，其覆車也必易。此無故，唯轅直且無撓也。是故大車平地既節軒摯之任，及其登阤侈，不伏其轅，必縊其牛。此無故，唯轅直且無撓也。故登阤者，倍任者也，猶能以登；及其下阤也，不援其邸，必緧秋其牛後。此無故，唯轅直且無撓也。是故輈欲頎祈典；輈深則折，淺則負；輈注則利準，利準則久，和則安；輈欲弧而無折，經而無絶。進則與馬謀，退則與人謀，終日馳騁，左不楗蹇，行數千里，馬不契喫需擩，終歲御，衣衽不敝，此唯輈之和也。勸登馬力，馬力既竭，輈猶能一取焉。良輈環灂，自伏兔不至軓七寸，軓中有灂，謂之國輈。

此亦木工也。輿下直木爲輈，輪心横木爲軸，二者任車之要，皆輈人爲之。輈，即轅也，長丈四尺四寸，從前軫以前當馬身，稍曲而上，形如舟，故曰輈。三度，謂輈前淺深之數，即國馬、田馬、駑馬三也。三理，謂選材之灋。國馬，駕玉金象路之馬，高八尺，轅深四尺七寸。田車馬高七尺，轅深四尺。尋常下駟，高六尺，轅深三尺三寸。三理，謂無節而美，一也；堅忍而久，二也；滑澤而利，三也。軓即輪，輪爲車灋曰軓，輈自輪以前長十尺，而御馬之策半，長五尺，取足以及馬也。任木，用車材勝任也。任正，用直木，即輈也。輈自前軫以前長十尺，前軫至後軫長四尺四寸，共一丈四尺四寸，以其十之一爲圍，則輈圍一尺四寸有奇，即下文當兔之圍也。衡、横同，輈端横木曰衡，長六尺六寸，其長五分之一爲圍，則衡圍一尺三寸有奇，即下文軫間五之一也。若小于此度，則直與横皆不勝任矣。輿前横木曰軫，軫長亦六尺六寸，五分軫間之一以爲軸圍，與衡圍同也。十分其輈之長三等，又分言輈前後中三處之圍，輈長一丈四尺四寸，以其長十之一爲圍，是一尺四寸有奇，此輈當兔之圍也。輿下兩旁受軸直木曰伏兔，一曰轐，最持重，故圍稍大。參分其兔圍，去一以爲輈前端持衡，當馬頸之圍，是頸圍九寸有奇，小于當兔也。五分頸圍，去一爲輈後端承軫之圍。踵，猶後也，是踵圍七寸有奇，又小于前轅也。三者輈前後中間大小之度。揉，謂輈形微曲，揉之使曲也。孫、遜同，順也，順木之自曲也，苟如弓之大曲，則深而傷矣。大車，牛車，載任器者，其任尤重，故舉以明輈之爲要。轅即輈，摯、輊通，至也，輈前俯至地，則登高艱難，勉强克登，覆車必易，此無他，以輈太直不曲撓也。太高後仰曰軒，軒，起也，車亦不欲軒，若軒摯中節，平地勝任，及其登高後仰，不使人按伏，則牛掛轅端如懸縊，此無他，亦以輈太直不曲撓也。登阤既難，則下阤亦難，蓋登阤任重，倍于平地，勉强雖登，其下也，車邸前頹，不使人扳援，則壓制牛尾如緧，此無他，亦以輈太直不曲撓也。凡此，皆輈病也。頎，長也，《詩》云「頎而長兮」，凡輈欲頎而脩長，典而堅忍。太曲而深，則防折傷，太淺而直，則壓馬領如背負也。流轉曰注，即順利平準意，無滯曰利，不欹曰準，輈如是，則堅緻牢固可久也。轅馬相得，則車和而人乘之安。凡輈欲曲如弓而不至折，欲順木之經而無傷絶。進欲適馬意，退欲從人意。左謂尊者居車左，楗，謂動摇，車和則乘者安。契、喫同，食也，《詩》云「三歲食貧」，俗謂「受累」

曰「喫累」。需，猶「腥脂之則需」「薄其帑則需」之「需」，輭也，與《儀禮》「擩于醢」之「擩」通，煩擱也。輈善，則馬不受煩擱而疲輭也，鄭讀作「怯懦」。衽，衣襟，御者勞，則衣衽易敝，輴馬相得，則御不勞，而衣衽不傷。勸，助也，輈和，則馬行便利，如勸助之，雖馬疲欲止，輈尚能一前取道，言勢順利，所謂注則利準者也。環灂，謂輈用膠漆環束，灂光色，惟伏兔至軌中間七寸無灂，而軌行輈，〔一〕環灂不損傷，是國工之巧也。

按：明主用人，猶國工用材，子云君子使人器之，孟子謂爲巨室必大木，作者所以寓考工于司空也。明此義以知人官人，如良馬輕車，坐致千里，官失其任，策之不前，雖多奚以爲。故《記》爲六官要典，周匝完備，豈苟且補亡而作與！

軫之方也，以象地也；蓋之圜也，以象天也；輪輻三十，以象日月也；蓋弓二十有八，以象星也。龍旂九斿，以象大火也；鳥旟七斿，以象鶉火也；熊旗六斿，以象伐也；龜蛇四斿，以象營室也；弧旌枉矢，以象弧也。

此總結《輪人》以下爲車之瀍，亦五官辨方正位之意。軫，謂車箱前後橫木，即輿也。軫之方，

〔一〕「謂輈用膠漆環束，灂光色，惟伏兔至軌中間七寸無灂，而軌行輈」，原作「謂以筋纏束之，伏兔迫近軌内，軌在外，中間相去僅七寸，而輈上」，據《存目》本改。

取象于地。蓋之圜，取象于天。輪有三十輻，象一月三十日，運行不息。蓋有二十八弓，象二十八宿，布列周天。旂幟建于車上，故兼及之。龍旂，畫龍爲旂，斿、旒通，綴旂下。大火，心星，東方蒼龍之宿，其星有七，而心居中，其屬有尾，尾九星，故九斿以象之。畫鳥曰旟，鶉火，南方朱鳥之宿，星星居中，星七星，故七斿以象之。畫熊虎曰旗，伐，西方白虎之宿，與參連體爲六，故六斿以象之。畫龜蛇曰旐。營室，北方玄武之宿，一名水，一名定，與東壁連體四星，故四斿以象之。弧旌，凡旌旗之屬，皆以竹爲弧，張之使開，弓外有衣曰韣，《覲禮》侯氏「載龍旂弧韣」是也。枉矢，妖星，如蛇行有尾，即流星之類，弧韣上畫其形，以象弓有矢也。或云曲其矢爲弧，以張幓也。〔一〕

攻金之工，築氏執下齊去聲，冶氏執上齊，鳧氏爲聲，㮚氏爲量，段氏爲鎛器，桃氏爲刃。金有六齊：六分其金而錫居一，謂之鍾鼎之齊；五分其金而錫居一，謂之斧斤之齊；四分其金而錫居一，謂之戈戟之齊；參分其金而錫居一，謂之大刃之齊；五分其金而錫居二，謂之削殺矢之齊；金錫半，謂之鑒燧之齊。

此攻金諸工之總序也。金，謂銅鐵，性剛易折，故冶金必以錫和之曰齊。齊、劑同，多錫爲下齊，少錫爲上齊，築氏執下齊，謂自金錫半以上，至金五錫二、金參錫一，皆下齊之屬，築氏皆得爲之。

〔一〕「或云曲其矢爲弧，以張幓也」，《續修》本無，據《存目》本補。

冶氏執上齊，謂自金六錫一以下，至金五錫一、金四錫一，皆上齊之屬，冶氏皆得爲之。聲，謂鐘屬。量，謂釜屬。鎛，田器。刃，劒屬。鐘以擊，鼎以烹，宜堅，故用錫獨少。斧以伐、斤以斫，故次之。戈戟以刺，欲發硎易，故用錫多于斧斤。大刃，刀劒之屬，薄于戈戟，易折，故用錫又多于戈戟。削，書刀。殺矢，矢有刃者，小于刀，故用錫多于大刃。鑒燧，以取水火于日月，或用以照，貴鮮明，故用錫最多，半于金也。

築氏爲削，長尺博寸，合六而成規。欲新而無窮，敝盡而無惡。

此以下皆金工。削，書刀，古未有紙筆，木竹爲簡，刀刻爲書。刀長尺寬寸，曲如弓，六刀合則成圜。新而無窮，謂鋒常新，磨盡不頑鈍也。

冶氏爲殺矢，刃長寸，圍寸，鋌十之，重三垸丸。**戈廣二寸，内倍之，胡三之，援四之。已倨則不入，已句**溝**則不決，長内則折前，短内則不疾，是故倨句外博。重三鋝**劣。**戟廣寸有半寸，内三之，胡四之，援五之，倨句中矩，與刺重三鋝。**

此金工也。殺矢見上，刃即殺矢之刃。圍寸，徑三分。鋌，刃足入笴者。垸，稱重之名，與丸通，刃足入笴深一尺，稱之重三垸，長而細也。戈，鉤戟，寬二寸。内，謂胡以下近柄。倍之，長四寸。胡，鋒旁出而下曲者，即鉤也。三之，長六寸。援，刃直向上者。四之，長八寸。倨，直也。句，曲也。

胡太直，以鉤則不入，胡太曲，鉤割之不能斷。長内，謂胡太近上，胡下長，則前細易斷折。短内，謂胡近下，内短，則引鉤無力，不能速。故于四寸上，八寸下著胡，則近本而壯，援之直，與胡曲向外兩分處皆廣厚，則無前數者之病。鋝、鍰同，六兩曰鍰，三鋝，重十八兩。戟，似戈，三刃皆上出，刃廣一寸有半。内三之，謂胡以下四寸半。胡，謂二刃旁出向上者。四之，六寸也。援，謂中，一刃直上者。五之，七寸半也。倨句均齊，則其形方整，故中矩。刺，即其中刃，以兩胡與刺并稱，重三鋝。

桃氏爲劍，臘廣二寸有半寸。兩從半之。以其臘廣爲之莖圍，長倍之。中其莖，設其後。參分其臘廣，去一以爲首廣，而圍之。身長五其莖長，重九鋝，謂之上制，上士服之；身長四其莖長，重七鋝，謂之中制，中士服之；身長三其莖長，重五鋝，謂之下制，下士服之。

此亦金工也。桃能辟邪惡，故劍工謂桃氏。臘，兩刃也。兩從，謂劍脊兩殺趨鍔。半之，謂脊中分，各寬一寸二分有奇。莖，謂劍鐔之穿入把中者，以臘之廣，爲莖之圍，則莖圍亦二寸有半也。長倍之，五寸也。中其莖，謂夾莖爲把，納莖把中。設其後，謂把後設首，把後有首，則其握固。首之廣，用臘之廣三分之二，是徑一寸六分有奇也。圍之，謂徑一圍三，是圜四寸有奇也，舊解未達。身，謂劍身，除把首五其莖，莖長五寸，五五二尺五寸，連首三尺。稱重九鋝，是三斤六兩也。身四其莖，長二尺，連首二尺五寸，重七鋝，二斤十兩也。身三其莖，長一尺五寸，連首二尺，如今匕首，重五鋝，是一斤十四兩也。服，猶佩也。上中下士，以體材言，身長有力者劍宜長，身短力弱者劍宜短，人器相得也。

鳧氏爲鐘，兩欒謂之銑先，上聲，銑間謂之于，于上謂之鼓，鼓上謂之鉦，鉦上謂之舞；舞上謂之甬勇，甬上謂之衡；鐘縣謂之旋，旋蟲謂之幹；鐘帶謂之篆，篆間謂之枚，枚謂之景；于上之攠謂之隧。十分其銑，去二以爲鉦，以其鉦爲之銑間，去二分以爲之鼓間；以其鼓閒爲之舞脩，去三分以爲舞廣。以其鉦之長爲之甬長。以其甬長爲之圍，參分其圍，去一以爲衡圍。參分其甬長，二在上，一在下，以設其旋。薄厚之所震動，清濁之所由出，侈弇之所由興，有説。鐘已厚則石，已薄則播，侈則柞作，弇則鬱，長甬則震。是故大鐘十分其鼓閒，以其一爲之厚；小鐘十分其鉦閒，以其一爲之厚。〔一〕鐘大而短，則其聲疾而短聞；鐘小而長，則其聲舒而遠聞。爲遂，六分其厚，以其一爲之深而圜〔二〕之。

此亦金工也。鳧氏爲鐘，鳧，鴨也，善鳴而喙扁，古鐘小而口扁，因以名。口旁兩角曰欒，欒尖

〔一〕「小鐘十分其鉦閒，以其一爲之厚」，《續修》本、《存目》本脱，據閩本補。
〔二〕「圜」，《續修》本、《存目》本訛作「圍」，據閩本改。

曰銑。兩銑中間沿鐘口曰于，于，唇出氣也。于上爲鼓，謂擊處。鼓上爲鉦，體正中處。鉦上爲舞，近懸處動摇而舞。四者皆鐘體。舞上爲甬，謂鐘柄湧起。甬上爲衡，衡，平也，懸之欲其平。鐘紐爲旋，旋處鑄蟲形爲斡，言牢固也。四者皆鐘柄。鐘上有紋横束曰帶，所以區别于鼓鉦舞者也。界畫曰篆，篆間有枚，枚，鐘乳，乳凡三十有六，大星曰景，乳似大星也。于上之攠，謂近唇擊處，攠，敝也，隧、燧通，如鏡取火日中者，鐘受擊處爲圓形，微起而攠敝，光明似鏡，即下文所謂六分其厚之一，深而圜之者是也。凡鐘之制，下侈而上斂，各隨其體大小爲上下寬窄，如鐘口旁兩角相去十分，則鐘身鉦間惟用八分。間，帶紋界内，謂鉦間與銑間，其寬同，而鼓間促于鉦間二分。又以鼓間之高爲舞間之横脩，即横長也。又以鼓間之高，減其三分，爲舞間之廣，舞間短促，故以横爲長，以從爲廣也。又以鉦間之長爲甬之長，即以其長爲圍，而衡又小于甬三分之一。其穿紐處，在甬二分之下，一分之上，上長下短者，使無太垂動摇也。凡鐘聲由形出，形有厚薄，則聲有清濁。震動，謂擊也。侈，口大；弇，口斂。有説，有解説。鐘太厚，如叩石無響；大薄，聲播易散；形侈，則聲迫柞而散；形弇，則聲鬱遏而藏；其甬長，則擊之動摇。故大鐘厚如鼓間十分之一，小鐘厚如鉦間十分之一。大鐘形宜長，短則聲急疾而無餘韻；小鐘形宜短，長則聲徐緩而不明亮，皆聲之病，生于形也。遂，即隧也，約鐘體厚六分，取其一分高起，仍以六分爲圜，以爲受擊之處。深，高也，猶《覲禮》爲壇深四尺之深，鄭謂「窒之」，誤。

㮚栗氏爲量，改煎金錫則不耗。不耗然後權之，權之然後準之，準之然後量之。量之以爲鬴，深尺，内方尺而圜其外，其實一鬴；其臀一寸，其實一豆；其耳三寸，其實一升；重一鈞；其聲中黄鍾之宫。槩而不税。其銘曰：「時文思索，允臻其極。嘉量既成，以觀四國。永啓厥後，兹器維則。」凡鑄金之狀，金與錫，黑濁之氣竭，黄白次之；黄白之氣竭，青白次之；青白之氣竭，青氣次之，然後可鑄也。

此金工也。㮚，古栗字，粒通，《詩》云「實穎實栗」，不秕之狀，故主量爲㮚氏。量，斗、斛之通稱，以金鑄，示不易也。改煎金錫，謂重覆鍛煉，鍛煉精，則不減耗，即築氏所謂鐘鼎上齊，金六錫一者，貴堅久不磨也。權，稱也，既煎之，又稱其輕重。準，猶尺也，既稱之，又度其長短。輕重長短不差，以爲量，然後律度量衡相應。鬴、釜通，量有四，四升爲豆，四豆爲區，四區爲鬴，四鬴爲鍾，則鬴六斗四升也，獨言鬴，以中槩餘也。按算灋，方尺，深尺六寸二分者實一石，今云方尺、深尺，實六斗四升，與算灋不合。足曰臀，謂覆其足底，可實四升。兩旁舉處，有孔下陷曰耳，耳實一升。稱之，共重鈞，三十斤也。叩之聲濁，中黄鍾之宫，應律之首，則律度權量之灋具矣。鑄此藏于王府，爲世取平，非爲量以税民也。銘，鬴上鑄名，文德之君，思索此灋，信至其極，器成以示四方，使後世長守也。「鑄金之狀」以下，煉金錫之灋。黑濁者，金錫雜穢之色，煉而爲黄白，變青白，又變純青，然後精潔可用也。

叚氏

此亦金工，事闕。

函人爲甲，犀西甲七屬，兕徒甲六屬，合甲五屬。犀甲壽百年，兕甲壽二百年，合甲壽三百年。凡爲甲，必先爲容，然後制革。權其上旅與其下旅，而重若一，以其長爲之圍。凡甲，鍛不摯則不堅，已敝則橈。凡察革之道，眡其鑽空孔，欲其惌遠也；眡其裏，欲其易也；眡其朕，欲其直也；櫜之，欲其約也；舉而眡之，欲其豐也；衣之，欲其無齘介也。眡其鑽空而惌，則革堅也；眡其裏而易，則材更也；眡其朕而直，則制善也；櫜之而約，則周也；舉之而豐，則明也；衣之無齘，則變也。

此皮工也。函〔一〕，猶護也，甲所以護身，甲言介也，裁皮爲片，聯屬爲衣，狀〔二〕似鱗介曰甲。犀三角，似豕而牛尾。兕，猛獸，似牛。屬，皮片聯屬，七六五，皆片數。兕皮最堅，犀皮次之，合甲表裏皆皮，尤堅。容，謂人形，大小長短。上旅，腰以上；下旅，腰以下。重若一，上下等也。圍，

〔一〕「此皮工也。函」，《續修》本脱，據《存目》本補。

〔二〕「聯屬爲衣，狀」，《續修》本脱，據《存目》本補。

札腰也。鍛，以火煉革，生則燥，熟則爛。摯，至也，適中意。已敝，熟爛也。橈，柔而曲也，革太熟則曲橈。鑽空，穿孔也，甲必穿孔相屬。窓，孔小貌，革堅則孔小。裏，革内，内腐則革不新。易，謂脩治潔浄，則其材更新也。朕，縫也，甲縫相對，正直無參差，則其制盡善也。櫜之，謂捲而收之，約束不多，則斂藏密，故曰周。舉之，謂開而著之，體制豐大，則行伍生色，故曰明。齘，露齒貌，無齘，謂札葉附合，不相枝撑，則與身相宜，而變動如意也。

鮑人之事，望而眡之，欲其荼白也；進而握之，欲其柔而滑也；卷而摶團之，欲其無迆侈也；眡其著勺，欲其淺也；察其線，欲其藏也。革欲其荼白而疾澣之，則堅；欲其柔滑而腥屋脂之，則需擩；引而信申之，欲其直也。信之而直，則取材正也；信之而枉，則是一方緩、一方急也。若苟一方緩、一方急，則及其用之也，必自其急者先裂。若苟自急者先裂，則是以博爲帴淺也。卷而摶之而不迆，則厚薄序也；眡其著而淺，則革信申也；察其線而藏，則雖敝不甐。

此亦皮工也，主治革。鮑作鞄，以火揉革之名。荼，茅秀柔而色白，革之始澣，柔白似之。握，以手搦之。卷而摶，謂捲成束，不縱迆自開也。迆，縱放自去貌，革有厚薄不均，則厚者强直，故捲而復迆，厚薄均，自無此病，下文謂「厚薄序」，是也。著，平鋪著地。淺，薄也，鋪而按之，雖厚如薄，下文謂「革信」，是也。線，謂以此革縫之，則線藏不見。革色欲白，久漬水中則腐敗，速澣則堅革。欲柔滑，以厚脂潤之，則柔輭需，猶「馬不契需」「薄其帤則需」之需，輭也。凡治革貴伸而賤縮，伸則盡革之材，其質平直而取裁正，信、伸同，革伸而平，則其負幹均，無一緩一急之病，而可堅久。苟揉治失所，則伸之不平，緩者有餘，急者偏任，則必裂。是革材本寬，治者淺用之，拙工也，豈革之性乎。帴、淺通，窄也。厚薄序，謂厚薄均。革信，謂揉治平展，無緩急不均之病。線藏革中不見，則雖久敝而其縫不裂，甐，破裂也。

韗運**人爲皋陶**姚**，長六尺有六寸，左右端廣六寸，中尺，厚三寸，穹者三之一，上三正。鼓長八尺，鼓四尺，中圍加三之一，謂之鼖鼓。爲皋鼓，長尋有四尺，鼓四尺，倨句**溝**，磬折。凡冒鼓，必以啓蟄之日。良鼓瑕如積環。鼓大而短，則其聲疾而短聞；鼓小而長，則其聲舒而遠聞。**

此亦皮工也。韗或作鞠，即皋陶之陶，鼓木也。皋與高通，鼓長者曰皋，古者爲土鼓瓦匡，故名陶。後世以木板合而規之，周圍二十板，板長六尺有六寸。左右端，謂板上下兩頭，寬六寸。中，謂板當鼓腰，寬一尺，厚三寸，中厚，以待穹也，空也，猶《詩》「穹窒熏鼠」之穹，鑿其厚內一寸，使中空外脹，以爲鼓腹，則中大于兩端三之一，即下云「中圍加三之一」也。上，即左右端，三，謂左右與中間，正，謂厚薄大小正均。蓋板兩端厚止二寸，空其中之三寸，與左右等，口弇而腹大，周制懸鼓，則中左右平正，不如皋鼓之磬折偏垂也，故曰上三正，此常鼓之制皆然。其高八尺者爲鼖鼓。鼓四尺，謂革面徑四尺，三鼓皆二十板，板皆廣六寸，二六一丈二尺，圍三徑一，則皆四尺。中圍加三之一，與皋陶同，而長多一尺四寸，故謂鼖。鼖，大也，《地官職》云鼖鼓以鼓軍事，此也。皋鼓，即鼛鼓，鼓役事者，革面四尺，與鼖鼓同，而長多四尺，故謂之皋，鼖鼓直，而皋鼓倨句如磬中曲，兩端可并擊，所以與三正異也。冒鼓，謂蒙革，必用啓蟄之日，雷始發聲，象之也。鼓良者鞔急，則革上有圜紋，累累如積環。鼓聲隨其形大小長短，亦如鐘然，短聞遠聞，解見《鳧氏》。

韋氏

亦皮工，事闕。

裘氏

亦皮工，事闕。

畫繢之事，雜五色，東方謂之青，南方謂之赤，西方謂之白，北方謂之黑，天謂之玄，地謂之黄。青與白相次也，赤與黑相次也，玄與黄相次也。青與赤謂之文，赤與白謂之章，

白與黑謂之黼，黑與青謂之黻，五采備謂之繡。土以黃，其象方，天時變，火以圜，山以章，水以龍（庬），**鳥獸蛇**（移）。**雜四時五色之位以章之，謂之巧。凡畫繢之事，後素功。**

此設色之工也。畫、繢二工，合爲一者，摹倣物形曰畫，雜施五色曰繢，相因也。天地四方者，五色所自出，五氣之形，著爲五色，東方木色青，南方火色赤，西方金色白，北方水色黑，天在上色玄，地包中色黃。對其位而分之，東西青白相次也，南北赤黑相次也，上下玄黃相次也。順其序而比之，自東而南，木火相生而成文；自南而西，火金相輝而成章；自西而北，金白水黑，堅凝而成黼，黼言斧也；自北而東，水木相生，奮發而成黻，黻言勃也。五色皆備，錯雜而成繡。凡畫地，其色用黃，其形方，畫天無定色，晦明晝夜，以時變也。天形圜，然不可以圜畫，唯畫火用圜，火形亦變，故也，鄭謂火形如半璧，半璧殊不類火，以圜者，閃爍變動之象。山以章，謂畫山欲其分明，山形，層累高，故宜章。水以龍，龍、庬通，雜也，水紋錯雜，故宜庬。鳥獸蛇，蛇、移通，蛇行邪移，委曲自然，畫鳥獸欲委蛇生動也。天地、山水、鳥獸，無不可畫，雜用四時五方之色彰飾之，此工之巧也。後素功，謂先湅帛爲素，而施五采也。

按：鄭氏附會《虞書》山龍藻火之文，爲衣裳九章，詳見《春官·司服》。此謂五色相對繢爲衣，五色相序繡爲裳，鑿也。其謂鳥獸蛇爲華蟲，畫山宜畫獐，畫水宜畫龍，尤可哂。繪畫之事後素工，蹈襲《論語》，而鄭解亦謬。

鍾氏染羽，以朱湛（贊）丹秫（述）三月，而熾（赤）之。淳而漬（恣）之。三入爲纁，五入爲緅，七入爲緇。

此亦設色之工。鍾，聚也，五色聚也，吳幼清改鍾作染，非也。古姓氏或以官、或以地，不必與職事合。羽，鳥羽，古用鳥羽飾車旂，染其色用之，周人尚赤，故用朱。朱，朱砂也。湛，漬也。丹秫，赤粟。熾，炊也。淳，沃也。以朱砂漬赤粟，越三月而烝之，以烝下湯沃其米，取其汁以漬羽，漬，染也。三入，染三次。纁，赤色。以纁入黑，則成緅。以緅再入黑，則成緇。《爾雅》云「一染爲縓，再染爲竀（竀與赬同），三染爲纁」，此三色皆入丹成者，不言玄，即緅緇之間，所謂爵色也。周人禮服多玄緇，皆本赤出也。

筐人

亦設色之工，事闕。

㡛（芒）氏湅（念）絲，以涚（鋭）水漚其絲七日，去地尺暴（卜）之。晝暴諸日，夜宿諸井，七日七夜，是謂水湅。湅帛，以欄（練）爲灰，渥淳其帛，實諸澤器，淫之以蜃。清其灰而盝（鹿）之，而揮之，而沃之，而盝之，而塗之，而宿之。明日，沃而盝之。晝暴諸日，夜宿諸井，七日七夜，是謂水湅。

此亦設色之工。㡃，即柳車之荒，衆采所聚，故以名設色。湅、煉通，洗治曰湅。未織曰絲，織成曰帛。灰涗水曰涗。渥淳，厚漬也，置諸滑澤之器，以蜃灰淫蕩之。蜃，蛤也，俟其灰滓澄清，漉取其帛。盝、漉通。揮，擺洗也，又沃之，盝起以灰塗之。越宿再沃再盝，暴之日中，宿諸井中，經七日夜，而後帛潔白輭滑可用也。

周禮完解卷十一終

周禮完解卷十二

郝敬 習

冬官考工記下

玉人之事，鎮圭尺有二寸，天子守之；命圭九寸，謂之桓圭，公守之；命圭七寸，謂之信伸圭，侯守之；命圭七寸，謂之躳圭，伯守之。天子執冒四寸，以朝諸侯。天子用全，上公用龍，侯用瓚，伯用將。繼子男執皮帛。天子圭句，中必句。四圭句，尺有二寸，以祀天。大圭長三尺，杼杵上，終葵首，天子服之。土圭尺有五寸，以致日，以土地。祼灌圭尺有二寸，有瓚，以祀廟。琬圭九寸而繅，以象德。琰圭九寸，判規，以除慝，以易行。璧羨度尺，好三寸，以爲度。圭璧五寸，以祀日月星辰。璧琮九寸，諸侯以饗天子。穀圭七寸，天子以聘女。大璋句、中璋九寸，邊璋七寸，射四寸，厚寸，黃金勺杓，青金外，朱中，鼻寸，衡四寸，有繅，天子以巡守，宗祝以前馬。大璋亦如之，諸侯以聘女。

瑑圭璋八寸，璧琮八寸，以覜聘。牙璋、中璋七寸，射二寸，厚寸，以起軍旅，以治兵守。駔顙琮五寸，宗后以爲權。大琮十有二寸，射四寸，厚寸，是謂内鎮，宗后守之。駔琮七寸，鼻寸有半寸，天子以爲權。兩圭五寸，有邸，以祀地，以旅四望。瑑琮八寸，諸侯以享夫人。案十有二寸，棗㮚十有二列，諸侯純九，大夫純五，夫人以勞諸侯。璋邸射，素功，以祀山川，以致稍餼。

此刮摩之工也。鎮圭，取鎮安天下之意。守者，寶重之意。命，天子錫命。桓信躳，解見《大宗伯》。冒，圭首有冒，天子之圭，合四爲一，下有邸，上有冒，冒長四寸，天子用全，故執冒以朝諸侯，象王者一統，覆冒四方也。龍圭，首爲龍形，與瓚將三者皆祼圭，諸侯來朝，執此爲贄，助王祼將，明臣服也，《詩》云「侯服于周，厥作祼將」是也。瓚，瓚盤，將，瓚柄。繼子男，謂子男繼伯後，無圭可執，執皮帛，子男之璧不可爲瓚也，鄭解未達。天子圭，即鎮圭，一圭中開，午分爲四，必者，分判之名。一玉分爲四圭，即《春官·典瑞》云「四圭有邸以祀天」也，合四成一圭，即《聘義》云「孚尹旁達」也，鄭解未達。大圭，王所佩服之圭。長三尺，《春官·典瑞》云「王晉大圭，執鎮圭，以朝日」是也。杼、杵通，謂末剡而圜，猶《輪人》「澤行欲杼」之杼。終葵，《爾雅》云「繁露也」，《本草》作「冬葵」，即今蜀葵。首，謂圭首刻葵形，葵葉向日芘根，以象朝日而芘下國也。葵，揆也，象天子爲道揆之首也。鄭謂「杼」作「舒」，「終葵」作「中椎」，爲菌，大圭椎首如菌，謬也。服，猶佩也，大圭可搢不可執，故曰服，鄭引《玉藻》「天子搢珽」爲徵。珽，玉笏，天子笏方正無杼上。土圭，見《大司徒》。裸圭，酌酒灌神之圭，有瓚盛酒，圭爲柄，以祀宗廟也。琬、剡通，無棱角，形圜。織綵帛襲圭曰繅，諸侯有德，王用錫，使者執琬圭藉繅以致命，象德圓而文也。琰、剡通，上削也，剡圭長九寸，上剡下圜，如規之半，曰判規，諸侯有姦慝，王使人執此戒之，示改行也。玉圜者爲璧，中有孔曰好，羨則璧之圜而微長者。凡璧肉好均，好三寸，并肉九寸，今旁減一寸以益上下，廣八寸而長尺，爲餘羨，天子以此璧羨爲尺寸之度，凡度皆取則也。圭璧五寸，其小者也。琮，八方八棱。穀圭，圭刻粟文者也。圭判曰璋，判爲大中邊三璋，皆瓚柄也。射，即璋之貫勺者。勺，即瓚盤盛酒者。青金，金青色，朱，金赤色，黄金有青有赤，赤者良。鼻，瓚首龍形如鼻。衡，徑廣也。天子巡守，祀大山川用大璋，次山川用中璋，小山川用邊璋，璋合而在邊者，最小也。宗祝，宗伯之屬，即大祝。前馬，謂大享大祭用馬牲，則以三璋爲幣。先馬特達，獨用大璋，加馬爲幣，則諸侯聘女納幣用之。刻文曰瑑，鼎見曰覜，聘，問也。中璋刻牙齒文于上，兵，象以治兵。駔，粗也，市儈之名，能權物價者。秤錘曰權，以琮爲權曰駔琮。宗后，王后。射，琮角，琮有八角，王后守大琮，與天子守鎮圭同，故曰内鎮。駔琮有鼻，以貫組爲權也，以琮爲權，亦若璧羨之起度，土圭之制地，示守也。兩圭，合兩爲一也，邸，以載也。四望，望祭四方山川等神。夫人，謂所聘國君之夫人。案，几屬，以陳設品物，飾之以玉。純，皆也，每列皆九皆五。夫人，主君夫人。勞諸侯，謂勞問諸侯之爲賓者，亦用九列也。璋邸，璋半璧，有底貫之而後可奠。素功，不瑑飾也，賓客在館，執此致稍餼，米曰稍，牲曰餼。

按：《玉人》與《大宗伯》《典瑞》文參差而義互備，鄭解「大圭」引《玉藻》珽爲笏，珽方正而大圭首圜，不類；謂「終葵」爲椎頭，尤無稽。按《本草》註，葵種不一，晚華冬實者謂冬葵，即今蜀葵；《爾雅》云：「終葵，繁露也」，《本草》註「繁露」即今胡胭脂，非也。終，冬也，冬葵云繁露者，以花葉獨大，得露多，猶《詩》云蓼蕭「零露湑兮」，澤及四海云爾。故大圭刻形于首，取天子首百揆之義也。

楖人

楖，一作櫛，亦玉工，事闕。

雕人

亦玉工。

磬氏爲磬，倨句溝一矩有半。其博爲一，股爲二，鼓爲三。參分其股博，去一以爲鼓博，參分其鼓博，以其一爲之厚。已上則摩其旁，已下則摩其耑端。

此亦玉工也。磬形如曲尺，上曲者爲句，下直者爲倨。矩即曲尺，有半，謂下直倍長也。博，廣也，謂倨句之廣一也。股，即上曲，二，謂股長倍于廣。鼓，即下直擊處，三，謂鼓長多句之一。三分之一，謂鼓廣少句之一。其厚，用直之寛三之一也。已上，謂聲清也，凡樂器，厚則聲清，薄則聲濁，摩其旁使薄，則濁矣。已下，謂聲濁，薄者不可使厚，則摩其兩端使短小，形小，則厚而清矣。

矢人爲矢，鍭矢參分，茀矢參分，一在前，二在後。兵矢、田矢五分，二在前，三在後。殺矢七分，三在前，四在後。參分其長而殺其一，五分其長而羽其一，以其笴（槀）厚爲之羽深，水之以辯其陰陽，夾其陰陽以設其比，夾其比以設其羽，參分其羽以設其刃，則雖有疾風，亦弗之能憚矣。刃長寸，圍寸，鋌十之，重三垸。前弱則俛，後弱則翔，中弱則紆，中强則揚，羽豐則遲，羽殺則趮。是故夾而摇之，以眡其豐殺之節也；橈之，以眡其鴻殺之稱也。凡相笴，欲生而摶（團），同摶欲重，同重節欲疏，同疏欲㮚。

此亦刮摩之工。矢，弓弩之矢，古矢石鏃，《禹貢》荆州丹砮，《國語》肅慎氏楛矢石砮，故矢工亦刮摩也。鍭，鐵鏃。茀矢，矢輕疾者，見《司弓矢職》。茀矢三分當作殺矢三分，下殺矢七分當作茀矢。殺矢有刃在前，與鍭矢皆三分其矢之長而衡之，以前一分，後二分爲平，前有鏃刃重也。兵矢、田矢五分，以前二後三爲平，鏃差小也。茀矢七分，以前三後四爲平，鏃尤小也。三分其長，謂矢笴長三尺，殺其前一尺，令小趨鏃也。又以三尺分爲五分，一分著羽，則羽長六寸也。又量其笴之厚，以爲羽之深，不使傷笴也。陰陽者，陽浮陰沉，陽仰陰伏，試之水，以辯竹材之上下也。比，矢括也，夾其陰陽者，陽在上，陰在下，居中爲括，當括兩旁上下，設羽于四角，故曰夾比也。凡羽居刃之三分，羽輕金重，三倍其刃，則前後相得，雖遇疾風，不能驚憚也。刃長寸圍寸，柄入藁中尺，其重三垸，垸、丸通，即前冶氏之制也。俛，低也。翔，旋也。紆，曲也。趮、躁同，急也。凡矢笴强弱與羽豐殺，欲其適中，如笴前弱則矢行低，後弱則去而旋，中弱則往而曲，中强則揚而起，此笴之鴻殺不稱也。羽太多則矢行緩，太少則行疾，此羽之豐殺失節也。以指夾其矢而摇之，則知羽之豐殺；以手橈其幹而曲之，則知笴之鴻殺。故相笴之瀼，欲其材生而新，又欲其幹摶而圜。其圜同，則擇其重者用之；其重同，則擇其節之稀疏者用之；其節疏同，則擇其堅栗者用之。如此，則材美而矢良。生，新也，謂不朽蠹。摶、團同。

陶人爲甗唁，實二鬴，厚半寸，脣寸。盆，實二鬴，厚半寸，脣寸。甑，實二鬴，厚半寸，脣寸，七穿。鬲格，實五觳胡，厚半寸，脣寸。庾，實二觳，厚半寸，脣寸。

此摶埴之工也。摶土爲埴以制器，而熟之于火曰陶。陶，瓦器，古器多陶。甗似甑，無底。鬴，量名，即㮚氏以金爲之者，實六斗四升，甗實二鬴，是一石二斗八升也。週邊曰脣。盆以盛食，甑以烝，有底而七孔，以通火氣，孔曰穿。鬲，鼎屬，所以烹。觳，《旊人》云三豆成觳，與斛異，觳斗二升，斛十斗也，此云五觳，實六斗耳。庾，亦量名，實二觳，二斗四升也，或云庾十六斗。

旊做人爲簋，實一觳，崇尺，厚半寸，脣寸，豆實三而成觳，崇尺。凡陶旊之事，髻刮墾薜白暴剝不入市。器中去聲膞轉，豆中縣玄。膞崇四尺，方四寸。

此亦摶埴之工。旊言做也，以泥摹做成器，圓曰簋，方曰簠。簋形如豆而大，四升爲豆，三豆成觳，觳斗二升也。髻，言刮薄也，鄭讀作「兀」，兀，刖足也，陶器欹邪似之。墾，傷也。薜，擘通，裂也。暴，墳起也。不入市，不以鬻也。器，謂器形。豆，即簋下高柄。膞，轉通，即今陶人轉盤，以爲圜者。中，猶合也。縣，縣繩爲直也。器圜合于轉，柄直合于懸，則陶器之良者矣。膞高四尺，方謂徑廣，徑四寸，則圜一尺二寸也。

梓人爲筍虡巨。天下之大獸五：脂者、膏者、臝力果反者、羽者、鱗者。宗廟之事，脂者、膏者以爲牲；臝者、羽者、鱗者以爲筍虡；外骨、内骨，卻行、仄行、連行、紆行，以脰豆鳴者，以注味鳴者，以旁鳴者，以翼鳴者，以股鳴者，以胷鳴者，謂之小蟲之屬，以爲雕琢。厚脣弇口，出目短耳，大胷燿後，大體短脰，若是者謂之臝屬，恒有力而不能走，其聲大而宏。有力而不能走，則於任重宜；大聲而宏，則於鐘宜。若是者以爲鐘虡，是故擊其所縣，而由其虡鳴。鋭喙決吻，數朔目顧監脰，小體騫腹，若是者謂之羽屬，恒無力而輕，其聲清陽而遠聞。無力而輕，則於任輕宜；其聲清陽而遠聞，於磬宜。若是者以爲磬虡，故擊其所縣，而由其虡鳴。小首而長，摶（團）身而鴻，若是者謂之鱗屬，以爲筍。凡攫閷（殺）援簭（筮）之類，必深其爪，出其目，作其鱗之而。深其爪，出其目，作其鱗之而，則於眡必撥爾而怒。苟撥爾而怒，則於任重宜。且其匪色，必似鳴矣。爪不深，目不出，鱗之而不作，則必穨爾如委矣。苟穨爾如委，則加任焉，則必如將廢措，其匪色必似不鳴矣。

此木工也。梓，木名，林美可爲器，因以名工。筍虡，以縣鐘磬之屬，横者曰筍，直者曰虡。脂，牛羊之屬。膏，犬豕之屬。臝，虎豹之屬，毛淺曰臝。以爲筍虡，謂刻其形爲筍虡之飾。外骨，骨在外，介蟲之屬。卻行，蟲能兩頭行者，蚯蚓之屬。仄行，蟹屬。連行，蟻屬。紆行，蛇屬。脰，頸也，以脰鳴，蛙屬。注、味通，嘴也。旁鳴以脅，蟬屬。翼鳴以翅，莎鷄也。股鳴以肘，斯螽也。胷鳴，榮原之屬，俗名脚蛇。皆小蟲，樂器雕琢，則用其形，不可以飾筍虡也。厚脣弇口，虎豹鍼口之狀。大胷燿後，前粗後細也，燿，讀若稍，細而長也。大體短脰，身大項促也。任重，謂刻其形爲鐘虡之跗，擊其鐘聲，如自虡獸出。由、猶同，如也。鋭喙，尖嘴。決吻，反脣。數目，急視也。顧脰，長頸也。騫腹，腹縮而騫舉也。摶身，圜身也。鴻，大也，魚龍之屬，刻其形以負筍。攫，以爪搏物；閷、殺同；援，捉也；簭、噬同，齧也，謂搏而殺之，捉而齧之也。鱗，甲也。之，語辭。而、耏通，頰毛曰耏，魚龍鰓頰有骨，狀如耏。怒，謂張其鬐鬛。作，張也。眡，怒視。撥，拔起貌。任重，謂負筍。匪、斐同，匪色，猶言光景。穨，落也，委靡也。廢措，猶言委頓。

梓人爲飲器，勺[約]一升，爵一升，觚三升。獻以爵而酬以觚，一獻而三酬，則一豆矣。食一豆肉，飲一豆酒，中人之食也。凡試梓，飲器鄉[向]衡而實不盡，梓師罪之。

梓人，亦木工也。飲器，飲酒之器，勺、爵、觚、豆四者皆飲器。勺、爵受一升，觚受三升。獻以爵，則飲一升，酬以觚，則飲三升，一獻一酬，是飲四升也，四升爲豆。食一豆肉，飲一豆酒，中人之常。鄉、向同，衡，平也，平爵向口而酒不盡，則制器不善也，梓人之長以罪梓人。按鄭謂「觚」作「觶」，觶三升，觚二升，豆酒之豆作斗，然禮文之不合，何但觶觚之二三升耳，存焉可也。

梓人爲侯，廣與崇方，參分其廣而鵠居一焉。上兩个，與其身三，下兩个半之。上綱與下綱出舌尋，縜[云]寸焉。張皮侯而棲鵠，則春以功；張五采之侯，則遠國屬；張獸侯，則王以息燕。祭侯之禮，以酒脯醢。其辭曰：「惟若寧侯，毋或若女不寧侯不屬于王所，故抗而射女。强飲强食，詒女曾孫諸侯百福。」

亦梓人，木工之事。侯，射垛也。廣與崇方，謂高與寬等。鵠，鶴屬，大鳥，以名侯中。三分侯身之廣，以一分爲鵠。侯用布，个，謂上下幅，中幅爲鵠，上下夾鵠二幅爲身，又上下夾身二幅爲舌，舌以長出名。上兩个，謂上舌與上身也，舌長居身之二，是與身爲三也。下兩个半之，謂下身與下舌，減上之半。侯形如猴，上舌如兩臂，下狹如足。綱，即舌也，以繩貫其中，引而張之，舌上下兩端，比身各吐出八尺曰尋。縜，繩也，寸，圍一寸。皮侯，以皮飾侯，而中棲鵠，此大射之侯也。天子春將大祭，與諸侯羣臣射，作其容體，以選助祭之士，中多者與祭，故曰以功。五采，五色畫布心爲正。遠國服屬來朝，張此侯與射，所謂賓射也。獸侯，畫獸于侯，天子畫熊，休息燕閒之射也。祭侯，服不氏爲獲者，受獻而祭之也。辭，祝辭。寧侯，猶《易》云康侯，寓義以戒諸侯也。

按：侯立于彼侯射曰侯，其形上舌廣，下舌窄，如猿猴舒臂然，猴捷善避矢，故以名。後儒以射諸侯爲義，豈先王重賓客，親萬國之義？天子而射侯，猶可言也，士庶人而皆射侯，是訓逆也。

廬（盧）人爲廬器，戈柲六尺有六寸，殳長尋有四尺，車戟常，酋矛常有四尺，夷矛三尋。凡兵無過三其身，過三其身，弗能用也，而無已，又以害人。故攻國之兵欲短，守國之兵欲長。攻國之人衆，行地遠，食飲饑，且涉山林之阻，是故兵欲短；守國之人寡，食飲飽，行地不遠，且不涉山林之阻，是故兵欲長。凡兵，句兵欲無彈（旦），刺兵欲無蜎（絹），是故句兵椑（卑），刺兵摶（團）。毄兵同强，舉圍欲細，細則校（絞）；刺兵同强，舉圍欲重，重欲傅人，傅人則密，是故侵之。凡爲殳，五分其長，以其一爲之被而圍之。參分其圍，去一以爲晉圍；五分其晉圍，去一以爲首圍。凡爲酋矛，參分其長，二在前、一在後而圍之。五分其圍，去一以爲晉圍；參分其晉圍，去一以爲刺圍。凡試廬事，置而搖之，以眡其蜎也；灸久諸牆，以眡其橈之均也；橫而揺之，以眡其勁也。六建既備，車不反覆，謂之國工。

此亦木工也。廬作籚，攢竹爲兵柄，與纑通，細而長如線纑，今俗謂長鎗爲線鎗是也。柲，柄也。殳，杖無刃者，長尋有四尺，是一丈二尺也。車戟，車旁建戟，倍尋曰常，一丈六尺也。酋，長也，矛，鎗也，常有四尺，則二丈也。夷矛，長狄所用之矛，三尋，則二丈四尺。人身不過八尺，三尋則三倍人身，過此不止，反以害人，爲不便于藏用也。攻國，出征也，守國，居守也。出征人多，兵太長，則迫促難運，勞苦飢渴，則難負荷，守國反是，故長短各有宜。句兵，謂戈戟，用以鉤取人。彈，圜也。蜎，蠕也。句兵側用，故柄欲扁。椑，斧柄，斧柄扁則有力，句柄如之。刺兵謂矛，以直刺，柄用圜，摶，團同，圜也。毄、擊同，擊兵，謂殳屬，用以撻擊，首尾皆欲堅勁，而手舉處欲稍細，細則把持便，運之絞急也。校、絞通。矛以刺人，亦欲首尾同强，即上云欲無蜎，但手把圍處欲稍重，有金在前輕則蜎，重則與手不合而持不密。傅，猶合也，合則密，密則器隨手運，刺無不入而能侵人。殳上無刃，下端著鐏，便插載也。被，手把處，把以下殺三分之一以爲晉圍。晉、搢同，插也，以殳末下插入鐏中，矛則殺上，插入刃内，舉殳矛，餘兵可知。凡試廬人之事，直植而揺之，視其蜈否，橫拄之兩牆間，輓而納之，以視其本末强弱均否。灸，猶拄也，橫置膝上，以兩手執兩頭揺之，以視其中之勁否。六建，謂戈、殳、戟、酋矛、夷矛與人爲六，皆建于車上。不反覆，謂不傾側，則輕重得瀍，是謂國工。

匠人建國，水地以縣，置槷臬以縣，眡以景。爲規，識日出之景與日入之景。晝參諸日中之景，夜考之極星，以正朝夕。

此亦木工也。匠人本木工，兼治土，取相克之意。建國，建城郭宮室。水地，置水地中以求平，而垂繩四隅以合水。槷、臬同，植木爲臬，以縣繩也。景，日景。眡，謂植表中央，視日出入景，以正方向也。爲規，謂臬景自日出至日入，由西轉東，如規之圜也。晝則參日正中之景，夜則考北辰所在，朝夕相參，則東西南北正矣。

匠人營國，方九里，旁三門。國中九經九緯，經涂九軌。左祖右社，面朝後市，市朝一夫。夏后氏世室，堂脩二七，廣四脩一，五室，三四步，四三尺，九階，四旁兩夾，窻，白盛，門堂，三之二，室，三之一。殷人重屋，堂脩七尋，堂崇三尺，四阿，重屋。周人明堂，度入聲九尺之筵，東西九筵，南北七筵，堂崇一筵，五室，凡室二筵。室中度以几，堂上度以筵，宮中度以尋，野度以步，涂度以軌。廟門容大扃均七个，闈門容小扃參个，路門不容乘車之五个，應門二徹參个。内有九室，九嬪居之；外有九室，九卿朝焉。九分其國以爲九分，九卿治之。王宮門阿之制五雉，宮隅之制七雉，城隅之制九雉。經涂九軌，環涂七軌，野涂五軌。門阿之制以爲都城之制。宮隅之制以爲諸侯之城制。環涂以爲諸侯經涂，野涂以爲都經涂。

此亦以木工兼土，皆匠人之事。四方皆九里，謂王城。旁三門，謂每方三門，共十二門。國中，城中。九經九緯，街道南北爲經，東西爲緯。涂即道，凡車行兩輪曰轍，轍謂之軌，軌，瀍也，凡車以此爲瀍。九軌，道可容九車并行。左祖，祖廟居左；右社，社稷居右。朝廷居前，市肆居後，朝市之地共百畝，一夫之田也。世室，謂宗廟，堂在室前。脩以南北言，深也；廣以東西言，寬也。古者度地以步，六尺曰步，二七，深十四步也。廣四脩一，謂寬四分其脩而加一，加三步半，是寬十七步半也。堂後曰室，五，謂五間。三四步，謂四步者三，是十二步也，又爲三尺者四，是十二尺也，十二尺爲兩步，通前十二步亦十四步，是室之深廣等也，鄭爲五行之説，以附會明堂之制，鑿也。九階，堂四面爲階，南面三階，餘三面各二。堂四旁皆有門，夾門爲兩窗。白盛，以蜃灰飾壁，盛言蜃也。門堂，古人門左右有堂，即塾也。其堂脩廣用正堂三分之二，其室用正室三分之一。重屋，如今樓閣，重檐也。堂脩七尋，深五丈六尺。崇三尺，謂陛高三級。屋簷曰阿，四阿重屋，謂四面皆重檐。明堂，周人廟朝堂，以向明得名也。重席曰筵，筵九尺。東西九筵，廣八丈一尺也。南北七筵，深六丈三尺也。堂崇一筵，陛高九級也。室二筵，深廣皆一丈八尺也。凡室中燕坐處，以几度之。堂上行禮處，以筵度之。宮院内以兩臂爲尋度之。野外論里，以兩足爲步度之。涂行讓車，以軌度之。廟門納烹，以鼎度之。朝門乘輿出入，以車度之。扃，鼎鉉，如《曲禮》「入户奉扃」之「扃」，門内外有兩鉉，以貫横木閉門，鼎兩旁亦有長鉉，以木横蓋上，貫而舉之，鼎出入以扃，故以扃度門。凡言个者，皆奇數，鼎扃車轍皆兩，而鼎車奇，故稱个。大扃，牛鼎之扃，七个，謂七鼎可并行出入。闈門，通宫内小門。小扃，陪鼎之扃，參个，謂三鼎可并出入也。路門，内朝門。乘車，四馬車，五个，謂五車。路門之廣不容五車，一車二輪爲軌，軌廣六尺六寸，五車廣共三丈三尺。應門在路門外，二徹即二轍，猶二軌，一車二軌也，參个，謂三車，廣一丈九尺八寸。内九室，謂宫中也。九嬪，見《天官》。外九室，謂寮署也。九卿，謂三孤六卿。九分，謂九卿分職治事。王宫，謂天子之居。雉高一丈，猶一堵，門阿五雉，高五丈也，鄭云長三丈，高一丈曰雉。隅，屋角。宫隅七雉，高七丈；城隅九雉，高九丈。經涂九軌，城中直道可并容九車也。環涂，即緯途，旁出四達之道，鄭謂環城之道，迂也。野涂，郊外之道。都城，王子弟封于畿内者之城，隅高五丈，如王門也。畿外列國諸侯之城，隅高七丈，如王宫也。諸侯之經涂七軌，如王國之環涂也。王畿之野涂五軌，以爲都邑之經涂。

按：明堂十二室象十二月，其説不見于《詩》《書》，孟子但稱其爲王者之堂耳，灋莫詳于《考工》，第云東西南北、堂室深廣，無青陽總章左右个等制，鄭氏極力附會，以五室配五行，終未見合。

匠人爲溝洫。耜廣五寸，二耜爲耦。一耦之伐，廣尺，深尺，謂之甽犬；田首倍之，廣二尺，深二尺，謂之遂。九夫爲井，井間廣四尺，深四尺，謂之溝。方十里爲成，成間廣八尺，深八尺，謂之洫。方百里爲同，同間廣二尋，深二仞，謂之澮。專達於川，各載其名。凡天下之地埶，兩山之間必有川焉，大川之上必有涂焉。凡溝逆地防，謂之不行；水屬不理孫，謂之不行。梢溝三十里而廣倍。凡行句，奠水句，磬折以參伍。欲爲淵，則句於矩。凡溝必因水埶，防必因地埶。善溝者水漱之，善防者水淫之。凡爲防，廣與崇方，其閷晒參分去一。大防外閷。凡溝防，必一日先深之以爲式。里爲式，然後可以傅衆力。凡任，索約大汲其版，謂之無任。葺屋參分，瓦屋四分。囷、窌、倉、城，逆牆六分。堂涂十有二分。竇其崇三尺。牆厚三尺，崇三之。

此亦木工兼治水土，匠人之事也。溝洫，田間水道。耜即犁，孟子云「以鐵耕」是也，其上曲木曰耒，下削木貫鐵刺土曰耜，廣五寸。二耜一往一還曰耦，其所伐之土深廣可一尺曰畎，畎，田間通水小道也。田首，謂一夫田之界首，其畎倍之。廣深二尺曰遂。九夫一里爲井，井間有溝，又倍于遂。百夫十里爲成，成間有洫，又倍于溝。千夫百里爲同，同間有澮，又倍于洫。百里之外，必有大川，凡遂溝洫澮水專達於川，各載其名，大小不相紊越也。土裂曰防，裂必順理，爲溝逆防則違土性；水屬，水行相連屬，不條理遜順則違水性，故皆不行。梢作捎，掠取也，如《輪人》「捎其藪」之「捎」，直通之也，始小，行三十里，廣必倍，由其大直，易衝突也。故善治溝洫者，奠之使安流，如磬形曲折，或三一曲，或五一直，水勢委蛇，則行不抄掠，無先小後大之害。若欲爲深淵，則于曲處斗折如矩，即迴激爲淵矣。

句，曲也，矩，曲尺。凡爲溝因水勢，則水自漱其溝而不壅塞。凡爲隄防因地勢，則水浸淫而不衝突。爲防之灋，廣與高等，則堅厚難壞，下濶三分，上殺減一分，基欲厚也。大防外殺，又殺于三分去一之外，基益厚，上益薄，則防益固。凡爲溝防之始，必以一日之工，或鑿或築，計其深爲準。以里爲率，則一日可推百日，一里可準百里，然後可以合衆人之力，總計其大成，傅，合也。任索，謂用繩也。約，束版築牆也。汲，引也，引大急，則版曲而築，不堅謂之無任，版不勝任也。葺屋，茅覆屋也。瓦屋，瓦覆屋也。三分四分，謂各分其屋之深，以其一爲屋之峻。葺三一，瓦四一者，草欲甚峻，則霤急而不朽敗。囷窌倉皆以積穀，圜曰囷，方曰倉，窌作窖，穴地曰窖。城郭内城爲此四者之牆，其高六分，上殺一分，上小于下曰逆。堂涂，堂下路，以甓甃之，十分爲率，中高二分，使水分注兩邊也。竇，宮中洩水之道，崇三尺，防壅塞也。凡墻厚三尺以爲基，崇九尺，即前防廣與崇方，其殺三分去一之灋也，鄭註「里爲式」之「里」作「以」，未然。

按：溝洫之灋，與《地官·遂人》同，皆未嘗有鄉遂用貢，都鄙用助之説，鄭氏執以「九夫爲井」以下溝澮爲畿内采地貢灋，不知何據。《記》言爲澮止百里，不及萬夫，以天下無方千里不斷之井也。爲溝必磬折，防必因地勢，以地勢有華離，不皆方幅整齊也，然則古人之爲井田可知，豈尺寸裁割之謂與。

車人之事，半矩謂之宣，一宣有半謂之欘燭**，一欘有半謂之柯，一柯有半謂之磬折。**

此亦木工也。攻木之工，莫要于車，攻木之器，莫先于矩，此節即車以明矩，而歸本人身。序云車之登下以人爲節，故矩由人身，非强設也。矩即今曲尺，一倨一句，如人磬折，人身八尺，自首至腹，及腰以下，爲三節，首尺五寸，腹二尺，腰下四尺有五寸，矩、倨、句皆尺，而倨微長，磬折之象。半矩，五寸也，人首頂髮際以上曰宣，《易》曰「巽爲宣髮」，宣長五寸，故半矩謂之宣。自宣以下，全首逮項領，一尺五寸。又加五寸及胸，則二尺，謂之欘，欘、斸通，小斧也，柄長二尺。一欘又半及腰，長三尺，謂之柯，柯，伐木長斧之柄也，并前宣半矩，是三尺有五寸，爲人身腰以上之度。一柯又半，長四尺五寸，爲腰以下之度，是謂磬折。《玉藻》子游云「三分帶下」是也。故矩由人身生，車以人爲節，此也。欘與柯皆攻木之器，皆取則于人身，鄭解未達。

車人爲耒，庛次長尺有一寸，中直者三尺有三寸，上句者二尺有二寸。自其庛，緣其外，以至於首，以弦其内，六尺有六寸與步相中也。堅地欲直庛，柔地欲句庛。直庛則利推，句庛則利發。倨句磬折，謂之中地。

此亦木工，車人之事。耒，耕器，車人而爲耒者，車有輪轅輗軏，句曲與耒相似，猶輪人爲蓋也。車式六尺六寸，耒式亦六尺六寸，吴氏遂欲改「車人」作「耒人」，非也。庛，鄭讀爲「棘刺」之「刺」，愚按：「庛」與「耜」通，《易》云剡木爲耜，謂耒下有木貫鐵處，形鋭如刺，乃所謂耜也，即今之犂底，長一尺有一寸。中直者，即耒也，今犂轅，直前向下曰中直，長三尺有三寸。上句者，犂底一尺一寸，向後邪曲而上，長二尺二寸，即今犂尾，手所推也。犂自庛至尾，一倨一句，由下而上，三尺三寸，通謂之耜。中直木自後至前，一倨一句，由上而下，亦三尺三寸，通謂之耒，如兩磬參差相合，其全體也。故自庛緣外向後，又自尾向前，以至庛首，中間直徑可六尺六寸，蓋上耒下耜，各三尺三寸也。弦，徑也，六尺爲步，野度以步正相應。以上鄭解俱未達。耕堅土，則耜宜直，平入不深，故利于推。耕柔土，耜宜句向下，則深入而起土多。倨句磬折，謂上耒下耜，皆欲一曲一直，如磬之折也。中地，謂耒與土相宜也。

車人爲車，柯長三尺，博三寸，厚一寸有半，五分其長，以其一爲之首。轂長半柯，其圍一柯有半。輻長一柯有半，其博三寸，厚三之一。渠（規）三柯者三。行澤者欲短轂，行山者欲長轂，短轂則利，長轂則安。行澤者反輮，行山者仄輮，反輮則易，仄輮則完。六分其輪崇，以其一爲之牙圍。柏車轂長一柯，其圍二柯，其輻一柯，其渠二柯者三，五分其輪崇，以其一爲之牙圍。大車崇三柯，綆（扁）寸，牝服二柯有（又）參分柯之二，羊車二柯有參分柯之一，柏車二柯。凡爲轅，三其輪崇，參分其長，二在前，一在後，以鑿其鉤，徹廣六尺，鬲長六尺。

此亦木工，車人之事，所以異於輿人者，輿人造乘輿，車人造任車也。任車三等，服牛爲大車，其次爲羊車，以小于牛車名也，又次爲柏車，柏言迫，以制低迫地行也。蓋輴車之類，爲車必以斧，斧柄曰柯，執柯運斧，因柯爲度，柯長三尺，寬三寸，厚寸半，其形圜而扁。首，謂斧鐵，猶前節耜鐵亦謂之首也。五分柯長，以一分爲首，則首長六寸也。轂，大車之轂，長半柯，·尺五寸也，大車任重，轂短欲行利也。轂圍一柯有半，是四尺五寸，大則堅也。輪中之輻，亦長四尺五寸，寬三寸，厚一寸。渠，通作規，謂車輪，鄭謂爲輪牙也。三柯，九尺也，三其三柯，是大車輪圍二丈有七尺，徑高九尺也。行澤八句，通論三等任車轂輪之式。澤，泥塗也。山，陸阜也。輮，輮木爲牙，以抱輪也。反輮，謂反木心向外，堅滑利泥水，易行也。仄輮，謂側其木使表裏相依，山行則磨不磷而完固也。六分其輪崇，謂大車輪高九尺，以六分之一爲牙，牙寬一尺有五寸也。柏車之轂長一柯，三尺也，長倍大車，欲其穩也。圍二柯，六尺，亦大于大車也。其輻一柯，三尺，短于大車也。其輪之規二柯者三，是輪週一丈八尺，徑高六尺也。五分其輪高，以其一爲牙圍，是牙寬一尺有二寸也。大車輪崇九尺，扁側厚一寸，綆，扁也。牝服，謂車箱，凡器虚而能受者曰牝，大車之箱二柯又三分其柯之二，是深廣皆八尺也。羊車二柯又三分柯之一，是深廣七尺也。柏車二柯，是深廣六尺也，則其輪轂輻牙以次殺，可推矣。凡爲轅以下，包乘車言，車底中長木曰轅，各視其輪之高三倍之，以爲轅長，後至軫，前至衡，三分爲率，二在前駕牛馬，一在後承車箱。鉤，曲也，轅形自前軫以前，稍上曲以避牛馬，至衡又稍下曲以受衡，鉤車曰鉤，鑿其鉤，即鑿轅，以置車箱也。徹，通也，與轍同，通兩輪爲一轍也，其廣六尺，乘車之轍六尺六寸，不及六寸，約任車言也。鬲即衡，與軛通，轅端横木，厄制牛領者也。

弓人爲弓，取六材必以其時。六材既聚，巧者和之。幹也者，以爲遠也；角也者，以爲疾也；筋也者，以爲深也；膠也者，以爲和也；絲也者，以爲固也；漆也者，以爲受霜露也。凡取幹之道七，柘爲上，檍次之，檿桑次之，橘次之，木瓜次之，荆次之，竹爲下。凡相幹，欲赤黑而陽聲。赤黑則鄉向心，陽聲則遠根。凡析幹，射遠者用埶，射深者用直。居幹之道，菑㮚不迆，則弓不發。凡相角，秋𦁼殺者厚，春𦁼者薄；穉牛之角直而澤，老牛之角紾而昔錯。疢疾險中，瘠牛之角無澤。角欲青白而豐末。夫〔一〕角之本，蹙於𣫭腦而休嗅於氣，是故柔，柔故欲其埶也。白也者，埶之徵也。夫角之中，恒當弓之畏隈。畏也者必橈，橈故欲其堅也。青也者，堅之徵也。夫角之末，遠於𣫭而不休於氣，是故脃〔二〕萃。脃故欲其柔也。豐末也者，柔之徵也。角長二尺有五寸，三色不失理，謂之牛戴牛。凡相膠，欲朱色而昔錯。昔也者，深瑕而澤，紾而摶團廉。鹿膠青白，馬膠赤白，牛膠火赤，鼠膠黑，魚膠餌，犀膠黄。凡昵之類不能方。凡相筋，欲小簡而長，大結而澤。

〔一〕「夫」，《續修》本、《存目》本脱，據閩本補。
〔二〕「脃」，《續修》本、《存目》本作「脆」，據閩本改。下句同。

小簡而長，大結而澤，則其爲獸必剽，以爲弓，則豈異於其獸。筋欲敝之敝，漆欲測，絲欲沈。得此六材之全，然後可以爲良。

此以下至末，皆弓人之事，亦木工也。此一節言弓材也。六，謂幹、角、筋、膠、絲、漆。取以時，如冬取幹，秋取角，夏取絲漆之類。材既具，得巧匠，乃能調和用之。幹材善，則及遠；角材善，則發速；筋以束，則中深；膠以黏，則合不解；絲以結，則固不壞；漆以飾，則受霜露不液。檍，杻也，俗名牛筋。檿，山桑。凡相幹，色欲赤黑，聲欲清陽，色赤黑，則不近皮而向心；聲清陽，則不近根而後直。既得美材，則析以爲幹。執，謂木微曲有勢，木勢曲，則往疾，利于射遠；木理直，則力勁，利于射深。居幹之道，謂布置弓幹之灋。菑、栽同，猶《輪人》「察其菑」之「菑」，木立曰菑。㮚，堅固也。不迆，不邪枉也。發，動損也，弓幹堅直，則本固，而角筋相附不發傷，與後「末應將發」之「發」同，鄭謂「㮚」作「裂」。此以上相幹之事。凡相角，牛秋殺者角厚，氣收斂而實也；春殺者角薄，氣發生而虛也。牛稺者，角紋順直而光潤；牛老者，角紋紾結而錯雜，昔作錯。牛有疾病者，角裏必傷，險猶傷也。牛瘦瘠者，角無滋澤。青白，則其色善，豐末，則其質厚。蹷，近也。㓤、腦同。休，温養也。畏、隈通，謂弓曲隈處。角根欲白，蓋近腦有生氣，則和柔而可曲爲執，色白者，執之驗也。角中欲青，蓋角之中，當弓之曲，張弓曲橈而不堅則易折，色青者，堅之驗也。角末欲豐，蓋末去腦遠，生氣不休，則脆而不柔，豐末者，柔之驗也。凡角長至二尺五寸，而本白，中青，末豐，三色中理，則全牛之精氣完聚于角，謂之以牛戴牛，此角之最良者，鄭謂一角值一牛，非也。此以上皆相角之事。凡相膠，色欲其朱，紋欲其錯，其紋瑕深透光澤，其質紾密團結，廉隅堅利，此膠之善也。鹿膠以下凡六等，或用角，或用皮，或用膘，皆可煑煉爲膠。牛膠獨曰火赤，即所謂色欲朱者也。餌，色堅白如珥。昵，黏也。類，聚也。方，分也，《易》曰「方以類聚」，凡黏合之類不能分，人事物理，莫不皆然，以明六膠不可合聚也。此以上相膠之事。凡相筋，以條直滋潤爲上。小簡，猶條直也，小，細也，簡，直也。大結，猶麤堅也，澤，鮮潤也。其筋如此，其爲獸必剽疾，以爲弓，則弓豈異其獸。𢿭之𢿭，謂揉之極熟。此以上相筋之事也。凡相漆，欲其滑澤，測作澤，俗謂良漆似鏡，鄭作清，非也。此相漆之事。凡相絲，欲其沈，沈，重也，絲細而沈，則練之極純，此相絲之事也。

凡爲弓，冬析幹而春液角，夏治筋，秋合三材。寒奠體，冰析濬。冬析幹則易，春液角則合，夏治筋則不煩，秋合三材則合，寒奠體則張不流，冰析濬則審環，春被弦則一年之事。

此言爲弓，既得美材，治之尤必以時，即序所謂天有時，地有氣，材有美，工有巧也。析木爲幹必于冬。液角，謂以水漬角，必於春。揀揉其筋必於夏。附合三材必于秋。弓以角幹筋三爲要，故稱三材，後云三均三至，皆謂此也，鄭以三材爲膠漆絲，恐非。奠，定也，三材既合，以竹夾縛之，定其體，必於寒時。㵎，膠也，膠色晶㵎，析而煑之，必于冰凍時，膠乃堅，或謂㵎爲漆，漆不可析，冰非用漆之時。冬月析幹，明年秋用，則時易而材定。春氣温和，漬角則角不强脆。夏日炎暑，治筋則易乾而不煩亂。秋氣温涼適中，合三材，則剛柔相得。寒月定體，則三材挺勁，而張之不流移。冰凍析膠，則膠性正凝，而環束審固。又明年春，弓乃可被弦，則是歷期歲而後事集也。

析幹必倫，析角無邪，斲目必荼。斲目不荼，則及其大脩也，筋代之受病。夫目也者必强，强者在内而摩其筋，夫筋之所由幨殫〔一〕**，恒由**〔二〕**此作，故角三液而幹再液。厚其帤**如**則木堅，薄其帤則需**輭**，是故厚其液而節其帤。約之不皆約，疏數必侔。斲摯必中，膠之必均。斲摯不中，膠之不均，則及其大脩也，角代之受病。夫懷膠於内而摩其角，夫角之所由挫，恒由此作。**

此申言弓人治三材之事。析幹必倫，順木理也；析角無邪，欲其正也。目，木節，謂柘檍桑橘等木多節。荼，茅秀，和柔也，《玉藻》云「諸侯荼」言笏不挺直也。斲去木節，使幹柔和不挺直，則筋附木可久。大脩，言日久也。木節堅强，斲不平，則内挺直，摩搓其筋，筋殫絶由此始。幨、殫通，

〔一〕「幨」字下《續修》本、《存目》本有「也」字，據閩本删。

〔二〕「由」，《續修》本、《存目》本無，據閩本補。

液用水火煑治也。角三液，木再液，則調和可用。帑，弓裨，幹内以木副之曰帑，帑厚則强，帑薄則弱。需、輭同，即「馬不契需」之「需」。液不厭多，則帑雖厚而適節，厚，猶多也。節，謂不堅不輭。約謂以絲和膠，纏束弓帑也。不皆約，謂弓全體疏密相稱。侔，稱也。斲幹厚薄欲中，用膠多寡欲均。摯，致也，謂斲削工致，幹不中則折，膠不均則裂，久則角代受其病。膠在角内，有厚薄，角被摩動，挫折由此起矣。

凡居角，長者以次需（輭）**。恒角而短，是謂逆橈，引之則縱，釋之則不校**（絞）**。恒角而達，辟如終紲，非弓之利也。今夫茭**（交）**解中有變焉，故校；於挺臂中有柎**[一]**焉，故剽。恒角而達，引如終紲，非弓之利。**

此節申言用角之灋。居角，猶言居幹，凡用角，長者居弓隈。次，猶居也。需、輭通，謂弓曲隈處，長者居隈，則短者居弰，如此則畀之長短稱幹，而中與末强弱相應矣。恒、緪通，猶竟也，竟角而短，謂角短于幹，則引其弦而縱放無力，謂之逆橈。逆，猶反也，言反引之易橈也。釋，舍也，謂放弦舍矢，其去不急，校、絞通，急也，猶《廬人》「細則校」之「校」。達，謂角直達兩弰。紲，弓鞑，以竹夾弓體，繩紲之使正，《詩》云「竹鞑緄縢」是也，角長如終鞑。非弓之利，蓋弓引之用力者，挺臂也，

〔一〕「柎」，《續修》本、《存目》本作「拊」，據閩本改。

放弦送矢者，兩弰也，臂與弰居角異。茭作骹，猶《輪人》「去其一以爲骹圍」之「骹」，近弰細處，如人足脛骨曰骹。解，猶節也，茭解，猶骹飾。有變，言骹節與臂不同。校，角不連臂，則弰得自遂而送矢急。挺臂，謂弓近把，淵隈之間，用方之處。柎，謂手把處，兩畔有側骨附之，以助其强，用角于柎上下宜長也，剽，疾也。骹臂既異，苟恒角而達，引之如弓在紲中，非弓之利，正以此。

撟幹欲孰於火而無贏，撟角欲孰於火而無燂潛**，引筋欲盡而無傷其力，鬻**賁**膠欲孰而水火相得，然則居旱亦不動，居濕亦不動。苟有賤工，必因角幹之濕以爲之柔。善者在外，動者在內，雖善於外，必動於內，雖善，亦弗可以爲良矣。**

此言弓人合材，水火燥濕緩急之節。撟、矯同，揉也。贏，太過也。燂、爓同，爛也。幹不火則不定，過則脆，故無贏。角不火則不柔，過則腐，故無燂。筋引則伸，引急則傷而易絶。膠鬻則黏，水多則解，火勝則焦，故水火欲相得。四者適宜以爲弓，則處燥不剛，處濕不柔，是良工也。若夫賤工，揉材不中，水火失宜，燥濕不調，合于外，必動于內，不可以爲良。

凡爲弓，方其峻而高其柎，長其畏而薄其敝，宛之無已應。下柎之弓，末應將興。爲柎而發，必動於翾晒**。弓而羽翾，末應將發。**

此言弓柎與弰相應之瀼。柎，弓把也，持力在柎，引弦在弰，柎高厚，則弓力堅固，弰往來而柎不動，則弓無發傷之病。峻，謂弰也，末矯而勁曰峻。高，謂側骨厚也。畏，弓曲隈。敝、蔽同，謂弓背在外者，欲平而薄，鄭謂人所握持處，恐非也。宛，曲也，謂引弦滿。已，止也，應，隨也，無已應謂隨人操縱，永不動傷。下柎，謂柎低。末，即弰也。興，引動也。發，傷損也。䋶、殺同，薄也，弓自隈敝以上，薄于柎曰殺。羽，如羽飛摇動也，言下柎之弓，柎薄無力，弰末應弦將興，柎必因之發傷，柎既發，則兩隈背殺薄處，失勢而輭動，如鳥羽摇拽，弓至羽殺不定，則末弰豈能終固，將應手發傷，焉得無已之應乎，鄭解未明。

弓有六材焉，維幹强之句，張如流水，維體防之句；引之中參，維角堂掌之句，欲宛而無負弦。引之如環，釋之無失體，如環。材美工巧，爲之時，謂之參均。角不勝幹，幹不勝筋，謂之參均。量其力有三均。均者三，謂之九和。九和之弓，角與幹權，筋三侔，膠三鋝劣，絲三邸，漆三斞庚。上工以有餘，下工以不足。

此總論良弓之式。六材幹爲本，弓之强，惟幹之力，幹直則體正，雖張如流水，而體正足以防其流，不弛邪也。防，謂如水有防，鄭以維體連下句解，謂納之弓檠，非也。矢長三尺，引滿三尺後發，則曲至矣，能無損傷者，維角撐持之。宛，圜也，無負弦，謂弦開不迫幹，猶《輪人》「幬不負幹」

之「負」。引中參而宛如環，即不負弦也，鄭謂不辟戾，恐非。如環，即宛也。釋，謂放弦，弦釋而弓體猶如引滿之，正無辟戾反去之患，則弓之均者也，《詩》云「敦弓既均」，弓以均爲德。其材美，其工巧，其爲時，是謂三均。角盡美，幹盡美，筋盡美，三者相當，不能相勝，亦謂三均。量人之力，有强者，有弱者，有强弱半者，各適其用，亦謂三均。三均各三，謂之九和，和亦均也，鄭解恐非。「角與幹權」以下，皆極言良工治材之均和也。權，猶稱也。三，猶參也。侔，言謀也。鋝、埒通，等也。邸、抵通，相當也。斞、臾通，相從臾也。皆均和之意。是書辭義變幻多此類，鄭泥數解，則一弓用膠三鋝，六兩曰鋝，是用膠十八兩也，《陶人》二斗四升爲庾，是用漆七斗二升，無是理矣。上工，良工。下工，賤工。以，用也。良工用材，常若有餘，下工用材，常若不足。

爲天子之弓，合九而成規；爲諸侯之弓，合七而成規；大夫之弓，合五而成規；士之弓，合三而成規。弓長六尺有六寸，謂之上制，上士服之；弓長六尺有三寸，謂之中制，中士服之；弓長六尺，謂之下制，下士服之。

此言弓貴賤、大小、形體之制。規，圜也，凡弓强者體直，弱者體曲。材有長短，長者句少，多而後成規；短者句促，少而成規。貴者用長，賤者用短，以等而降。據《夏官》六弓，天子之弓王弧，體直，故合九成規；諸侯之弓唐大，微曲，故合七成規；大夫之弓夾庾，曲多，故合五成規；士弓尤短曲，故合三即成規。弓長六尺六寸以下三等，又以人身材力論，猶桃氏之劒也。

凡爲弓，各因其君之躬志慮血氣。豐肉而短，寛緩以荼，若是者爲之危弓，危弓爲之安矢。骨直以立，忿埶以奔，若是者爲之安弓，安弓爲之危矢。其人安，其弓安，其矢安，則莫能以速中，且不深；其人危，其弓危，其矢危，則莫能以愿中。

此言用弓，各因人之形性。荼，和柔也。危，急也。人體柔性緩，則弓宜急，弓急則矢宜緩；人形勁性躁，則弓宜緩，弓緩則矢宜急。弓强則危，弓柔則安矢，羽豐則安，羽殺則危。人安、弓安、矢安，則大緩而不捷，烏能中。人危、弓危、矢危，則大急而不愿，烏能中。愿，愨謹也。射以觀德，與性情通，良工知道，則進乎技矣。

往體多，來體寡，謂之夾臾之屬，利射侯與弋。往體寡，來體多，謂之王弓之屬，利射革與質。往體來體若一，謂之唐弓之屬，利射深。

此論弓之名類不同。往，張而外也；來，弛而内也。夾、庾、王、唐等名，見《夏官·司弓矢職》。張時體曲，弛時體直，是夾庾弓之類，其弓柔，可用射侯與弋鳥，皆不遠，故宜。張時體直，弛時體曲，是王弓之類，其力强，可用射革與木椹，革，皮也，質，木椹也，解見《司弓矢職》。張弛曲直相似者，是唐弓之類，强弱中，利于射深，名類不同，所用亦異。

大和無灂，其次筋角皆有灂而深，其次有灂而疏，其次角無灂。合灂若背手文。角環灂，牛筋蕡灂，麋筋斥蠖灂。

此用膠和弓之灋，申言首節膠所以爲和，明九和之義也。弓良者必大和，羣材合曰和，膠所以爲和也。灂即膠，善膠者如自然有灂，若無灂，灂無則筋角皆無痕迹，所謂大和也。其次無灂，惟筋角有灂，而深密不露灂，亦和之至也。其次有灂可見而疏，不深密也。其次膠合處宛然可見，幹筋皆受膠，惟隈裏之角無灂，此庸品耳。善合灂者，其三材合同，如側人手，視其背掌之交，上下紋理異，而無附合之迹，此之謂大和，無灂之弓如是也。角與筋附幹，皆膠之功，非膠則角不附，非膠則筋不屬，是故角與膠相循環不斷也。牛筋勁而麤，膠合則賁勇持力，蕡、賁通，忿也。鹿筋膠合則膩而柔，如尺蠖，隨弓曲伸也，斥、尺通，蠖，屈蟲也，《易》曰：「尺蠖之屈，以求伸也。」

和弓轂摩。覆之而角至，謂之句弓。覆之而幹至，謂之侯弓。覆之而筋至，謂之深弓。

此用弓調審之灋，申言首節角爲疾、幹爲遠、筋爲深，三材和均之義。和弓，謂將挽弓，先調之。轂、擊同，拂其塵也。摩，以手搓摩。覆，猶反也，反而張之使至。至，到弦也，張之而驗其三材，角至者柔，故曲而爲句弓，《詩》云「敦弓既鉤」，鄭據《司弓矢職》云句者爲惡弓，非也。幹至者强，故及遠而爲射侯之弓。筋至者堅，故善入而爲深弓。故曰角所以爲疾，幹所以爲遠，筋所以爲深，三者一不至，不可爲良工，鄭云「覆猶察也……至猶善也」，亦通。

右工人三十，分治王材，以明百官六職，各有一定之灋。人主戴圓履方，撫神器，綜六合，宰相總百揆，任庶官，奈何廢灋弛考，使窳婼者曠瘝，詭遇而獠乃事哉，是作者之志也。

周禮完解卷十二終

萬曆丁巳季秋京山郝氏刊